분단 70년, 인류와 함께 겨레가 살아남는 길

분단 시대의 통일교육

분단 기념, 민족과 함께 겨레가 살아남는 길

초판 1쇄 인쇄 2015년 8월 8일
초판 1쇄 발행 2015년 8월 15일

지은이 성래운
펴낸이 김승희
펴낸곳 도서출판 살림터

기획 정광일
편집 조현주
북디자인 꼬리별

인쇄·제본 (주)현문
종이 월드페이퍼(주)

주소 서울시 영등포구 양평로21가길 19 선유도 우림라이온스밸리 1차 B동 512호
전화 02-3141-6553
팩스 02-3141-6555
출판등록 2008년 3월 18일 제313-1990-12호
이메일 gwang80@hanmail.net
블로그 http://blog.naver.com/dkffk1020

분단 70년, 인류와 함께 겨레가 살아남는 길

분단시대의 통일교육

성래운 지음

살림터

한국 교육의 새로운 혁신과 미래를 위하여

나는 성래운 선생님을 가까이서 자주 만나 뵌 인연이 있다. 나는 1980 년대 숨 막히는 한국 교육의 문제를 고발한 '민중교육지 사건'(1985)으로 다수의 교사들(17명)과 함께 해직되었다. 해직을 당하자 처음에는 먹고살 길이 막막하였다. 이런 조건에서 해직 교사를 돕는 성원이 재야 운동권과 전국의 학생, 교사, 학부모들로부터 자연스럽게 확산되면서 해직 교사 생계를 돕기 위해 모인 성금이 무려 1천만 원이 넘었다. 해직 교사들은 성금을 전달받은 뒤 국민의 성원에 보답하기 위해 사사롭게 쓰거나 생활비에 보태지 않겠다며 '교육출판기획실'을 설립하였다. 한국 교육의 문제를 분석하고 지적하는 책을 만드는 일을 하는 이름 그대로 교육에 대한 출판 기획을 하는 사무실을 낸 것이다. 정식 출판사를 차린 것은 아니고 교육출판기획을 통해 출판사에 넘기는 일을 하였다. 서대문 우체국 근방에 낸 사무실이야 보잘것없었다. 그렇지만 서로의 외로움을 달래는 장소이기도 하였다.

그러다가 글 쓰는 것만으로는 독재정권의 폭력적이고 비민주적 교육을 물리칠 수 없다는 생각이 들면서 본격적으로 교육운동을 하는 운동단체를 만들기로 하였는데, 그것이 바로 1986년 설립한 '민주교육실천협의회(약칭 민교협)'이다. 독재정권은 학교로부터 문제 교사를 솎아 내면 학교가 조용해질 것이라고 생각하였지만, 오히려 교육운동을 본격적으로 하도록 만들었다. 그때 '민주교육실천협의회'(나중에 전교조의 전신인 '전국교사협의회'의 모태가 됨)의 초대 대표를 하신 분이 연세대 교육학과 교수이신 성래운 선생님이시다. 이미 대학으로부터 쫓겨난 경험을 가진 해직 교수이시다.

이런 시대에 민교협의 정신적 울타리 역할을 해 주신 분들은 대학에서 해직 경험을 가진 교수들이 많았다. 그들은 학문적으로나 정신적으로 해직 교사들이 기댈 수 있는 커다란 언덕이었고, 좌절해 있던 해직 교사들의 빛이 되어 준 등대였다. 해직 교수 중 가장 큰 기둥 역할을 해 준 분이 성래운 선생님이시다. 학교로부터 쫓겨난 해직 교사들은 성래운 선생님을 가까이서 뵐 수 있는 것만으로도 위안이 되었다. 그래서 우리들은 교수님이라고 부르지 않고 선생님이라고 불렀다. 그만큼 친밀하기도 하고 경외하는 스승이기도 하였다.

선생님과의 깊은 인연은 내가 민교협 사무국장을 맡으면서 더욱 가까워졌다. 민교협 사무실은 합정동의 마리스타수도원이었는데 성래운 선생님 댁이 여의도라 가까운 사무실에 자주 들러 밥과 술을 사 주셨다. 이따금씩 꼬깃꼬깃 접은 만 원짜리 몇 장씩을 제 손에 집어 주시면서 같이 밥 사먹으라고 찔러주었다.

선생님을 뵙기 시작한 것은 사직동의 수도교회에서 강사로 초대되어 강연을 듣던 자리였다. 선생님은 제도교육의 모순을 논리적인 학문적 말로 하시기보다는 주로 시 낭송으로 대신하셨다. 이런 선생님의 강연 방식을 이후 자주 볼 수 있었다. 이러한 방식이 권력의 탄압을 피하고자 하는 고도의 전략이었는지는 알 수 없으나, 시대적 모순을 함축적으로 증언하는 시를 카랑카랑한 목소리로, 그것도 보지도 않고 외워서 낭송하는 능력은 대단하였다. 당시 성래운 선생님은 시 낭송가로 이미 널리 알려져 있었고(300여 편의 시를 외우심), 시 낭송 카세트도 시판될 정도였다.

이렇게 시작된 선생님과 나와의 관계는 선생님이 광주대 총장으로 부임하면서 끊어져 버렸다. 불행하게도 총장 재임을 하시다가 1989년 작고하시면서 영영 볼 수 없게 되었다. 나는 지금 『분단시대의 통일교육』을 추천하는 글을 쓰면서 선생님의 영혼과 다시 만나고 있다. 선생님은 우리가 분단되어 있는 사회라는 인식이 중요하다고 말씀하신다. 분단 자체가 우리의 힘으로 식민 극복을 못해서 안겨진 비극이기에 민족 최대의 과제는 분단 극복이라고 역설한다. 일제 강점기에서의 식민 극복과도 같이 분단 극복 없이는 지금도 일제 강점기에서처럼 한국인의 인권은 침해될 수밖에 없다고 판단한다.

선생님은 미군정의 교육정책을 인간 대신에 권력을 그토록 섬기는, 다시 말해서 '홍익권력弘益權力'을 지향하였다고 비판한다. 당시의 시대적 과제로서 일제의 잔재를 청산하지 못하였다는 것이다. 민족의 분단이 미·소에 의해 강요되었듯이, 미군정하 남한의 교육도 분단에의 순응을 강요당했던 것이다.

교육계에서 일제 잔재를 되살려 동·서 간의 세계적 냉전 논리에 입각한 민족 분단에의 순응을 강요했던 집권층과, 교육에서 일제 잔재를 청산하고 민족 분단의 자주적·평화적 통일을 지향했던 국민들과의 대립의 발자취와 다름없다. 8·15에서 10·26까지 34년간에 걸친 교육 이념에서의 이러한 대립은 온통 미결인 채로 1980년대로 넘겨지고 말았다고 진단한다.

사회적 문맹자를 양산하는 한국의 학교는 교육을 세계 평화의 도구로 삼기보다 남과 북이 이데올로기로만 달랐을 뿐, 부국강병의 전투력을 양성하는 도구가 되었다. 그래서 전쟁을 찬미하는 교육을 없애고 7·4 남북공동성명의 합의 정신으로 돌아가야 한다고 역설한다. 인류 생존을 위한 새 윤리관을 반영해야 하며, 청소년들에게 인류 의식을 고취시키는 세계의 교육자가 되어야 한다고 역설한다.

1968년 박정희 대통령은 국민정신을 개조하려는 '국민교육헌장'을 제정한다. 모든 국민에게 이를 달달 외우게 했다. '박정희의 생각'을 국민의 뇌리에 주입시켜 독재정권의 입맛에 딱 맞는 국민으로 만들겠다는 파쇼적 발상이었다. 일제의 '교육칙어'나 다름없는 '국민교육헌장'이 모든 교과서 첫머리에 등장한다. 이 '헌장'을 암송하는 것으로 수업이 시작되고, 암송하지 못한 학생에게는 체벌이 가해졌다. 관공서마다 박정희 사진과 함께 '헌장'이 벽 한복판에 걸렸으며, 방송에는 쉴 틈 없이 이 '헌장'이 군가나 새마을노래와 함께 낭독됐다. 교육자들은 연구와 강의보다 학생 시위를 막는 역할을 강요당하는 '정부의 보조역'에 불과했다. "우리는 민족중흥의 역사적 사명을 띠고 이 땅에 태어났다"로 시작하는 국민교육헌장에는 개인보다는 국가가, 인권보다는 국가의 권위가, 개인의 행복보다는 국가의 이익이 우선이라는 독재적 요소가 가득하다.

공익과 질서를 앞세우며 능률과 실질을 숭상하고…… 나라가 발전하며 나라의 융성이 나의 발전의 근본임을 깨달아…… 책임과 의무를 다하며…… 반공 민주정신에 투철한 애국애족이 우리의 삶의 길이며…… 신념과 긍지를 지닌 근면한 국민으로서…… 새 역사를 창조하자('헌장'의 일부).

1978년 봄 송기숙 교수, 백낙청 교수, 성래운 교수 등이 주축이 돼 국민교육헌장의 비민주적·비교육적 내용을 비판하는 성명서를 전국 대학교수의 참여로 발표할 계획을 세운다. 이미 박정희의 정보요원들이 낌새를 챘다고 판단한 성래운 교수는 1978년 6월 27일 전남대 교수 11명이 서명한 '우리의 교육지표'를 AP통신과 아사히신문 등을 통해 국내외에 발표한다. 성 교수가 이토록 서둘렀던 이유는 냄새를 맡은 중정에 의해 송 교수가 변을 당하지 않을까 하는 우려 때문이었다.

이러한 위급한 상황에서 국민교육헌장이 우리 교육과 교육자들을 독재

정권의 노예로 만든다고 비판하는 '우리의 교육지표'가 발표되었다. 성래운 선생님이 작성한 '우리의 교육지표'는 국민교육헌장이 충과 효를 강조하는 봉건적 도덕이고 국가주의적 이념을 담고 있다고 비판하였다. 이 일로 여러 교수들이 구속되거나 수배를 받았다. 이로 인해 성래운 선생님은 수배를 받다가 잡혀 광주교도소에서 수감 생활을 한다. '우리의 교육지표'는 다음을 실천할 것을 천명한다.

1. 물질보다 사람을 존중하는 교육, 진실을 배우고 가르치는 교육이 제대로 이루어지기 위해 교육의 참 현장인 우리의 일상생활과 학원이 아울러 인간화되고 민주화되어야 한다.
2. 학원의 인간화와 민주화의 첫걸음으로 교육자 자신이 인간적 양심과 민주주의에 대한 헌신적 정열로써 학생들을 가르치고 그들과 함께 배워야 한다.
3. 진실을 배우고 가르치는 일에 대한 외부의 간섭을 배제하며, 그러한 간섭에 따른 대학인의 희생에 항의한다.
4. 3·1 정신과 4·19 정신을 충실히 계승 전파하며, 겨레의 숙원인 자주 평화통일을 위한 민족 역량을 함양하는 교육을 한다.

한마디도 틀린 말이 없고 우리 교육이 나아갈 방향을 잘 설명해 주고 있음에도 이 선언에 참여한 교수들을 해직시키고 구속하였다. 참으로 어처구니가 없는 시대 상황이었다.

또 선생님은 지나친 공업화로 인해 앞다투어 공장을 세움으로써 만신창이가 된 지구를 걱정한다. 이를 극복하기 위해서는 기술주의 중심의 서양 전래의 자연관을 넘어 동양적 자연관으로 돌아가야 한다고 역설한다. 이렇게 일찍이 선생님은 생태주의 교육을 앞장서 주장하셨다. 이를 위해 선생님은 '세계의 학교'를 제창한다. 평화를 실현시키는 세계적 교육 체제를 발전시킬 수 있는 이상을 제시한다. 오늘날 많이 회자되는 세계시민교육cosmopolitan education 같은 미래 의식을 엿보게 한다. 이것은 생태적 세계시민주의자들의 생각과 다르지 않다.

성래운 선생님은 이 땅에 태어나는 모든 아이들이 사람답게 자라날 수 있으려면 그 아이들이 살아가는 사회부터가 인간적인 것이어야 한다고 역설한다. 사람이면 누구나 사람답게 자라날 가능성은 타고나는 것이지만, 태어나서 살아가는 사회가 비인간적인 것일 경우에는 짐승처럼 될 가능성도 없지는 않다고 역설한다.

그러기에 아기에 있어서, 그의 시초는 사회는 물론 가정이고, 그 주체는 부모이다. 아기는 그의 부모가 주체가 되어서 이룩해 놓은 사회 속에서 처음으로 인생을 사는 것이다. 아기는 타고난 가능성을 다 드러내 놓고 사회의 일원으로 살아가게 되는데, 그 가정에서의 삶이 인간적인 것으로 가득 채워질 경우에만 그 아기는 사람답게 자라나게 되는 것이고 판단한다.

이런 생각의 연장선에서 선생님은 모유를 통한 수유를 제창한다. 송아지 젖(우유)을 아이에게 먹이는 것은 아이에 대한 사랑을 포기하는 것이라고 역설한다. 우유를 먹이면 생존에는 도움을 줄 수 있으나 사랑을 전할 수가 없다고 본다. 선생님은 루소 예찬론자였기에 '에밀'과 같은 생각을 하는 것 같다. 엄마젖은 아이의 것이라며, 어미 사랑도 어미젖도 굶주리는 젖먹이 아기들을 안타까워한다. 물론 현대의 여성주의자들이 보기에 성래운 선생님의 모유 예찬론은 반시대적인 발언이라고 할 수 있을지 모르겠다. 그렇지만 선생님은 아이와 엄마의 첫 만남과 관계를 맺어 주는 모유를 통한 수유 행위는 매우 중요하다고 역설한다.

선생님은 이 세상 누구와도 다른 '자기 될 권리'의 침해를 우려한다. 오늘의 유엔아동권리협약에 나오는 '발달권'을 생각나게 한다. '청소년 수용소'나 다름없는 학교 안에서 참과 착함, 아름다움을 배우는 즐거움에 차 있는 것이 아니라, 교사들의 감시와 냉대와 처벌이 난무하고 있음을 안타까워한다. 고등학교 학생들이 의당 받게 되어 있는 전인교육을 못 받고, 비리·비정의 입시 공부가 아니면 값싸게 팔아먹을 기술이나 익히고 있는 반인半人 교육을 우려한다.

선생님은 우리 사회의 비인간화 속에서 학생들이 비인간화될 수밖에 없는 현실을 비판한다. 특히 유신체제하에서의 삶, 그것은 학생은 고사하고 사람으로서의 권리도 누릴 수가 없고, 사람답게 살자면 말할 수 없는 고난을 겪어야 했던 유신시대의 정치도구화 교육이라고 보았다. 고난을 무릅쓰고 인간답게 살게 하는 인간교육론을 역설한다.

마지막 장의 좌담회에는 성래운, 백낙청, 안병무, 이오덕 등이 참여한다. '민족통일을 위한 교육의 과제'와 '분단 현실과 민족교육'을 둘러싸고 대담을 나눈다. 이 좌담회에서는 앞에서 주장된 성래운 선생님의 생각이 뚜렷하게 부각된다.

『분단시대의 통일교육』(원제목은 『분단시대의 민족교육』이다)은 선생님이 60세였던 1985년에 학민사에서 출간되었다. 그때 나의 나이는 30대 초반이다. 그랬기에 30대의 눈으로 본 선생님에 대한 과거의 생각을 오늘에 와서 돌이켜 보니 자꾸 부끄러워진다. 나도 이제 선생님의 나이인 육십 중반에 들어 나와 같은 연령대에 속하는 선생님의 깊은 글을 읽고 있으니 묘한 생각이 든다.

나는 이 글을 읽기 전에는 이오덕 선생님과 성래운 선생님의 관계가 매우 서먹하다고 생각했다. 이오덕 선생님은 초등학교 교장 출신이기에 교육 현장의 변화를 위해 할 수 있는 최소한의 활동으로서 글쓰기교육운동에 전생을 바쳤다. 반면 성래운 선생님은 국가교육의 기본이라고 할 수 있는 '국민교육헌장'을 비판하여 해직과 함께 감옥까지 가야 했다. 성래운 선생님은 이로 인해 줄기차게 권력의 교육 장악을 비판하는 활동을 해 왔기에 서로 결이 다른 길을 걸었다. 서로 다른 길을 가고 있기에 두 분이 천하를 같이 도모한다는 것이 불가능하다고 생각했다. 그리하여 두

분이 함께하는 자리가 늘 서먹서먹하다는 생각했다. 같이 밥을 먹는 자리에서 나누는 두 분의 말씀은 그렇게 깊지 않은 듯했다.

그런데 이오덕 선생님의 『이 아이들을 어찌할 것인가』와 『시정신과 유희정신』을 받고 쓴 성 선생님의 평론을 읽고서는 이오덕 선생님에 대한 존경이 대단하다는 것을 느꼈다. 역시 30대 시각에서 본 어른들의 세계를 나는 일부분만 본 것 같다. 당시의 나의 생각은 아마 성래운 선생님의 입장이었던 것 같다. 지금에 와 돌이켜 보니 이오덕 선생님을 깊이 이해하지 않은 것 같아 죄송스럽다.

『분단시대의 통일교육』에서 보여 주는 선생님의 아이에 대한 무한한 사랑, 아동 존중 교육, 자연주의 교육, 관료적 교육행정의 극복을 위한 국가 권력의 민주화, 그리고 분단을 극복하는 통일교육론은 오늘의 학교 민주주의와 혁신학교의 사상적 뿌리와 맥을 같이하기에 우리에게 많은 울림을 준다. 적대적 남북 관계를 넘어 통일 시대를 열어야 한다는 생각은 우리의 잠자고 있는 의식을 일깨운다. 특히 인성교육진흥법의 시행이나 국사 교과서의 국정화 시도 등 국민을 훈육시키고 개조하려는 박정희 시대로 돌아가려는 조짐을 보이고 있는 요즘, 이에 대한 경각심을 더욱 필요로 하는 시대 상황에서 이 책은 귀중한 일깨움을 주고 있다.

성래운 선생님은 우리 사회에서 이론과 실천이 분리되지 않은 선비적 삶을 사신 위대한 스승이다. 한국 교육의 새로운 혁신과 미래를 위하여 좀 더 풍부한 감성으로 선각자적 삶을 사신 우리 시대의 스승이다. 30년 전이나 지금이나 별 변화를 보이지 않고 있는 한국 교육의 상황에서 선생님의 글은 오늘날 읽어도 여전히 현실적 힘을 갖기에 한번 읽어 볼 것을 권한다.

2015년 8월

심성보_부산교육대학교 교수

책을 내면서

이 책은 나의 주장이나 요청이란 하나도 없이 오직 학민사 편집인의 생각대로만 엮어졌다. 아니, 지금 쓰기 시작한 이 머리말에까지도. 나는 그 속에 특정의 글을 꼭 포함시킬 것을 요청받고 있는 것이다. 그 글이란 내가 지은 「달라질래요」라는 동시이다. 지금 내 앞에는 바로 그 글이 실려 있는 책이 놓여 있다. 이오덕·이종욱 엮음, 『꽃 속에 묻힌 집』(창작과비평사 발행)이다.

나는 그 책을 펴봤다. 아는 이들은 알고 있듯이, 나는 숱한 민족시를 애송하고도 눈 감고 낭송하는 것이 생활화되어 있는 터이지만, 그 글은 감옥 안에서 그 책을 받았을 적에 읽어 보고는 다시 읽은 적이 없어서 보지 않고는 옮겨 적지 못한다.

그런데 그 책을 폈을 때, 내 눈에 먼저 띈 것은 내 죄수번호가 아닌가! 5020번, '서적열독 허가증'의 교부일 1979년 1월 26일. '우리의 교육지표' 사건으로 송기숙 교수 등과 함께 광주교도소에 수감됐을 때이다. 아, 나는 그 책을 받아 들고 얼마나 감격하며 되풀이 읽었던가! 나는 그래서 그 책 속의 서울 공덕초등학교 5학년 김대영의 시부터 이 머리말에 옮겨 적는다.

내 무거운 책가방

내 몸집보다 무거운 가방을 들고
나는 오늘도 학교에 간다.
성한 다리를 절룩거리며
무엇이 들었길래 그렇게 무겁니?
아주 공갈 사회책
따지기만 하는 산수책
외우기만 하는 자연책
부를 게 없는 음악책
꿈이 없는 국어책
무엇이 들었길래 그렇게 무겁니?
잘 부러지는 연필 토막
검사받다 벌이나 서는 일기장, 숙제장
검사받다 벌이나 서는 혼식 점심밥통
무엇이 들었길래 그렇게 무겁니?
무엇이 들었길래 그렇게 무겁니?
얼마나 더 많이 책가방이 무거워져야
얼마나 더 많은 것을 집어넣어야
나는 어른이 되나, 나는 어른이 되나?

　남은 몰라도 나만은 이 시의 끝 구절 "나는 어른이 되나?"를 "우리 어
린이들은 해방이 되나?"로 받아들였고, 그 해방은 제 동족 우리 어른들
로부터의 해방인 것을 생각하면서, 나는 그들에게 사죄하고 싶은 충동을
누를 수가 없었다. 우리가 제 동족 아이들을 억압하는 사람들이 되다니
…… 나는 그때 나에게 여생이 있다면, 외세로부터의 민족 해방과 더불어

동족 기성세력으로부터의 우리 아이들 해방운동에 바칠 것을 새삼 다짐했던 것이다.

이제 나의 글 「달라질래요」를 옮겨 적을 수밖에 없이 되었다. 어린이를 위한 시집 속에 끼어 실려 있으니 내 마음은 이만저만 거북하지가 않다. 그러니 나는 그 글이 시로 지었던 것이 아니라는 얘기부터 해야겠다. 1970년대 말엽 어느 날, 나는 창작과비평사를 찾아가 초등학교 사회와 도덕 교과서들을 구해 달라 부탁했었고, 얼마 후엔 그것들을 대신할 만한 글들을 써서 그 출판사에 가져다준 일이 있었다. 나중에 안 일이지만, 그 나의 글들 가운데 「달라질래요」를 골라 시로 간주해 앞의 동시집에 실었던 것이다. 하여간에 이제는 그 글을 옮겨 놓는다.

달라질래요

우리 반 동무들은 모두 달라요
얼굴도 다르고
키도 달라요
모두가 똑같아지면 우스울 거야.

우리 반 동무들은 모두 달라요
생각도 다르고
재주도 달라요
모두가 똑같아지면 우스울 거야.

어머니는 아버지와 달라서 좋고
오빠는 언니와 달라서 좋아요
서로가 똑같으면 우스울 거야.

나는 나는

동무들과 달라질래요

오빠와 언니와도 달라질래요

모두가 똑같으면 우스울 거야.

나는 나는

이 세상의 누구와도 달라질래요

달라져서 더 좋은 사람이 되고 말 거야.

    이것을 시로 보지 않고, 어린 학생을 대신해서 쓴 늙은 교사의 글로 보아주었으면 하는 것이 나의 바람이다.

    평생 교육학도이고 천직 교육자인 내가 굳게 믿는 바는, 저마다 다른 아이들을 입학시켜 하나같이 똑같은 사람으로 일그러뜨리려는 교육 폭군의 제거 없이는, 우리의 아이들이 참으로 해방되는 날은 언제까지나 다가오지 않으리라는 점이다. 교육에 있어서의 획일, 폭군으로부터의 학생 해방, 그날을 앞당기는 데 이 책이 조금이나마 도움이 되기를 바란다.

1984년 12월 12일

성래운

차례

추천의 글 4

책을 내면서 12

I. 민족교육의 반성

인류와 함께 겨레가 살아남는 길 23

민주교육과 인권 42
1. 가정교육과 어린 자녀의 인권 42
2. 초등교육과 어린이의 인권 45
3. 중등교육과 십 대 학생들의 인권 48
4. 고등교육과 대학생들의 인권 51
5. 민주교육과 인권, 그리고 통일 52

바른 교육을 위하여 54
1. 교육을 보는 눈 54
2. 지금의 아기 교육과 국가 시책 56
3. 취학 전 아이들의 교육과 국가 시책 57
4. 취학 후 국민의 교육과 국가 시책 60
5. 맺는말: 국가와 교육 63

사람답게 자라나는 길 65
1. 사회의 질에 따르는 사람다움 65
2. 탄생을 반기는 믿음 66
3. 엄마젖은 아기의 것 67
4. 바로 어느 때부터인가 68
5. 우리의 교육지표 71

인간 회복을 위하여 74
   1. 한 초등학생의 외침 74
   2. 한 성직자의 주장 77

지금의 이 어린이들을 참 한국인이 되게 하는 길-이오덕 선생님께 80

II. 교육 이념과 교육 현장

해방 전후 36년의 교육사적 정통성 117

분단시대 교육 이념의 변천 133
   1. 머리말 133
   2. 민족 해방과 일제 교육의 잔재 135
   3. 미군정하의 교육정책 139
   4. 정부 수립과 교육의 이념 141
   5. 1950년대 교육의 이념과 정책 146
   6. 제3공화국 치하의 교육정책 156
   7. 국민교육헌장과 유신체제하의 교육 162
   8. 맺는말 166

1970년대의 교육 현장 171
   1. 1970년대가 물려받은 교육정책 171
   2. 1970년대의 학교 현장 173
   3. 1970년대의 가정과 사회생활 176
   4. 맺는말 177

역사와 청년 교육 182

Ⅲ. 노교사의 교육 엽서

교권 확립은 참교육의 전제 197

일류 학교, 삼류 학교 199

통치 이데올로기와 교과서 202

교육 없는 과학 교육 205

과학기술 박사의 대량생산 208

제도 지상주의의 교육 현실 211

뿌리 깊은 차별 교육 214

주체성 없는 외국어 교육 217

학교에서 사라진 4·19 정신 220

미국 교과서의 전쟁과 평화 223

비행 청소년과 사회 현실 226

일제 잔재 못 벗는 학생 동원 229

처벌 만능주의 교육 232

명분에 희생되는 교육 현장 235

한 젊은 교사의 자살 238

점수 따기 교육의 파행성 241

모순투성이의 문교 행정 244

제1공화국 시대의 교육 247

부실 문교 정책과 부실 교육 248

스승 없는 교육 현장 253

우리 아이들 모두를 사람 되게 하자면 - 노 선생님께 257

무엇을 가르칠 것인가 - 간의웅 선생님께 259

몸의 결함이 앞날의 삶에 장애가 되어서야
  - 연순이에게 보내는 오래 묵은 편지 261

이기심으로 뭉쳐진 오늘의 가정 - 날 받은 김 양에게 266

사람 중의 사람 - 젊은 박 군에게 268

지금의 자기 속을 보게 - 젊은 대학생들에게 273

불합격을 축하합니다 281

가지 곧고 키 큰 나무 284

버스 칸의 라디오 소리 287

어떤 부인 290

본받을 어른 - 어린이들에게 293

어린이와 가정·학교·사회 295

겨레 노릇 299

없어져야 할 아홉 시늉 302

Ⅳ 좌담 | 분단시대의 민족교육

민족통일을 위한 교육의 과제
  - 백낙청, 성래운, 안병무, 송건호 309

분단 현실과 민족교육
  - 성래운, 이오덕, 김인회, 이시영, 김윤수 357

I

민족교육의 반성

인류와 함께 겨레가 살아남는 길

민주교육과 인권

바른 교육을 위하여

사람답게 자라나는 길

인간 회복을 위하여

지금의 이 어린이들을 참 한국인이 되게 하는 길

인류와 함께 겨레가 살아남는 길

<u>1</u>

나는 지금 우리 겨레를 생각하고 있다. 하여간에 끈질기게 버텨 온 우리 겨레다. 크게 번창하지는 못했지만 우리만의 문화와 예술을 남겼다. 우리 대代에 와서도 수모는 많았으나 우리가 싸워서 일제를 항복시킨 것이 아니었다. 미·소에 의해서 국토를 분단당한 것이었다. 동족상잔도 저질렀다. 자랑스럽게도 정말로 자랑스럽게도 한겨레가 화해하는가 싶더니 다시 으르렁대고 요즈음은 피비린내마저 풍기고 있다. 치는 쪽이 있으면 받아치게 될 것이고, 그러면 다시 동족상잔이 벌어진단 말인가? 어느 쪽도 침략을 받으면 상대방을 박살내겠다니 우리 겨레는 자멸한단 말인가?

아니리라. 그럴 리가 없고, 그럴 수도 없다. 7·4 공동성명을 낸 한반도의 우리 겨레가 아닌가! 그때에 밝힌 겨레의 양심만은 지금도 간직하고 있는 우리가 아니냐 말이다. 겨레의 생존을 위하는 일보다 더 귀한 일이 있으랴. 우리 겨레는 바로 그 생존의 길을 갈 것이다.

2

일제의 학정으로 말살당할 뻔했던 우리 겨레다. 해방을 맞고는 그야말로 잘 살아 보려고 발버둥 쳤다. 남한에서는 자본주의, 북한에서는 공산주의, 그 방식이야 달랐지만 배불리 먹고 따뜻하게 입고 살려고 안간힘을 다 쏟았다. 서로가 뒤질세라 식량의 증산과 공업의 발전을 꾀했다. 같은 해, 같은 날에 외세로부터 해방되었건만 지금도 저개발로 불리고 있는 나라들이 적지 않은데, 우리는 중진국의 대열에 끼게 되었으니 생각하면 대견스럽기까지 하다. 그렇다고 헐벗고 굶주려서 생존에 위협을 받고 있는 동포가 없어진 것일까? 아니다. 도시에도 있고, 산골에도 있다. 일한 사람의 몫을 지배층이 빼앗아 간 탓도 있지만, 농산물과 공업제품의 군수물자화에도 큰 원인이 있다. 지배층의 사치를 억제해서 부의 공정한 분배를 기하는 일, 남북의 정치적·군사적 긴장을 완화해서 군비를 줄이는 일을 하지 않고는 생존에 위협을 받는 동포는 더욱 늘어날 뿐이다. 이 일을 하는 것 이상으로 겨레의 생존을 돕는 길은 없다.

3

우리 겨레의 생존 문제를 놓고, 인구로 보아서는 남과 북의 사정이 서로 다르다. 북한에 공산정권이 세워질 무렵, 그리고 6·25동란 중에 남쪽으로의 겨레의 대이동이 있었다. 그 결과는 한국의 인구 과밀과 북한의 인력 부족 현상을 빚어냈다. 그러나 겨레의 질의 존속을 놓고는 남북이 다 함께 위협을 받고 있다. 우리에게서 태어나고 있는 신생아들이 잘못 길러지고 있는 것이다. 친부모가 있으면서 고아처럼 길러지고 있는 아이들이 적지 않은 것이다. 짐승 새끼는 어미의 애정을 모르고 커도 짐승 구실을 한다. 그러나 사람 아기는 그렇지가 않다. 요즈음의 우리 아기들이 어른이 되어서도 지난날의 우리 겨레의 질을 유지할 수 있을까?

한국에서는 덜 낳는 일과 잘 기르는 일을 구별하지 못하고 있다. 소젖으로 사람 아기를 키우는 경향이 생긴 것이다. 북한에서는 젖먹이 엄마들도 노동에 종사하고 있다. 탁아소의 보모가 맡아 기르게 된 것이다. 어느 쪽에서도 아기들은 엄마의 애정에 굶주린 채 젖먹이 시절을 보내고 있다. 난폭하기가 짐승 같은 사람이 될 가능성이 그만큼 증대하고 있는 것이다. 우리는 선량한 겨레임을 자부해 왔다. 그 질을 지속시켜야 한다. 우리 조상들처럼, 우리가 낳은 아기에게 모유와 더불어 애정을 흠뻑 먹여야 한다.

4

고도로 산업화된 사회를 이룩하고자 안간힘을 다하고 있는 요즈음의 우리 겨레다. 당장에 자원이 고갈된 것은 아니지만, 환경의 오염은 겨레의 장래를 어둡게 하고 있다. 지난 여러 해처럼 앞으로도 여러 해를 가노라면, 그래서 기어코 지금의 선진국 수준으로 될 양이면 자원의 고갈과 환경의 오염으로 겨레의 생존 자체가 위협받을 것이 염려되는 것이다. 산에 있는 나무야 베어 쓰고도 심으면 된다지만, 땅속의 석탄은 캐어 쓰면 없어지고 마는 것이다. 이는 재생이 불가능한 자원의 탕진이다. 환경의 오염도 산업화 자체를 지연시켜서라도, 그리고 제아무리 많은 비용이 든다 할지라도 이는 철저히 방지되어야 한다.

선진국 수준에 비하면 아직도 요원한 우리의 산업화인데, 환경의 오염에 따르는 겨레의 재난은 벌써 눈에 띄게 나타나고 있지 아니한가? 호흡할 공기, 마실 물, 먹을 쌀과 채소와 물고기 등 오염은 날로 번지고 있다. 우리 사회가 공업화하면 할수록 공장에서 노동하는 동포의 수는 늘기 마런인데, 그들이 받게 되는 재해 또한 적지가 않은 것이다. 과도한 노동의 강요에서 오는 재해 말고도, 인체를 해치는 성질의 일에서 오는 재난 또한 적지가 않을 것이다. 분명, 우리가 잘 살아 보자고 시작한 공업화였다. 그런데 공업화를 하면 할수록 우리의 자원은 고갈되고, 환경은 오염되어서 마침내 우리의 생존과 존속이 위협받게 되는 것이다.

5

이번에는 당초의 글 제목으로 돌아가서 인류의 생존 문제를 생각해 보자. 지구상에 오랜 시일을 두고 생존해 왔던 공룡처럼 끝내는 멸종하고 말 것인가? 그리되던 날 우리 겨레라고 예외일 수는 없는 노릇이다. 우선 핵전쟁에서 오는 인류 파멸의 가능성이다. 누구나 다 알고 있는 사실이지만, 미국은 일본 히로시마에 떨어뜨린 원자폭탄 100만 개에 해당하는 핵폭탄을 비축하고 있다고 한다. 그 일부는 한국의 지상과 공중과 근해에도 있는 것이다. 아직은 미국보다 그 양이 적다고는 하지만 곧 비슷해질 만큼의 핵폭탄을 소련도 가지고 있다는 것이다.

그런데 핵폭탄을 가진 나라들은 미·소만이 아니다. 갖고도 더 만들고 있는 데 문제의 심각성이 있는 것이다. 1975년에 국제연합 사무총장이 보고한 바에 의하면 세계 전체의 군비 지출이 연간 3,000억 달러에 달하고, 개발도상국들의 군비 지출은 6년마다 2배씩 늘어난다는 것이다. 남북한의 군비 지출도 그 속에 끼어 있는 것만은 확실하다. 그런데 이보다 더욱 놀라운 것은 세계의 과학자와 공학자들의 연구 동향이다. 무려 그 절반이 군사적 연구에 주력하고 있다는 것이다. 저마다 그것이 애국애족의 탈을 쓰고서 말이다. 인류가 파멸하면 우리나라와 겨레도 없어지는 것이 아닌가? 나라와 겨레를 지키자면 우선 인류를 파멸에서 지켜야 한다. 아니,

모든 핵폭탄 보유국에게 확산 금지만이 아니라 아주 없애 버리도록 요구해야 한다. 인류의 이름으로 말이다. 우리 겨레의 생존이 보장되자면 인류의 생존부터가 보장되어야 한다.

6

1975년 현재로 세계에서 굶주리고 있는 사람의 수효는 무려 3억이나 된다고 한다. 이들은 생존을 위해서 최소한도로 필요한 단백질의 3분의 2밖에 섭취하지 못하고 있다는 것이다. 그런데 이 3억이 2010년에 가서는 10억으로 늘어나리라는 데에는 놀라지 않을 수가 없다. 식량의 절대량이 부족해서가 아니라 불공평한 분배 때문이라는 데에는 일종의 분노마저 느낀다. 부유한 나라의 과잉 소비가 빚어낸 비극이다. 가난한 나라로부터 부유한 나라로 단백질의 유출 현상까지 있다니 기가 찰 노릇이다. 1974년 세계은행의 보고에 의하면 1967년에서 73년까지의 가뭄 기간에, 가난한 국가 말리는 국내의 식량 소비를 3분의 1로까지 줄이면서 땅콩을 부유한 나라로 수출했다는 것이다. 한 나라 안에 굶주리는 사람들을 두어둔 채 식량을 과잉 소비하는 층이 있어서도 안 되지만, 한 세계 안에 과잉 소비하는 나라로 인해서 다른 나라에 굶주리는 사람들이 늘어난다는 것은 인류의 양심이 허락할 수 없는 일이 아니겠는가?

한 나라 안에서 식량을 지나치게 소비하는 부유층을 규탄하는 이상으로, 한 세계 안에서 굶주리는 사람을 늘어나게 하고 있는, 식량을 지나치게 소비하는 나라들을 규탄해야 한다. 우리도 인류의 이름으로 인류가 생산하는 식량의 공정한 분배를 주장하고 나서야 한다. 하나의 지구 위에서 굶어 죽는 사람을 없애자는데, 그보다 더 착한 일이 있으랴.

7

세계의 식량 생산을 최대한으로 늘리고, 그 분배 또한 가장 높은 공정성을 지니게 하였을 때, 한 사람의 굶주림도 없이 생존케 할 수 있는 세계 인구의 규모가 얼마나 될 것인지 우리는 아직 모르고 있다. 지금 당장의 세계 인구로 보아서는 아직 여유가 있는지도 모른다. 그러나 15년 동안에 13억 명씩 증가하고 있는 추세를 두고, 그리하여 앞으로 35년 뒤면 지금의 2배로 증가하리라는 데에는 우리가 앞서의 한계선의 목전에 다다르고 있음을 실감하게 한다. 하여간에 세계 인구의 증가 억제는 인류의 존속을 위한 최대의 급선무이다. 그런 줄을 세계의 어느 나라가 모르고 있으랴만, 모든 나라가 인구 억제를 실천하고 있는 것도 아니며, 실천의 비중 또한 다르다.

잘사는 백인들의 인구 증가율이 낮은 편이라고는 하지만 더욱 낮추고, 못사는 유색 인종의 증가율 또한 크게 낮추고도, 세계적 부富를 세계적으로 분배하는 세계적 체제를 가다듬어야 하지 않을까? 만약에 지금의 세계적인 인구 억제 운동이 세계적 부의 국가별 점유와 사용이라는 종래의 체제를 전제로 한 것이라면, 도리어 국가 간의 부익부 빈익빈을 촉진시키는 결과가 되지 않을까? 다시 말하면, 사회정의가 지배하는 세계가 아니라 불의에 찬 세계가 되는 것이 아닐까? 그리되는 날, 우리 겨레라고 예외일 수가 있을까? 자원 점유·기술 개발·인구 억제 등 모두가 우리보다 앞서 있는 선진 공업국들인데, 우리가 제아무리 뒤따라간들 날이 갈수록 세계의 부富는 더욱 그들의 차지가 되고 마는 것이 아닐까? 그렇다면 우리의 생존과 번영이 우리에 못지않게 그들에도 달려 있는 것이다.

그렇다면 백인들의 인구 증가율을 0으로 하는 동시에, 그들의 부 또한 세계적 안목에서 재분배할 것을 요구할 권리가 이 지구상의 어느 겨레에도 있는 것이 아닐까? 백인들을 포함한 인류의 생존과 공영을 위해서는 말이다. 그리고 지금의 서방 공업국을 뒤따르려는 모든 개발도상국들은 제 나라의 인구 증가를 억제할 의무는 물론 나라 안의 빈부 격차의 해소를 나라의 서양식 공업화에 앞세워야 할 의무를 지니고 있는 것이다. 이는 우리 겨레를 포함한 인류의 생존을 지속시키기 위한 우리의 의무인 것이다.

8

광물과 같이 한번 파내서 쓰고 나면 아주 없어지고 마는 자원들이 세계에 아직도 얼마나 더 묻혀 있는지는 아무도 모르지만, 천연가스가 바닥이 나고 있다는 것은 알려진 사실이다. 그럼에도 불구하고 세계의 에너지 총 소비량의 75%를 겨우 10개도 안 되는 선진 공업국들이, 그것도 무려 35%를 미국이 단독으로 쓰고 있다. 그런데 이보다도 놀라운 사실이 있다. 세계의 에너지 사용량의 총량이 11년마다 2배씩 늘어나고 있다는 사실이다. 그래서 원자로의 계속적인 증축을 주장하는 이들이 있다. 그러나 방사능이 들어가는 폐기물을 수천 년 동안 보관하는 문제를 먼저 해결하기 전에는 인류가 제 무덤을 파는 격이라는 이들도 있는 것이다. 하여간에 유한한 세계 에너지원을 놓고 선진 공업국들이 지나치게 많이 쓰고 있는 것만은 틀림이 없다. 지금의 가난한 나라들을 보아서도 부당하거니와 인류 전체의 후손들에게도 잘못된 처사이다.

그뿐만이 아니다. 에너지의 과잉 소비는 지금 선진 공업국 사람들의 인간적인 삶의 질을 도리어 저하시키고 있다. 그러나 다행히도 세계의 자원 중에는 재생이 가능한 것들도 많다. 산의 나무와 바다의 고기 등이 그것이다. 그러나 그 자원도 재생에 위협을 받기 시작한 것이다. 재생량보다 인간의 사용량이 많아서이기도 하고, 인간이 재생 조건을 악화시켜서이기도 하다. 바다 고기를 잡는 인간의 기술은 해마다 개발이 되고 있는데, 어획고는 1970년을 고비로 도리어 줄어들고 있다. 전문가들은 과도한 어획과 바닷물의 오염을 그 원인으로 보고 있다. 세계적으로 바다의 오염만이 아니라 다른 공해까지 합치면 14년마다 그 정도가 2배로 늘어나고 있다는 것이다. 지구가 지니고 있는 공해의 흡수력이 제아무리 크다 할지라도, 거기에는 한계가 있다는 사실을 전문가들은 말하고 있다.

지금의 서양 나라들은 과학기술로 공업사회를 이룩해서 제 나라가 부자 되는 데에는 성공했지만, 국민생활의 질을 높이는 데 실패한 것은 물론, 다른 나라의 사람들마저 그 생존을 위협받게 만든 것이다. 인류 공유의 자원을 지나치게 낭비했을 뿐만 아니라, 지구를 급격히 오염시킴으로써 자신들과 나머지 인류의 생명의 원천을 파괴하고 있는 것이다. 사람이라면 어느 나라 사람이거나 스스로의 생명의 원천을 수호할 권리를 행사해야 할 것이다.

9

이제는 생존이 위태롭게 된 인류를 놓고 그리된 연유를 더듬어 보자. 이제는 전쟁의 역사처럼 되어 버린 인류의 역사를 놓고 이리된 까닭을 생각해 보자. 이제는 부국강병의 도구가 되어 버린 세계의 교육을 놓고 왜 그리됐는가를 따져 보기로 하자. 이제는 사회적 문맹이 되어 버린 세계의 많은 학교 졸업자들을 놓고 어떻게 해서 그리됐는지를 알아보기로 하자. 물론 지금의 학교를 졸업하고도 사회적 지성을 지닌 이들이 있기는 하다. 물론 교육을 어느 정도로는 세계 평화의 도구로 삼고 있는 나라도 없는 것은 아니다. 사실 그런 교육이 있고, 그런 졸업생들이 있기에 인류는 생존과 행복을 위해 새 길을 찾기 시작한 것이기도 하다.

이 점에 있어 우리 겨레도 예외는 아니다. 제2차 세계대전 후의 미·소를 비롯한 세계 교육이 그러했듯이, 우리도 남과 북이 이데올로기로만 달랐을 뿐 우리 겨레의 교육은 한가지로 부국강병의 도구였던 것이다. 남북한의 학교 졸업자들이 사회적 문맹이 아니고도 동족 살해를 애국애족으로 속인 명령자를 따라 행동을 했겠는가 말이다. 그 남북한에도 소수이나마 동족 화해를 부르짖는 사회적 지성인의 외침이 있었기에 7·4 남북공동성명에의 합의가 있었던 것은 아닐까? 남북한이 그래 놓고도 지금 말로만 평화요, 실지로는 전투력을 강화하고 있는 점에 있어서도 사회적 문맹들이 학교 졸업자들의 다수를 이루고 있는 세계의 동향과 같은 것이다.

10

나라의 수로 보아서는 10개가 못 되지만 그들이 비축한 핵폭탄으로 보아서는 일본 히로시마에 떨어뜨린 원자탄 200만 개에 해당한다고 한다. 인류의 파멸은 한 번이면 끝장인데, 그만한 분량이면 전 인류를 수십 번 파멸시키고도 남을 만큼이라고 한다. 그러고도 더 만들고 있는 핵보유국들이, 그리고 갖지 못해 발버둥치는 나머지 나라들이 지금도 얼마나 많은가? 전 세계의 과학자와 공학자들의 약 절반이 무기 개발에 관련된 연구에 동원되고 있다니, 명령자들이나 복종자나 간에 유식한 바보들이고도 미친 증세가 아니겠는가? 독불장군이라 했는데, 그 명령자들이 제 나라의 많은 국민들로부터 찬양을 받고 있는 사실을 감안한다면, 지금의 인류 대부분은 분명 미쳐 버린 것이다.

다행히도 우리 겨레는 핵폭탄을 갖지 않았었다. 아니 만들려 하지도 않았다. 그러나 불행히도 동족상잔이 있었고, 그것을 명령하고 동조한 자들이 있었고, 명령한 자를 찬양한 동포들도 적지 않았다. 이 모두는 학교를 다녀 교육을 받은 지식인들이다. 이는 결코 우연이 아니었으니 6·25동란 전 5년간에 걸친, 그리고 그 이전 10년간에 걸친 세계사에서도 그 유례를 찾아보기가 어려울 정도의 전쟁을 찬미한 교육이 있었던 것이다. 청소년을 흡혈귀가 되게 한 교육 말이다. 세계의 전쟁사에서도 악명이 높은 저 6·25의 동란은 있을 수밖에 없었던 것이다. 15년간 받은 교육이 어떤 것이었는데, 그 졸업생들이 동족 살해를 안 할 수 있었으랴. 정치권력이야 동일하지 않았지만, 그들이 강요한 교육은 동일한 전쟁 찬미의 것이었다. 지금의 세계 교육을 보고, 인류의 파멸 여부를 내다보아야 한다.

그렇다. 생존보다 더 높은 도덕적 가치는 없다. 미·소의 지도자들은 핵확산금지를 위한 체결 못지않게 미·소 안에 아직도 기세를 떨치고 있는 부국강병주의 교육 금지를 실천해야 한다. 미·소뿐이랴, 인류의 존속을 위해서는 모든 나라의 집권자들이 전쟁 찬미의 교육을 없애야 한다. 아니 지금의 인류는 스스로가 속한 나라의 지도자들로 하여금 평화 애호의 교육을 뒷받침하게끔 힘을 모아 요구해야만 한다. 인류의 생사가 그에 달려 있으니 말이다.

11

세계를 단위로 해서는 단 한 사람의 굶주림과 헐벗음도 없이 살 수 있을 만큼의 생활필수품 생산 능력을 지니게 된 지금의 인류이련만, 실제로는 무려 3억이나 되는 인구가 굶어서 죽을 지경이고, 앞으로도 2010년에 가서는 그 수효가 10억에 이를 판이라고 한다. 우리 겨레 중에도 그 정확한 수효야 모르지만 굶주리고 헐벗고 있는 이들은 적지 않은데, 미증유의 공업화를 만방에 과시하고 있다. 우리 겨레도 종래의 방식으로 살아가는 날에는 빈부 격차는 더욱 벌어질 수밖에 없는 것이다. 한마디로 세계도 우리도 옳지 못한 사회 속에 있는 것이다. 정의가 아닌 불의의 사회이다. 정의의 기준을 엄격히 적용한다면, 세계의 생산력을 초과하는 소비수준을 누리는 나라는 불의한 사회에 속한다고 할 수 있는 것이다. 초과하는 나라가 있으면 미달하는 나라가 있기 마련 아니겠는가? 정의의 기준을 최대한으로 완화한들, 세계 안에 굶주리는 사람이 있게 만드는 소비수준을 초과하는 나라는 세계 정의에 어긋나는 것이다.

우리 겨레도 마찬가지다. 능력에 따르는 얼마간의 빈부 차이야 용인될 수밖에 없다고 하더라도 다른 사람의 굶주림의 원인이 될 만큼의 소비는 불의에 속한다. 미·소를 위시한 부자 나라들이 세계 생산에서 차지하는 소비 비율을 낮추지 않는 한 세계의 정의는 실현될 수가 없고, 부유층이 겨레의 총생산에서 차지하는 소비 비율을 낮추어야만 겨레의 정의가 실현되는 것이 아닐까. 지구 위의 인간에게서 굶주림만이라도 덜어 주자면 말이다. 그 밖의 다른 도리가 없어진 오늘의 세계임을 어쩌랴. 세계의 가난한 나라들은 부유한 나라들의 내정에, 그리고 나라 안의 가난한 이들은 부유한 사람들의 안살림에 간섭할 권리를 보유하고 있는 것이다. 이제는 그 권리의 행사가 도덕적인 선善이 되는 것이다. 가난한 나라와 가난한 사람들은 물론 온 인류의 존망이 지구 위의 자원 보존과 그 소비 여하에 달려 있는데, 그 자원은 그 위치에 관계없이 인류가 관여할 수 있어야 하고, 그 소비 또한 어느 나라 안에서이든 인류의 생존을 위협해서는 안 된다.

그런데 이러한 생각은 세계 어느 나라 교과서에서도 거의 찾아볼 수가 없다. 세계의 교육은 지금도 국가의 자원 기득권을 가르침으로써 나라 사이의 부익부 빈익빈을 조장하고 있으며, 지금도 서양식 공업사회를 본받도록 가르침으로써 부유층의 낭비를 용인하고 있다. 세계의 교과서는 인류 생존을 위한 새 윤리관倫理觀을 반영해야 하며, 세계의 교육자는 청소년들에게 인류 의식을 고쳐시켜야 한다.

12

　인류의 생존은 인구의 폭발적 증가로 위협받고 있는 것이 사실이지만, 증가된 인류의 질적 저하로도 그 장래가 어두운 처지에 있다. 증가율에 있어 백인보다는 유색인이 높대서 하는 말이 아니다. 일반적으로 말해서 백인들이 유색인들보다 잘살고 있는 것은 사실이지만, 그렇다고 그것이 유색인종의 선천적 열등을 입증하는 것은 아니다. 여기서 말하는 새 인류의 질적 저하란, 새 백인은 옛 백인보다, 그리고 새 유색인은 옛 유색인보다 그 인간적인 질이 낮아지고 있대서 하는 말이다. 좀 더 자세히 말한다면 세계의 아기들이 누리는 물리적 또는 정신적인 환경이 오히려 예보다 못해짐으로써 더욱 착한 사람이라기보다는 더욱 못된 사람이 되고 있대서 하는 말이다.

　이는 무엇에 말미암은 것인가? 인구계획의 이념 빈곤이 이것이다. 새로 태어나는 인류로 하여금 지금의 인류보다 더욱 사람다운 삶을 누리게 하자는 인구 증가의 억제가 아니라, 첫째로는 부모의 경제적인 부담이 경감되고, 둘째로는 부부 중심의 생활을 지속할 수 있게 하려고 추진하게 된 자녀 수 줄이기 계획이었다. 한마디로 도덕성이 결여된 가족계획이었던 것이다. 온 세계의 부부가 이기적인 동기에서 자녀를 덜 가지려 한 까닭으로 그 속에 태어난 자녀들은 부모가 있고도 부모의 참사랑을 맛보지 못한 채 자라나게 된 것이다. 돈을 벌 수 있고 부부가 즐길 수만 있다면, 아기를 껴안고 젖 먹이는 엄마의 일도 돈 덜 드는 남의 손에 맡기어 소젖을 먹이기가 일쑤이고, 아기와 더불어 생활하면서 그의 나머지 일생의 인격적인 기틀을 잡아 주는 아빠의 일도 저버린 채 아랑곳하지 않게 된 것이다. 세계의 새 아기들은 부모가 있고도 그들의 사랑과 교육을 받지 못하게 된 것이다. 속된 말로 후레자식들이 된 것이다.

인류의 장래는 인구가 증가해서만 암담한 것이 아니라, 증가하는 인구마저 그 질이 저하되어서도 암담한 것이다. 가정은 누구에 있어서나 인생 최초의 가장 위대한 학교이고 부모는 그 학교의 교사이다. 인류의 밝은 내일을 위해서는 오늘, 인구 증가의 억제와 함께, 가정의 학교 구실과 부모의 교사 구실을 회복시켜야 한다.

13

오늘의 세계에서 부유한 나라들이란 예외 없이 공업 국가들이다. 가난한 나머지 나라들도 예외 없이 공업화를 서두르고 있다. 온 세계가 공업화의 와중에 놓여 있는 것이다. 목표는 잘 살아 보자는 것이었건만 결과는 최소한의 단순한 생존마저 위협받게 된 것이다. 우리는 대자연과 더불어만 살아갈 수 있는데, 그 자연이 제 구실을 못하게 되어 가고 있다. 수백만 년 동안 스스로 보존하고 스스로 거듭 낳아 온 대자연이 우리의 공업화 시대에 와서 훼손되고 있다. 숨 안 쉬고 물 없이 살 사람이 없듯이, 모든 생물은 맑은 물과 공기가 있어야 한다. 그런데 대기권과 바다가 지금 오염되고 있는 것이다.

과학자의 말에 의하면 식물로부터 나오는 산소는 2,000년을 주기로, 생물로부터 나오는 이산화탄소는 300년을 주기로, 그리고 생물의 체내를 드나드는 물은 2,200만 년을 주기로 완전히 순환되어 재생된다고 한다. 그런데 우리는 지금 그 순환이 어렵도록 만들고 있는 것이다. 세계적인 공업화로 말이다. 먼저 공업화를 서두른 서양 나라들이 다른 나라들보다 잘 살아온 것은 사실이다. 그러나 서양 공업국들의 끝없는 공업화가 서양인

생활의 질을 도리어 저하시키기 시작한 것도 사실이다.

서양이 먼저 공업화한 데에는 무엇보다도 그곳에 과학기술자들이 있어서였다. 그러나 그 과학기술자들을 포함한 모든 서양인들에게 영향을 준 서양 전래의 자연관自然觀이 있음을 잊어서는 안 된다. "자연은 사람을 위해서만 있노라"는 자연관 말이다. 서양인이 먼저 과학기술을 개발한 것도, 그리고 그것의 이용으로 공업화를 실현한 것도 인간에 의한 자연의 일방적 이용을 백번이나 당연시한 서양의 관념이 있어서가 아닐까? 생물학자 찰스 버치는 1975년 11월 케냐의 나이로비에서 열린 제5차 세계교회협의회에서 이렇게 연설한 바 있다.

> 서구 기독교계를 지배하는 자연관은 기술주의적 자연관이다. …… 이러한 기술주의적 자연관에 있어서는 인간을 제외한 삼라만상은 인간의 드라마가 전개되는 무대 이상이 못 된다. ……식물과 동물은 단지 우리가 이용하기 위해서만 존재한다. …… 윤리적 용어로 표현하면 동식물은 우리들에 있어 단지 도구적 가치를 지닐 뿐이다. …… 기독교 신학이 미래에 중요한 역할을 맡을 수 있으려면…… 다시 한 번 자연에 대하여 이지적으로 검토할 용의가 있어야 한다.

서양에는 일찍부터 기술주의적 자연관이 있었고, 기성인들은 그곳에 태어나는 모든 청소년들에게 그것을 고스란히 가르쳤던 것이다. 서양에는 일찍 과학자가 출현하였고, 나머지 사람들은 공업화를 서둘렀던 것이다. 그 끝에 부국강병을 선취하자 나머지 나라들도 뒤쫓게 된 것이다. 이제 서양의 강대국들과 세계의 나머지 약소국들은 죽어 가는 지구를 보고도 자기 나라만은 설마 하는 생각에서 앞을 다투어 공장을 세우고 있다. 이미 만신창이가 된 지구인데, 자기 나라가 먼저 최후의 일격이라도 가하려는 듯이 말이다. 서양 전래의 자연관을 온 세계가 이어받은 것이다. 세계의 모든 나라 청소년들에게 이 그릇된 자연관을 가르치는 것이다. "자연은 단지 우리가 이용하기 위해서만 존재한다"고.

14

또 찰스 버치는 서양인 생물학자이면서도, 기독교 전래의 자연관에 다음과 같이 도전하고 있다.

> 도대체 왜 인간만이 고유한 가치를 갖고 있다고 주장하는가? …… 우리가 도대체 누구이기에 삼라만상에 대해 고유한 가치를 부인하는가? …… 비나 풀들이 그것을 이용하는 사람이 없다고 해서 가치를 갖지 않게 되는가? …… 참새 한 마리가 목숨을 잃어도 신은 안다. 이것은 신이 참새의 수를 헤아리는 계산인이라는 뜻이 아니라 참새 한 마리의 목숨마저도 신에게는 중요하다는 뜻이다. …… 모든 피조물은 조물주 앞에 동료이며, 인간의 책임은 모든 피조물에게 무한히 연장된다. …… 교회는 이러한 문제에 대해서 계속 침묵을 지킬 것인가? 아니면 …… 각성할 것인가? 필요한 것은 과학의 빛에 비추어서 그리고 아프리카와 아시아의 문화적 관념들에 비추어서 자연과 인간과 신의 조화의 의미를 두려움 없이 추구하는 일이다. 우리가 지구 위에 사는 사람들의 거의 3분의 2를 위해 빈곤의 장벽을 깨뜨릴 수 있으려면, 그리고 우리가 계속 지구 위에 살 수 있으려면, 인간의 지구와의 관계와 인간 서로 간의 관계에 혁명이 있어야 한다. 이제 세계의 기독교회는 이 혁명에 참여할 것인지 여부를 선택하지 않으면 안 된다.

어찌 기독교회만이랴. 세계의 학교야말로 자연관의 혁명에 앞장서야 한다. 찰스 버치도 암시한 바와 같이 아시아나 아프리카 등지에서는 인격적인 성격이 모든 피조물에 있어서 예외가 아니라 상례이었던 것인데, 서양 아닌 모든 지역의 나라들이 서양식 과학문명을 받아들이고부터는 서양의 학교를 제 것 삼아 서양의 자연관을 가르쳐 온 것이다. 이제 세계의 학교는 서양 전례의 자연관을 앞으로도 가르칠 것인지 여부를 선택하지 않으면 안 되게 되었다. 그 학생들이, 아니 그 인류가 계속해서 이 지구 위에 살 수 있게 하려면 말이다.

15

이제까지 제시한 나의 생각, 즉 인류 존속의 길을 개척할 일꾼을 길러내는 일이 실현되려면 다른 무엇보다도 세계에 충성하는 교육자들이 아쉽다. 그들을 초국적 교육자라 해도 좋다. 예컨대 로버트 맥가피 브라운 같은 교육자이다. 그는 미국의 대학에서 교편을 잡고 있는 백인이지만, 충성은 미국을 넘어선 세계에 바치고 있다. 다음은 그가 제5차 세계교회협의회에서 행한 기조연설의 일부이다.

나는 내 나라를 사랑한다. 그리고 나는 또한 내 나라를 깊이 부끄럽게 생각하고 있다. 나는 특히 다른 나라들에 대해서 내 나라가 지금까지 저질러 왔고, 앞으로도 계속해서 저지를지 모르는 모든 일 때문에 내 나라를 부끄럽게 여긴다. 당신이 동남아시아에서 온 사람이라면, 당신의 강토와 가족들이 인류가 만든 창조물 중에서도 가장 추악한 존재인 미국 공군 B52 폭격기에 의하여 파괴되었을지도 모른다. 당신이 라틴아메리카 사람이라면, 당신은 아마도 미국 기업의 경제적 착취로 인하여 굶주리고 있는 가족이나 친구를 갖고 있을지도 모르며, 또는 당신네 나라 경찰이 미국 경찰로부터 배운 수법에 의해 고문을 당하고 있는 정치범 친구나 가족을 갖고 있을는지 모른다.

예수는 우리를 모든 그릇된 충성으로부터 해방하여 우리로 하여금 우리 자신이 아닌 사람들의 세계를 보게 될 수 있게 할 뿐 아니라, 또한 우리를 해방하여 타인들 즉 가난한 자, 없는 자들을 위하여, 또 그들과 더불어 투쟁하도록 만든다. 나에게 있어 이것이 무엇을 뜻하는 것인지 몇 가지 이야기해 보겠다. …… 그것은 내가 백인 소수자에 의해서 지배되는 세계를 만족한 것으로 보고 거기에 안주하여서는 안 된다는 뜻이며 …… 나는 백인 소수자가 합당한 비율 이상의 과대한 권력을 갖지 않는 그러한 세계를 만들기 위하여 투쟁해야 한다는 뜻이다. …… 그것은 또한 내가 부유한 자들에 의해 지배되는 세계를 만족한 것으로 보고 거기에 안주하여서는 안 된다는 것을 밝혀 주며, 또 세계 인구의 6%가 전 세계 자원의 40%를 소비하는 그러한 체제가 인류에게 미치는 파괴적인 결과를 똑바로 볼 수 있도록 도와주며, 그렇기 때문에 나는 미국의 정치·경제 체제들을 재조직함으로써 세계 자원의 보다 공평한 배분을 실현할 것을 지향해 나감에 따라, 내 자신의 소비수준이 저하되어야만 하는 그러한 세계를 만들기 위하여 투쟁할 것을 밝혀 둔다.

…… 그것은 또한 한 나라가 다른 나라들의 문화를 통제하려는 시도가 얼마나 야수적인 것인가를 똑바로 볼 수 있도록 도와주며, 그러기 때문에 나는 내 나라가 더 이상 세계 제일이 될 수 없는 그러한 세계, 착취당하는 칠레의 한 노동자가 미국의 어떤 기업체의 이윤보다도 더 존중받는 그러한 세계, 외교적인 압력 수단으로서 네이팜탄이 사용되는 일이 더 이상 일어나지 않는 그러한 세계를 만들기 위하여 투쟁할 수 있도록 나를 자유케 한다.

16

세계의 청소년들로 하여금 인류 존속의 길을 개척할 일꾼이 되게 하자면 각국의 교육이 국적을 초월한 지위하에 있어야 한다. 주한 미국교육 사절단장을 역임한 바 있는 헤롤드 벤자민 교수는『전쟁과 평화를 위한 민중교육의 본질에 관한 고찰』이라는 책자에서 다음과 같이 주장하고 있다.

국가의 지도자들은 서로 타국의 지도자들이 평화를 위협하고 있다고 비난함으로써 국민 속에서 자기의 중요성을 과장하고 있다. …… 국제적 모임의 보도자들은 어떠한 외무장관이 눈썹을 찡그린다든가, 어떤 한 외교관이 화난 것처럼 걸어간다든가, 또는 국무총리를 지낸 바 있는 아무개가 휘황찬란한 문구를 사용했다든가를 마치 다가오고 있는 전쟁의 날과 씨나 되는 것처럼 숨을 죽이며 묘사하고 있다. 이 모두는 얼핏 보면 놀랄 만큼의 천진난만성을 지니고 있다 하겠으나 사실은 사람들을 그릇된 판단으로 이끄는 길인 것이다. 전제군주들이 제 신하들을 정권놀이판의 저당물이나 되는 것처럼 마음대로 다루었던 그런 시대라면, 앞서 말한 바와 같은 국제생활의 여러 사실들에 대한 무지를 눈감아 줄 수가 있을 것이다. 90% 또는 그 이상이 강력한 교육을 받은 한 유럽 국민이, 뻐기고 허풍 치는 점에서 크게 뛰어난 지도자 뒤에서 세계대전에 총력을 기울인 일을 우리 세대는 두 번씩이나 보았던 것이다.

'총통의 만능성'이란 하나의 부조리임에 틀림없는 것이다. 점잔 빼면서도 발광에 가깝도록 이기적인 총통이 있다는 것은, 무엇보다도 점잔 빼면서도 발광에 가깝도록 이기적인 사람들이 있다는 것을 뜻하는 것이다. 그런데 그 총통이나 그 사람들은 그 점잔 빼기와 그 이기주의를 다름 아닌 교육에 의해서 습득한 것이다. 그들로 하여금 지금 소리 높여 외치게 할 것은, 이러한 못된 교육의 대부분은 위로부터 강요당한 것이라는 사실, 이 나쁜 교육은 민중 자신들의 지휘가 아니라 국가의 흉악한 지도자들의 지휘하에 있었다는 사실이다. 그들 민중으로 하여금 명심케 할 것은 자기들의 교육의 본질과 목표에 대한 핵심적 책임은 그들 민중 자신의 것이고, 오직 민중 자신만의 것이라는 것, 민중은 자기들의 모든 교육을 지휘할 의무를 회피하려야 할 수 없다는 것이다.

……세계의 민중들이 그들 자신의 교육에 대한 지휘권을 증대시키면 시킬수록 그들의 교육적 통찰력·추진력·능률·공헌도도 증대하게 될 것이다. …… 이 길이 우리가 꼭 가야만 할 길인 것이다. 우리가 집념을 품고 이 일에 충실하면 무지한 이와 그 한 패들의 힘으로도 깨뜨려질 수 없는 평화를 실현시키는 세계적 교육 체제를 발전시킬 수 있는 것이다.

민주교육과 인권

1. 가정교육과 어린 자녀의 인권

(1) 태교를 못 받는 배 안의 아기

태교란, 아기 선 여성이 스스로의 삶 모두를 배 안 아기를 중심으로 새롭게 통제해서 그 아기에게 최선의 성장 조건들을 마련해 주는 일이다. 아기 서고부터는 욕설이나 싸움질을 듣지도 보지도 하지도 않고, 더군다나 사람을 이용하고 해쳐서 제 이득을 채우는 따위는 생각조차 안 함으로써 배 안 아기의 마음과 몸이 아기 선 이 스스로의 참되고 착하고 아름다운 삶과 더불어 최대한으로 성장하게끔 도왔던 것이다. 그런데 적어도 천 년이 넘도록, 한국의 배 안 아기라면 누구라도 받아 온 이 태교를 이제는 못 받게 되었다. 옛적에는 극심한 남존여비의 사회 속에서나마 아기가 배 안에 서고부터는 그 여성이 극진한 인간적인 대접을 받음으로써, 배 안의 아기는 인생 최초의 좋은 교육을 받을 수 있었던 것인데, 요즈음은 남녀평등을 지향하는 사회이기도 하지만 아기 선 여성이라고 해서 사회로부터 이렇다 할 배려를 받기는커녕 아기 덜 갖기 운동 바람에 태교는 엄두조차 못 두게 되었다.

겨레의 역사가 있은 지 얼마 후부터인지는 모르나, 하여간에 아기 선 여성을 홀몸 아닌 이로 불러 온 것만 보아도 까마득한 옛적부터 배 안 아기가 이미 하나의 사람으로 헤아려졌음은 분명하다. 온 집안이 태아교육에 나서고 온 동네가 이에 협조한 것은 결코 우연이 아니었던 것이다. 그런데 요즈음은 어떠한가. 위장이나 허파가 몸의 일부인 것처럼 배 안 아기도 모체의 부분으로 헤아리게 된 것이다. 배 안 아기가 소중하다 해도 위장만큼만 중요한 부분에 지나지 않는 까닭에 모체의 필요에 따라 언제라도 수술하게 된 것이다. 그뿐만이 아니다. 위장이야 모체의 삶에 없어서는 안 될 부분이지만, 그렇지도 않은 배 안 아기야 그만도 못한 하찮은 부분으로 여기는 경향마저 생기게 된 것이다. 이리하여 지금의 한국에는 예나 다름없이 태아야 많지만, 그저 안전하게 보호받는 것이 고작일 뿐 태교를 받고 바르게 자라는 태아는 없어진 것이다. 아니, 냉대받는 죄수처럼 열 달 동안을 배 안에 갇혔다가 세상에 나오는 태아가 적지 않게 있는 것이다. 한국에서의 인권운동은 모름지기 태교의 되찾기부터 시작해야 할 것이다.

(2) 어미 사랑도 어미젖도 굶주리는 젖먹이 아기

옛적의 어버이들이라고 지금의 어버이들보다 잘산 것은 아니었지만, 누구나가 젖먹이 아기에만은 애정도 모유도 흡족할 만큼 대어 주고, 그 시기의 사람다운 성장을 십분 보장해주었다. 그런데 지금의 어버이들은 금력과 권력이라는 우상을 섬기는 나머지 젖먹이 아기에게는 남을 시켜 소젖(우유)이나 먹게 하고는 많은 어머니들이 돈 벌러 집을 나가게 된 것이다. 더 말할 나위도 없이 우유가 송아지에게 가장 좋은 영양이듯 사람 아기에 가장 좋은 영양은 그 어머니의 젖이다. 그뿐만 아니라 사람의 아기가 송아지와는 달리 사람답게 자라나려면 제 어머니의 따뜻한 애정도 받아야 하는데, 지금의 젖먹이 아기들은 이 둘 다를 굶주리게 된 것이다. 사람이라면 누구나 타고난 사람답게 생존할 권리인데, 이것이 아기의 경우

에는 어머니의 사랑을 받고 어머니의 젖을 먹을 권리인 것이다. 그것 없이
는 그냥 생존이야 할지언정 사람답게는 자랄 수가 없는 것이다.

　세상에 태어나자마자 버려진 아기 중에 어른 되어 훌륭한 사람으로 살
다 간 이가 있는 것은, 모유야 우유로 대신했기로, 친어미에 진배없는 애
정이라도 흡족히 받아서이다. 그런데 지금의 젖먹이 아기들은 고아도 아니
면서 모유도 어미 사랑도 굶주리게 된 것이다. 생각하면 어느 어미도 제
분신인 아기에게 사랑과 젖을 주고 싶지 않아서 안 주는 것은 아니다. 돈
없으면 사람답게는 고사하고 짐승처럼도 살 수 없는 세상이고, 돈 벌려면
내 것 빼앗기기 전에 남의 것 빼앗을 힘이 있어야 하는지라 젖먹이 아기
엄마라고 아기 곁에만 있을 수가 없게 되었다. 집 나가서 힘들여 버는 돈
의 액수와 사람을 두어 아기 키우는 비용과를 타산하게 된 것이다. 그 끝
에 수입 지출이 맞아떨어져서 젖먹이 곁을 떠나게 된 그 엄마인 것이다.

　우리는 돈을 벌고 권세를 누리기 위해서는 약육강식이 예사가 된 지금
의 이 세상부터, 사람들 세상인데 사람을 섬기며 사는, 아니 가난하고 약
한 사람일수록 위해 주는 세상으로 고쳐 나갈 일이다. 가난하고 약한 사
람으로야 젖먹이 아기가 제일이다. 나라가 이들에게 어머니의 사랑과 젖
을 보장해 주어야 한다. 돈을 벌기 위해 젖먹이 곁을 떠나지 않을 것을
조건으로 주는 보조금 형식으로, 또는 취업한 기혼 여성에게 아기 젖먹이
는 기간 후의 복직을 보장하는 형식으로, 나라는 모든 젖먹이 아기에게
엄마의 사랑을 받고 젖을 먹을 권리를 보장해 주어야 한다.

　(3) 함께 놀아 주는 어른들이 없는 취학 전 아이

　일어서서 걸어 다니고, 조금씩이나마 남의 말을 알아듣고 제 생각을
말하게 되고부터, 그가 사람답게 성장하는 길은 그렇게 되기를 바라는 어
른들과 함께 노는 데 있다. 차디찬 감시나 마지못해 하는 보호가 아닌,
선의를 갖고 함께 놀아 주는 어른들이 있어야만 아이의 몸은 물론 마음

까지가 사람답게 자라나는 것이다. 이 시기에 맘껏 놀지 못하는 아이라 함은 공부하지 못하는 학생이나 일하지 못하는 어른과 같은 뜻이다. 학생에게 배울 권리가 있듯이 취학 전 아이에게는 어른들과 함께 놀 권리가 있다. 못 배우면 학생도 아니듯 못 놀면 아이도 아닌 것이다.

그런데 요즈음의 취학 전 아이들은 어떠한가? 도시의 어른들도 가난하고 능력 없으면 살기 어려운 법인데, 취학 전 아이들은 그저 제집 안에만 갇혀 있어야 어른들의 횡포로부터 안전할 지경이 되었다. 어느덧 남의 집 아이라면 제집 강아지만큼도 여기지 않게 된 것이다. 나라에서 마련해 놓은 놀이터라야 서민들에게는 새 발의 피만도 못하고.

그렇다면 농촌은 어떠한가? 이름만 아직 농촌이고, 외양만 농사짓고 있는 것이지, 돈벌이와 잘 살기 위한 욕심만은 도시와 조금도 다를 바가 없다. 도시에서는 먹어서 해로운 식품이 나돌고 있지만, 농촌에서는 돈이 안되면 심어 놓은 채소도 뽑아 버린다. 그뿐만 아니라 권세 누리고자 한 마을 사람도 해치고 돈 벌자고 그냥 두어두는 자연이 없다시피 하는데, 한동네의 취학 전 아이들과 함께 놀아 주는 어른들이 있을 턱이 없는 것이다.

돈과 권력 대신 사람을 섬기며 사는 세상부터 이룩해야만, 그리고 어른들에 앞세워 아이들부터 보살펴야만, 그래서 동네마다에 취학 전 아이들의 학교인 놀이터가 세워지고 부모 대신 그들과 함께 놀아 주는 것이 본업인 어른들이 배치되어야만, 인권마저 못 누리고 짐승처럼 커 가야만 하는 취학 전 아이들이 없어질 것이다.

2. 초등교육과 어린이의 인권

(1) 집안이 가난하면 못 받는 유치원 교육

도시에나 있는 유치원인데 그나마 공립 유치원은 없다시피 하다. 사립 유치원이라야 당국으로부터의 재정 보조도 없이 시설 기준만 통제받기 때문에 잘사는 집이라야 부담할 돈을 받을 수밖에 없는 것이다. 가난한 집이 월등하게 더 많은 도시에서, 잘사는 집 아이들만 모아놓은 유치원의 분위기가 건전한 것이 되기란 매우 어려운 일이 아닐 수 없다. 다섯 살배기 아이들의 교육을 전공한 선생이 있다손 치더라도 허영에 들뜬 자모들의 압력을 받고 있는 유치원 경영자의 눈치를 보느라 초등학교 1학년의 공부를 가르치는 것이 일쑤가 되고 만 것이다. 이래서 안 다니는 것만 못하게 되는 아이들도 숱하게 있는 것이다.

생각하면, 아이들이 받게 될 공식적인 교육의 시작이 유치원인데, 다섯 살배기 우리 아이들 거개는 가난해서 못 받는 형편이고, 집이 잘살아서 받는 소수라야 저질의 것일 경우가 많은 것이다. 그럼에도 불구하고 무상으로 교육하는 공립 유치원을 농촌부터 초등학교에 병설토록 해서 최단시일 내에 의무교육화하려는 움직임은 좀체 보이지 않고 있다. 아이들이 사람답게 자라나자면 그때그때에 받아야 할 교육을 놓치지 말아야 하는 법이고, 그릇되게 받은 교육은 나중에 취소하기도 어려운 법인데, 지금의 우리 다섯 살배기들이 바로 이런 경우에 해당되고 있는 것이다.

(2) 차별받고 소외당하고 있는 초등학교 아이들

동일한 교원이 도시에 있는 학교에서 아이들을 가르치면 보수마저 시골에서의 경우보다 더 많은 사실과, 당국이 무능의 평가나 부정의 판단을 내린 교원이면 시골에 있는 학교로 인사 조치하는 사실만으로도 시골에서 학교 다니고 있는 아이들이 교육 당국으로부터 차별받고 있다는 입증이 충분하다. 그러나 공부 못하는 아이들이 당국으로부터 소외당하고 있다 함은 보다 자세한 설명이 필요하다.

우선 한 교실을 두 학급이 쓰는 2부제라는 조건인데도 학급당 아이들 수가 70명에 가까운, 1부제인 경우에는 90명에 가까운, 이른바 콩나물 교실에서 나날을 보내고 있는 도시 아이들의 경우를 생각해 보자. 나이만 같을 뿐 머리의 발달로야 최소한 3년이나 차이지는 아이들이다. 하나 그 뿐이랴. 우리 사회의 각계각층을 망라한 가정의 우리 어린 자녀들이다. 천하의 유능한 선생도 적어도 그 3분의 2는 본의는 아니나마 안 가르치게 되는 것이다. 좋은 집안에 태어난 머리 좋은 아이들과 보통 아이들은 제쳐 놓고 어려운 집안에 태어난 뒤처진 아이들만 사랑하고 가르치는 일이야 그 반의 선생이 하기 탓이다. 그러나 보통과 그 이상의 아이들이라고 배우는 것 없이 학교를 오가게 해서도 안 되는 것이 아닌가? 어떤 아이들에게도 있는, 사랑받으며 배울 권리인 것이다.

그런데 여기에 또 하나 고려해야 할 요소가 있다. 다른 책은 절대로 안 되고 꼭 그것만 가르쳐야 하는, 그리고 주어진 기간 내에 반드시 떼어야 하는 딱 한 가지의 국정 교과서이다. 그대로 안 하면 선생이 교단을 물러서야 할 판인데, 지금의 자기 반 아이들에게는 배우기 어렵고, 쉬운 정도에 있어 교과서보다 알맞은 교재가 있어도 안 가르칠밖에. 그리고 교과서를 가르쳐 가는 속도를 훨씬 늦춰야 더 많은 아이들이 알아들을 것을 뻔히 알면서도 여전히 교과서의 책장을 넘길밖에. 또 지금과 이곳이라는 아이들 생활장에서의 진실을 내용 삼아 가르쳐야만 아이들의 참다운 학력과 학습의욕의 신장이 가능하다는 것을 잘도 알지만 신물이 나도록 교과서만 뒤지게 할 수밖에 다른 도리가 없는 것이다. 바로 이래서, 어려운 집안에 태어나서 발달이 늦어진 채 초등학교에 다니고 있는 아이들은 배우는 것은 없이 학교만 오가게 된 것이다.

교육 당국이 지어 준 조건 속에서 당국이 하라는 대로 하고 있는 선생들인데, 공부 못하는 아이들은 분명 당국에 의해 소외당하고 있는 것이다. 당국은 더도 말고 유능한 선생들의 근무지 희망 경향이 시골에 쏠릴 정도로만 시골 학교 선생들의 사회경제적 대우를 개선하고, 더도 말고 어려운 집안의 뒤처진 아이들도 선생의 사랑을 받고 배우는 것이 있어 신바람이 날 만큼 학급당 학생 수를 줄이고, 더도 말고 선생이 교과서를 떼기 위해서가 아니라 학생 하나하나를 가르치기 위해서 교단에 선 사람으로 보일 만큼만 선생들에 대한 행정적 통제를 완화해야 한다.

3. 중등교육과 십 대 학생들의 인권

(1) 껍데기로 길들여지고 있는 중학생들

한 배의 일란성 쌍둥이도 속은 서로 같지 않아서, 잘만 가르쳐서 기르면 둘 다가 남이 대신 못할, 그리고 이 세상에 없어서는 안 될 훌륭한 사람이 될 수 있는 것이다. 사람이면 누구나, 교육받아서 남과 다른, 그래서 남이 대신 못할, 속이 있는 자기가 될 권리가 있다. 그런데 요즈음의 학교 교육은 어떠한가? 마치 서로 다른 학생들을 입학시켜서 하나같이 속없는 사람으로 만들어 졸업시키는 것이 학교의 할 일처럼 되어 있는 것이다.

초등학교라고 그렇지 않은 것은 아니지만, 중학교부터는 바짝 더하다. 소년 죄수가 된 것도 아닌데, 소년병이 된 것도 아닌데 입학식 날부터 졸업하는 날까지 학생들의 마음 차이를 없애는 것이다. 어른도 벌 받기를 싫어하고 상 타기를 좋아하는데, 학교에서 그토록 자주 주는 상과 벌은 다른 것이 아니다. 많이 닮아졌다고 주는 것이 다름 아닌 상이요, 아직도 다른 데가 남아 있대서 주는 것이 다름 아닌 벌이다. 공부를 잘하고 행실이 단정해서 주는 상인 것 같지만, 그 공부 그 행실의 속을 보라. 낡은 것을 새것이라고 해도 믿고 외운 공부요, 증오를 사랑이라 해도 따라 행한 행실이다. 사람답게 달라졌대서가 아니라 하나같이 껍데기만 남았대서 주는 상이다. 그렇지가 않은데도 준 상이 얼마간 있기로, 그것마저 이전 보다는 스스로 생각해서 행하는, 자유 하는 사람이 됐대서 주는 상은 결코 아니다.

상이야 무관심인 사람들이 얼마든지 있지만 벌은 누구나 두려워하기 마련이다. 그런데 중학교부터는 이 벌이 더욱 기세를 떨치고 있다. 작게는 개인적 모욕에서부터 크게는 제적에 이르기까지 간단없이 퍼부어 댄다. 그 기준은 딱 한 가지, 시키는 대로 안 했대서이고, 하나같이 닮아 가고 있지 않대서이다. 믿으라는 교과서를 의심했대서 약육강식하라는데 사람을 섬겼대서 주는 벌이다. 지렁이조차 밟히면 꿈틀거리는데 열세 살 중학생들이랴. 이 세상 누구와도 다른 '자기 될 권리'의 침해에 항의하지만 그러면 더 받게 되는 처벌인 데야, 사람이고도, 여간한 사람이 아니고는 별수 없는 것이다. 애완동물처럼 혹은 가축처럼 길들여지는 것이다.

그런데 학교가 학생들에게 주는 상과 벌의 모두는 학교 탓만은 아니다. 그 많은 학교들이 어째서 그렇게도 하나같을 수가 있을까? 교육 당국의 교육 방침 탓도 있는 것이다. 학생도 사람인데 섬김을 받으며 자라나야만 이다음에 사람을 섬기며 사는 사람다운 사람이 되는 것이다. 교육 당국은 교육 여건의 조성에 힘쓸 뿐 일선 학교들을 하나같이 묶지 말아야 한다. 그래야 그 학교들이 학생들의 독창적인 자기 되기를 북돋아줄 수 있다. 속이 남과 다른, 그래서 남이 못할 일을 할 수 있는, 이 세상에 없어서는 안 될 훌륭한 사람이 되게 교육할 수가 있는 것이다.

(2) 청소년 수용소에서 반인非人 교육을 받고 있는 고등학생

새 말을 만들었으니 말 풀이부터 하자면 고등학교를 두고 '청소년 수용소'라 했음은, 학교 안에서의 학교생활이 참과 착함, 아름다움을 배우는 즐거움에 차 있는 것이 아니라, 교사들의 감시와 냉대와 처벌이 난무하고 있어서이다. 그리고 '반인 교육'이라 했음은 고등학교 학생들이 의당 받게 되어 있는 전인교육을 못 받고, 비리·비정의 입시 공부가 아니면 값싸게 팔아먹을 기술이나 익히고 있대서이다.

생각하면, 일제하의 중등교육이 바로 그러했대서 해방과 함께 내버렸

던 복선형 교육제도인데, 그래서 지금도 공업학교가 아니라 공업고등학교인데, 이름만 고등학교일 뿐 요즈음에 와서는 더욱이 일제 강점기의 공업학교를 닮아 가고 있는 것이다. 공업고등학교인데 어찌 기술을 익히지 않는 것이 옳으랴만, 일제 강점기와는 달리 국민이 임자인 나라가 된 까닭에 임자 노릇할 만한 자질도 길러 주어야 공업고등학교인 것이다. 공업의 두 글자가 붙어 있지 않은 고등학교라고 어찌 대학의 입시 준비만 시켜서 옳으랴.

대학 나와서 사회의 지도자가 될 사람일수록 근로자들을 섬기는 법을 가르쳐 주어야 하고, 그러자면 학생 시절에 땀 흘려 일하는 고귀함을 체험시켜야 한다. 그런데 지금의 고등학생들은 어떤 처지에 있는가? 실업계 고등학생들인 경우 뒷받침이 어려운 집안에 태어나서 공부를 잘하지 못해 대학 입시 공부만 전문하는 고등학교에 진학하지 못한 것도 억울하거늘, 수업 시간의 절반 이상을 기술 익히기에 보내는 판이라, 대학 진학을 숫제 단념할 수밖에 없는 것이다. 이제까지의 사회를 두고는 고등학교만 나오고야 대학 출신에 비해 말도 아닌 대접밖에 안 해 온지라, 이제부터의 인생을 절망하고 있는 것이다. 그렇다면 선생님이라도 학생들의 이 마음 아픔에 동참해 주고 있느냐 하면 도리어 마음의 상처를 쑤시기나 하듯, 졸업 후 취업하면 업주에의 순종만이 미덕이니라 되풀이하고 있다. 물론 실업계 고등학교라고 대학 진학의 길이 완전히 막혀 있는 것은 아니다. 학생인데 미리부터 속없는 직공처럼 생활하고도, 학교의 눈에 든 극소수의 우등생만이 진학하게 되는 것이다.

또 대학의 입시 공부만 시키고 있는 비실업계 고등학생들의 처지를 생각해 보자. 국가 시행의 예비고사부터 합격해야 되고, 그 시험문제는 교과서에서만 객관식으로 나기 때문에 젊음을 바쳐 필사적으로 해대는 공부라야 교과서가 아니면 안 하는, 그런 사람이 된 것이다. 겨레에 대한 긍지는 고사하고 도리어 부끄러움에 찬 나머지 부강하기만 하면 남의 나라를 섬기려 들고, 인권의 존중은커녕 상냥하게 인사를 안 했다고 하급생에게 폭력을 휘두르게까지 된 것이다.

그도 그럴 것이, 학생 선도의 이름으로 범인을 수색하는 형사처럼 느닷없이 학생들의 호주머니를 뒤지는 선생들이 있는가 하면, 학력 신장의 방편으로 공부 못하는 학생들을 멍들 만큼 매질하는 선생들도 있는 것이다. 선생들도 그럴 것이, 공사장의 일꾼처럼 선생을 감시하고 부리려 드는 교장들이 있는가 하면, 시험 성적의 학급 평균 비교로 교사의 좌천을 내신하는 교장들도 있다. 그런데 교장들도 그럴 수밖에 없는 사정이 있다. 교육 당국은 학생 탈선의 정도에 따라서는 그 장소와 시간을 불문하고 교장의 파면도 불사하겠노라고 하고, 학력을 신장시키지 못한 학교는 학교장을 엄중 문책하겠노라고도 하고 있다.

지금의 고등학생들이 내일의 나라 임자답게 착하고도 유능한 사람으로 자라나려면, 학교 밖의 사회부터 정의롭고 민주적으로 되어야 할 것은 물론, 학교 안 사회 또한 사람이 으뜸으로 존중되는 분위기라야 한다. 그러고는 고등학교의 운영도 본래의 제도대로 단선형으로 해야 하고, 학생들에게 진짜 공부를 외면하게 만드는 대학입학 예비고사도 폐지해야 한다. 교육 당국은, 어느 대학에도 입학 지원자들 중에서 자격 있는 사람만 선발할 능력이 있고, 어느 고등학교도 주어진 조건만큼은 최선을 다해서 학력 신장에 임하고 있다는 것을 의심해서는 안 된다.

4. 고등교육과 대학생들의 인권
- 핍박받고 있는 대학생들

더 말할 나위도 없이 교수의 강의를 듣고 지도를 받아서, 첫째는 진리를 탐구하고자, 둘째는 민주적인 지도자로서의 소양을 닦으려고 입학한 것이 대학생들이다. 강의에 출석하고 시험에 응하는 것은 그래야 학점을 따고 대학을 나올 수 있기 때문일 뿐, 교수의 학문과 인품을 배우려고 해서가 아니게 된 것이다. 대학의 안도 밖의 사회와 같아졌는데, 이제는 진리 대신 힘이 대학의 임자가 된 것이다. 이름만 대학이지 속은 소학도 아니게 된 것이다. 대학생이 소학생도 아니게 된 것이다.

이 세계의 어느 겨레 못지않게 자치 능력을 지닌 우리 겨레인데, 우리는 머지않아 자치하는 대학을 보게 될 것이다. 마음 놓고 진리를 탐구하고, 그 진리에 따라 살면서 마음 놓고 민주적 지도자로서의 소양을 닦게 될 대학생들을 우리는 곧 보게 될 것이다.

5. 민주교육과 인권, 그리고 통일

이상에서, 한국인이 어머니의 배 안에 있을 적부터 세상에 태어나 어른이 되기까지 교육받으며 자라나는 과정에서 침해당하고 있는 인권의 대강과 그것의 보장을 위한 교육개혁의 윤곽을 말한 셈이다. 그러나 이 모두는 교육받으며 자라나고 있는 한국인을 너무도 가까운 자리에서, 그나마도 여러 부분으로 나누어 보고 생각한 흠이 있다. 산속에 자리 잡고는 산의 전모를 모르듯, 지금 교육받으며 자라나고 있는 한국인의 전모를 밝혀내려면, 그 한국인이 속해 있는 민족의 역사적 현실과 아울러 생각해야 할 것이다.

더 말할 나위도 없이 민족 최대의 과제는 분단 극복이다. 일제 강점기에서의 식민 극복과도 같이 분단 극복 없이는 지금도 일제 강점기에서처럼 한국인의 인권은 침해될 수밖에 없는 것이다. 생각하면 분단 자체가 우리의 힘으로 식민 극복을 못해서 안겨진 비극이지만, 그새에 언급한 교육 중의 갖가지 인권 침해라야 깊이 따지고 보면 민족 분단으로 말미암은 것 이외에 아무것도 아닌 것이다. 해방 후의 교육이 부끄럽게도 민주교육이 되지 못하고 일제 교육의 닮은꼴이 된 것도 분단 극복이 아닌 분단 순응, 동족 화해가 아닌 동족 대결의 부산물에 지나지 않는 것이다. 최근 10여 년간에 걸친 부익부 빈익빈이나, 국가 예산 팽창에 반비례한 교육 예산의 감축이나, 그중에서도 농촌 학교에 대한 차별 등, 분단인 채로는 해결이 어렵다 할 수밖에 없다.

첫머리에 이야기한 태교니, 젖먹이 아기 교육이니 하는 것도 결국엔 무리한 가족계획의 촉진이 필요 없게 되는 날이 와야만 풀릴 문제인 바, 경제력을 놓고 남북이 대결하는 한은 한국의 가족계획 추진은 더욱 가열될 수밖에 없다. 그뿐이랴. 강산은 오염되고 자원은 고갈되고, 그래서 후손들은 생존권을 빼앗길 지경에 이를지도 모른다. 일제하 식민 극복이 민족의 생존권을 보장하는 큰길이었듯이, 지금 민족의 생존권을 보장하는 큰길은 분단 극복이다. 더도 말고, 민족의 이름으로 우리 아이들 앞에서 온 천하에 다짐한 7·4 공동성명 그대로를 실천에 옮기는 일이다. 이것이 우리 아이들은 물론, 모두의 인권을 궁극적으로 보장하게 될 큰길인 것이다.

바른 교육을 위하여

1. 교육을 보는 눈

우선 '교육'에는 학교에서의 그것만이 아니라 가정에서의 교육도, 그리고 그 밖에서의 교육까지 포함시키고 싶습니다. 뿐만 아니라, 미성년자들에 대한 교육만이 아니고, 요즈음 활기를 띠기 시작한 노인들에 대한 교육도 포함시키고 싶습니다. 따라서 필자가 교육 운운할 적에는 교원이 일부러 가르치는 것만이 아니라, 그가 그도 모르게 또는 남들이 알게 모르게 끼친 모든 영향까지 포함시키고 있습니다. 사람이 끼친 영향만도 아닙니다. '자연'이 스승일 수 있음은 물론, 학생이 원해서 쌓아 가는 경험 모두가 선생일 수 있다고 생각합니다. 한마디로 사람을 짐승이나 다름없는 상태에서 조금이라도 사람다워지게 한 것이면 그 모두를 교육 속에 포함시키고자 합니다.

'교육'을 이렇게 보는 까닭에 필자는 모든 교육을 좋은 것으로 생각지는 않습니다. 나쁜 교육도 적지 않게 있으며, 따라서 교육합네 하고는 교육받는 이들의 마음을 해치는 교육자들조차 없지 않다는 것이 필자의 생각입니다. 배우는 이들에게 나쁜 사람 되라고 가르친 교육자야 없지만, 그 사람에게 꼭 가르쳐 주어야 할 진실을 덮어 두고 가르쳐 주지 않거나,

가르치는 주되 그것을 왜곡하거나 한다면, 그것이 바로 배우는 이들을 해치는 경우입니다. 뿐만 아니라, 가르쳐 준 것에는 무엇 하나 거짓된 것이 없을지라도 배우는 이들의 능력에 비추어 그것들이 배워질 수가 없다면 그 또한 해치는 짓 속에 포함됩니다. 배우는 것 없이 긴긴 시간을 듣고만 있자면, 그의 몸도 마음도 악화될 것은 뻔한 일입니다.

'교육'이 하기만 하면 모두 좋은 것이 아니고, 하기에 따라서는 매우 나쁜 짓이 되는 것이라면, 교육이 그리되지 않도록 미리 막는 무슨 길이라도 없는 것일까? 지난날 교육을 그토록 나쁜 짓이 되게 했던 원흉은 대체 무엇이란 말인가? 교육을 정치하는 수단으로 삼았던 일, 사람을 정치적인 제물로 쓰려고 거짓을 가르쳤던 일, 바로 그것입니다. 그 속에는, 사람들이 무지해야 정치적 제물로 쓰기가 좋았을 적에는 숫제 교육을 하지 않았던 일, 스스로 하지 않았을 뿐만 아니라 남들도 못하도록 막았던 일도 포함됩니다. 뿐만 아니라 절충형도 있어서, 종 삼아 부리기에 아쉬운 읽기·셈하기·생산기술 등은 애써 가르치고, 인간 존엄이나 국민주권 등의 의식은 아예 싹도 트지 못하게 짓뭉개 버리는 일도 적지 않게 있었습니다.

교육을 나쁜 짓이 되게 했던 것은 정치권력만이 아닙니다. 곧이듣지 않는 이들도 있겠지만, 부모를 비롯한 가정이나 가문, 또는 사회의 연장자들이었습니다. 이 연장자들은 연소자들을 자기나 가문이나, 혹은 그 사회의 욕구를 충족하는 수단으로 이용하려고 했던 것입니다. 그런 연장자들의 수효야 시대에 따라 많고 적고 달랐지만, 연하자들을 가르치되 거짓으로 일그러뜨렸거나 길들여서 마침내는 종처럼 부렸던 것입니다. 이런 나쁜 짓으로서의 교육은 동서양 어디에도 있었던 탓으로, 세계의 교육사敎育史는 교육받는 이들의 존엄성 세우기의 싸움으로 가득하게 된 것입니다. 교육받는 이들은 그들이 사람이라는 단 하나의 이유만으로도 다른 무엇을 위해서 수단 삼아져서는 아니 되며, 도리어 다른 모든 것들이 그들을

목적으로 섬기는 방식으로 존재하지 않으면, 교육이 나쁜 짓에서 벗어날
수가 없다는 주장으로 가득하게 된 것입니다.

2. 지금의 아기 교육과 국가 시책

사람은 누구나 살아가는 대로(삶의 길을 따라) 그런 사람이 되어 가는
것인데, 우선 지금의 우리 아기들은 어떻게 살아가고 있습니까? 지금 사
람대접을 받으며 살아가고 있다면 그 아기는 그만큼 사람을 섬기는 사람
이 되어 가고, 지금 송아지처럼 다루어지고 있다면 그 아기는 그만큼 이
다음에 사람을 소처럼 다룰 못된 사람이 되어 가는 것입니다. 아니, 배
안의 시절부터가 문제입니다. 태교를 베푸는 어머니, 착할 대로 착하게 살
아가노라면 그 배 안 아기 또한 착하게 열 달을 커 갈 수밖에 없는 것이
지만, 배 안 아기를 짐스럽게 여기고 원망 속에서 살아가는 어머니라면
그 배 안 아기 또한 원망 속에서 죽지 못해 열 달을 보낼 수밖에 없는 것
입니다. 그런데 배 안 아기에는 태교를 베풀고 탄생 후에도 사람으로 대
접하느라 제 젖을 먹게 하는 어머니, 그런 어머니들이야말로 더없이 훌륭
한 교육자인데, 이 어찌 된 일입니까? 도리어 유식하고 잘사는 어머니들
은 아닙니다. 잘 기르자고 둘만 낳기로 한 것이 진정이라면 유식한 어머
니일수록 조상 전래의 태교의 실천은 물론, 갓난아기에게 소젖만은 먹이
지 말아야 할 것입니다. 사람 아기에는 사람의 젖이 어느 모로 보거나 최
선입니다. 영양으로도 그러려니와, 그보다도 사람 아기는 사람 애정을 머
금고 사람다워집니다. 모유는 어머니의 애정이지만 우유는 아닙니다. 강
아지도 제 젖을 먹을 권리를 누리고 있는데, 사람의 아기가 제 젖을 먹지
못한대서야 짐승만도 못한 세상이랄 수밖에 없습니다.

나는 누구보다도 인구 증가의 억제 시책에 동조합니다. 그러나 그것은

어디까지나 이 땅에 태어나는 새사람 하나하나를 참으로 사람답게 키우기 위해서입니다. 새사람들에게 드는 돈이 아까워서가 아니라, 새사람들 한 사람 몫을 더 늘려 씀은 물론 정성도 더 들여서, 이다음에 그들이 우리보다 나은 사람이 되게 하기 위해서입니다.

내가 보기에는, 갓난아기의 교육 시책을 놓고는 보사부나 문공부도 문교부입니다. 인구 억제 시책의 초점을 '돈 벌어 우리 부부 잘 살기'에서 '부모의 힘 모아 아기 잘 키우기'로 옮겨야 할 것이며, 전통 문화도 노장년의 삶에서만이 아니라 새 가정을 이룩한 젊은 층의 삶에서도 찾아내야 할 것입니다. '돈 벌어 우리 부부 잘 살기'의 근원지인 서양에서조차 요즈음은 이름만 다를 뿐 내용으로야 태교인 것을 곧잘 주장하고 있는 형편인 데다가, 어머니의 젖 대신 소젖으로 아기 기르는 서양 관습도 이제는 그것이 몹시 부끄러운 것인 줄 알게 됐나 봅니다. 자연과 조화하며 살아온 우리 조상들에 있어서는 그것이 과학적인 연구·분석의 대상으로 삼을 것도 못 되었던 것인데, 자연을 정복하며 살아온 서양인들은 우유로 모유를 대신할 수 있기를 바랐던지 온갖 방법으로 연구했지만, 그 결과는 하늘이 마련해 준 '어머니 젖'만이 갓난아기를 키울 젖이었습니다. 물론 그 젖이 떨어지고 난 다음의 음식으로야 우유가 보태질수록 좋은 것이지요. 부모님 믿고, 나라 믿고 이 땅에 태어나는 아기들이 하늘 따라 자연 따라 사람답게 자라나게끔 국가 시책을 펴 나가야 할 것입니다.

3. 취학 전 아이들의 교육과 국가 시책

갓 났을 적에는 그 무력하기가 강아지는 고사하고 병아리만도 못한 아기이지만 첫돌이 지나고부터는 섬마섬마·걸음마는 물론 강아지도 병아리도 못하는 말까지 중얼거리게 됩니다. 짐승에는 없는 '사람 마음'이 움튼 것입니다. 잘될 나무는 떡잎부터 알아본다느니, 세 살 적 버릇 여든 간다느니 하는 옛말도 있지만, 일생을 사람답게 살아갈 바탕은 바로 이 취학 전 아이 시절에 다져집니다. 어떤 환경 속에서 무엇을 먹고 어떻게 삶을 이어 가느냐가 아닙니다. 그 점에서야 현대식 양돈장이나 양계장이 으뜸가게 좋은 것일 수도 있습니다.

이 시절을 어떤 종류의 사람들과 어떤 종류의 사이를 맺고 어떤 종류의 경험을 쌓으며 살아가느냐에 따라 나머지 일생을 살아갈 바탕이 마련됩니다. 이 시절을 개·돼지 같은 사람들과 약육강식의 경험을 쌓으며 살다 보면, 그 정도만큼 이다음의 세월을 개·돼지처럼 약육강식으로 살아가게 됩니다. 개·돼지가 못하는 말도 잘하고 셈도 빠르지만, 제 욕심 채우느라 남의 목숨까지 해치는 데야 짐승과 같다는 말씀입니다. 그런데 요즈음의 우리 아이들은 어떠합니까? 물론 약육강식의 짐승살이 그대로는 아닙니다. 우리의 아이들, 부모의 보호는 도리어 과할 만큼 받고 있습니다. 부모 자신은 덜 먹고 덜 입고라도 자녀들만은 잘 먹이고 잘 입힙니다. 그러나 노상 집안에서만 있을 수 없어서 밖에라도 나가는 날엔 아이들의 사정은 아주 딴판입니다. 집도 많고 사람도 많고, 그래서 동네까지 이루고는 있지만, 사람으로 상대해 주는 어른들이 없는 것입니다. 할 일이 없이 놀아도 제집의 강아지하고나 노는 동네 어른들입니다. 남의 집 아이도 사람인데 제집 강아지만큼도 눈여겨보지를 않는 겁니다. 하는 수 없어 제 또래끼리 어울려도 보지요. 그때는 정작 약육강식의 실천일밖에요. 제집 아이가 다쳤다고 항의하다 보면 어른들끼리의 싸움으로 번지는 경우조차 적지 않고요. 물론 짐승이 아니고 사람이면, 그가 여섯 살도 못 되는 아이이어도 약육강식의 삶을 좋아라 하진 않지요.

어린아이들이 집 안에 들어가서 텔레비전에 매달리는 것도 결코 무리는 아닙니다. 동네에 나가 봤자 따뜻하게 맞아 주는 사람 없고 그저 살벌하기만 한데 집 안에 움츠리고 텔레비전이나 틀밖에요. 그 화면의 대부분은 뜻을 모르고, 일부는 오해도 하고, 따라서 백해무익하지만, 제 손으로 트는 대로 화면이 나와 주는 것만으로도 고마운 것이지요. 그 텔레비전 한 번 보고 두 번 보고 다시 보노라면 결국엔 돈벌이 얘기입니다. 돈벌이에 미친 나머지 사람도 서슴없이 해치는 '돈짐승'의 얘기도 없지 않다는 것이 옳을는지 모르겠습니다. 짐승들에게는 없는 돈을 벌어 쓸 뿐, 사람도 약육강식으로 사는 데는 짐승과 같다는 것을 이제 아이들은 알게 된 것입니다.

아니, 여섯 살도 되기 전에 벌써 알게 된 것입니다. 알아도 취학 후 그 취소가 안 될 만큼 알게 됩니다. 제 발로 걷게 되어 동네 나갔는데 '약육강식의 삶'을 맛보았고, 그게 싫어서 제집 안에 들어와서 텔레비전과 사는데, 그것 또한 사람 대신 '돈 섬기기'의 구경이라, 이것이 지금의 취학 전 아이들의 처지가 아닐는지요.

취학 전 아이들을 사람답게 기르자면 '잘 살아 보자'던 종래의 국가 시책을 '인간답게 살아 보자'로 구체화하자는 것이 나의 생각입니다. 돈 벌이를 그만두자는 얘기가 아닙니다. 사람답게 살기 위해 돈을 벌자는 말씀입니다. 사람을 해치며 하는 돈벌이라면, 그것만은 그만두자는 말씀입니다. 남의 집 아이들도 사람인데 그들에게 사람대접하는 것이 우리 어른들의 사람다운 도리입니다. 국가는 그 '사람의 도리'를 지킬 여건들을 갖추어 놓아야 하고, 자급자족의 농업경제 시대로 돌아가자는 얘기가 아니라 한 나라 사람들끼리라도 더욱 아끼며 사는 산업화를 하자는 말씀입니다. 내일의 나라 주인들 거개가 교육 영양실조인 바, 이보다 더한 나라의 안보 문제도 없지 않나 생각합니다. 나라에게서 버림받은 아이들은 이다음에 그 나라를 돌아보지 않을 터이니 말씀입니다.

나라가 취학 전 아이들에게 교육 영양을 필요한 만큼 넉넉히 대어 주는 길은 다른 데 있지 않습니다. 나라 안을 '돈 섬기기' 아닌 '사람 섬기기'의 삶으로 가득 채워 놓는 데 있다는 것이 나의 생각입니다. '먼저 사람들'의 섬김을 받고 자라나면, 이다음에 '나중 사람들'을 섬기며 살아갈 우리 아이들입니다. 그들에게 이제까지의 우리들보다 더욱 사람답게 살아갈 길만 터 준다면야 그것만으로도 나라 세운 보람은 있고도 남는 것이 아닐까 생각합니다.

4. 취학 후 국민의 교육과 국가 시책

사람은 자기의 삶과 길을 따라 사람답게도 되고 짐승답게도 됩니다. 착한 삶을 계속하고 난 다음에 악한 사람이 되지는 않습니다. 70년을 추악하게 살고도 죽기 전 한 해 안에, 아니 하루 만에도 온통 착한 사람이 되는 경우가 아주 없는 것은 아니나 그것은 아무래도 예외입니다. 엄밀히 말한다면 그 경우에조차 그 마지막 한 해나 하루에 반드시 착한 삶이 있고야 착한 사람이 됩니다. 여하간, 나는 취학 후 '국민의 교육'을 이제 '국민의 삶'으로 고치려는 것입니다. 삶대로 사람 되는 것이니 그게 바로 교육이라는 것이 나의 생각입니다.

그리고 한국 교육을 생각하기에 앞서 조선왕조 시대의 교육부터 생각하렵니다. 글을 배우기 시작하는 어린아이 적부터 늙어 죽을 때까지의 삶을 국가 시책과 관련지어 생각하렵니다. 짐승들에게는 없는 글인데 글 배워서 지배층에 끼어 잘 살아가려면 중국 송나라 적 유학 사상을 본받아야만 했습니다. 유학에도 하고많은 학파가 있었으련만 조선왕조는 주자학파(성리학파)만 본받도록 시책을 폈습니다. 그 학파야말로 왕을 하늘의 아들로 받들어 변함없음을 으뜸가는 사람의 도리로 삼았기 때문입니다. 과거에 급제해야 지배층에 끼어들 수 있도록 제도화해 놓고는 500년 내내 출제도 채점도 그 기준은 주자학파 하나뿐이었습니다. 급제 후에도 주자에서 벗어난 사상을 품으면, 왕조는 국시를 어지럽히는 자로 잡아서 독약을 주어 죽게 하거나 모진 형벌과 함께 외진 곳에 가두었습니다. 이래서 500년 조선왕조하에서 글 배우는 이들의 하나같은 바람은 형벌이나 죽음을 당하지 않고 지배층에 끼어 잘사는 것이 되고 말았습니다.

뿐만 아니라, 글 배운 이들이 주자의 생각에서 벗어남은 하늘을 거역하는, 그래서 하늘의 노여움을 사는 일로 믿게까지 된 것입니다. 이래서 글 배운 이들의 삶은 한 나라 백성들 대신 왕을 하늘처럼 위하게 된 것입니다. '사람이 곧 하늘人乃天'이 아니라 '왕이 곧 하늘王乃天'이 글 배운 이들의 인생살이가 된 것입니다. 이것이 조선왕조 500년의 교육 시책이었습니다. 그래서 왕조야 체제 유지의 역군을 잘도 얻어냈지만, 백성들이야 봉건의 질곡에서 500년간이나 짓눌려 지냈습니다. 글 배운 이들 중에 중국 주자학파에 반기를 들었던 실학파가 없었던 것은 아니지만, '사람'이 곧 '하늘'임을 외치고 나섰던 동학혁명군도 있었지만, 아는 바대로 전자는 동족 어용학자들에 의해 후자는 외국 군대와 결탁한 왕조에 의해 짓밟히고 말았습니다.

그래도 조선왕조는 우리나라이기에 우리를 침략한 일본에 비하면 교육을 통한 고급 노예의 양성에 있어 점잖은 편이었습니다. 일제는 과거시험에의 급제 대신 고등고시에의 합격을 조건으로 지식인들을 잘 먹고 잘사는 층에 편입시켰습니다. 학교 다녀 공부한 끝에 제 나라의 독립을 생각이라도 하게 되는 날엔 본인은 물론 그의 집안까지 쑥밭을 만들고, 어느새 '학교 다니기'는 '고등고시 준비'와 다름없게 되었습니다. 고등고시의 출제나 채점, 36년 내내 그 기준은 단 하나 '일제 체제의 앞잡이'였으며, 따라서 학교교육은 어느새 '민족 반역자 양성하기'나 다름없게 되었습니다. 물론 학교 다녀 공부하고도 나라 사랑, 겨레 사랑에 신명을 바친 이들도 적지 않게 있었지만, 우리 모두 아는 바와 같이 일제 총독부나 교육 당국은 그들을 학교에서 내쫓고도 잡아서 고문까지 가한 후 긴 세월을 감옥에 가두었던 것이지요.

이제는 지금의 우리나라, 한국의 학교교육을 생각해 보겠습니다. 조선 왕조 시대의 과거제도도 없고, 일제 강점기의 학교 제도도 없어졌지만, 사람이 사람대접을 받는 일자리라도 얻어 살자면 명색만이라도 좋으니 대학을 나오고 봐야 하는 세상이라는 점에서, 그래서 '학교 다니기'가 온통 '대학 입시 준비하기'나 다름없이 되고 있는 점에서, 그 시험에 출제될 것만 공부하고 저 합격을 위해서라면 친구도 쓰러뜨리는 그런, 못된 사람들이 되어 가고 있는 점에서는 지난날 교육의 못된 전통이 아주 없어진 것도 아닌 성싶습니다.

지금의 우리 사회, 대학을 안 나오고는 사람대접을 받는 일자리를 얻지 못하는 사회가 된 것은 아무래도 일차적으로는 국가 시책의 탓이라고 생각합니다. 조선왕조 적에는 백성들 대신 왕을 하늘로 섬기지 않고는, 일제 점령 때에는 동족을 짓밟는 총독의 앞잡이가 되지 않고는, 잘 먹고 잘살 도리가 없었던 우리의 지난날인데, 새 나라 세우고 국가 시책 펼 때에 대학 출신이고야 사람대접받고 사는 길을 터 줬다 함은, 대대로 가난을 무릅쓰고 사람답게 살아온 집안의 자식들에게 이중의 어려움을 안겨 준 것이었습니다. 첫째는 유식한 부모가 아니니 가정에서 시험 준비의 도움을 받을 수 없고, 둘째는 집안이 가난하니 학비를 받을 수 없어, 아니나 다를까 옛적부터 잘살아온 집안의 자녀들이 대학생의 주류를 이루는 대학이 되고 말았습니다.

이것이 나라의 본의는 아니었다 해도 국민은 알았던 것이지요. 새 나라에도 민족정기가 싹트지 않고 있음을, 드디어는 일제의 앞잡이, 민족 반역자들이 새 나라에서 거듭 득세를 하고, 총독부의 시학관視學官이었던 자가 교육감·문교장관에 앉혀지는 세태를 빚고야 말았습니다. 이 무렵부터입니다. 국민은 자식들을 사람답게 하려고 학교에 보낸다는 생각을 버렸고, 국가 시책은 학교를 정치하는 도구로 삼게 되었습니다. 이 무렵부터입니다. 국민은 자식들이 옛적 과거에 급제하듯, 서울의 대학에 입학해서 사람 대신 권력을 섬겨서라도 부자 되기만을 바랐고, 국가 시책은 각급 학교 입학시험의 공정한 관리를 내세워 오만 가지 형태의 국가고시를 '시키는 일이나 잘할 사람'을 뽑기 위해 출제하고 채점하게 되었습니다.

자식들에게 학비를 대는 학부모의 생각이 이리되고, 학교 세워 감독하는 국가의 시책이 이리된 마당에, 교사들이라야 무슨 도리가 따로 있을 리 없게 되었습니다. 상급 학교 입시나 준비시키면 되지, 아직은 어려서 사람답지 않은 학생들을 맞아 사람다운 삶을 가르쳐 준다는, 그래서 교육한 햇수만큼 더 사람다운 사람이 되게 한다는, 그런 학교들은 있다가도 사라지게 된 것입니다. 건물이야 의젓하게 여기저기 보이고, 그 속에 학생들도 우글대고 교사들도 소리치고 있지만 그 속에 사람다운 삶이 없는 데야 사람답게 될 학생들도 없어진 것입니다. 있는 건 점수 따기 위한 핏기 어린 눈들뿐입니다. 우선 친구들을 해치고 점수 따려는 것이지만 종당에는 이웃 사람도 잡아 제치고 돈 따려는 눈들입니다. 조선왕조 적에 과거에 급제한 탐관오리처럼, 일제 때 고등고시에 합격한 벼슬아치 민족반역자들처럼, 동족도 해치며 제 호강만을 노리는 눈들입니다. 한 번 보고, 다시 보고, 몇천 번 살펴보아도 학교 안에 가득 차 있는 것은 사람다움 사람이 되려는 사람들의 눈은 아니게 된 것입니다. 새 나라, 우리 대한민국을 세웠을 적에 민족정기 한 번 바로 세우지 못한 노릇이 종당에는 가정도, 학교도, 아니 온 세상을 이 지경에 빠뜨리고 만 것입니다.

5. 맺는말: 국가와 교육

미국 비교교육학자 헤롤드 벤자민의 생각에 동의하는 필자는, 그의 글을 인용, 맺는말로 삼을까 합니다.

이성적 및 정서적 수단으로 인간을 변화시키려는 학교와 그 밖의 교육 기관에 대한 최고 권력을 쥐고 있는 것은 국가이다. 그리고 폭탄·총탄·총검에서 받는 영향에 못지않은 영향을 교육에서 받는 결과로서 태어나고 살아가고 죽는 것이 국가인 것이다. 교실·도서관·실험실·신문·방송·영화·시장·가정·교회, 바로 이런 기관이 국가의 탄생, 생존 양식 및 멸망의 시기와 양상을 결정짓게 되는 것이다. 바로 이러한 기관이 최종적인 명령을 내리는 사실상의 군사령부인 것이다. 바로 이러한 기관에 종사하고 있는 이들이 사실상의 지휘관들이고 왕들인 것이다…… 이들이야말로 독재자의 점잔 빼는 발걸음과 고함소리를 뒤에서 조종하는 이들인 것이다…… 전쟁은 항용 국가 존속의 한 조건이지만 교육은 언제나 국가의 행동을 결정하는 것이다. 전쟁은 갈등의 한 징후일 수도 있다. 전쟁은 하나의 표면 현상인 것이다. 그러나 교육은 표면 속 깊은 곳에서 뒤끓고 있는 화산과 같은 힘이다.

　　사람은 교육의 과정을 통해서 자신들을 파괴하려고 마음먹는 날에는 현대식 전쟁이야말로 가장 적절하고도 효과적인 수단이 된다는 것을 틀림없이 알고 있다. 그러나 사람들이 자멸에서 스스로를 구출하려고 마음먹는 날에는 그에 있어 참으로 두려워해야 할 것은 전쟁 그 자체가 아니라, 전쟁을 불가피하게 만드는 성질을 지닌 교육 그것인 것이다.

사람답게 자라나는 길

1. 사회의 질에 따르는 사람다움

이 땅에 태어나는 모든 아기들이 사람답게 자라날 수 있으려면 그 아기들이 살아가는 사회부터가 인간적인 것이어야 한다. 사람이면 누구나 사람답게 자라날 가능성은 타고나는 것이지만, 태어나서 살아가는 사회가 비인간적인 것일 경우에는 짐승처럼 될 가능성도 없지는 않다. 아기에 있어서, 그의 최초는 사회는 물론 가정이고, 그 주체는 부모이다. 아기는 그의 부모가 주체가 되어서 이룩해 놓은 사회 속에서 처음으로 인생을 사는 것이다. 그는 타고난 가능성을 다 드러내 놓고 사회의 일원으로 살아가게 되는데, 그 가정에서의 삶이 인간적인 것으로 가득 채워질 경우에만 그 아기는 사람답게 자라나게 되는 것이다.

아기에 있어서, 인생 최초의 사회인 가정을 인간적인 삶으로 가득 채우기란 그리 쉬운 일은 아니다. 부모와 자식이라는 혈육끼리의 삶인데, 힘 안 들고도 될 성싶지만, 그 가정이 이웃과 동떨어져 있지 않은 데에 이 일의 어려움이 있다. 어린 아기야 제집 안에만 머물러 살지만 부모나 언니·오빠들은 노상 집 밖을 드나드는 것이다. 이리하여 동네에서의 삶은 시시각각으로 그 동네의 가정마다에 스며들게 되니, 집 안의 아기는 동네라고 하는 사회의 질質에 따라 인간화의 여부가 영향받게 되는 것이다. 다시 말하면, 인심이 메마른 동네에서는 어느 집의 아기도 사람다운 마음을 지니면서 자라기가 어려운 것이다.

가정 문화가 동네와 동떨어져 있지 못하듯 이 동네 문화는 그 고장의 문화와 뒤섞이기 마련이다. 결국에 가서는 이 땅에 태어나는 어느 집의 아기도 이 민족의 문화에 따라 사람답게 자라나는 정도가 정해진다고 할 수가 있다. 갓난아기가 사는 곳은 물론 제집의 울안이지만, 그 삶의 질은 제 민족의 문화와 일맥상통하는 것이다. 생각하면 그 민족문화라는 것도 세계문화 속에서 변화를 거듭하기 마련이니, 어느 집의 아기도 인류와 세계 속의 민족 안에서 역사적인 삶을 영위하게 되는 것이고, 그 삶의 질에 따라 그의 사람됨이 결정되는 것이다.

2. 탄생을 반기는 믿음

필자는 여러 해 전에 미국의 한 정신위생학자를 우리의 산골 마을로 안내한 적이 있었다. 당시의 어른들이 아기 시절을 어떻게 살았는지를 알고자, 그 옛날과 비슷하게 지금도 살고 있음직한 오지를 찾아갔던 것이다. 그런데 어느 집이나 한결같이 찢어지도록 가난하게 살고 있었지만 아기들은 많았다. 알고 보니 일말의 걱정도 없이 오히려 새로운 아기의 탄생을 기다리기까지 하는 분위기였다. 어느 집의 부모도 '사람은 제 먹을 것을 타고나는 법'임을 믿고 있었다. 그래서 아기의 산월을 맞은 집이 있으면 온 동네가 나서서 산모가 먹을 쌀밥에 미역국을 서둘러 준비하는 것이었다. 남의 집에서 아기를 낳는다는데, 그 동네의 어른들까지 반기는 것이었다. 이렇듯 그 동네에서 태어나는 어느 집 아기나 인생 최초의 경험으로 '반김'을 맛보는 것이었다. 사람의 탄생을 반기는 어른들 사이에서 아기 시절을 보내고도 사람을 해치는 어른이 될 리가 만무하다는 것이 그 동네 어른들의 믿음이었다.

그런데 그 정신위생학자가 도시로 돌아와서 본 어른들은 아주 딴판이었다. 그들은 하나같이 '아기는 부모의 소유물을 소비하고 자라는 존재'임을 믿고 있었다. 아기를 낳아서 기르면 그만큼 부모도 나라도 가난해짐을 걱정하는 것이었다. "둘만 낳아서 잘 기르자"고는 하면서도 그 속셈은 자녀 수를 줄여서 어른들이 잘 살아 보자는 것이었다. 사람의 탄생을 돈의 지출로 따져서 한숨까지 지었다.

도시에서 자라나는 어느 집 아기도 인생 최초의 경험으로 소의 젖을 맛보고 있었다. 엄마의 젖에 섞여 흐르는 인간애를 모르는 채, 소처럼 힘세게만 자라고 있었다. 도시의 어느 집 아기나 부모가 소유하는 집에 더부살이 신세가 된 셈이었다. 가정부의 찬 손끝으로나마 부모 소유의 집에서 튼튼히만 양육되면 그게 고작이었다. 그러나 못사는 집이 많은 도시인지라, 남의 집 셋방에서 잘사는 집 강아지만도 못하게 사육되고 있는 서러운 아기들이 적지 않았다.

3. 엄마젖은 아기의 것

한국인 어른들이 그 옛날의 아기 시절을 인간답게 살았는지를 알아보기 위해서 지금도 그 옛날처럼 아기를 낳아 기르고 있는 산골로 마을을 두루 살피고 돌아온 그 미국인 정신위생학자는, 필자에게 도시의 어머니나 가정이나 어째서 아기를 그 옛날과는 온통 다르게 소젖(우유)으로 기르고 있는지를 물었다. 다음은 그 대답의 요지이다.

요즈음 많은 어머니들은 사실 자기의 젖을 제 아기에게조차 먹이지 않고 있다. 어머니가 병들었대서, 그래서 그 젖이 아기에게 해롭대서 먹이지 않는 것만도 아니다. 아기에게 좋기로야 친어머니의 젖이 제일이라는 것을 몰라서도 아니다. 오로지 어머니 자신이 싫어서 먹이지 않는 것이다. 편하게 살고 싶은데 힘들어서 싫고, 돈을 벌고 싶은데 시간을 빼앗겨서 싫은 것이다. 엄마의 젖이 바로 그 아기의 젖이라는 생각부터가 그 엄마에게서 없어진 것이다. 그 젖이 엄마의 젖이기만 한 것이니까, 아기에게 먹이고 안 먹이고는 엄마 마음대로라는 생각인 것이다. 아니, 자기 것을 아기에게 빼앗긴다는 생각까지도 없지 않은 것 같다. 젖만 빼앗기는 것이 아니라 정력도 시간도 빼앗긴다고 생각하니 억울한 것이다. 자기 소유인 젖을 자기가 안 먹이기로 작정만 하면 그 밖의 것도 모두 빼앗기지 않게 되니 그것이 상책이라는 생각이다. 한마디로, 아기의 타고난 권리로서의 '엄마의 젖 먹기' 따위는 염두에도 없는 것이다. 제 아기에 제 젖 먹이는 것을 자연의 이치로 받아들인다 해도, 만물의 영장, 사람인 그 어머니가 그것쯤 버리지 못하랴는 생각인가 보다.

4. 바로 어느 때부터인가

그 미국인 정신위생학자는 이어서, 찢어지게 가난한 살림 속에서도 자꾸만 태어나는 아기들을 원망하기는커녕 도리어 제 먹을 것 타고나는 '새 사람'으로 반기고, 이해타산 없이 정성으로만 기르던 옛 어머니들이 어째서 우리 사회에 없어지다시피 되었는지도 캐어물었다. 다음은 그에 대한 필자의 대답의 요지이다.

사람이면 누구나 "제 먹을 것 타고난다"는 믿음이, 한 걸음 더 나아가서 "새것을 창조해서 인간 사회에 보탤 수 있다"는 믿음이 사라지게 된 것은, 구한말 우리 땅에 학교라는 것이 생기고부터였다. 어찌 그것이 학교 세운 이들의 뜻이었으랴만 나라를 제국주의 일본에 빼앗기고부터는 학교들 모두가 식민 통치의 도구 되기를 강요받았던 것이다. 그 이후 학교들은 우리 조상 전래의 인간 존중의 사상이며 아기 교육의 방식을 저버리고, 약육강식, 일제 특유의 노예살이만을 배우도록 강요했으니, 그 모든 학교들은 학생들을 학대하고 숨통 조르는 '학교虐校'라고 할 지경이었다.

그건 일제 강점기였으니까 그랬다손 치더라도 그 식민 통치에서 벗어난 8·15 이후에도 학교들은 여전히 일제의 찌꺼기를 간직해 오고 있는 것이다. 잠정적이라던 미·소에 의한 국토 분단은 민족 문화의 분단으로 이어졌고, 마침내 학교들은 점령국 문화의 선전도구로 전락하기에 이르렀다. 이때부터 북에서는 친미·민주주의자이면, 남에서는 친소·공산주의자이면, 동족이고도 한 하늘 아래 함께 나라를 이루고는 살 수 없는 철천지원수처럼 가르쳐 댔던 것이다. 실로 이때부터였다. 일제하에서 총독부 시학을 지내면서 교원이든 학생이든 독립운동의 낌새만 맡아도 체포·고문·투옥을 서슴없이 감행해 왔던, 그야말로 민족 반역자들이 교육계 요직에까지 등용됐던 것이다.

미국은 미국의 이익을 위해서 남한의 학교를 통해 반공운동을 폈던 것이지만, 일제로부터 해방된 남한의 학교들을 실로 그 직후부터 일제의 식민 교육 체제를 청산하기는커녕 도리어 온존하기에 이르렀던 것이다. 그러한데 조상 전래의 인간 존중 사상이며, 아기 교육 방식이 학교에서 가르쳐질 리는 만무하였다. 그 미국 군정은 몇 해 안 가서 사라지고 우리 정부가 세워졌지만, 옛 친일 민족 반역자들은 대한민국 교육계에서 더욱 기세를 떨쳤던 것이다.

학교 문화는 더도 덜도 아닌, 꼭 일제 말기의 그것이 되살려졌던 것이다. 사람을 하늘같이 섬기기는커녕, 돈 없고 힘없으면 이웃 사람도 짓밟아서 자기만 부강해지면 그만이라는 풍조가 온 사회의 온 가정에 충만하기에 이르렀고, 이제는 제 자식까지도 부모의 부강을 가로막는 '돈' 들고도 '힘'드는 존재로 보게끔 된 것이다. 아니, 사람의 눈이 돈과 힘에 멀어서 사람이 사람으로 보이지 않게 된 것이다. 아기를 덜 낳아 그나마 소젖으로 키우려는 풍조는 이래서 생긴 것이다.

배 안의 아기에 대한 온 뭇의 사람대접도 우리 겨레가 일제의 문화를 강요받기 이전까지는 모든 어른들의 신성한 의무처럼 여겨졌었다. 그것은 임신부를 '홀몸이 아닌 이'로 불러 온 것만으로도 확언할 수가 있다. 우리의 옛 사회는 남존여비가 다른 어느 나라 못지않았지만 아기를 배 안에 갖고부터는 남자와 동등한 지위를 누리고도 특권마저 지녔던 것이다. 아득한 옛적부터 배 안에 아기 가진 이만은 넉넉히 먹고 입었다.

사람은 태어나고부터가 아니라 어머니 배 안 적부터였기 때문이다. 배 안의 아기도 사람인데, 그가 교육의 대상이 되는 것은 당연한 일이었고, 그 배 안 시절의 교육을 태교라 이름해 왔던 것이다. 우리 조상 전래의 태교란 다른 것이 아니었다. 배 안의 아기를 사람답게 키우자니 배 안에서부터 사람답게 살게 해야만 했고, 그러자니 그 임신부부터가 사람답게 살게 해야만 했던 것이다. 태교란 임신부가 착하게 살아서 배 안의 아기를 착한 사람으로 키우는 일이었다. 그러기에, 홀몸이 아니게 되고부터는 먹고 마시는 것 못지않게, 생각하고 행동하는 것이 홀몸 때와는 판이했었다.

그 기준은 오직 하나, '사람다움'이었다. 짐승들에게는 없는 '착함'이었다. 태교란, 임신부가 생각부터를 착하게 갖고, 그것 그대로를 행동하며 열 달을 보내는 일이었다. 짐승들에게도 있는 눈·귀이지만, 배 안에 아기가 서고부터는 짐승처럼 잔인한 짓은 눈으로 보지도 않고 귀로 듣지도 않는 법이었다. 그것은 엄마가 보고 듣는 것을 배 안의 아기도 보고 듣는데서였다. 엄마가 사람을 섬기며 살아야만 배 안의 아기가 사람을 섬기는 사람으로 되어 간대서였다.

엄마의 배 안에서 열 달 동안 태교를 받고 이 세상에 나온 아기가 엄마의 젖을 못 먹고 자란 경우란 그 옛날에도 없지는 않았다. 젖이 안 나와서였거나 엄마의 신병으로 인해 먹으면 해로웠기 때문이었다. 그러나 다른 아기 엄마의 젖을 먹이면 먹였지, 짐승의 젖을 먹게 한 적이란 전무했던 것이다. 엄마의 젖을 못 먹는 아기의 소문만 나도, 그 집 가까이 사는 비슷한 생일의 젖먹이 엄마가 자기 발로 찾아가곤 했었다. 사람 아기인데, 사람 젖을 두고 모르는 체한다면야 그게 사람이냐는 생각이 한 동네 사람 모두에게 넘쳐 있었다. 남의 집 아기도 내 아기처럼 '제 먹을 것 타고나는', '이다음엔 새것을 창조해서 인간 사회에 보탤' 그런 사람으로 섬기는 마음에서 사람 젖 먹이려 찾아가는 것이었다.

그러나 이 모두가 옛이야기가 된 것은 6·25 직후 우리의 학교들이 결식아동들에게 무상으로 우유죽을 쑤어서 점심으로 먹이고부터였다. 그와 함께 우유의 영양가 높음을 애써 가르친 것은 물론이었다. 얼마 안 가서 선진 공업국의 자본이 물밀듯 들어오고, 사회가 온통 서양화·공업화되면서 우유공장도 선을 보였다. 이 무렵이었다. 신문·방송이 밤낮없이 우유를 아기에 관련지어 광고해 대고, 아기에게 우유 먹이는 풍조가 요원의 불길처럼 번지더니, 어느새 모유 먹임이 시대에 뒤떨어진 짓처럼 여겨지게끔 된 것이었다. 우유가 소의 젖임을 까마득히 잊을 만큼 엄마들은 우유에 도취하였다. 갓난아기에게는 그 엄마의 젖이 제일 좋은 것인데, 이 진실이 우유의 대규모 선전에 의해 가려졌던 것이다. 진실의 은폐 속에서 갓난아기들은 수난기를 맞게 되었다. 자녀가 수난이면 그 부모의 수난이요, 온 겨레의 수난이랄 수밖엔 없었다.

5. 우리의 교육지표

이제는 1960년 4·19 이후부터 1979년 10·26까지의 사회 현실을, 그것도 인간교육과 관련시켜서만 살펴보고자 한다. 그런데 마침 이러한 의문에 참으로 명쾌하게 답해 주고 있는 글(1978년 6월 27일치)이 있어 그 전문을 소개하고자 한다. 전남대학 교수 11인이 공동으로 발표한 「우리의 교육지표」라는 이 글은 다음과 같다.

정의롭고 평화로운 사회, 한마디로 인간다운 사회는 아직도 우리 현실에서는 한갓 꿈에 머물고 있다. 따라서 이러한 현실을 바로 알고 그것을 개선할 힘을 기르는 일이야말로 인간다운 인간을 교육하는 길이다. 그러나 이러한 교육 역시 이 사회에서는 우리 교육자들의 꿈에 머물고 있다. 사람이 사람을 마구 누르고, 자손 대대로 물려줄 강산을 돈을 위해 함부로 오염시키는 풍조가 만연한 가운데, 진실과 인간적 품위를 존중하는 교육은 나날이 찾아보기 어려워져 가고 있다. 무상 의무교육은 빈말에 그치고 중·고등학교에 진학한 학생들도 과밀 교실과 이기적 경쟁으로 몸과 마음을 동시에 해치고 있으며, 재수생 문제와 청소년 범죄는 이미 걷잡을 없는 사회 문제가 된.지 오래다. 그리고 온갖 시련과 경쟁 끝에 들어간 대학에서는 진실이 외면되기가 일쑤요, 소중한 인재가 번번이 희생되고 교육적 양심이 위축되는 등 안타까운 수난을 거듭하고 있다.

대학인으로서의 우리의 양식에 비추어 볼 때 오늘의 교육의 실패는 교육계 안팎의 모든 국민으로 하여금 자발적인 일치를 이룩할 수 있게 하는 민주주의에 우리 교육이 뿌리박지 못한 데서 온 것이다. 국민교육헌장은 바로 그러한 실패를 집약하는 본보기인 바, 행정부의 독단적 추진에 의한 그 제정 경위 및 선포 절차 자체가 민주교육의 근본정신에 어긋나며, 일제하의 교육칙어를 연상케 한다. 뿐만 아니라 그 속에서 강조되고 있는 형태의 애국·애족 교육도 그냥 지나칠 수 없는 문제점을 안고 있다. 지난날의 세계 역사 속에서 한때 흥하는 듯하다가 망해 버린 국가주의 교육 사상을 짙게 풍기고 있는 것이다. 부국강병과 낡은 권위주의 문화에서 조상의 빛난 얼을 찾는 것은 잘못이며, 민주주의에 굳건히 바탕을 두지 않은 민족중흥의 구호는 전체주의와 복고주의의 도구로 떨어질 위험이 있다. 또한 능률과 실질을 숭상한다는 것이 공리주의와 권력 순응을 조장하고, 정의로운 인간과 사회를 위한 용기를 소홀히 하는 결과가 되어서는 안 될 것이다. 민주주의 교육이 선행되지 않는 애국·애족 교육은 진정한 안보에도 도움이 되지 않는다. 민주주의의 실천이 결핍된 채 반공만을 앞세운 나라는 다 공산주의 앞에 패배한 역사를 우리는 알고 있지 않은가.

이 땅에 인간다운 사회를 실현하고자 하는 우리는 격동하는 국내외의 역사 속에서 그 어느 때보다 슬기롭게 생각하고 용기 있게 행동할 사명을 띠고 있다. 이에 우리 교육자들은 각자가 현재 처한 위치의 차이나 기타 인생관, 교육관, 시국관의 차이를 초월하여 다음과 같은 우리의 교육지표에 합의하고 그 실천을 다짐한다.

1. 물질보다 사람을 존중하는 교육, 진실을 배우고 가르치는 교육이 제대로 이루어지기 위해 교육의 참 현장인 우리의 일상생활과 학원이 아울러 인간화되고 민주화되어야 한다.

2. 학원의 인간화와 민주화의 첫걸음으로 교육자 자신이 인간적 양심과 민주주의에 대한 헌신적 정열로써 학생들을 가르치고 그들과 함께 배워야 한다.

3. 진실을 배우고 가르치는 일에 대한 외부의 간섭을 배제하며, 그러한 간섭에 따른 대학인의 희생에 항의한다.

4. 3·1 정신과 4·19 정신을 충실히 계승 전파하며, 겨레의 숙원인 자주 평화통일을 위한 민족 역량을 함양하는 교육을 한다.

인간 회복을 위하여

1. 한 초등학생의 외침

아! 슬퍼요
아침 하늘이 밝아 오며는
달음박질 소리가 들려옵니다.
저녁노을이 사라질 때면
탕탕탕탕 총소리가 들려옵니다.
아침 하늘과 저녁노을을
오빠와 언니들은 피로 물들였어요

오빠와 언니들은 책가방을 안고서
왜 총에 맞았나요
도둑질을 했나요
강도질을 했나요
무슨 나쁜 짓을 했기에
점심도 안 먹고
저녁도 안 먹고

말없이 쓰러졌어요
자꾸만 자꾸만 눈물이 납니다

잊을 수 없는 4월 19일
학교에서 파하는 길에
총알은 날아오고
피는 길을 덮는데
외로이 남은 책가방
무겁기도 하더군요

나는 알아요, 우리는 알아요
엄마 아빠 아무 말 안 해도
오빠와 언니들이
왜 피를 흘렸는지……

오빠와 언니들이
배우다 남은 학교에서
배우다 남은 책상에서
우리는 오빠와 언니들의
뒤를 따르렵니다.

-강명희의 시 「오빠와 언니는 왜 총 맞았나요」

신경림 편, 『4월혁명시전집 』, 학민사, 1983, p. 75.

　인간교육론이 언제부터 이 땅에서 머리를 처들고 나타났는지를 논함에
있어 윗글을 첫 자료로 삼은 것은 그것이 해방 후부터 1960년에 이르는

15년간의 한국 교육을 총체적으로 그리고 극명하게 드러내 보여 주고 있기 때문이다. 필자는 인간교육에 반대되는 말이 무엇인지 정확하게는 모르거니와, 수많은 학생들이 그 나라의 어른들이 쏜 총에 맞아 죽었으니, 분명 그 시대의 학생들은 진정한 인간으로도 다루어지지 않았던 것이다.

해방 직후 미국 군정기에 이 땅에 차려 놓은 교육의 체제 그대로가 1960년에 4·19가 있기까지, 그것도 그냥 지속되어 왔던 것이 아니라, 더욱 심화·확산되어 왔던 것이기에, 필자는 그것에 '교육의 정치도구화 체제'라 이름할까 한다. 이는 또, 교육의 대상인 '학생의 정치도구화 체제'라 해도 옳다. 1945년 8·15 직후를 돌이켜 보면 필자에게는 지금도 가슴이 아파 오는 것이 있다. 그것은 미군기가 무수히 살포한 삐라인데, 그 내용인즉 일제의 모든 법령은 미군 포고령과 상치되지 않는 한 유효하니 그것들을 엄수하라는 것이었다.

우리 민족의 적이 일제였기 때문에, 우리는 해방과 함께 일제 잔재의 청산을 서둘렀다. 친일파 민족 반역자들은 우리 땅에 충만한 민족정기로 서로 약속이나 한 듯이 집 안에 틀어박혀 단죄를 기다리는 듯했다. 그런데 그들도 이 삐라를 읽은 것이었다. 아니나 다를까, 미군이 상륙하고 군정을 펴면서 친일파 민족 반역자들을 사회 각 분야에 등용하기 시작했다. 미군은 미국의 이익을 위해 이 땅에서 멸공만 하면 그만이었다.

친일파들이 다시 등용되자 민족의 정기 아닌 사기가 이 땅을 휘덮기 시작했고, 이 땅에 살고야 누구나 그 공기를 마실 수밖에 없었다. 그 일제 밑에서 훈련되었던 친일파 민족 반역자들은 교육계에도 군림하게 된 것이었으며, 일제 때 총독부 시학이었다면 학교 감시의 두목으로서 항일 독립운동의 낌새만으로도 교원과 학생들을 체포·고문·투옥하기를 식은 죽 먹듯 했던 것인데, 이제는 그들 중의 일부는 미군정 당국에 발탁되어 교육의 사령탑에 옮겨 앉았던 것이다. 교장·교육감은 물론 대학의 총장·학장에 이르기까지, 한마디로 학교의 안도 밖도 다시 옛 친일파 민족 반역자들의 세상이 되고 만 것이었다.

이러한 민족의 정기가 아닌 사기에 찬 세상은, 1948년 8·15에 우리 정부가 세워지고도 마찬가지였다. 6·25동란이 있고부터는 그 옛날의 친일 민족 반역자들의 2세까지 등장, 일제 때 이상으로 권력에 밀착해야만, 그래서 그 정권의 적이면 제 동족도 죽이는 데 가담해야만 잘사는 세상이 되고 말았다. 필자는 일제 때에 죽어 간 애국 학생들의 수효를 정확히는 모르지만, 그중의 상당수가 일제 권력의 앞잡이 한국인들에 의한 고문·치사였음을 아는지라, 4·19 때의 수많은 학생 희생도 1960년 3·15 부정선거 직후의 돌발적인 불상사가 아니라는 생각을 갖고 있다. 그것은 해방 후에도 줄곧 간직해 온 일제식 교육 체제의 필연적인 결과라는 것이 필자의 생각이다.

2. 한 성직자의 주장

지금도 일부 선생은 진실과 양심을 외면하는데, 학생이 그 선생을 진심으로 존경할 까닭이 없습니다. …… 선생의 권위와 존엄이 땅에 떨어진 오늘의 현실에 대한 책임은, 진실을 진실대로 가르칠 수 없게 하는 당국의 교육에 대한 기본 방침과 자세에 있는 것 같습니다. 그러나 그 책임을, 선생의 입장에서 본다면 선생이 학생 하나하나를, 학생 전체를 진심으로 위하고 사랑하지 못한 데서 온 것이 아닌가도 생각합니다. 즉 학생들에게 존엄스럽게 대하지 않기 때문입니다. 일부 선생들은 학생을 목적으로 대하는 것이 아니라 생활이나 출세의 방편으로 생각하기 때문입니다.

서울 어느 학교에서, 선생이 교실에서 학생들에게 한 이야기를, 어느 고위 공무원의 아들이 그 아버지에게 얘기하고, 그 아버지가 당국에 고발하고, 그 선생이 구속되는 사태가 있었다고 합니다. 그런데 많은 학생들이 구속된 선생의 집에 찾아가 사모님을 위로하고 선생의 옥바라지를 위한 모든 노력을 아끼지 않고 있다는 이야기를 듣고 깊은 감명을 받았습니다. 그 사건이야 의법 심판을 받아 흑백이 드러나리라고 봅니다. 그러나 왜 이런 현실이 존재하고 있느냐 하는 데 대한 안타까움만이 더해집니다.

…… 요즈음 학생들한테 북한의 공산집단에 대해 말하면 거침없이 '초전박살'이라고 외칩니다. 그리고 멸공 구호를 큰 소리로 외칩니다. 북한에 있는 동포도 우리와 같은 민족이요, 동포라는 사실, 그리고 언젠가는 함께 만나, 한 민족으로 살아 나아갈 것이라는 사실을 뒤로 제쳐 놓고, 북한 공산집단에 대한 증오와 분열과 적대 감정만을 내세우는 교육이라면, 앞으로의 통일 문제는 더욱더 어려워질 것입니다. 공산주의자 또는 북한 땅에서 살고 있는 사람을 마치 긴 손톱에 빨간 뿔이 달린 짐승처럼 알고 있는 상태 속에서는 통일은 그만큼 더 어려워지리라고 생각됩니다. 민족문제에 관한 한, 참된 민족교육은 평화와 통일을 가르쳐야 한다고 나는 믿습니다.

…… 한 가지 예를 더 들겠습니다. 인혁당 사건으로 그 아버지가 구속되고, 그 사건이 또 신문에 발표되자, 대구에서는 그(송상진=사형) 아들을 동네 어린이들이 큰 나무에 새끼줄로 동여매고는, 아이들이 공산주의자의 아들은 죽여야 된다면서 나무칼로 목을 쳐서 죽이는 흉내를 냈다고 합니다. 저는 그 어머니가 목이 메어 우는 것을 보았습니다. 그리하여 그 어머니는 아들을 데리고 이사하고 학교도 전학했습니다만, 거기서도 끝까지 아무일 없이 학교를 졸업한다는 보장은 없습니다. ……어린이들의 이런 행동을 볼 때 저는 전율이 느껴집니다.

…… 교육은 결국 오늘의 상황에서는 민주적이며, 민족 현실 속에서 참되게 사는 사고 능력과 인간성을 키우는 데 그 목적이 있습니다. 이 목적에 배치되는 교육은 하나의 도구로서의 교사敎唆 행위일 뿐입니다. …… 오늘날, 학교교육의 지침이라 할 국민교육헌장에는 학생들에게 요구사항만 있지, 주장할 수 있는 권리에 대한 언급이 없는 것 같습니다. ……정의감을 키

우지 않는 교육은 헛된 교육입니다. …… 그리고 또 획일화가 강요되고 있습니다. 마치 일제 강점기에 충과 효를 강조한 교육칙어가 절대적이듯이 말입니다.

우리는 교육자로서의 긍지와 책임감을 가지고, 오늘 이 나라, 이 민족이 요구하는 참다운 교육자가 되기를 헌신 노력합시다.

지학순, 『정의가 강물처럼』, 1983, 형성사.

1960년 4·19 이후 1979년 10·26에 이르는 우리 사회의 비인간화를 새삼 논해서 무엇하랴. 사람이면 누구도, 따라서 학생들도 그 사회 속에서는 비인간화될 수밖에 없었다. 특히 유신체제하에서의 삶, 그것은 학생은 고사하고 사람으로서의 권리도 누릴 수가 없었다. 사람답게 살자면 말할 수 없는 고난을 겪어야만 했다. 그런데 이 시대에도 사람답게 살아서 남들을 교육한 이들은 적지 않았다. 직업이야 학교 선생이 아니었지만, 본인들의 사람다운 삶으로 온 겨레를 교육했던 것이다. 고난을 무릅쓰고 인간답게 산 이들이야말로 '인간답게 살기'를 배우려는 뭇사람들의 스승이었다.

인간교육론은 1970년대 말에 여러 성직자들의 실천을 통해서 어느 정도 그 모습을 이 땅에 나타냈다고도 볼 수 있겠다.

지금의 이 어린이들을 참 한국인이 되게 하는 길
-이오덕 선생님께

1

선생님이 보내 주신 『이 아이들을 어찌할 것인가』와 『시정신과 유희정신』을 이제 막 다 읽었습니다. 새벽에 눈뜨자마자 읽기 시작했으니 오늘은 선생님의 책만 읽은 하루였습니다. 최근 몇 해 동안에 쓰신 글을 모아낸 것인데, 그때그때 찾아 읽지 못하고 이제야, 그나마도 보내 주셔서 읽게 된 것이 부끄러웠습니다. 예가 아닌 지금의, 다른 곳이 아닌 이곳의 어린이들이 이 지경에 이른 줄은 정말로 미처 몰랐습니다. 이제는 두메산골 어린이들까지 무자비한 약육강식을 서슴없이 생활하고 있다니 이야말로 우리 겨레의 중대사인가 합니다. 내일의 우리 겨레인 어린이들 모두가 그릇된 한국인이 되어 가고 있는데, 선생님은 어째서 그리되어 가는가를 밝혀 주셨습니다. 돈과 권력을 얻기 위해서는 차마 못할 아무 짓도 없는 도시 풍조가 그렇게 철저하게 두메산골의 어른들 마음속에까지 스며들다니 저는 적이 놀랐습니다. 이제는 그 시골에도 사람을 섬기고 자연을 아끼며 살아가는 모습이 자취를 감추고 말았으니, 겨레의 장래가 암담하게까지 느껴졌습니다.

우리 시골 어른들의 삶이 이 지경에 이르렀는데, 선생님은 왜 그리되었는지도 밝혀 주셨습니다. 겨레가 먹고살 식량을 안간힘을 다 내어 생산하고도 그렇게까지 돈이 안 되는 줄을, 귀한 일 하고도 사람으로서의 섬김은 고사하고 멸시까지 당하는 줄을 저는 미처 몰랐습니다. 선생님은 그런 시골에서 자라나고 있는 어린이들을 바로잡아 주려고 초등학교 교육에 헌신하셨습니다. 그러나 거기에도 장애는 첩첩히 쌓여 있었습니다. 학생들을 잘 가르치게끔 학교를 도와줘야 할 교육행정, 잘 가르칠 수 있는 교육 조건의 조성은 고사하고 학생 교육 아닌 일까지 학교에 떠맡기고 있었습니다. 학생 교육에 관한 지시나 감독마저 참 한국인으로서의 인격을 기르려는 학교에는 당치도 않은 것들이 그렇게도 많았습니다.

어느덧 동료 교사들까지 학교의 겉치레와 학생들의 삐뚤어진 재주 기르기에만 골몰하게 되었습니다. 그러나 선생님의 한결같은 학생 사랑과 인격교육은 변할 줄을 몰랐습니다. 선생님은 당신이 살아가기 위한 방편으로 학생을 가르친 것이 아니라 학생의 인격을 함양하기 위해서 교사 노릇을 방편 삼으셨습니다. 선생님에게는 학생들이 도구가 아니라 목적이었습니다. 저는 우리의 옛글이나 외국의 최근 글에서 스승의 이론을 많이 읽어 왔지만, 선생님의 글에서는 스승의 실천까지를 보았습니다.

2

담배를 심는다.
비는 철철 오는데
비닐을 덮어써도 옷이 젖는다.
소나기가 자꾸 짜든다.
빗물이 머리에서 낯으로
내려온다.

발에서

흙이 올라서

서 있으니

아버지가 순교 잘 한다

하신다.

선생님은 초등학교 3학년생 김순교가 지은 이 노래를 소개하면서 이것
이 시골 아이들의 현실이라 하시고는, 초등학교 2학년용 국정 교과서에
나오는 다음의 노래도 인용하셨습니다.

꽃 놀이 달 놀이 봄 놀이

봄 놀이 들 놀이 산 놀이

엄마 아빠 손목을 잡고

들이나 산으로 놀러 가자.

선생님의 글을 읽고 놀랍게 여긴 것이 또 있습니다.

학교 가는 아침 골목길에서, 교문으로 교실로 뛰어든 그들의 입에서
기세 좋게 터져 나오는 유행가. 저놈들이 어쩌자고 저 모양인가 싶은데, 그
들은 선생님을 봐도 부끄러워하는 기색조차 없다. 부끄러워하는 게 뭔가.
소풍 가서 노래자랑 같은 것을 할 때면 1학년짜리들이 사랑이 어떻고 하면
서 자랑스레 불러 댄다. 그러면 아이들이고 선생님들이고 손뼉 치며 재미있
어한다.

마을마다 스피커를 높이 달아 놓고는 아침이고 저녁이고 낮이고 온 동
네가 떠나가도록 유행가를 울려 댄다. 내가 있는 마을에서도 날이 새자마

자 새마을 노래와 함께 유행가가 터져 나오는데……

　세상은 온통 유행가 판이다. 문을 닫고 방 안에 들어와 앉아도 그 소리는 피할 수 없다…… 시골에서는 요즘 봄가을 없이 유행하는 행사에 '노래자랑대회'가 있다. 그 노래란 것이 유행가 일색임은 말할 것도 없다.

선생님은 이 글의 끝을 이렇게 맺으셨습니다.

　노래가 없이 자라나는 아이들, 유행가로 어른이 되고 있는 아이들, 이 아이들에게 과연 우리는 무엇을 기대할 수 있겠는가?

　선생님, 이제는 제 생각을 말씀드리렵니다. 선생님의 주장대로 동요를 가르쳐 줍시다. 그런데 선생님만이 아니라 다른 교사들도 가르치게 돼야 할 것이 아니겠습니까? 우리는 어째서 여타 교사들이 지금의 이곳 어린이들의 바른 성장에 알맞은 동요를 가르치지 않는가를 생각해 봅니다. 선생님도 지적했듯이, 우선 아동문학과 음악의 발전이 있어야겠지요. 아닌 게 아니라, 좋은 동요들이 많이 있어야 문교부에서도 교과서에 실을 수 있을 터이니까요. 그러나 참다운 아동문학과 음악이 빈곤하게 된 까닭은 무엇이겠습니까? 아니 그보다도, 성인 유행가가 그토록 판을 치게 된 이유는 무엇이겠습니까? 저는 이것을 우연이라고는 생각하지 않습니다. 막강한 권력을 행사하는 정부인데, 그 시책과 무관하지 않다는 것이 제 생각입니다. 우리의 소원은 어린이들에게 좋은 동요를 가르치는 일인데, 그 소원을 이루려면 정치적 통제로부터 문화 및 예술의 자유를 누려야 합니다.

　선생님은 유행가로 어른이 되고 있는 아이들에게 우리는 무엇을 기대할 수 있겠는가고 개탄하셨습니다. 유행가 말고도 글과 셈과 기술은 배울 터이니 무식하지는 않을 터이지요. 그러나 한국인으로서의 얼은 없을 터이니 얼빠진 유식자라고나 할는지요. 우리는 지금 한국의 어린이들을 가르치고 있는 교사입니다. 우리가 그야말로 국적 있는 교육을 하기 위해서 지금 소리 높여 다짐할 것은, 어린이들이 학교의 안은 물론 밖의 어디에 있어도, 그곳에 살다 보면 저들도 모르게 '얼빠진'이 아니라 '얼들은' 한국인이 되게 하는, 그런 학교, 그런 마을, 그런 사회의 문화를 이룩하는 일입니다. 그런 학교, 그런 마을이라면 새 교육이 아니고 새마을이 아니면 어떻습니까? 아니 아니어도 좋습니다. 아니어야 합니다.

3

K교사는 책상 위에 놓여 있던 커다란 책 한 권을 내밀어 놓으면서 "선생님, 어거 좀 구경해 보이소." 했다.

그것은 교사들이 모두 쓰게 되는 수업 지도안이었다. 나는 그것을 펴 보고는 입이 딱 벌어졌다. 그 크고 두꺼운 책이 깨알같이 작은 글씨로 조그만 빈틈도 없이 꽉 메워져 있는 것이 아닌가. 이런 지도안을 보기는 처음이다.

단 하나의 글자도 날려 쓴 것을 찾을 수 없고, 장마다 그림이 정성 들여 그려져 있거나 신문·잡지들에서 오려낸 자료들이 곱게 붙여져 있었다. …… 나는 그 표지에 적혀 있는 이름을 보면서 "이거 어느 선생님 겁니까?" 라고 물었다.

"저의 누님 겁니다. D시 D교에 계시지요."

"그래요? 역시 형제분들이 모두 글씨고 그림이고 소질이 계시는군요. 천생 교직에 계셔야겠어요."

나는 K교사가 내 말에 동의할 줄 믿었다. 그런데 뜻밖에 그는 이런 말을 하는 것이다.

"젊은 놈이 어디 그런 것 쓰고 있겠습니까? 제 누님은 이런 것 쓰느라고 몸이 형편없이 바싹 말랐어요. 수업 시간에도 이걸 쓴답니다."

그렇다. 이렇게 고운 글씨로 이렇게 알뜰히 쓰자면야 수업 시간에도 필경 썼을 것이 아닌가? 그리고 이렇게 훌륭하게 쓰인 교안을 보고 이것을 쓴 교사가 훌륭한 교육을 하고 있지 않다고 생각하는 사람이 그 누가 있겠는가? 아마 이 지도안은 교사들의 교육 실적물 전시회 같은 데 출품이 되었을 것 같고, 표창이 되었을지도 모르고, 쓴 사람의 근무 성적도 올라갔을 것이다. ……

교사라는 직업은 본디 한가할 수 없는 것이고, 그것은 온몸과 마음을 송두리째 바치기를 요구하는 것이다. 온종일 일에 시달리고, 그래도 다 못한 일은 보퉁이에 싸 가지고 집에 가서 밤중에 교안을 쓰고 아이들 작품을 읽고 하는 것이 너무나 당연하다. 문제는 교사의 할 일이 많다는 그것에 있는 것이 아니다. 교사의 비극은 이렇게 많은 일들을 제 스스로 주체가 되어 하는 것이 아니라 밖에서 시킴을 받아 하게 된다는 점에 있는 것이다.

사역을 당하는 교사-이 얼마나 큰 비극인가? ……

아이들을 위해 쓰는 것이 아니라 아이들을 위하는 것처럼 보이기 위해 쓰는 교안, 너무나 많은 일들을 감당하기 위해 결국 아이들을 희생시키는 것이 영리한 교사들의 입신의 지혜가 되어 있는 이 사실에 K교사는 오늘날 처해 있는 교사의 비극적 상황을 직감한 것이다. ……

교사들이 교육하는 일에 보람을 느끼지 못할 때 거기서 탈출구를 찾게 되고 그래서 그의 관심은 돈과 명예라는 속사에 쏠린다.

이래서 교사는 자기 자신을 제일선에서 싸우는 병졸로 깨닫는다. 주임교사, 교감, 교장이 뒤에서 지켜보는 독전대다. 그래서 하루빨리 병졸의 고역에서 벗어나게 될 날만 바라는 것이다. ……

또 있다. 같은 급의 교사라도 도시의 교사와 농촌의 교사가 다르다. 그래서 어떻게 해서라도 도시로 나가려고 하는 것이고, 교사들의 이런 도시

지향성을 합리적으로 제도화한 것이 점수제 인사제도이다. ……

　해마다 2월 말과 8월 말에는 정년퇴직하는 분들의 이름이 신문에 난다. 평생을 교직에 바치고 물러가는 이들 중에는 간혹 '교사'가 있다. 나는 그 교사로 퇴임하는 사람의 이름을 유심히 본다. ……

　그렇다. 이 분은 평생 교사로 있으면서 항시 열등감에 사로잡혀 자기모멸의 나날을 보낸 것이 아닐 게다. 교사의 천직을 자각하고 교사라는 이름을 조금도 부끄럽게 생각하지 않고 다만 성실히 그 직분을 다하는 데서 보람을 느끼고 살아온 것에 틀림없다. 그렇지 않고서야 그 고달픈 나날의 일들을 어찌 정년이 되도록 견디어 내었겠는가?

　선생님, 저는 지금 무슨 말씀부터 드려야 할지 모르겠습니다. 다른 나라의 교사들 얘기가 아닌데, 우리 어린이들이 참으로 불쌍합니다. 뜻이 있고 능력이 있어서 교사 되기를 지망하는 젊은이도 없어져 가거니와, 이미 교사 된 이들도 어린이들의 교육 그 자체에 보람을 찾을 수 없어 실의에 빠져 있고, 열의에 찬 교사들이 아주 없는 것은 아니지만 그들마저 어린이를 제물로 스스로의 출세를 꾀하고. 교실 짓고 운동장 닦아 놓았대서 학교가 아니라, 어린이들을 가르치는 선생이 있대서 학교인데, 수효로야 있고도 많이 있습니다. 암만 있으면 뭘 하나요? 어린이의 교육에 뜻이 없는데. 부모가 있고도 버려진 아이는 고아입니다. 선생이 있고도 외면당하거나 이용당하는 학생들은 뭐라 합니까?

　지금의 어린이들이 온통 고아들이어서도 내일의 우리나라와 겨레가 온전할 수 없지만, 지금의 학생들이 교사들로부터 온통 외면당하거나 이용당할 뿐이어도 우리나라와 겨레의 내일은 암담합니다. 지금 우리 초등학교 학생들이 말재주, 글재주, 손재주를 익히지 못하고 있대서가 아닙니다. 꼬마 운동선수들의 수효도 늘어나고 있습니다. 내일의 우리나라가 암담하다 함은 그 재주 그 힘으로 이웃을, 동포를, 아니 사람을 섬기지 않고 도리어 해치게 될까 봐서입니다. 부모가 있고도 버림받았으면, 선생이 있고도 악용당했으면, 그 고아, 그 학생은 그 정도만큼 이담에 사람을 버리고 또 도구화할 것이 아니겠습니까? 한 국민이 한 겨레가 서로 짓밟는데, 그 나라 그 겨레가 온전할 수 있겠습니까?

선생님, 군계일학群鷄一鶴이라는 말이 있습니다. 저의 무례를 용서하십시오. 저에게는 선생님이 바로 그 학의 모습으로 느껴졌습니다. 솔직히 말씀드려서 우리나라 교사들 모두가 선생님을 본받아 선생님처럼 어린이들 교육에 임한다면야, 지금보다도 더 못한 교육 조건들이 주어진다 해도 우리 겨레의 내일은 밝고도 넓을 따름입니다. 그러나 저는 지금 어째서 대다수 교사들이 이 지경에 이르렀는지를 생각하지 않고 선생님을 본받기만 기대한다고 하는 것은 허황스럽다고까지 느끼고 있습니다. 더군다나 교육행정의 힘을 발동해 강요한다고 실현될 일도 아니라 생각합니다.

도리어 저는 정부와 국민이 함께 지어낸 오늘의 이 초등학교 교육 조건들을 두고, 이런 교육이 되는 것이 자연스럽다고까지 생각하고 있습니다. 교사라는 사람들이 다른 여느 사람들과 똑같은 사람일진대, 그의 행동도 주어진 조건들의 의미에 대한 반응인 것입니다. 그 이상도 이하도 아닌 것입니다. 그 교사들 딴에는 그 조건들 속에서 최선을 다한 노릇이 이 지경이 된 것입니다. 교사 되어 봉급 타서 내 식구 먹이면 그뿐, 남의 자녀 해치려 해서 그가 하는 교육이 이 지경으로 된 것이 아니란 말씀입니다. 일반 국민들보다야 내가 더 잘 교육할 수 있대서 그 자녀의 교사가 되고, 내가 일으킨 그 학생의 착한 변화를 눈 비벼 오늘도 찾고 있건만, 그것이 없어서 남 몰래 소리 죽여 울고 지내는 이들. 선생님, 이게 제가 보는 한국 교사들 마음속의 참 모습입니다.

교사들의 행복을 위해서가 아니라, 국민의 자녀들의 바른 성장을 위해서 정부는 의무교육의 조건 개선을 서둘러야 한다고 생각합니다. 자주국방이나 수출 진흥만큼 서둘러야 합니다. 말만 다르지, 자주국방 하고 수출 진흥하는 사람 길러 내기입니다. 그것이 공전하고 있는데 그 정책 비중을 국방과 수출 다음이라, 그건 말도 안 될 말입니다. 교육정책에는 돈이 안 드는 것도 있지만 드는 것도 있습니다. 의무교육인 초등학교의 교사인데, 그들의 보수만큼이야 학생 통해 학부모한테 거두어 보태게 해선 안 될 일입니다. 교사와 학부모 간의 오해와 불화에서, 없어지느니 학생의 교사 존경이요, 교사의 학생 사랑입니다. 이 두 가지가 없고는 참교육이 없어집니다. 초등학교의 육성회비를 전국에 걸쳐 폐지하고도 시골 교사들에게는 월등히 많은 보수를 국고에서 지불해야 합니다. 더도 말고, 유능한 교사가 시골과 도시에 고루 분포할 만큼만. 이는 학생들을 차별하지 않는 길입니다. 아니, 도시의 과밀 교실에서 어린이들을 해방시키는 길이기도 합니다.

뿐만 아니라, 교사들의 도시에로의 영전 운동으로 부패해 버린 교육행정을 근원적으로 정화하는 길입니다. 교사의 수를 늘리고 교실을 더 짓는 일도 돈 드는 일입니다. 그래서 교사당 학생 수를 50명 이하로 줄이지 않고는 성의에 찬 유능한 교사이고도, 교실에 앉혀진 채 가르치지 못하는 학생들이 있기 마련입니다. 아니, 배우지 못하면서 앉아만 있다가는 심신이 모두 해쳐집니다. 교사가 아니고도 할 수 있는 일을 하게 할 일반직 직원이나 노무자를 학교에 더 채용하재도 돈이 듭니다. 교사는 학생 교육에만 전념토록 해야 합니다. 교사에게 잡무를 과하는 것은 학생들의 학습권에 대한 침해입니다. 선생님도 교육에는 끝이 없다 하셨습니다. 그러나 교사의 능력에는 끝이 있습니다. 그나마 딴 데로 돌리게 한대서야 말이 안 됩니다. 저는 이 모두를 참교육이 없어지다시피 한 우리 초등학교를 소생시키자매 드는 최소한도의 돈 드는 교육 시책이라 생각합니다. 이미 쓰고 있지만 뜻이 없다시피 된 어마어마한 의무교육 예산에 보람을 안겨 주자매 더 써야 할 최소한의 국가예산이라 생각합니다. 아직은 강대국이 아닌 우리나라이기에 예산을 한 푼이라도 아껴 쓰자고 내세우는 저의 주장입니다.

생각하면, 의무교육 예산의 부족만으로 초등학교에 이토록 심각한 교육 부재 현상이 빚어진 것은 아닙니다. 더 말할 나위도 없이 국민의 자녀를 가르치는 이들은 교사입니다. 교장도 교육감도 장관도 아닙니다. 그런데 나라가, 가르치지도 아니하는 이분들을 학교의 안팎에 있게 한 것은, 그들이 있어서 교사가 학생들을 더 잘 가르칠 수 있게 되길 바라서입니다. 그래서 그들에게 주어진 직권입니다. 그것은 분명 교사를 섬기라는 직권입니다. 교사가 잘나서가 아니라 우리 학생들이 존귀해서입니다. 우리 학생들을 하늘땅만큼이나 존귀하게 여기는 교사가 되게 하자니 섬기라는 교사입니다.

그런데 교육행정은 교사를 부려 왔습니다. 선생님도 말씀하셨습니다만 싸움터의 독전대가 된 것입니다. 이래서 사역使役을 당한 교사들은, 적이 아닌 학생을 섬기지 않고 부리는 교사가 된 것입니다. 교육을 받지 않고 부림을 받으니 그 어린이들이 올바로 자라날 까닭이 없는 것이지요. 종교에나 있는 기적입니다. 교육은 콩 심은 데 콩만 납니다. 어린이들인데 벌써 약한 자를 짓누르려고 하는, 자연마저 유린하는 비인간화의 길을 가게 된 것입니다.

선생님, 이 세상에 저 할 일 할 수 없으면서 교단에 서 있을 사람이 있겠습니까? 물론 완전무결한 교육이야 아무도 못하지요. 그렇지만 우리의 교육행정은 그 도가 지나칩니다. 모든 교사들을 무능력자로 전제하지 않고는 무의미한 오만 가지 지시를 쉴 새 없이 내리고 있는 것입니다. 거기에다 어긴 교사의 엄중문책까지 꼬리를 달아서 말입니다. 하도 긴 세월에 걸쳐, 하도 많은 감독자들로부터, 하도 여러 번 당한 '바보 다루기'여서 이제는 스스로도 바보로 믿게 된 교사들입니다. 바보라는데 바보가 되어 줘야 마음 편할 지경이 된 것입니다. 불쌍한 교사들, 그래도 그들은 그게 싫으면 그만둘 수나 있습니다. 학교를 그만둘 수가 없어 꼭 다녀야 할 어린이들이 더욱 불쌍합니다. 자치自治하는 사람 되자고 학교 다니는 건데, 남의 지시 따라 손발 놀리는 교사들뿐이니, 자치하는 교사들이 있어야 학생들은 자치하는 사람 되기를 배울 게 아니겠습니까? 선생님 말씀마따나 비극입니다.

교사들이 국민의 자녀를 가르치는 곳이 초등학교입니다. 교육행정은 그 교사들이 교육을 뒷받침하는 한에서만 정당화될 수 있습니다. 교육의 자주와 자치를 존중하는 데는 돈이 따로 들지 않습니다. 그런데 한국 교육의 사활은 바로 여기에도 달려 있다고 생각합니다.

4

아버지하고
동장 집에 가서
비료를 지고 오는데
하도 무거워서
눈물이 났다.

-초등학교 2학년생

(10리가 넘는 험한 산길을 와야 제집이다)

7월 30일

뒷산에 풀 베러 갔습니다. 지게를 놓고 풀을 베기 시작했습니다. 오전에 넉 짐 지고 오후에 석 짐 지니 하루 종일 일곱 짐입니다. 일곱 짐 지니 아버지가 그만 지고 썰자 해서 작두를 갖다 놓고 아버지는 메기시고 나는 딛고 어머니는 끌어내고 해서 풀을 다 써느라고 저물었습니다. ⋯⋯

12월 28일

아침을 먹고 샛마 방앗간에 내려가서 가마니에 보리쌀을 퍼내 가지고 집으로 올라왔습니다. …… 보리쌀이 무거워서 열두 번도 더 쉬어 왔습니다. 하루 종일 두 짐밖에 못 져 올렸습니다.

-초등학교 2학년생

(이 아이의 집에서 방앗간이 있는 샛마까지는 약 20리)

길은 아무리 멀어도 끝이 없다.

맨(아주) 수수백리 걸어도 끝이 없다.

돈이 많으면 고향을 갔으면 좋겠다.

아무리 벌어도 돈은 벌지 못한다.

-초등학교 3학년생

(집에서 학교까지는 15리, 남의 산비탈 밭을 빌려 담배 농사를 하는 부모 밑에서 일하며 살아가는 아이)

선생님이 근무하고 있는 학교에는 날마다 10킬로미터를 왕복하는 아이들이 20여 명이나 된다고 말씀하셨습니다. 그것도 나룻배로 강을 건너야 하고, 온통 산기이라 하셨습니다. 다음은 졸업식에 참석하기 위해서 아침 일찍 나섰던 날의 선생님 일기입니다.

2월 ○○일

마을 앞에서 본교로 가는 아이들을 만났는데, 모두 제 키를 훨씬 넘는 장대를 하나씩 들고 간다. 왜 그런 걸 가지고 가나 물으니 이걸로 물을 건넌다 한다. 아이들 뒤를 따라가는데 내 앞에서 나는 멈칫 서고 아이들은 그 작대기를 의지해서 용하게도 뛰어 건넌다. 나는 건널 수가 없다. 물을 덮어 쓴 징검돌들이 그대로 얼어붙어 미끄러워 디딜 수 없는 것이다. 아무리 조심해도 두세 발 못 가서 미끄러워 물에 빠질 것이 뻔하다. 아하, 이래서 아이들이 장대를 가지고 20리를 다니는구나 싶었다. 나는 어찌할 바를 모르고 내를 따라 오르내리다가 폭이 좁은 곳을 겨우 넓이뛰기를 해서 건널 수가 있었다.

이러기를 몇 번이나 해서 가는데 점점 냇물이 많아져서 솔밭 앞에서는 하는 수 없이 냇물을 피해 산을 타고 가게 되었다. 아이들도 산으로 올라갔다. 그런데 그것이 정말 목숨을 거는 노릇이다. 벼랑길이 꽁꽁 얼어서 미끄러지면 수십 길 낭떠러지 밑에 떨어져 즉사할 판이다. 나는 두 손으로 잡목 가지를 잡고 엉금엉금 기어서 겨우 한 걸음씩 가는데 진땀이 날 지경이었다. 아이들은 어느새 그곳을 지났는지 내가 겨우 벼랑을 돌아보며 한숨을 쉬었을 때는 벌써 저쪽 산모퉁이에 돌아 자취를 감추었다.

이런 길을 6년 동안 다닌다고 생각하니 기가 막혔다. 나는 교문을 들어설 때까지 계산을 해 보았다. …… 3만 3,000킬로미터. 이 거리는 아마 거의 지구를 한 바퀴 도는 거리가 되지 않을까 싶다. ……

그러니 이곳 아이들은 6학년을 끝까지 마치는 아이가 드물다. 대개는 도중에서 떨어지고 어쩌다가 나이가 좀 많고 체력이 센 아이만이 겨우 몇 사람씩 졸업장을 타게 되는 것이다. …… 나는 졸업장을 쥐고 다시 장대로 뛰어넘고 벼랑을 기어가야 하는 그 아이들이 이 지구 위에서 가장 불쌍한 아이들로 생각되었다.

선생님은 분교장을 새로 세우는 일과 이미 세워진 분교장을 독립된 초등학교로 승격시키는 일의 시급성을 매우 강조하시면서 학교장과 교육행정 당국의 관료 근성을 다음과 같이 나무라셨습니다.

지리적으로 봐서 마땅히 학교가 그곳에 세워져야 하고, 아이들의 수가 학년마다 한 학급씩 되고, 그리고 가난한 주민들이 애를 써서 학교가 설 부지까지 다 사들여 놓았는데도 안 되는 수가 있다. 이것은, 이미 그곳 아이들이 다니고 있는 학교에서 학교장의 의견서를 붙여 내어야 하는데 이것이 잘 안 된다. 학교장들은 대개 분교장의 신설, 더구나 분교장의 독립교 승격을 꺼려 이것을 추진하기는커녕 방해하는 태도로 나온다. 아이들이 나뉘어 새로 된 학교로 나가게 되는 것은 곧 자기 학교의 규모가 줄어드는 것이 되기 때문에 아이들의 불행이고 교육이고 아랑곳없이 세속적이고 사소한 자기중심의 이해관계만 생각하여 한심한 관료 근성을 발휘하는 것이다. 더구나 벽지에서는 주민들과 아이들의 억울한 사정을 대변해서 당국에 진정하러 나설 사람이 없는 만큼 지방민들의 생각은 학교장의 의견 하나로 온전히 왜곡당하거나 봉쇄되고 마는 것이다.

어린이들이 있는 곳 가까이에 새 학교를 세우는 일은 이래서 지연되고 있다지만, 이미 세워져 있는 벽지 학교의 교사들은 어떤 처지에 놓여 있는가? 선생님은 이렇게 말씀하셨습니다.

요즘은 아무리 궁벽한 산골이라도 온갖 장사꾼들이 찾아들어, 시골 사람들이 이해利害를 따져 사람을 대하는 것이 도시 사람보다 더한 경우가 많다. 도시 중심의 문화란 것을 라디오와 장사꾼들을 통해서 그 가장 겉껍데기만을 받아들여서 생활은 천박하고 인심은 각박하게 되었다. 이런 산골에서 땔나무를 살 수 없다면 거짓말같이 들릴 것이지만 사실이다. …… 살림을 하는 선생님들은 일요일마다, 그리고 방학 때마다 지게를 지고 산에 나무를 하러 간다. …… 그런데 지난 가을부터 산 나무를 하지 못하게 되어 어찌해서라도 연탄을 뗄 수밖에 없이 되었는데, 연탄 한 장에 점촌읍에서 21원 하는 것이 여기에서는 50원이다. 지방에서 나는 쌀을 사 먹을 수가 있다. 그러나 그것도 쌀값이 오름세가 되면 내놓지 않는다. 교원들은 지금 양식을 못 받아 쩔쩔매고 있다.

교통난, 생활난, 주민들의 냉대…… 이런 속에서 벽지의 교원들은 교육을 하려는 의욕을 잃고 있다. …… 그럭저럭 벽지 근무자로서의 혜택을 받아 점수를 따서, 때가 되면 그곳을 벗어나려고 하는 것이 단 하나의 바람으로 되어 있다. …… 버림받은 산골의 버림받은 아이들은 오늘도 감감한 하늘만 쳐다보며 수십 리 길을 재를 오르내리고 물을 건너면서 학교를 오가고 있는데, 그 학교의 교육은 언제 제대로 이루어지려는가?

선생님, 면사무소가 있는 동네에 태어나서 두 교실짜리 보통학교에 입학했던 저라서, 시골 사정을 좀 아노라 자부해 왔습니다. 그러나 선생님의 글을 접하고부터는 그 시골과는 종류가 다른 벽지가 따로 있는 줄을 알았습니다. 어린이도, 어른도, 교원도 버려진 벽지, 그건 분명 실지失地입니다. 나라가 있고 행정이 있고서야, 이처럼 개화된 시대에 사람들의 처지가 어찌 그럴 수가 있단 말씀입니까? 나라의 행정으로 하여금 지체 없이 실지 회복을 단행케 하는 길은 그 실지의 진상을 널리 알리는 일입니다. 국민을 잘 살게 하고 있대서 누리고 있는 행정권인데, 실지의 진상을 국민 모두가 알고는 회복할 수 있는 실지입니다. 그런데 선생님은 그 진상을 알려 주셨습니다. 행정으로 하여금 버려진 국민들을 되찾아 섬기게 하는 기초를 닦으셨습니다. 신문이고 텔레비전이고 간에 몰라보게 좋아져 가는 새마을을 중단 없이 보도하고 있는데, 선생님은 봉건적이고도 전제적인 조선왕조 시대로 착각될 정도의 산골 사람들의 생활을 알려 주셨습니다. 민주 한국 30년이 된 이 마당에 말씀입니다.

선생님, 이제는 벽지 교육의 개선을 생각해 봅니다. 교육의 현장을 크게 좌우하는 것이 무엇입니까? 선생님도 여러 군데에서 지적하셨습니다만 교육행정이 아닙니까? 그걸 좌우하는 것은 또 무엇입니까? 교육정책입니다. 그런데 우리 교육계에는 벽지의 기존 교육정책 그 자체에 관한 비판적 연구는 없이 기존 정책의 실천에 관한 것뿐이고, 그나마 모두가 성공한 사례들입니다. 솔직히 말씀드려서, 선생님의 글에는 선생님의 독자적인 견해를 바탕으로 실천하셔서 성공한 사례는 많았지만, 기존 정책에 따른 실천 끝에 얻어진 성공은 아직 못 찾았습니다. 교육 현장을 개선하자는 교육 연구인데 그 모체인 교육행정을 외면하고, 다시는 그 원천인 교육정책을 외면한대서야 교육 현장은 그야말로 다람쥐 쳇바퀴 도는 격이지요.

교육 연구의 추세가 어째서 이리되어 버린 것일까? 기존 교육정책에 대한 비판적 연구의 허용 내지는 권장, 그것은 30년간이나 정체에 빠져 있는 벽지 교육의 현장을 개선하는 지름길이라 생각됩니다. 벽지보다 보수를 덜 받고도 도시 학교에 있고 싶은 터에, 물질적 보수는 물론 그 밖의 모든 것이 도시에서의 근무가 유리한 판에 벽지 근무를 기피한대서 도리어 자연스러운 것이고, 일부의 벽지 지원자들마저 도시 학교로의 진출 수단으로 삼아 타락해 버리는 것 또한 어쩔 수 없는 노릇이라 생각됩니다. 그 정책에 그 교원들인 것입니다. 선생님 같은 분이 계신대서 종래의 벽지 교육정책이 정당화될 수는 없다는 것이 제 생각입니다. 희생과 차별을 감수하신 선생님을 저 자신은 존경도 하고, 아니 행복한 분으로 부럽기까지 합니다. 그러나 행정이나 정책이 교원에게 희생과 차별을 강요하는 것이 되어서는 안 된다고 생각합니다. 도리어, 평범한 교원 노릇이고도 그 결과가 훌륭한 교육이 되게끔 조건을 조성해 줄 책임이 교육의 정책과 행정에 있노라 생각합니다.

선생님은 벽지의 그 아이들이 이 지구 위에서 가장 불쌍한 아이들이라 하셨습니다. 그렇게 생각하시는 아이들인데 아직도 참을성이 모자라고 덜 부지런하고 덜 검소해서 그 꼴로밖에는 살지 못한다고 가르치실 선생님이 아니십니다. 그런데 저는 어렸을 적, 왜정 말기에 숱하게 보고 읽고 들었습니다. 당시의 저희들은 어른들도 못 참을 것을 견디어 내고, 어린이인데 어른들보다 일찍 일어나서 어둡도록 일하며 배우고, 먹는 것이라야 살아 있는 것이 용할 지경이요, 걸친 것은 겨우 살을 가렸을 뿐인데도 더 잘 살려면 더 견디고 더 일하고 더 절약해야 한다고 가르치는 선생님을 숱하게 보았습니다. 지금도 그와 똑같은 짓이 이 세상에서 어찌 사라졌다고 하겠습니까? 국민을 종 삼아 부려먹자니 글과 셈과 기술을 가르치되, 그토록 땀 흘려 일하건만 헐벗고 굶주리고 병드는 까닭은 숨기고 가르치지 않았던 것입니다.

나아가서는 거짓말을 가르쳤던 것입니다. 유식한 사회적 바보로 길을 들였던 것입니다. 그때 그곳의 교원들이라고 그러고 싶어서 우민愚民 교육을 했겠습니까? 안 하면 자기부터 살 길이 막혀서였습니다.

민주 한국의 교원인데 우리는 옛 일제日帝와는 다른 교육을 해야 합니다. 사람에겐, 남을 억누르지도 남에게 억눌리지도 않는, 남의 것을 빼앗지도 남에게 빼앗기지도 않는, 실로 사람들끼리 서로 섬기며 사는 그런 사회와 나라, 그런 세계를 사랑하는 마음씨와 이룩할 능력을 길러 줘야 합니다. 그런데 평범한 교원 노릇이고도 그 결과가 이런 사람을 길러 내게 되는 길은 무엇이겠습니까? 교육을 정치에 예속시킨 옛 일제와는 달리, 교육을 사법司法처럼 정치로부터 독립시키는 길이라 생각됩니다.

5

작대기 쥔 반장이 / 아이들 머리를 톡 톡 / 때리며 돌아다닌다. / 누더기로 팔꿈치가 드러난 놈 / 양말을 안 신은 놈 / 머리털에 까치집을 지은 놈…….

이것은 필자가 K초등학교에 있을 때 청소 시간에 거의 교실마다 전개되고 있는 풍경을 그대로 쓴 「청소 시간」이란 동시의 한 구절이다.

제일 거북한 것이 변소 청소다. 청소 용구가 갖춰 있지 않은데 하기는 해야 하고, 그래서 아이들이 그때그때 온갖 수단을 써서 청소라고 하는 걸 보면 참 가엾다. 이리하여 아이들에게나 교사들에게나 청소라는 것은 괴롭고 기피하고 싶은 것으로 되어 있다.

어쨌든 누가 언제 찾아와 보더라도 깨끗한 교실 깨끗한 학교가 되어 있어야 교육하는 노력이 인정되는 세상이다. 그래서 내가 존경하는 장학사님도 "학교 가서 운동장이 지저분하게 청소가 안 돼 있고 하면 교육하는 것 안 봐도 다 압니다"라고 말하게 되는 것이다.

어떤 학교에서는 조회가 끝나 아이들이 모두 교실에 들어가고 나면 교장선생님이 혼자 휴지통을 들고 운동장을 한 바퀴 돌면서 종이를 주웠다. …… 교육하는 노력을 인정하고, 제자리를 무사히 지키는 데 가장 효과 있는 교육자로서 할 일이 운동장의 쓰레기를 줍는 것이었다.

어린이들은 날마다 선생님의 꾸중을 듣고, 회장이니 반장이니 분단장이니 주번이니 하는 이이들에게 들볶이고, 그래서 아침부터 청소요, 쉬는 시간에도 청소, 방과 후에도 청소다(쉬는 날-일요일에는 새벽부터 골목 청소다). …… 아이들이 청소 때문에 학교엘 다닌다는 생각이 들 때가 있을 정도다.

지난해 내가 이곳에 처음 와서 놀란 것은 마을의 골목이고 학교 앞길이고 운동장이고 온통 유리 조각이 거의 발걸음마다 밟힐 정도로 깔려 있는 것이다. …… 일주일이 지나도 열흘이 지나도 아무도 줍는 사람이 없었다. …… 하루는 아이들을 데리고 청소를 하는데, 주워 모은 유리병 조각이 운동장의 것만 해도 각 교실에서 가져온 양동이에, 그러니까 일곱 양동이에 가득 담고 남았다. …… 그다음 날은 학교 앞 길바닥에 흩어진 유리 조각을 주웠더니 여남은 양동이가 되었다. …… 유리 조각은 왜 어떻게 버려지는가? 시골 사람들은 봄부터 죽자 살자 담배 농사, 약 농사로 일을 해서 가을에 돈푼이라도 생기면 겨울 동안 대개는 술을 먹어 없앤다. 여기 학교가 있는 마을은 겨우 스무 집쯤 되는데, 술집이 다섯 집이다. 그런데 그 술병이 처치 곤란이다. …… 마을 사람들은 새마을 사업을 한다고 지붕 개량을 하고 길을 닦느라 애를 쓰고 있다. 아이들은 애향단愛鄕團을 만들어 길가에 꽃을 심고 아침마다 줄을 지어 노래를 부르면서 학교에 간다. 이렇게 시키는 일을 하면서도 스스로 자각해서 해야 할 일은 아무도 안 한다. 자기에게 직접 이익 되는 일이 아니면 손가락 하나 까딱하지 않는다. 이기주의가 도사려 앉은 사람들의 마음속은 유리 조각으로 덮여 있는 땅바닥같이 황폐되어 있는 것이다.

선생님은 이상의 글에서처럼, 아이들이 청소에 너무 시달리고 있음을 개탄하셨습니다. 교육이란 그야말로 백년대계인데, 백 년 아니면 십 년이라도 내다봐야 할 것을 당장의 효과나 겉치레에 치중하고 있어서 그 폐단이 크다 하셨습니다. 특히 이기심만 북돋아 주는 결과가 되어 시키는 일은 하지만 해야 할 일은 스스로 하는 일이 없노라 한탄하셨습니다. 그런데 선생님, 제 생각은 이렇습니다.

학교 어린이들에게 이래라 저래라 지시할 권한을 교사들이 부여받고 있는 것은, 그 지시를 따르는 어린이들에게 학습되는 것이 있대서입니다. 어린이들의 학습을 돕자고만 있는 교사인데 그들의 학습과 무관한 일을 시킨대서야 그건 분명 교사의 직권 남용입니다. 어린이마다에는 교사가 할 수 있는 최선의 교육을 받을 권리가 있습니다. 이것을 학습권이라 해도 무방합니다. 그런데 학생을 가르치라는 교사의 정력과 시간의 일부를 교육과 무관한 일을 하게 한 교육행정이 있다면 그것 또한 학교 어린이들의 학습권 유린입니다. 어린이는 약하고 어린 까닭으로 힘세고 성숙된 어른들의 보호와 지도가 있어야만 사람답게 잘 자랄 수가 있습니다. 어린이도 사람인 까닭에 어른들이 누리는 사람으로서의 권리를 어김없이 모두 누리고도 가외로 하나 더, 이 생존을 위해서 보호받을 권리가 있는 것입니다.

그런데 교사의 학생 교육을 뒷받침하라는 교육행정에게 비교육, 아니 반교육적인 일을 하게 한 법규가 있다면, 그건 분명 저절로 무효입니다. 어른들의 '어린이 사랑'은 동서고금을 막론한 천륜인데, 그걸 방해 또는 침해하는 법규라면, 그것의 제정 절차의 합법성 여부를 따질 필요도 없이 무효입니다. 생각하면, 사람의 행동 중 인권 유린만큼 가증스러운 추행이 또 있겠습니까만, 그 가운데 약하고 어린 사람의 '사람답게 자랄 권리'의 침해, 그건 사람도 아닌 것의 소행입니다. 그런데 저는 초등학교 어린이들에 대한 청소 강요를 바로 그 한 예로 꼽고자 한 것입니다.

"아이들은 공부하고 뛰놀고, 그래서 교실이고 운동장이고 변소고 어지르기만 하면 된다. …… 공부란 교과서를 읽고 쓰고 셈하고 지식을 얻는 것이다. 마루를 쓸고 책상을 닦는 것이 무슨 공부인가? 그런 것은 청소부나 식모가 하는 일이지 장차 사장 되고 박사가 되고 대통령이 될 사람이 어디 그런 일을 할 것인가." 하는 생각은, 선생님의 말씀마따나 참으로 어처구니없이 비뚤어진 생각입니다. 아이들에게 올바른 생활 태도를 갖게 해야 한다고 청소를 시켰다가 당장 학부모로부터 항의를 받은 대도시의 사립 초등학교 교사가 있다면, 그건 학부모의 잘못이라 저도 생각합니다.

그러나 선생님, 올바른 생활 태도의 함양과는 전여 무관한, 단순한 청소노동의 강요는 도리어 청소하기를 싫어하는 사람이 되게 하는 것입니다. 나쁜 생활 태도를 함양하고 있는 것입니다. 어른 청소부야 일하고 돈이나 받습니다. 학교의 어린이인데, 받는 돈도 없이 노동을 강요당하고 바로 그 까닭에 나쁜 생활 태도마저 지니게 되는데, 이것이야말로 학교로서는 차마 못할 짓이라고 생각합니다. 그러기에 6년간만 청소를 강요당한 초등학교 졸업생들보다 6년을 더 강요당한 고등학교 졸업생들이 청소하기를 두 배나 싫어하는 경향이 또렷합니다. 청소의 강요를 당할수록 청소하기를 좋아하는 사람이 되는 것이라면, 고등학교 졸업하고야 더럽혀진 환경을 보고는 당장에라도 청소할 지경에 이를 것입니다. 저는 30년 가까운 교수 생활에 그런 대학생을 못 보았습니다(제 연구실에 찾아와 청소해 주는 학생들은 있었습니다). 제 교실 제 복도를 청소하려는, 더군다나 학교 변소를 깨끗이 청소하는 대학생은 못 보았습니다.

더럽혀진 환경을 남들과의 공동 노력으로 깨끗이 하면서 살아가는 태도의 함양은, 급전직하로 오염되어 가는 요즈음의 강산이기 때문에 더욱 절실한 국민교육의 과제입니다. 이데올로기로야 남북이 판이하지만 중화학 공업화나 부국강병 일변도임에는 한가지입니다. 그래서 오염되어 가는 것은 강과 산만이 아닙니다. 하늘과 바다도, 어린이들에게 물려주기가 미안할 정도로 더럽혀지고 있습니다. 우리는 우리의 후손들이 잘 살 수 있게 되기를 바라기 전에 살아남을 수 있게 되기를 바라야 합니다. 지금의 어른들이 한반도를 더욱 오염시키고, 지금의 교사들이 어린이들에게 환경을 깨끗이 하면서 살아가는 태도를 길러 주지 않는다면, 내일의 우리 겨레는 자멸입니다.

생각하면, 우리 겨레가 지금 남에서나 북에서나 간에 부국강병을 서둘러 공업화와 동시에 군비 확장에 혈안이 되어 살아가고 있는 것은 우연이 아닙니다. 지금의 우리 겨레에도 어린이 시절이 있었고, 그때 보아 둔 일제의 식민지 사회 체제가 있었고, 그때 받아 둔 일제의 식민지 교육이 있는 것입니다. 지금 우리는, 우리 땅에서 우리끼리 살고 있으련만, 그 살아가는 방식은 일제의 잔재를 아직도 많이 간직하고 있는 것입니다. 예술, 문화, 사회, 경제, 정치, 모두가 독재자의 계속 집권을 위해서 악용되고 조작되고 있는 점에 있어서 일제와 한가지인 것입니다. 각급 학교의 모든 학생들에게 전쟁을 찬미케 하고, 독재자를 위해서 목숨을 바친 이들을 충효의 본보기로 삼게 하고 있는 점에서도 일제와 다를 바가 없는 것입니다.

선생님, 이제는 우리 한국 교육을 생각해 보렵니다. 우리의 교육정책, 그것을 현실화하고 있는 교육행정, 그 지시를 받아 학생들을 이리저리 몰아 대고 있는 우리 교사들을 생각해 보렵니다. 우리의 학교들은 과연 얼마나 일제 잔재를 청산하고 있는 것일까? 일제 강점기 교육정책의 으뜸가는 특질은 '교육의 정치도구화'였습니다. 그것부터 청산하자고, 우리는 헌법 속에 '교육의 자주성과 정치적 중립성의 보장'을 명시한 지 오래입니다. 그러나 이러한 우리의 장한 의지가 교육정책 속에서 얼마나 실천되고 있는가? 최근 30년간의 한국 교육사는 정치사의 다른 이름에 불과할 만큼 교육은 정치에 예속되어 온 것입니다. 일제 강점기의 교육정책은 저 악명 높은 감시자 시학視學을 빼놓고는 생각할 수가 없습니다. 우리는, 꿈에라도 보일세라, 이름조차 새롭게 장학獎學으로 한 것입니다.

그러나 최근 30년간, 우리 교사들은 장학인들의 눈치 살피기에 도리어 학생들의 기막힌 처지를 잊다시피 살아왔습니다. 일제 강점기의 교실이 생각납니다. '너' 되지 말고 '남' 돼라, 서로 달라지지 말고 닮아라, 한마디로 서로 다른 한국인이 되지 말고 하나같이 일본인이 돼라. 그간에 한국에서 일본인이 되라고 가르친 교실이 단 하나라도 있을 리가 없습니다. 그러나 서로 다른 민주 한국인이 되라는 교사도 많지는 않았습니다. 한국 교육에 아직도 남아 있는 일제의 잔재입니다. 진짜 '국적 있는 교육'이 언제 실현될는지 내다보이지가 않습니다.

선생님, 10여 년 전의 일입니다. 저는 일본 교육을 보고 오는 길에서 '일제 강점기의 교육'을 연구하고 있는 미국인을 만났습니다. 일제 교육에 관한 지난날의 문헌은 일본 안에서 유감없이 모았는데, 한국에 가야만 그 일제 교육의 찌꺼기를 눈으로 볼 수가 있대서 서울행 비행기를 탔

다는 얘기였습니다. 저는, 단 한 사람의 일본인 교사도, 단 한마디의 일본
말도 지금의 한국 학교에 남아 있지 않음을 자랑했습니다. 그 사람, 그걸
알고도 오기로 했다는 데는 어이가 없더군요. 그리고는 "지금도 한국에서
는 초등학교 어린이들에게 재래식 변소의 청소까지 시키고 있지 않느냐"
는 데는 더군다나 할 말이 없었습니다.

선생님, 우리의 제일 관심은 어린이들의 싱싱한 생존입니다. 잘 살게 하
는 문제는 다음입니다. 그런데 강산의 급속한 오염은 그 생존을 위협하
기 시작하고 있습니다. 어린이들에게 오염 방지의 의지와 능력을 길러 주
는 일, 그것은 지금의 교사이기에 으뜸의 일이어야 합니다. 그럼에도 불구
하고 현실의 우리는 어린이들의 생활의 터전, 학교 환경의 오염마저 알고
도 모르는 척하고 있는 것입니다. 꼬마 학생들이 시들어 가고 병들어 가
고 있는데, 교권의 발동이 고작 '청소의 강요'란 말입니까? 오염에 오염되
도록 말입니다. 가르치는 학생들의 생존 문제인데 남들에게 내맡길 문제
가 아닙니다. 어린이들의 싱싱한 생존을 위한 조건들의 성취는 교사들의
빼앗길 수 없는 권리이자 제일차적 의무입니다.

병을 고치자는 병원인데 병들게 할 환경을 좌시만 하는 의사는 없습니
다. 어린이를 가르치자는 학교인데 오염돼 가는 환경을 감수하는 교사는
많습니다. 의사에게는 환자의 병을 잘 고치는 이상으로 애국의 길이 없듯
이, 우리에게는 어린이의 사랑, 보호, 육성 이상으로 애국의 길이 없습니
다. 어린이 교육을 전문한 우리로서, 나라 사랑의 마음으로 온 세상에 소
리 높여 외쳐야 할 것은 어린이들에 관한 차별의 철폐입니다. 우리 어린이
들은 학교에 가면 나올 때까지 코가 막힐 만큼의 먼지와, 귀가 따가울 만
큼의 소음 속에서, 코 베어 갈까 봐 눈도 감지 못하는 긴장된 마음으로
산더미같이 지시된 일처리를 하자니, 웃음이 가시고 핏기마저 사라져 가
고 있는 실정입니다. 한마디로, 초등학교라는 사회는 마음과 몸 모두가 연
약한 어린이는 고사하고, 강건한 어른도 살 데가 못 됩니다. 그런데 어른

들은 가기 싫은 직장은 그만둘 수나 있지요, 어린이들은 초등학교를 안 갈 수가 없는 것입니다. 어른들의 직장도 직장 나름인 줄은 저도 압니다.

그러나 어느 관공서도 공무를 볼 만큼의 조건, 그리고도 몸과 마음이 견딜 만큼의 조건은 갖추어져 있습니다. 초등학교에서의 어린이의 일은 공부입니다. 학교에 가서 살다 보면 좋은 공부가 되도록은 고사하고, 몸과 마음을 해치게 되어 있으니, 어찌 이것이 우리 어른들의 어린이 차별이 아니란 말씀입니까? 새로운 관공서 짓기는 뒤로 미루더라도 어린이들의 교실 짓기는 앞당겨야 하고, 공무원의 수를 줄이는 한은 있어도 교사의 수는 늘려야 하고, 공무원의 일의 종류와 분량을 늘리는 한이 있어도, 그래서 청소부 따로 두지 않고 어른 공무원들끼리 청소하게 하는 한은 있어도 교사의 일은 학생 교육에 국한시키고, 그래서 어른 청소부를 따로 둠으로써 어린이를 사역하는 직권 남용이 없어지도록 해야 할 것입니다. 그리고는 선생님의 말씀마따나 어린이들에게 환경을 깨끗이 하면서 살아가는 올바른 생활 태도를 길러 주어야 할 것입니다. 한 번 한 번 그때마다 맛본 일하는 즐거움을 잊지 못해서 더 일하는 사람이 되게끔 말씀입니다.

6

20년 전의 일을 생각해 본다. K교에 있을 때, 식목일이 되면 면내 기관에 근무하는 공무원들이 모두 시장 옆에 있는 조그만 민둥산에 올라가 나무를 심었다. 내가 그 학교에 있었던 5년 동안, 봄마다 수백 그루씩 소나무와 오리나무들을 심었지만, 그 산은 여전히 나무 한 포기 살아나지 않은 민둥산이었다. 그것도 그럴 것이, 식목일에 면에서 가져온 묘목이란 것이 대개는 말라 죽은 것이 아니면 누렇게 떠 있는 것이었고, 그 언덕 산은 온통 바위와 돌로 덮여 있는 데다가 심는 사람들 또한 정성 들여 구덩이를 파지 않았다. 땅을 파기 힘드니까 뿌리도 제대로 묻지 않고 심는 흉내만 내고 있었다. "여긴 심어도 살아 붙지 않아요." 하면서 모두 심었다.

식목일에 거기 모이는 목적은 나무 심는 핑계를 대고 친목회를 열어 술을 마시고 노는 일이었다. 나무는 차라리 살아나지 않는 것이 편리했다. 해마다 거기 모일 수 있기 때문에, 이것은 자유당 시절의 모든 관공서의 식목일 풍경이라 할 것이다. …… 어른들의 꼴이 이러했거늘 아이들이 어찌 다를 수 있었겠는가? 그때 어른들한테서 배운 아이들이 자라나 지금은 모두 30대의 어른이 되어 또 다음의 세대들에게 본을 보여 주고 있다.

지난해의 일이다. 4월도 다 지나간 어느 날, 어느 산에 소나무 묘목이 한 아름 구덩이에 파묻혀 있다는 소문이 들려왔다. …… 나는 반신반의하면서, 정말 그렇다면 그 나무들이 가엾다, 혹시 아직 살아 있을지 모른다 싶어 아이들을 통해 물어보았다. 그런 것이 있으면 가지고 오라고 했다. 과연 이튿날 아이들 몇이 묘목을 안고 왔는데, 보니 이미 잎들이 누렇게 떠 있고 혹은 바싹 말라 불을 붙이면 그대로 활활 타 버릴 것이었다. 너희들도 조국을 잘못 만났구나! 나는 그중에서 조금이라도 푸른 생기가 잎에 남아 있는 것만을 골라서 교실 옆 빈터에 심었더니 겨우 반수가 살아났다.

생명의 귀함을 깨닫지 못하는 어린이로서는 식물이나 곤충이나 동물 따위 살아 있는 것을 가지고 장난치는 일이야말로 가장 신나고 재미있는 일인지 모른다. 그런데 요즘 시골 아이들의 잔인성은, 천진스러운 동심의 발로라고 이해하기에는 너무 지나치게 짓밟고 죽이기를 함부로 하는 것이다. …… 살아 있는 어린 나무들을 무더기로 생매장하고, 제 손으로 심었던 것도 그 싹을 문질러 없애고, 자라나는 가지를 꺾어 버리기가 예사다. 악착같이 다람쥐나 뱀을 잡으러 다니는 것은 돈 백 원을 벌기 위해서지만, 아무 이유도 없이 개미를 짓밟고 개구리와 두꺼비를 돌로 쳐 죽이고, 잠자리의 꽁지를 끊고, 까치 새끼를 잡아다가 그 입에 돌 재갈을 물린다. …… 두꺼비는 3월 하순에서 4월 초에 이르는 약 1주일간의 산란기가 되면 마른 도랑에 수없이 기어 나와 우글거린다. 마을 노인의 얘기를 들으면 커다란 것이 암놈인데 조그만 수놈이 여러 마리 그 등에 업힌다는 것이다. 그러면 조금 있다가 그 암놈의 몸이 온통 발가락 끝까지 풍선같이 부풀어 일어나게 되는데 마을 아이들이 그것을 찾아내어 돌로 치면 "뻥!"하고 터지는 소리가 크게 난다. 그것이 재미있다고 요즘은 온 마을의 아이들이 두꺼비 잡는 놀이로 마을 앞 도랑에 나가고 있다는 것이다. …… 아이들은 그저 잡아 죽이는 재미로 잡는 것이다.

아이들에게 붙들려 / 괴뢰군이라 다리가 찢기고 / 베트콩이라 눈알이 빠지고 / 아카시아꽃 환한 아스팔트 / 길바닥에 나란히 눕혀져 / 지나가는 차바퀴에 배가 터져 떡이 되고 / "고것 참 재미있구나." / "고것 참 재미있구나."

이것은 내가 K시에 있었을 때 그곳 아이들이 하는 짓을 보고 그대로 쓴 시의 한 구절이다. 식물과 동물을 상대로 할 때 나타나는 아이들의 잔인성은 같은 인간을 대할 때도 나타나고 있다. 바깥에서 아이 우는 소리가 나서 가 보면 정신박약에 가까운 아이를 여러 놈들이 둘러싸고 놀리고 있다. 하급생들에게 싸움을 붙여 놓고 쳐라, 까라 하고 응원하고 있는 아이들은 어느 학교에서도 볼 수 있다.

C교에 있을 때, 한번은 어떤 할머니가 직원실에 찾아와 눈물을 흘리면서 하는 말이 이렇다. 그 할머니는 길가 외딴집에서 며느리와 단둘이서 사는데, 아이들은 집에 있지 않다. 며칠 전 손자를 낳았는데, 학교 아이들이 날마다 그 집 앞을 지나면서 욕지거리를 하고 돌을 던져 마당이고 문이고

장독이고 돌이 날아온다는 것이다. 이래서는 살 수 없으니 부디 아이들 좀 그러지 말도록 해 달라고 한다. …… 그날 M동 아이들을 모아 조사를 해 보았더니, 남자이고 여자이고 6학년이고 1학년이고 모두 그 짓을 한 모양인데, 그 이유란 것이 아무것도 없었다. 단지 그 집 젊은 아들이 그 아이들이 살고 있는 M동 어느 집에서 머슴을 살고 있다는 것밖에는 없었다. 만일 그 외딴집이 면장이나 동장의 집이었다면 결코 그러지는 않았을 것이고, 제 땅을 가지고 농사를 짓는 집이었더라도 그런 짓은 안 했을 것이다. 군수나 도지사의 집이라면 얼마나 경의를 표하면서 지나다녔을 것인가!

이런 집은 아무리 우리가 돌을 던져도 꼼짝 못하는 머슴살이의 집이다. 더구나 거지 같은 할머니와 아주머니만 살고 있다. 이런 생각에서 그런 잔인한 짓을 할 용기가 솟아났음이 분명했다. 저보다 힘이 약하면 아무 이유도 없이 짓밟고 해치면서 좋아하는 것이 요즘 아이들의 습성인 것이다.

"공부를 무엇 때문에 하는가?" 하고 물으면 아이들은 모두 훌륭한 사람이 되기 위해서라고 대답한다. 그 훌륭한 사람이란 어떤 사람인가? 그것은 권력이나 돈을 가진 사람이다. 이런 대답은 질문지로 통계를 낼 필요도 없이 그렇다. 좋은 옷을 입고 자가용을 타고 다니면서 돈을 마음대로 쓰는 사람이 최고 훌륭하다. 그런 사람이 되기 위해서 점수를 많이 따고 우등생이 되어야 한다. …… 양심이니 도덕이니 정의감이니 하는 것을 진짜로 가르치는 선생이 있다면 그런 숙맥을 비웃지 않는 사람이 없을 것이다.

이제 논밭에 심는 것은 먹을 것이 아니라 돈이다. 겨우 손가락만큼 굵어진 고구마를 캐어 파는 것도, 기르던 개를 두드려 잡는 것도, 토끼 가죽을 벗기는 것도 돈을 얻기 위함이다. 이 모두가 생명을 가진 존재로 보이지 않고 돈으로 보인다. 더구나 자본주의 경제 체제 속에 있는 농민들은 '농은 천하의 근본'이란 생각과 위치에서 아주 전락하여 상공업을 중심으로 한 도시에 자연을 긁어 대고 잡아 모아 공급하는 일을 하기에 정신이 없다. 자연을 정복하고 약탈하는 것이다.

그러면 도시의 아이들은 도덕적인가? 천만에다. 농촌과 도시의 관계가 이런 이상, 허영과 사치와 왜곡 속에 자라는 그들이 건강할 수 없다. …… 한 가지 예만 들더라도, 아이들이 돈 봉투를 담임선생에게 바치는 일(어머니의 심부름이겠지만)은 예사로 되어 있는 것이다.

추악한 어른들의 행습을 아이들이 본받고 있다는 것, 그리고 아이들이 그것을 조금도 부끄러워하지 않고 당연한 것처럼 생각하는 것은 무서운 일이다. 앞으로 몇십 년 후, 극단의 이기주의와 잔인성과 비뚤어짐 속에서 자라난 이 아이들이 참된 민주사회를 창조하여 자유와 평화를 누리고 살리라고 어떻게 말할 수 있겠는가?

너무 아이들의 결점만 들추어낸다고 할 사람이 있을 것 같다. 이런 사람은 그 아이들을 전혀 알지 못하고 있는 사람이 아니면, 알고도 모른 체하는 사람이다. 알고도 모른 체하는 사람은 거짓 꾸밈을 하기 좋아하는 사람이고, 그로써 이익을 보고 있는 사람이다. 정말 내가 아이들의 결점만 들추어내어 과장하고 있다면 얼마나 다행한 일이겠는가!

선생님, 아는 대로는 고지식하게, 우리 어린이들의 처지를 교육정책 관계자들에게 밝혀 왔다고 자부했던 제가 부끄럽습니다. 산촌의 어린이들까지가 설마 그 지경에 이른 줄은 몰랐습니다. 저의 직업이 직업이었던만큼 우리 시골 어린이의 교육에 관계되는 논문도 수기手記도 적지 않게 읽었습니다. 읽고는 부탁받은 대로 상을 주라 추천도 했습니다. 그 모두가, 못되어 가는 어린이들을 당국이 하라는 대로 교육했더니 착해졌다는 얘기였습니다. 사실로 저는 제 자식이 잘된 것처럼 기뻤습니다. 그러고는 그 논문, 그 수기의 주인공의 노고에 감사했습니다. 지금도 그 마음에는 변함이 없습니다.

그런데 선생님의 글에는 어디를 대하나 우리 어린이들은 나빠져 가고 있을 뿐이었습니다. 분명 학교는 당국의 지시대로 운영되고 있는데 어린이들이 교육되어 가는 증거는 없었습니다. 사실로 저는 제 자식이 그리 된 것처럼 가슴이 아팠습니다. 그러고는 선생님의 고지식하심과 뜨거운 '어린이 사랑'에 감사하고 있습니다. 앞으로도 이 마음에는 변함이 없을 것입니다.

저는 교육 동지들의 성공담을 진실이라고 믿고 있습니다. 그러나 선생님의 실패담은 그 이상으로 진실이라 믿고 있습니다. 아니, 선생님의 실패담이 있어야만 앞서의 성공담이 한층 더 빛나노라 생각합니다. 우리 어린이들에 관한 다른 진실이 은폐된 채로라면, 그 부분적인 진실의 발표가 어린이들의 교육정책 수립을 오도함으로써 마침내는 어린이들을 더 한층 해칠 수도 있기 때문입니다. 저는 '좋아졌네 좋아졌네, 몰라보게 좋아졌네'를 온통 거짓말이라고 생각하지 않습니다. 분명 좋아진 것이 있습니다. 그러나 나빠진 것도 있는데, 있고도 많은데, 말하지 않는 속에 교육을 포함한 한국적 비극의 씨앗이 뿌려지고 있노라 생각합니다. 나라와 사회에 관한 진실을 알고도 침묵을 지키는 사람은, 그리고 알려고도 안 하고, 나아가서는 남에게 침묵을 요구하는 이가 있다면, 그야말로 선생님의 말씀마따나 그로써 자기의 이익을 취하면서 나라와 사회를 좀먹고 있는 이들입니다.

우리나라의 교육이라고 예외일 수는 없습니다. 개선이 우리 모두의 참뜻이라면, 무엇보다도 먼저 우리는 진실의 모두를 찾아 말할 자유를 누려야 합니다. 선생님처럼 말씀입니다. 거짓을 놓고 그 위에 개선책을 아무리 되풀이 세운들, 오진誤診에 따르는 처방이 환자를 해치듯, 우리 학교는 학생을 해칠 따름입니다. 지금의 어린이들이 요즘 이 지경인 것은 결코 우연이 아니라고 생각합니다.

선생님은 오늘의 어린이들이 잔인스러운 짓을 서슴없이 하게 된 까닭을 어른들의 잔인스러움에서 찾으셨습니다. 권력을 잡고 돈을 벌기 위해서는 살아 있는 것도 죽이는, 동물들은 물론 사람까지라도 해치는 어른들을 보고 따르는 것이라 하셨습니다. 그리고 그 어른들이란, 그 속에 학교 교사들도 끼이기는 하지만, 주로 가정과 동네, 나아가서는 사회 일반의 어른들을 말씀하셨고, 그 어른들이 그리된 까닭도 요즘 우리가 바짝 서둘러 이룩한 자본주의 사회의 특성과 관련지어 말씀하셨습니다. 제가 바꾸어 말씀드리면 부국강병을 이룩하기 위해서는 인간의 기본권의 보장도 빈부 격차의 해소도 아랑곳없다시피 한, 그야말로 약육강식의 정치·사회적 분위기에 어린이들의 잔인해 가는 까닭을 관련지으셨습니다.

생각하면 미, 소, 영, 독, 불 등 서양 나라가 먼저 개발한 과학기술이요, 먼저 점유한 자원이요, 먼저 서두른 공업화요, 그래서 먼저 이룩한 부국강병입니다. 지금은 우리만이 아니라 북한도, 아니 온 약소국들이 서양 나라들을 뒤좇고 있습니다. 그러나 부국익부국富國益富國일 따름이어서 빈부국 간의 격차는 날이 갈수록 멀어져만 갑니다. 입으로야 어느 강대국도 인류 복지의 실현을 다짐하지만, 실지로 하는 짓을 보면 군비 확충, 지구 오염, 자원 낭비 등 참으로 전 인류의 존속까지를 위협하고 있습니다. 바야흐로 돈과 무력이 판치는 약육강식의 무도덕한 세계라고나 할는지요.

이제 세계의 어린이들은 더욱 잔인해질 수밖에 없나 봅니다. 우리 어린이들이 인간성을 지니게 되기를 바라는 우리라면, 선생님의 말씀마따나 우리 사회를 인간화해야 할 것은 물론입니다. 우리 사회가 그리되게 하자면 다른 사회들의 인간화도 기해야 하지 않을는지요. 우리 사회가 어차피 크나큰 영향을 받기 마련인 다른 사회들인데, 우리에겐 그들 사회의 인간화에 관여할 권리마저 있는 것이 아니겠습니까? 피차간의 내정간섭이 옳은 시대가 온 것입니다.

7

선생님, 서양 문화의 핵심을 이루었던 기독교의 자연관 까닭에 서양 나라들은 아시아나 아프리카보다도 먼저 과학기술을 개발할 수 있었고, 마침내는 부국도 강병도 성취한 것이지만, 바로 그 까닭에 서양 사회는, 아니 세계 사회까지 돈과 무력이 판을 치게 되었습니다. 알게 모르게 돈 많고 힘센 나라들은 가난하고 약한 나라들을 정신적으로 억압하고 물질적으로 착취하고 있습니다. 마치 각국의 권력층과 부유층이 가난하고 약한 동족을 억압하고 착취하고 있듯이 말입니다. 마치 우리 어린이들이 저보다 가난하고 약한 자를 해치고, 저보다 돈 많고 힘센 자에게 빌붙듯이 말입니다. 이래서 정의가 없는 세계가 된 것입니다. 자연은 인간에게 먹히고 쓰이기 위해서 있노라는, 삼라만상은 인간의 한낱 도구에 불과하다는 그러한 자연관이, 돈과 무력의 축적을 위해서 마침내는 대자연을, 하나밖에 없는 이 지구를 파괴하기 시작하였고, 그것은 곧 인류 파멸의 시작을 뜻하기에 이르렀습니다.

우리나라는 요즘에야 서양의 자연관을 받아들여 그 과학기술을 익히고 서양식 공업화로 돈벌이와 군비 증강을 꾀하고 있습니다만, 일본은 백 년이나 이전의 일입니다. 서양을 닮아, 우리를 비롯한 이웃의 가난하고 약한 나라들을 침략했다가 미, 영, 소 등 저희보다 더 부자이고 더 강한 서양 나라에게 패배의 고배를 마셨습니다. 그러나 지금 일본은 서양의 자연관이나 서양식의 공업화나 부국강병주의를 버리지 않았습니다. 여러 나라 사람들이 일본인들을 '경제적 동물'이라고 부르고 있는 것만 보아도 알 만합니다. 전쟁 포기는 그들 헌법의 조문에 불과합니다. 평화 산업이라는 탈을 쓴 채, 전력의 증강에 혈안이 되고 있는 일본입니다.

선생님은 지금 어린이들의 비인간화가 지금의 어른들에게서 배운 것이라 하셨습니다. 돈과 권력을 위해서는 살아 있는 것까지를 가리지 않고 죽이는 법을 말씀입니다. 표면으로야 지금의 현실이 무엇 하나 왜정 시대와 닮은 것이 없지요. 그때는 식민지요, 지금은 자주독립 주권국가인데요, 그러나 속을 볼라치면 묘하게도 닮았습니다. 일본이 서양에서 배워다가 우리 민중을 억압하고 착취하면서 실천한 자연관, 과학기술, 공업화, 부국강병 등.

선생님, 옛날이라면 몰라도 지금은 어느 학부모나 우리에게 자기 자녀의 행복에 기여하게끔 교육해 줄 것을 기대하고 있습니다. 옛날이라면 몰라도, 지금은 어느 교사나 교육행정에게 그러한 교육이 실천될 수 있는 여건 조성을 기대하고 있습니다. 그런데 학교 밖은 온통 돈과 권력이 판을 치는 세상이요, 학교 안은 서양에서 배워다가 남기고 간 일제 잔재가 득실거리고 있습니다. 부익부 빈익빈과 약육강식의 수라장입니다. 학생들을 바로 교육하자니 우리가 소리 높여 외쳐야 할 것은, 학교 밖 사회의 인간화와 학교 안 사회의 한국화입니다. 지금의 학교 밖 사회도 한국적인 것이 아닌 만큼 그걸 한국화하재도 좋고, 학교 안 사회도 인간적인 것이 아닌 만큼 그걸 인간화하재도 좋습니다. 학교 안팎을 인간적인 한국 사회로 이룩해야 합니다. 이것이 우리가 가르치고 있는 어린이들을 바르게 자라나게 하는 길인데, 우리가 그 일을 어찌 외면할 수가 있겠습니까? 목적은 어린이의 교육이지만 방법은 학교 안팎 사회의 인간화입니다. 어디서나 언제나 보고 듣고 겪는 대로 배우기 마련인 우리 어린이들인데, 인간적인 한국 사회에서 살게 하면 사람다운 한국인이 될 것이 분명합니다.

학교 밖의 사회야 그에 관련된 분야의 종사자들이 많이 있는데, 우리야 교육행정의 지시를 따라 학생들의 교과지도와 생활지도나 전심할 일이라는 분들이 있습니다. 있어도 참으로 많이 있습니다. 아닌 게 아니라, 교과지도와 생활지도를 합치면 그것 그대로가 학생 교육의 모두입니다. 문제는 그것의 모두를 지시대로 하고도 교육 본래의 목적인 '학생의 사람됨' 이룩하기가 제대로 안 되는 데 있는 것이 아니겠습니까? 가르치라 주어진 자연과 실과의 국정 교과서를 지시 따라 실험 실습 중심으로 말끔히 가르친 노릇이, 도리어 자연을 정복하고 약탈하려는 마음씨와 기술을 길러 주었다면, 그래도 우리는 지시 따라 교과지도만 하면 옳은 것일까? 자연을 사랑하자는 내용이 없는 것은 아니지만 그보다는 인간에 의해서 죽여지고 이용되어서 마땅한 것으로서의 자연이 더 많은 비중을 차지하고 있는 것입니다. 그것은 서양의 자연관에 터한 일본 교과서의 번역판일 수도 있는 것입니다.

이번에는 생활지도의 예를 들어 봅시다. 우리의 교육행정은 자유당 때나 지금이나 정부의 시국관에 터한 학생생활 지도를 강조해 왔습니다. 그래서 자유당 때의 교육행정은 방일防日에 투철한 학생생활이 되게 하라 지시를 했었지만, 지금은 자유당 정부가 아니라서 그 흔적조차 찾아볼 수 없습니다. 반공이야 예나 지금이나 다름없지만, 그것도 일시적으로 크게 달라진 적이 있었습니다. 1972년 7·4 남북공동성명이 발표되고부터 남북조절위원회의 활동이 유명무실해지기까지, 북한 공산정권에게 적어도 욕설만은 퍼붓지 말도록 학생 지도할 것을 지시했던 것입니다. 생각해 봅시다. 아무리 고쳐 생각해 보아도 지금의 초등학교 어린이들은 우리 어른들이 살아온 세상대로 다시 살 리가 없는데, 적어도 10여 년 후부터야 어른 되어 살아갈 텐데, 그때그때의 정부의 시국관에 터한 생활지도를 어린이들의 교사에게 시켜서 옳은 것인지, 우리 어른들이야 언제 또다시 있을지도 모를 전쟁의 재발을 예방하기 위해서 못할 일이 없다는 것이 제 생각입니다.

그러나 어린이들에게만은 못할 일이 있어야 하고, 적어도 추악한 욕설이나 잔인스러운 짓만은 들려주지도 보여 주지도 말아야 한다는 것이 제 생각입니다. 우리로 하여금 교사 노릇 끝에 받는 월급으로 우리 처자를 먹여 살리게 하자고 오늘도 학교에 와 주는 우리 학생들은 분명히 아닙니다. 우리가 저들의 행복만을 위해서 지금 저들의 사람됨을 이룩해 줄 것을 믿어서 우리를 찾아오고 있는 것입니다. 저들의 장차의 행복과 지금의 사람됨 이룩하기에 분명 해가 되는 것을 가르치라 한 교육행정이 있다면 그 지시는 저절로 무효인 것이고, 그 지시를 따랐다면 그 교사는 직무유기의 죄를 짓는 것입니다.

선생님, 우리 겨레와 인류의 장래는 지금의 어린이들입니다. 그들을 가르치고 있는 우리, 다른 무슨 짓을 못해서 인간의 비인간화를 교육의 이름으로 자행하겠습니까! 우리는 일제가 남긴 찌꺼기, 서양의 자연관을 몰아내야 합니다. 그것에 터한 유형무형의 모두를 겨레의 마음에서도 나라의 살림에서도 몰아내야 합니다. 그러고는 본래의 우리 자연관을 찾아 지녀야 합니다. 그것은, 그 덕에 우리 인간이 살고 있는 그런 자연이고, 우리 인간의 도움으로만 재생되고 있는 그런 자연입니다. 어느 쪽도 상대방을 죽이고는 저 살 길도 없어지는 것이 우리 본래의 자연과 인간의 사이입니다. 인간의 자연과의 사이가 이리되는 날, 선생님, 인간 서로의 사이도 나아지는 것이 아니겠습니까?

과학기술 그 자체를 버리고, 공업화 그 자체를 그만두자는 말은 물론 아닙니다. 나라 안에서는 사람끼리의 약육강식, 나라 밖에서는 나라끼리의 약국강식에 악용되는 과학기술, 공업화를 버리자는 말입니다. 저 개인이나 우리나라가 아직은 부강하지 못하대서가 아닙니다. 부강해져도 그것은 일시적일 뿐, 머지않아 우리 겨레를 포함한 인류는 동족상잔 타족상잔으로 파멸될 것이기 때문입니다. 인류와 함께 우리 겨레도 살아남게 하려면, 부강한 나라들만이 아니라 우리도 다른 사람들을 돈과 힘으로 해치지 않고 그들을 도와 공존해야 할 것은 물론이지만, 더도 말고 그만큼만 자연에 대해서도 도와 가며 공존해야 할 것입니다. 이러한 공존적 자연관을 바탕으로 한 과학기술의 개발이고 공업화라야, 정신적 억압과 경제적 착취가 없는 복지사회의 건설에 도움이 될 수가 있을 것입니다. 우리가 온 누리에 소리 높이 외쳐야 할 것도, 온 어린이들에게 힘주어 교육할 것도 바로 이 공존적 자연관입니다.

　서양인 생물학자 찰스 버치는 서양 고래의 착취적 자연관을 버려야만 인류의 존속이 가능하리라고 주장했습니다만, 저는 동양 고래의 공존적 자연관을 되찾아 온 인류가 함께 지니자고 주장합니다. 이미 잔인스러워진 어른들을 '본'받아 지금도 잔인스러워져 가고 있는 어린이들을 보고, 앞으로 받게 될 '본'을 바꾸어 주자는 것이 제 생각입니다. 저는 이것이 궁극적으로는 우리 어린이들까지를, 사람을 하늘같이 섬기는 '참 한국인'이 되게 하는 길이라 생각합니다.

　사실 저는 선생님에게 참으로 많은 것을 배웠습니다. 여기에 제게 드린 말씀 모두가 선생님의 저서에서 배운 것의 요약이라고 생각합니다. 아니, 그 요약조차 잘못됐을까 두렵습니다. 한두 군데 주제넘은 제언도 드렸습니다만, 그것마저 이미 선생님의 글이 암시하고 있었습니다. 암시가 없는데 드린 제언이 있다손 쳐도 선생님께서 글에만 적지 않았을 뿐, 이미 실천하고 계실 선생님이십니다. 말씀드리면 드릴수록 제 수양, 제 공부야 더 되는 줄 알면서도 그만 말씀드릴까 합니다. 감사한 마음으로.

II

교육 이념과 교육 현장

해방 전후 36년의 교육사적 정통성

분단시대 교육 이념의 변천

1970년대의 교육 현장

역사와 청년 교육

해방 전후 36년의 교육사적 정통성

1

어느 시기의 어떤 교육을 과연 현대 교육으로 볼 것이냐 하는 것은 사람에 따라 다를 수 있겠지만, 우리의 관심의 초점은 그러한 학문적인 점에 있는 것이 아니기 때문에, 여기에서는 편의상 그 시기를 해방 전후 36년간으로 보고자 한다. '현대'라는 시기야 그렇게라도 정하고 넘어간다지만, 현대 '교육'을 놓고는 사정이 좀 다르지 않을까 생각된다. 해방 전 36년간의 교육이라면 제국주의 일본의 침략 교육 시책하의 우리 교육을 뜻하는 것인데, 그 속에서 조선시대의 유교에 터한 교육이 자의 반 타의 반으로 커다란 몫을 차지하고 있었다. 그리고 해방 후 36년간, 그러니까 1945년 8월부터 지금(1982년 8월 현재)까지의 교육이라는 것도 해방 전에는 일본말로 가르치던 것을 우리말로, 소수 잘사는 층의 자녀만 뽑아 가르치던 것을 어느 계층이든 고루 가르쳐 왔다는 점으로 보면, 다시 말해서 교육의 기회 균등이라는 측면에서 보게 되면 세계적인 추세와 일치한다 하겠으나, 교육 이념이니 교육과정이니 교육 방법이니를 놓고 그동안의 교육을 본다면, 현대적은 고사하고 근대적도 못되는 점이 적지 않다 하겠다.

충효 교육만 하더라도 마찬가지다. "나라에 충성하고 부모에 효도하자."

그 자체로야 만고불변의 교훈이다. 그러나 제국주의 일본의 교육이 비현대적 교육이었고, 그것의 핵심이 이른바 '교육칙어' 또는 '국민정신 작흥에 관한 조서'였으며, 이 두 가지 어느 것도 계란으로 치면 바로 충효가 노른자이고 또 눈이었음을 부인할 사람은 아무도 없을 것이다. 이렇듯 우리의 교육이 해방 전과 후를 막론하고 비현대적 요소를 내포하고는 있었지만, 여기에서는 현대 교육을 최근의 한국에서의 교육, 최근 36년과 그이전 36년, 계 72년의 교육쯤으로 생각하고 다음으로 넘어가려고 한다. 역사적 고찰만 해도 역사학도가 아닌 사람으로서는 떠맡을 일이 아니지만, 그 역사가 하필이면 다른 것이 아닌 교육사이고, 뿐만 아니라 이 연구의 서론으로서 교육의 흐름을 대강 더듬어 보되, 그 정통성의 소재(있는 곳)에 초점을 맞추어 보고자 하는 것이었다.

2

이제는 미흡하나마 주어진 제목에 대한 생각을, 우선 '교육을 바라보는 시각'이라는 작은 제목부터 생각해 보고자 한다. 그러노라면 교육사를 바라보는 시각도 그에 따르게 될 것은 물론이기 때문이다.

그 첫째는 교육의 이념인데, 여기에는 교육의 목적과 목표까지도 포함될 수 있을 것이다. 부모는 가정에서 자녀를, 교육자는 학교에서 학생을, 성직자는 교회에서 신도를, 그리고 정치, 경제, 사회, 문화 등 온갖 분야의 지도자들은 저마다의 일터에서 피지도자들을 교육하고 있는데, 그들은 왜 하고 있는 것인가 하는 문제이다. 물론 이들 모두의 교육하는 동기가 똑같은 것일 수야 없지만, 그래도 공통분모 같은 것은 있지 않을까 생각된다. 교육을 하든 교육을 받든 사람의 짓이라는 점에서, 그리고 짐승들의 세계에는 없는 교육이라는 점에서 말이다. 그래서 본인은 이것을 '사람다운 삶'이라 불러 본다. 약육강식이야 짐승의 삶의 특성인데 그걸 바라보고 교육한다는 것은 말도 아니라 생각한다. 생존이 중요치 않다는 것이 아니라, 약육강식이라는 것이 사람의 생존 양식은 아니라는 말이다. 그렇다면 교육하는 이유는 자명하지 않은가 생각한다. 인간의 존엄성을 온 누리에 실현하자고 하는 것이 교육이다. 이는 우리의 교육이 온통 그렇게만 해 왔다는 얘기는 아니다. 그랬어야 옳았다는 말이고, 또 앞으로는 그래야 하지 않겠는가 하는 것이 나의 생각이다.

교육을 바라보는 시각의 둘째는, 사람답게 교육되는 과정에 관해서이다. 우리는 으레 '교육' 하면 학교와 선생을 생각하게 되지만, 사람답게 교육되는 과정으로 본다면 가정이 진짜 학교이고, 어머니가 진짜 선생인 경우가 허다하다. 그런데 이는 가정에서의 삶이 학교에서의 그것보다 인간적이라는 점 못지않게, 사람은 직접 교육받은 것만 배우는 것이 아니라는 점도 암시해 준다. 다시 말하면, 배우지 않겠다는 사람을 가르쳐 내는 교육은 실지로 있지가 않은 것이다. 그리고 이와는 반대로 교육하지 않은 것을 배우는 경우란 어디에나 허다하게 있다. 결국 사람이란 언제 어디서나 배우고 싶은 것만을 배워 살아가며, 그 삶대로의 사람이 되는 것인 듯하다. 그러고 보면 사람 되게 교육하는 진짜 스승은 '사람다운 삶' 그 자체이다. 이로써 어머니, 교육자, 성직자, 그리고 사회 각계의 지도자들이 교육할 수 있는 한계는 분명해진다. 피교육자에게 진짜 스승을 만나도록 해 주는 일인 것이다. '사람다운 삶'의 여건을 조성해 주는 일이다. 사람이 나날을 사람답게 살아가노라면 그 이상도 이하도 아닌, 꼭 그대로의 사람이 되는 것이기 때문이다.

교육을 바라보는 시각의 셋째는 학교에 대해서이다. 우리 백성들은 외국 사람들까지 놀랄 만큼 교육열을 가지고 있지만, 그것도 따지고 보면 학교열과 다름없다. 이 학교열은 제국주의 일본하의 노예생활 적에도 해방 후 36년간이나 마찬가지로 높았다. 해방 후가 그 이전 36년과 다른 점이 있다면 학교의 문호를 활짝 열어 놓았다는 점이라 하겠는데, 그것도 그 속을 파헤쳐 보면 진학하고 싶은 일류 학교는 극소수이어서 노예생활 적 못지않은 진학 지옥을 자아내 왔다. 학교와의 관계를 놓고 볼 때 해방 전후를 막론하고 우리의 대부분은 피해자들이다. 우리의 학교열이란 한 편으로는 그나마 다니지 않을 경우엔 더 큰 피해를 입겠기에, 다른 편으로는 행여나 일류 학교에 진학해서 잘사는 소수층에 끼려는 몸부림인 것이다. 그러나 학교에 관한 한 이보다 더 큰 문제는, 그래서 너도나도 진학 지옥을 겪는 중에, 다시 말하면 교육받는 동안에 만들어지는 사람의 모양이다. 겉모양이야 학교 안 다닌 이들보다 도리어 말쑥하지만, 그 속에 채워지고 있는 것, 사실은 이것만이 사람됨인데, 영어니 수학 따위가 짐 승살이에 없으니 짐승이 되어 가고 있다고 말할 수 없다뿐, 제 욕심 채우기 위해선 친구까지 서슴없이 쓰러뜨리는 점으로야 짐승에 버금가는 꼴이 아니랄 수 없겠다.

옛적부터 인면수심이라는 말이 있는 것을 보면 일제 강점기 이전에도 그런 사람 아닌 사람들이 적지 않았던 모양으로, 골마다 동네마다 자리 잡고 있었던 서당이니 서원이니 따위와 맹자, 논어를 외우게 해서 과거라는 국가고시에 급제시키기 위한 준비에만 골몰했지, 서생들에게 사람다운 삶을 영위하게끔 교육하지는 않았던 것 같다. 과거에 급제해서 높은 벼슬을 하고도 사람답게 살아간 사람들이 아주 없지는 않았던 것과 같이, 해방 전후 36년간에도 고등고시로 고급 공무원 지내고도 인면수심이 아닌 사람이 있기는 했다. 그러나 그것은 어디까지나 예의로 있었다뿐 옛 서당, 그 후의 학교들은 주로 권력의 시녀들을 길러 냈다 해도 과언은 아닐 것이다. 어린 사람들을 입학시켜다가, 제 영화를 위해서는 사람도 해치는, 그야말로 인면수심의 꼴로 만들어 졸업시켰다고 보아도 그리 지나친 말이 아닐 것이다.

교육을 바라보는 시각의 네 번째는, 일생을 가장 사람답게 실지로 산 사람들 또한 적지 않은데, 그것이 학교교육의 소산이냐 하는 문제이다. 이를테면 제국주의 일본의 침략으로 온 겨레가 노예로 살기를 강요당하는 동안 조국의 독립투쟁에 삶을 바쳤던 이들, 그리고 자유당 정권의 부정선거로 온 국민이 주권을 빼앗긴 채 독재자의 주구 노릇을 강요당할 무렵, 민주화 운동에 신명을 바친 분들을 생각하면 그 시대적 상황 속에서 그분들은 더없이 사람다운 삶을 살았던 것이다. 그런데 그토록 고귀한 삶이 학교교육의 작품이냐 하는 물음이다. 스스로 묻고 스스로 대답한다면 학교 자체와는 무관한, 그 속의 스승들의 작품이라 할 수밖에 없다. 학교라야 그 이념, 내용, 방법 할 것 없이 일제 강점기엔 반민족적인, 자유당 시대엔 반민주적인 통치 권력의 전형적인 도구였는데, 그게 어떻게 사람을 고귀하게 길러 낼 수 있었단 말인가?

그러나 그런 학교 속에도 일제 강점기엔 나라의 독립이, 자유당 시대엔 사회의 민주화가 온 겨레의 사람다운 삶을 보장하는 길임을 일깨워 준 사람다운 선생, 스승이 적지 않게 있었다. 그들은 권력의 도구이기를 거부하고 진실을 가르쳤던 것이다. 그 스승들은 학교에 몸담고는 있었으나, 그 시녀이기를 거부하고 스스로가 사람답게 자주적으로 산 것이다. 그러다가 학교를 쫓겨나도 학생들은 그 사람다운 삶을 배워, 버리지 않았던 것이다. 학생들 스스로도 사람답게 살았던 것이다. 사람 가운데 사람이 된 것이다.

3

이제는 이러한 시각으로 해방 전 36년간의 교육을 돌이켜 보고자 한다. 따라서 그 교육의 증거랄지, 성과 내지는 결과랄지를 겨레의 삶으로 당시의 동포들이 어떻게 살아갔는지로, 특히 그 삶의 질로, 다시 말하면 사람다운 삶이었느냐 아니었느냐로 삼으려는 것이다. 그것 모두가 교육의 성과와 다름이 없은즉, 그것을 살펴보노라면 해방 전 36년간의 가정교육, 학교교육, 그리고 교회나 산업기관을 포함한 사회교육까지 그 참모습을 찾아낼 수 있을 것이다.

우선 우리 겨레의 대부분을 차지하고 있었던 농민들이 일제에게 농토와 농산물을 거듭해서 빼앗길 적에 보여 준 삶의 모습부터 살펴보자. 조선총독부의 토지 수탈 정책은 1910년 8월 22일 대한제국을 강탈한 다음 달에 임시토지조사국 설치로 구체화되기 시작했다. 헌병과 경찰의 총칼로 강행된 토지조사가 일단락된 1918년의 다음 해에는 거족적인 3·1 독립투쟁이 일어났다. 이에 놀란 조선 총독은 문화정치로의 전환을 애써 선전했지만, 농토와 농산물의 수탈에는 아무런 중단도 없었다. 이는 농민들의 계층 구성만 보아도 쉽게 알 수 있다.

	초기(1913~1917)	중기(1918~1922)	말기(1923~1945)
자작	21.8%	20.4%	19.0%
자·소작	38.8%	39.0%	25.3%
소작	39.4%	40.6%	55.7%

우리 농민들이 생산한 쌀을 일본으로 약탈해 간 분량만 해도 1912년에서 16년 사이에 평균 130만 9,000섬이던 것이 1938년에는 무려 8.4배인 1,066만 6,000섬이나 되는데, 그 분량의 3분의 1에도 훨씬 못 미치는 조와 잡곡을 수입했을 뿐이어서, 한 해 동안 한 사람의 쌀과 조의 소비량은 다음과 같다. 우리의 식생활이 이 지경이었을 적에 일본에서의 쌀 소비량은 우리의 3배에 가까운 0.996~1.104섬(1933년)이었다.

	쌀	조
1912~1916	0.719섬	0.271섬
1932~1933	0.412섬	0.331섬

제 농토와 농산물을 빼앗긴 농민으로서 일본인들과 그 앞잡이들을 제외하고는 온 겨레가 굶주리고 헐벗게 될 때 어떠한 대응이 사람다운 것일까? 제 땅, 제 쌀을 지키기 위한 항쟁을 우리 농민들은 36년간을 한시도 멈추지 않았다. 첫째로 토지조사를 당할 적부터 자기가 농사짓던 땅의 소유권과 토지 경계를 에워싼 항쟁을 벌였다. 국유지 분쟁만도 무려 6만 4,570필지에 걸쳐 일으켰던 것이다. 뿐만 아니라, 일제의 앞잡이로 저들만 잘 살아 보겠다는 민족 반역자들, 그 수효로야 많지는 않았지만 어디에나 있었던 친일 지주계층들에 대한 응징도 일제 36년간 간단없이 이어졌던 것이다.

둘째로, 우리 농민들은 3·1 독립투쟁을 전국 방방곡곡의 농촌으로까지 끌어들여서 끈질기게 전개함으로써 우리 민족사의 정통성을 이어받았다. 구학문도 신학문도 익힐 사이 없어서 저 3·1 독립선언문을 짓거나 읽거나는 못했지만, 나라를 독립시켜야 사람답게 살 길이 있다는 의지는 민족 대표 33인 못지않았던 것이다. 아니, 겨레의 8할이 넘는 농민들 남녀노소의 마음속에 이 의지가 먼저 가득히 찼고, 그런 이후에 대표는 그 농민들의 의지를 받아 대변했을 뿐인 것이다. 선언문을 지었다는 최 모만이 아니라, 꽤 많은 민족 대표가 강도 일본에게 사람이고야 못할 변절까지 했지만, 우리 농민들은 민족사의 정통성을 이어받고 밀고 나가는 사람의 길밖에 몰랐던 것이다.

셋째, 제 농토의 소유권을 빼앗기고도 빼앗아 가진 자들에게 소작료를 내되 7할 내지 8할에까지 이르게 된 1920년대부터는, 인간 존엄을 지켜 온 우리 농민들의 몸부림이 소작쟁의로 번지게 되었다. 1919년 11월 황해도 '거믄 다리 농장'에서의 쟁의를 기점으로 한 이 소작쟁의는, 1923년엔 176건으로, 1925년엔 204건으로 늘어나서 1939년까지 20년간의 소작쟁의 건수는 무려 14만 696건에 이르고 있다. 상대는 헌병과 경찰을 앞세운 일제이런만 끝내 노예살이를 거부한 것은 우리 농민 남녀노소였던 것이다.

넷째, 1930년대에 들어서 농민들의 삶에 커다란 변화 두 가지가 있었다면, 전국적인 농민단체에의 참여로 흩어져 있던 동지를 규합한 일과, 전국 방방곡곡에 야학을 차려 놓고 너도나도 서둘러 배운 일이다. 사람마다 삶을 지키고 누리기 위한 싸움의 태세를 새롭게 가다듬었던 것이다. '조선노동총동맹'이니 '조선농민사'니 '농촌협동조합'이니가 처음으로 만들어진 것은 1920년대였지만, 농민들의 대거 참여로 그 의로운 싸움이 활성화된 것은 30년대였다. 일제에 의해서 짓밟힌 인간의 존엄성을 되찾아 드높인다는 민족 공동의 의지를 이제는 전국의 농민들이 공동으로 관철하게 되었고, 그 역량을 기르기 위해서 배우는 일에는 남녀노소가 없었다.

다섯째, 일제 말기, 그러니까 농토와 쌀을 빼앗기고도 이제는 몸까지 남자는 징용이다 징발이다 징병이다 하면서, 또한 여자는 정신대로 끌려갈 무렵, 우리 농민들은 어떤 삶을 남기고 있었는가? 농민항쟁은 면면히 이어졌다. 단체 조직이나 단체 활동은 도시 불가능했으므로 이제는 농민 개개인 책임하에 항전이 계속된 것이다. 쌀 숨겨 두기, 쌀농사 안 짓기, 일제의 쌀 창고 불 지르기 등으로 항거했던 것이다. 징용에 대해서는 숨어서 기피하기도 했지만 현지 공장이나 탄광에 가서 적극적으로 항쟁을 편 경우도 적지 않았다. 정신대로 찍힌 농촌 처녀들의 경우 자결로 항거한 이들까지 적지 않게 있었던 것이다.

4

이상에서 당시 우리 인구의 8할을 차지했던 농민들의 삶을 살펴보았지만, 이제는 나머지 2할의 동포들을 간략하게 살펴보겠다. 대체로 농민들에 비해 지식층이었던 이들은 정치, 경제, 사회, 종교, 교육 할 것 없이 그 지도층을 이루고 있었다. 친일로 민족 반역 대열에 끼어 살았든, 반일로 독립투쟁 대열에 끼어 살았든 간에 각기 그 대열을 직접, 간접으로 이끌고 있었다.

1910년 대한제국이 일제에게 완전히 빼앗기기 전후서부터 3·1 독립투쟁 전후, 1930년대, 그리고 식민 통치 말기에 이르기까지 당시의 우리 인구 중 2할을 차지했던 이른바 지식층이 애국애족 대열과 친일 민족 반역 대열로 나뉘어 그 지도층을 이루고 있었다. 우선 통감부가 총독부로 개칭되던 전후부터 3·1 독립투쟁까지는 정치, 경제, 사회, 종교, 교육 등 어느 분야에서도 노년층과 장년층이 주역 노릇을 맡아 보았음이 분명한 것 같다. 10여 년 동안 걸쳐서 항일 애국과 친일 반역의 두 대열로 나뉘어 살아가는 사이에 노년층과 장년층 주역들은 3·1 독립투쟁을 계기로 국내에 남아 친일 반역으로 변절하거나, 국외에 망명해서 더욱 세차게 독립투쟁을 벌였다.

그러나 주역 아닌 젊은 층의 자제는 독립투쟁을 계기로 도리어 전환되어 그쪽으로만 강화되어 갔다. 3·1 독립선언문이야 민족 대표 33인의 것이 아니랄 수 없지만, 그로부터의 독립투쟁에 있어서는 그중 몇몇 분만이 변절치 않고 항일 애국 대열을 지켰다. 아니, 3·1 독립선언 그 자체부터가 젊은 층이, 이를테면 학생, 교원, 종교인, 문인, 언론인 등이 앞장서게 된 것이었다. 물론 나이로만 꼭 따질 일은 아니지만, 학교 안에 있었던 애국 학생과 애국 교원이지만 그 학교의 당국은, 신문사 안에 있었던 애국 기자들이지만 그 신문사의 주인 측은, 그리고 애국 신도들을 거느리고 있었던 종교기관이지만 그 소유자들은 친일 민족 반역의 삶을 영위하는 경우가 많았다고 할 수 있을 것이다.

나라를 사랑하는 삶의 흐름은 3·1 독립투쟁 이후에도 세차게 이어졌다. 1926년 6·10 만세투쟁도 그 주동 세력은 학생들이었고, 1929년 11월부터 일기 시작하여 전국에 번졌던 투쟁은 그 이름도 광주 학생 사건이었다. 이러한 학생들의 반일 애국 투쟁은 동맹휴학이란 이름으로 1937년까지 줄기차게 전개되지만, 이 무렵 사상범 예비 구금령이 발동되고부터는 지하운동 또는 해외로의 탈출로 항전을 계속하면서 해방의 날을 앞당기고 있었다. 이러한 학생 투쟁의 근거지는 더 말할 나위도 없이 학교였으며, 그중에서도 사립학교들, 다시 그중에서도 기독교계 학교들이었고, 그 속에는 그들을 사랑으로 지키고 이끄는 이름 없는 스승들이 적지 않았다. 글자 그대로 사제동행으로 나라 사랑을 실천하였던 것이다. 학생들과 동행해서 나라 사랑을 실천한 지식인들이야 학교 교원 말고도 성직자들이 있었고, 문인들이 있었고, 신문기자들이 있었다. 교육계에도, 종교계에도, 언론계에도, 그리고 문단에도 친일로 영화를 누리는 민족 반역자들도 붐비고 있었지만, 끝내 나라를 사랑하며 사람답게 살았던 지식인들도 적지 않았던 것이다.

5

이상은 일제가 36년간에 걸쳐 밤낮없이 자행한 살육과 약탈에 대한 우리 민족의 대응이었다. 우리 겨레는 사람답게 살았던 것이다. 그런데 그러한 삶은 우주 공간에서 전개된 것이 아니라, 우리 한반도에서였다. 그 한반도에는 한민족의 역사와 문화가 서려 있었다. 그 위에서 일제의 침략에 대응했고, 그렇게-다시 말하면 사람답게-살았던 것이다. 인간의 존엄성을 드높였던 것이다. 그 역사, 그 문화가 당시의 우리 겨레를 그렇게 살도록 교육했던 것이다. 모양도 이름도 없는 스승들이었지만, 어느 구석에서도 피교육자를 사랑으로 맞았던 것이다.

우선 우리 농민의 경우부터 살펴보자. 갓난아기 적, 아니 배 안의 적부터 스승, 아기가 사람답게 되자면 가장 중요한 시기의 스승, 그는 바로 그 아기의 부모였다. 조상 대대로 착취당해서 찢어지게 가난은 해도 사람의 끝없는 창조성을 선천적으로 믿는 까닭에 새사람의 탄생을, '새 세상을 만들 역군의 탄생'으로 보았던 것이다. 아기마다를 천지신명에게 빌어서 얻고도 태어날 적에는 그를 경배했다면 지나친 표현일까? 그래서 어느 농가의 아들딸도 배 안의 적부터 태교라는 참으로 훌륭한 교육을 받았던 것이다. 그 부모야말로 서당의 문턱도 못 넘었지만 조부모는 계셔서 갓난 아기 섬기듯 기르는 법만은 잘도 익혀 두었던 것이다. 그 아기, 섬김을 받고 자라난 그 아기가 커서 사람을 안 섬길 리가 없지 않겠는가? 더군다나 동족을 반역하고 친일해서 제 배만 채울 수는 더구나 없는 것이 아닐까? 제 발로 걸어 다니며 보고 듣고 묻고 말하게 되고부터 그가 받은 교육, 그것은 동네라는 학교에서 받았다. 동네 어른마다가 자기 자녀 못지 않게 남의 자녀 보살피기를 마다하지 않았다. 그렇다고 따르지 않겠다는 아이까지 따르게 할 수는 없는 것인데, 아이들이 어른들 따르기를 제 부모 못지않았다. 사제관계가 이쯤이면 스승 아닌 어른들이 없었던 것이다. 어른들이 착하게 사는 바람에 아이들도 착하게 살았던 것이고, 아이들은 그 이상도 이하도 아니게 사람다워졌던 것이다.

우리 겨레의 2할을 차지했던 농민 아닌 이들이 받았던 교육은 무엇이었겠는가? 배 안의 아기 시절이며 젖먹이 시절이며 농민들의 경우와 마찬가지의 태교며 가정교육을 받았었다고 할 수 있을지 모르나, 제 발로 걸어 다니게 되고부터 받은 교육은 매우 달랐다. 그들에게도 동네가 없었던 것은 아니지만, 그것이 농촌에서와 같은 학교는 아니었다 할 것이다. 영향이야 마찬가지로 끼쳤으니까 그것들도 학교로 헤아린다면 농촌에 버금가는 교육적 분위기는 될 수 없었던 것이다. 아니 동네 사람들의 삶, 그것이 농촌만 같지 않았던 것이다. 친일을 해서, 아니 민족을 반역해서라도 잘 살아 보자는 사람들의 수효로야 소수였지만 권력, 금력으로야 다수가 되고도 남았을 것이다.

좀 더 자라면서 이들이 받게 된 학교교육은 어떠했겠는가? 비좁은 문을 헤쳐 들어는 갔지만 그 속에서의 삶 또한 굴욕 그것이었다. 그 속에서 하루를 더 살면 그만큼 식민지 백성이 되어 갔다. 일제가 세운 학교야 말할 것도 없지만 선교단체가 세운 학교도 본의는 아니었지만 식민지 백성 되기를 시인하지 않고는 교문을 닫을 수밖에 없었다. 동포들이 세운 학교들까지 별수가 없었다. 학교의 설립과 유지는 곧바로 자주독립의 인간 양성을 부인하고 있었다. 그러했건만 수많은 학생들이 초등교육을 마치기가 무섭게 학교와 등진 삶, 자주독립의 삶을 살았던 것은 어찌 된 일일까? 학교 안에 학교를 등진 선생이 있어서였다. 사람이면 누구나, 따라서 어느 민족도 자주독립의 삶을 누릴 수 있다고 믿는, 제 민족을 반역하는 삶이 아니라 사랑하는 삶이 사람다운 것임을 믿는 선생이 있어서였다. 그야말로 극소수였지만 일제의 학교에도 있었으랴마는, 선교계 학교나 동포가 세운 학교엔 더욱 많이 있었다. 학교에서 쫓겨나고도 진실을 밝히기를 쉬지 않았던 스승들이 있어서였던 것이, 학생들의 몸이야 학교 교실에 앉아 있고 거짓투성이의 교과서나마 펼쳐 놓고 있지만, 정신은 쫓겨난 학교 밖의 스승에게서 진실을 배우고 있었다.

　이번에는 진실을 찾아 헤매는 학생들을 쫓아내려는 학교가 되었지만, 남은 학생들은 그럴수록 학교 밖에서, 그들의 삶에서 진실을 찾게 되었다. 일제 강점기가 말기에 가까워질수록 학교들의 거짓 교육은 극성을 떨었지만, 그래서 꽤나 많은 민족의 학생들로 하여금 민족을 반역하며 영화를 누린 일제의 앞잡이로 만들어 내기도 했지만, 학교를 등지고 진실을 가르친 선생들이 끊이지 않아서, 그리고 학교를 등지고 진실을 찾아 배우는 학생들이 떼 지어 나와서 일제하 우리 민족의 사람다운 삶을 후세에 넘겨주게 된 것이다. 일제하 우리 민족사를 빛냈던 종교인, 문인, 언론인, 혹은 조국의 광복을 위해서 신명까지 바친 선열들까지 그들의 대부분이 학교를 거쳤고 지식인이었던 것은 사실이다. 그러나 그 인물들을 학교가 교육해 낸 것은 아니라고 생각한다. 일제의 앞잡이가 되어 동족도 서슴없이 해치며 영화를 누린 종교인, 문인, 언론인, 경제인, 정치인 등은 학교를 많이 다니고도, 우등생으로 졸업한 이들이 더욱 많았으니 말이다.

그렇다면 이들의 사람다운 삶은 무엇에 말미암은 것이겠는가? 어느 분야에도 많지는 않았지만, 진실된 삶을 남긴 선구자들은 있었다. 선구자가 있어서 의롭게 살려는 후계자들이 있게 된 것이다. 어느 분야에도 있었던 기관이나 단체가 일제와의 타협 끝에 생기고 유지되어 갔던 점은, 교육 분야의 학교와 다름이 없었다. 거짓된 학교 안에 그 학교를 등진 스승이 있었듯이 거짓된 신문사 안엔 그 신문사를 등진 참된 기자가 있었다. 이들 참된 기자가 참된 기자를 길러 냈던 것이다. 학생 몸이야 날마다 거짓 학교를 오가곤 했지만, 마음은 진실을 찾느라 시간과 공간을 가리지 않았듯이, 기자들은 거짓 신문사의 직원이기는 했어도 참된 언론을 세우느라 그 신문사를 등지는 일까지 서슴지 않았던 것이다. 일제하 민족교육사가 그렇듯 민족 언론사의 정통성도 이렇게 해서 세워졌던 것이 아닐까?

6

이상으로 주어진 지면은 모두 채워졌다. 요령껏 간추리지 못한 탓도 있지만 해방 후 36년간의 교육을 두고 본질적으로는 해방 전 36년간의 되풀이로 보는 까닭에, 나아가 그보다도 우리 모두가 직접 간접으로 참여해 온 것이기 때문에 콩이니 팥이니 구구한 설명이 필요 없을 것 같아서 일부러 지면을 남겨 놓지 않았다고 할 수도 있다. 하여간에 해방 후 36년간 우리 모두의 사람다운 삶은 민족 분단의 평화적 극복과 인간 존엄성의 회복에 있었다. 그리고 지금도 우리 모두는 그 두 과제의 해결 속에 사람다운 삶이 있노라고 믿고 있다. 그렇다면 이렇게 살아온 우리, 앞으로도 그렇게 살아갈 우리를 놓고 교육은 어떠했고 어떠해야 하는가? 그것을 가정, 학교, 사회교육 차례로 살펴보고자 한다.

사람다운 사람이 되려면 나서부터가, 아니 배 안의 적부터가 그 부모의 간절한 바람 속에서 온 몫의 사람대접을 받아야 한다. 일제 강점기의 우리 부모들은 대체로 그 자녀들을 그렇게 대했었다는 것은 앞에서 살펴보았지만, 해방 후는 가정 사정이 달라진다. 해방과 함께 군정이 들어서면서 미군 가정의 지나친 소비생활을 보고, 1960년대의 한국과 일본의 국교 재개로 밀어닥치는 일제 가전제품을 보고는 환장에 가까울 정도의 물질 탐욕이 우리 가정에 생겼던 게 아닌가 여겨진다. 또 한편으로는 1948년 우리나라를 민주주의 나라로 처음 세웠으면 나라 안에 정의가 가득히 서리게 되었어야 하는데, 반민특위는 일도 못하고 해체되어 버리는가 하면, 친일 민족 반역자들이 일제 강점기에서처럼 감투를 안 쓰나 일제 재산을 차지하지 않나, 그야말로 사람 판이 아닌 개판이 되면서 환장에 가까운 물질 탐욕이 우리 가정에 가득 차게 되었던 것이다.

그간의 곡절이야 여하튼 우리 가정에 맑은 가난을 비웃는 풍조가 일면서 사람보다 돈을 섬기게 되었고, 마침내는 자녀 기르기까지 가정이 가난하게 되는 원인으로 보게 되었다. 둘만 낳아서 잘 기르자는 운동만 해도, 잘 기르자고 둘만 낳으려는 것이 아니라 부모부터 '돈독'이 올라 자녀에조차 돈 빼앗기지 않으려는 몸부림이 아닌가 생각된다. 작년엔가 없애버린 과외공부만 해도 그것이 필요 없게끔 학교의 교육 조건을 개선한 것도 아니련만, 어느 가정도 자녀의 과외공부에 돈을 안 쓰게 된다니까 좋아라 했던 것이 아닌가 싶다. 그러나 생각해 보면 이보다 더 우려할 일은 '가정'이 어린 자녀를 잘 교육하기는커녕 잘 기르는 곳도 아니게 된 사실이다. 이를테면 짐승도 새끼를 낳으면 으레 제 젖을 빨리는데, 사람의 어미가 젖먹이 제 아기에 소젖을 데워 주는 일이 일반화된 일, 그건 아무리 좋게 보려 해도 사람의 문명은 아닌 것이다. 얼마 전인가 국제연합 관계 전문가 모임에서도 우유가 모유를 대신할 수 없다는 양심선언이 있었다지만, 지금도 우리는 모유를 무식하고 미련하며 가난한 어머니들이나 먹이는 것쯤으로 생각하고 있는 것이 아닌가 싶다. 한마디로 사람 아닌 짐승 대접을 받으며 아기 시절을 보내면 그만큼 사람 아닌 짐승다워질 수밖에 없는 것인데, 우리 민족의 교육사적 정통성은 이제 가정에서부터 계승 아닌 단절이 되는 것 아닌가 싶다.

다음엔 학교교육을 생각해 보고자 한다. 해방 후 36년간의 우리 교육이 일제하에 그것과 크게 나아진 점이 있다면 사람 사는 곳 가까이 학교를 세워 누구에게나 교육받을 기회를 주게 된 점이다. 그러나 그것은 고등학교까지이지, 대학을 놓고는 도시에 사는 학생들에게만 문을 열어 놓아 온 셈이다. 별별 이름과 방식의 입시 제도를 써서 겉으로는 학생들을 공정하게 추려서 진학시켜 온 것 같지만, 언제나 도시에서 잘사는 집 학생들에게 유리하게끔 되어 있었다. 그런데 이 입시 제도가 안고 있는 더욱 큰 문제는 학생들이 유치원 적부터 시험에 안 나올 것은 아예 거들떠보지를 않게 된 일이다.

학교에서야 말로나마 착한 사람이 되라고 하지만 학생들이 습득해 온 것은 약육강식하는 짐승 마음이다. 이 세상을 살아가는 데 중요하고도 기본적인 것을 골라 입시 문제로 내는 터이니, 그리고 시험이라도 치르니 그나마 공부를 하게 되니, 없는 것보다 낫다는 이들도 많은 듯하다. 그러나 이 시험제도에는 사상 통제라는 숨겨진 동기가 있을 수 있음을 간과해서는 안 된다. 해방 전 36년간 일제가, 그 이전 500년간 조선왕조가 바로 이 고사제도로 청소년의 사상을 통제하고는 자기들 권력의 앞잡이로 사냥개처럼 부려먹었던 것이다. 물론 그 당시의 그 시험에 합격하고도 나라 사랑, 겨레 사랑으로 사람답게 살다 간 이들이 없지는 않다. 이 점에 있어서 해방 후 우리 학생들도 그러했다. 학교 선생들도 적지 않게 권력의 시녀 되기를 그만두었고, 선생도 학생도 일제하 우리 교육의 역사적 정통성을 계승한 셈이다.

마지막으로 종교, 언론, 문단 등 사회의 기관이나 지도층이 끼친 교육적 영향을 간략하게 살펴보려 한다. 한마디로 일제 강점기를 어쩌면 그렇게까지 되풀이해 왔을까, 참으로 신기한 느낌이다. 미국 군정이 끝나고 우리나라를 세웠을 적에 친일로 민족을 반역했던 단체나 사람들을 관대하게나마 단죄했던들 그 후의 사회 풍토는 좀 더 맑을 수 있었다고 생각한다. 그리고 좀 더 많은 동포들이 사람답게 살 수 있었다고 생각한다. 그러나 권력과 금력을 숭상하는 사람 아닌 노예들이 늘어 갈수록, 사람을 섬기며 민족 분단의 평화적 극복을 위해 신명을 바치는 사람다운 사람들도 늘어만 갔다. 이름은 스승 아닌 근로자, 기자, 문인, 신부, 목사로 불리지만 그들의 삶은 겨레의 스승이 되고도 남음이 있노라 생각한다. 이들이야말로 우리 교육의 역사적 정통성을 계승한 이들이라 하겠다.

분단시대 교육 이념의 변천

1. 머리말

이 글에서 분단시대라 함은 우리 겨레가 일제의 식민 통치에서 해방된 1945년 8월 15일 이후부터 오늘을 포함하여 장차 남북이 단일민족국가로 통일되는 시기까지를 말한다. 그리고 이 시기 가운데서도 일단 1979년 말, 즉 제1공화국에서부터 제4공화국까지의 교육 이념을 살피는 일이 되겠다. 흔히들 해방 후라고 부르는 이 34년간의 시기를 이 글에서 분단시대라 이름한 데에는, 그간의 교육 이념을 살펴보는 시각을 드러내 보이려는 나름 대로의 의미를 담고 있다. 1945년 8월 15일에 우리 겨레가 해방되던 것은 엄연한 사실이지만, 바로 그해 그날로 한 겨레가 미국과 소련에 의해서 둘로 나뉘었던 것이고, 그 이후 30년이 넘도록 그 분단은 극복되지 못하고 있는 실정이다. 다시 말하면, 우리 겨레는 해방된 날, 해방 아닌 분단된 상태로인 채 오늘에 이른 것이다. 이 시기를 두고 해방 후 시대라고 하기 보다는 민족의 분단시대라 이름한 것이다.[1] 이는 그사이에 전개된 교육을 살펴보되, 민족 분단의 상황을 염두에 두고 보자는 뜻에서이다. 말하자

---

1. 분단시대에 관한 역사의식에 있어서는 강만길, 『분단시대의 역사인식』(창작과비평사, 1978), p. 15 참조.

면 분단 속에서의 적응이나 안주가 아닌, 그 분단의 극복, 즉 민족통일을 위해서 기울인 교육적 노력에 초점을 맞추어서 그 이념을 더듬어 보자는 것이었다.

이제 교육에 대한 고찰에 있어서 몇 가지 미리 전제할 것이 있다. 우선 학교교육만이 아니라 취학 전 가정교육과, 그 밖의 때와 곳에서 받은 교육도 이 글에 포함시키려 한다. 학교교육 말고는 교육하려는 의도가 없었던 만큼, 가정이나 사회까지를 교육에 포함시키는 것은 옳지 않다고 말할 수도 있을 것이다. 그러나 사람이면 누구나 남이 의도적으로 교육하는 것만 받아들여 자아를 형성해 가지는 않는다. 따라서 학교 안에서의 학생의 경우조차, 교사가 의도하지 않은 것까지 배우는 것이 사실이다. 가르치는 영어나 수학은 제쳐 놓고, 그 교사의 재치 있는 처세술만 배우는 경우도 있다. 뿐만 아니라 몸은 학교를 다니고 있되, 마음은 교사들이 아닌 동료나 선후배 학생들 사이에서 더욱 형성되는 경우도 많다. 사람됨의 올바른 형성을 두고는 갓난아기 시절의 부모만큼 영향력이 큰 교사도 없는 것이다. 천륜으로 맺어진 사이라서 그저 사랑하고 잘 기르려는 생각뿐이 부모이지만, 그 자녀로 보아서는 앞으로 평생을 두고 사람답게 살아가는 데 기반이 되는 것을 밤낮없이 배우고 있는 것이다.

사람이 학교도 가정도 아닌 곳에서 받는 영향은 어떠한가? 그곳에는 교사도 부모도 없지만, 사회의 분위기나 살아가는 방식 그 자체로부터 때로 충격에 가까운 영향을 받아 자아를 온통 다른 것으로 만드는 경우조차 없지 않다. 사람은 이렇게 개개의 사람 말고도 사회의 분위기나 역사의 흐름 속에서 자아를 끊임없이 재구성해 간다. 이 글에서 교육이라 할 때, 학교는 물론이지만, 가정과 사회에서의 교육까지 포함시키려는 까닭이 여기에 있다.

교육의 이념을 살펴보는 데 있어서도 미리 밝혀 둘 것이 있다. 교육이라는 것을 앞서 말한 바와 같이 본다면, 그 이념 또한 통치 기구에서만 구할 것이 아니라는 점은 자명해진다. 좋든 싫든 누구나 받고야 살아가는 통치인데, 그 기구에 의해서 표명된, 나아가서는 법률로까지 제정된 교육 이념이 어찌 중요하지 않으랴만, 민간 기구 또는 민간인들에 의해서 진술 된 교육 이념 또한 경시해서는 안 되리라고 생각된다. 그리고 그보다도 중 요한 것은 말로나 글 말고도 실천으로 보여 준 교육 이념이 아닌가 한다. 이를테면 말로 글로는 방일防日 교육을 이념으로 내세웠으면서도, 교육 현 장에서 실천한 것을 살펴보면 일제 교육의 잔재인 병영화兵營化를 되살렸 던 경우이다. 이때의 교육 이념은 친親일제 교육이었음이 분명하다고 할 것이다.

2. 민족 해방과 일제 교육의 잔재

필자는 1945년 일제의 압박으로부터 해방되던 날 직후에, 공중에서 미 군 비행기가 뿌려 내린 삐라를 주워 본 일이 있다. 그때는 아직 미군이 남한에 진주하기도 전이었다. 이 삐라의 내용에서 필자는 두 가지 사실을 알게 되었다. '머지않아'(그 삐라에는 영어로 before long, 우리말로는 不日間으 로 번역되어 있었다) 우리나라가 독립국이 되리라는 것과, 우리나라에 미군 이 진주하는 것은 일본 군대의 항복을 받고 무장을 해제시키기 위해서라 는 것이었다. 그 후 국토는 38선으로 분단이 되었고, 그 이남에는 미국 군 정이 실시되었다. 우리 모두 아는 바대로 미국 군정이야 그 후 3년 만에 종식되었지만, 민족과 국토는 지금도 분단된 채로 남아 있다.

38선 이남에서의 미군 통치를 특히 교육의 이념 설정과 관련해서 돌이 켜 볼 때, 우리 민족에게 뼈저린 한으로 남겨진 것이 있다면 일제의 잔재 를 청산하지 못하였다는 점일 것이다. 모든 일본인 재산을 빼앗아 우리에 게 귀속시켰고, 모든 일본인들을 우리 땅에서 내쫓았으니 그 이상의 청산도 없지 않느냐고 생각할 수도 있을 것이다. 그러나 우리 동족 중에는 일본인 못지않은 일제의 앞잡이들이 있었던 바, 이들이 최소한 미국 군정하의 공직이나마 사양케 했던들, 그 이후 오늘에 이르는 역사가 이렇게까지 되지는 않았을 게 아닌가 하는 점이 필자의 생각이다. 일제의 식민 통치도 고작 36년간으로 끝났던 것인데, 식민지가 아닌 채 같은 36년을 보내면서도 국토와 민족의 분단은 극복되지 못하고 있는 것이다.

이러한 부끄러운 역사가 단 하나의 이유, 일제 잔재의 청산이 미흡했던 때문만은 아닐 것이다. 그러나 일제에 빌붙어 동족을 반역하면서 영화를 누렸던 이들이 일제가 사라진 미군정하에서도 죄를 받기는커녕 공직에까지 재등용되었던 것을 보고서야, 민족의 분단을 눈앞에 두고서도 분단 세력에 빌붙어 영화나 누려 보자는 식의 사회 풍조가 일어 마땅했을 것이 아닌가? 민족의 정기正氣가 사라졌던 것이다. 당시 미국의 남한 진주에 따라왔던 외국인도 다음과 같이 서술하고 있다.

1945년 당시 국무성 극동국極東局 한국 관계 책임자였던 조지 매퀸 씨의 말에 의하면, 하지 중장은 오키나와에서 한국으로 출발하기 전 "행정 기구는 현상대로 잔치殘置하되 일본인 관리들은 전부 파면할 것"이라는 명백한 지시를 받았다. 당시의 한국 국내 정치 정세와 민심 동향 등으로 보아 적어도 일본인 고관 중의 약간 명을 즉시 추방하는 것은 당연한 순서였을 것이다. 그러나 하지 중장의 근시안적 측근자들은 이와 같은 점을 통찰하지 못하였다. 한국인들은 하지 중장의 이러한 실책을 간과하지 않았다.[2]

일본인 관리 추방 후 하지 중장과 그 막료들은 일본인보다 미국인을 더 이해하는 한국인을 구하기 시작했다. …… 재한 미국인 선교사의 아들이

2. 리처드 E. 라우드벡, 『한국 미군정사』(국제신문사 출판부 옮김, 1948), p. 37.

며 해군 소령인 조지 Z. 윕스 씨가 한국인 관리 선택의 임무를 맡게 되었다. 이 소령은 이들 관리를 주로 한국 기독교 신자 중에서 뽑았는데, 그 대부분은 한국민주당에 속한 사람이었다. 이 중산 지주이며 교육도 있고 친일파로 된 소수당인 완고 보수 진영은, 또 하지 고문회의에도 중요 인물을 보내게 되었다.[3]

군정 관리들을 기독교 신자 중에서 택한 것 자체는 일면으로는 잘된 일이었다고까지 말할 수 있다. 왜냐하면 일제하의 기독교 신자들은 일제 말기 황민화 운동에 철저히 저항, 일제로부터 이단시당하고 감시를 받았었기 때문이다. 특히 일제 말의 신사 참배 거부 운동은 한국의 기독교 역사상에 특기할 만한 것으로 이로 인해 많은 기독교계 학교들과 성직자들이 수난을 겪었던 일은 우리의 민족사에도 기록될 만한 일이었다. 그러나 기독교계 신자들 중에는 예외도 적지 않았으니, 그들 중 중산 지주들이나 군인, 경찰, 관료들은 친일로 민족을 반역하는 경향이 뚜렷했었다. 그런데 하필이면 이들이 미군 군정하에 관리로 뽑혔고, 당시의 통치자 하지 John R. Hodge 중장의 고문들 속에도 끼었다는 사실인 것이다.

온 민족이 일제의 식민 통치에서 해방된 것은 사실이었지만, 미국과 소련 양군에 의해서 남북으로 분단된 것이 현실이었다. 그런데 남한의 통치를 담당했던 미군 당국은 친일파로 된 소수당인 완고 보수 진영을 등용까지 했던 것이니, 이는 그 통치를 받는 누구에게는 크나큰 충격이 아닐 수가 없었다. 일제는 가고 없지만, 그 앞잡이 민족 반역자들이 판치는 세상을 두고는 민족의 해방 자체가 모호해졌던 것이다. 우리가 살펴보려는 '교육'이라야 '민족의 삶' 안에서의 일인데, 교육의 모체가 온통 타락의 길을 강요당하였던 것이다. 그것은 마치도 일제 강점기에 온 민족이 식민 체

3. 같은 책, pp. 45~46.

제에의 순응을 강요했듯이, 이제는 분단 체제에의 순응을 강요당하였던 것이다. 일제 강점기에 탄압받았던 독립운동이 이제는 통일운동으로 바뀌고 있었다. 일제하에서 애국자들을 탄압했던 친일파 경찰관, 판검사들이 미군정하에서 같은 자리에 등용되면서, 이 민족에게 서리기 시작했던 정기는 급속히 걷히고 사기邪氣만이 자욱이 끼고 있었다.[4]

민족의 삶에 정기 아닌 사기가 자욱한데, 그 속의 교육인들 별수 없었다. 일제하 시학視學이라면 애국하던 교사와 학생들을 학원에서 추방하고 투옥하기를 일삼던 자들이었던 바, 이들이 미군정하에서 교육계의 요직에 등용되자 온 학부모가 가슴속에 품고 있던 자녀교육의 이념은 그야말로 공염불이 되고 말았다. 자기의 자녀가, 애국자까지야 바라지 못한다 하더라도 민족 반역자만은 되지 않게 해 보려던 교육 이념이, 그러다가는 그 자녀가 일제에서처럼 밑바닥 인생을 살게 될 것을 알고부터, 구관이 명관이었음을 확인이라도 하듯, 일제하에서처럼 교육을 입신출세의 수단쯤으로 삼게 되었다. 동족을 짓밟고라도 권력 잡고 부자 되는 것이 제일이라는 식의 사회 풍조가 모든 학부모들의 자녀교육에 대한 이념까지도 뒤흔들어 놓고야 말았다. 약육강식이야 짐승들도 타고나는 삶의 방식인데, 사람 자녀들의 교육에서 겨레 사랑이 사라지게 된 것이었다.

자녀를 학교에 보내면서 그가 이다음에 되어 주기를 바라는 사람의 본은 어제도 이제도 권력에 금력을 아울러 갖춘 힘센 사람이었다. 자녀가 이다음에 겨레를 위하기보다 반역해서라도 부귀영화를 누리는 사람이 되기를 바라는 학부모들이 대다수를 이루게 된 것이었다. 인간 자녀의 교육인데, 그 이념은 인간을 이탈하고 있었다. 한마디로 일제하 자녀교육의 이념이 청산은커녕 계승, 보존된 것이었다.

---

4. 해방 직후에 나타난 시대상과 시대의식에 관해서는 염무웅, 『민중시대의 문학』(창작과비평사, 1979), pp. 269~273 참조.

3. 미군정하의 교육정책

한편 미군정 교육 당국은 어떠한 시책을 폈으며, 그 외면에 내세운 이 념은 무엇이었고, 교육 실천으로 성취하려던 목표는 무엇이었던가? 미국 극동사령부가 남한에 군정을 선포한 다음 날인 9월 8일 하지 중장이 이 끄는 미 24사단이 서울에 진주하였고, 11일에는 군정의 시정 방침을 발표 함과 아울러 아놀드A. V. Arnold 소장을 군정장관에 임명하였다. 미군정하 에서 펼친 교육 시책 중 으뜸으로 중요한 것은, 모든 학원으로부터 일본 인 교육자들을 추방한 것과, 일본어로 된 모든 교재를 폐기한 것이라 하 겠다. 그러나 이것은 미군정 당국에서 비롯된 시책이었다기보다는 한국인 들 총의에 의해서 이미 결행되었던 것을 추인한 셈이었다.

미군정 당국에 앞질러 우리가 자발적으로 수행한 일은 이것만이 아니 었다. 일본인이 아닌 동족이라 할지라도 지나치게 친일했던 교육자들은 그 고장의 여론이 용납하지 않아 스스로 물러났던 것이고, 우리말로 된 교재를 제작하는 일도 주민들의 자치로 급속히 진행되었다. 특히 국어와 국사 교재를 두고는 그 분야의 학회가 이를 재빨리 편찬, 제공함으로써 학교교육의 공백을 최소한으로 줄였다. 그뿐만 아니라 부족한 선생을 보 충하는 일이며 그들의 처우를 정하는 일, 그리고 교육 환경을 갖추는 일 에까지 교육 당국의 시책이 있기 이전에 주민 자치로 수행했던 것이다.

생각하면, 이 모두는 결코 예사로운 일이 아닌 성싶다. 일본인 교육자 들의 추방과 일본어로 된 교재의 폐기야 일제의 항복에서 온 당연한 귀 결이라 치더라도, 동족인 친일 교육자들까지 내몰고, 그 밖에도 교육 실시 에 필요한 모든 조치를 주민들이 자치적으로 강구했다 함은 자녀들의 교 육에 대한 주민들의 이념이 있어서가 아닌가 한다. 다른 무엇보다도 학생 교육을 식민 통치 연장의 수단으로 삼아 진실 아닌 거짓을 가르쳐 왔던 일제의 교육적 잔재를 청산하고, 교육의 자주성과 정치적 중립성을 확보

하는 속에서, 학교가 진실을 가르치는 곳이 되게 하자는 뜻이 있어서였다
고 생각된다.

한마디로 선량하고도 유능한 민주시민으로 길러 보자는 교육 이념이
주민들 마음속에 있어서였다. 그러나 이러한 주민들에 의한 교육의 자치
는 남한에 대한 미군정의 선포로 사라지고 말았다. 앞서 말한 바와 같이,
친일파 교육자들이 군정 당국의 비호를 받아 교육계에 버젓이 남아 요직
에까지 등용되곤 하였다. 그리하여 일제하에서는 일제의 정치적 도구였
던 학교들이, 이제는 미군정의 도구로 전락할 판국이 되었던 것이다. 그
단적인 예가 교육행정의 중앙집권을 통한 친미 반공 교육의 강화였다. 일
제하에서 친일 교육의 명수였던 친일파 교육자들이 미군정하에선 친미파
로 둔갑하면서 반공 교육에 앞장섰던 것이다. 친미 교육의 한 대표적인
예로는 '사회생활과'라는 교과를 들 수가 있다. 이 교과는 일제하의 수신
修身 지리 및 역사를 합친 것인데, 이는 당시로는 세계에서 미국 특유의 것
으로, 말하자면 미국식 사회생활을 종합적으로 가르치는 교과라 할 것이
었다. 물론 해방 전 친일파가 우리 민족을 반역했던 것과는 달리, 미군정
하의 친미파는 다소간 사회의 민주화에 기여까지 했지만, 그렇다고 분단
된 민족의 통일에까지 기여하지는 못했다. 도리어 미국과 소련의 세계적
인 냉전 체제가 한반도에 구축되면서, 미군정하의 교육 시책도 민족의 통
일보다는 분단을 심화시켰다.

물론 그 교육 시책의 모체라고 볼 수 있는 교육 이념의 제시도 아주 없
었던 것은 아니었다. 한국인들만으로 '조선교육심의회'도 조직되었고, 우
리 고전에 실려 있는 건국신화에서 '홍익인간'이라는 말을 뽑아 교육 이념
으로 삼기도 하였다. 그러나 이 모두는 미군정이 실지로 편 교육 시책과
는 상관이 없었으니, 더군다나 학교 현장과는 동떨어진 것일 수밖에 없었
다. 그 심의회 구성원들을 중심으로 교육 이념에 관한 논의가 거듭되었고
교육학자들이나 일반 식자도 의견 제시가 없지 않았으나 학교, 가정, 사회

를 막론하고 그곳에서의 교육에는 아무런 작용도 하지 못했던 것이 사실이었다. '홍익인간'이라는 말의 뜻을 놓고, 그 출처인 단군신화와의 관련성까지야 따지지 않더라도, 그래서 글자의 풀이만을 가지고 보더라도 그것이 정말 교육의 이념이었다면, 미군정하 3년간의 교육이 앞서 말한 바와 같이 인간 대신에 권력을 그토록 섬기는, 다시 말해서 '홍익권력弘益權力'을 지향하는 것이 될 수는 없는 노릇이었다.

4. 정부 수립과 교육의 이념

1948년 8월 15일, 주한 미군사령관 하지 중장은 미군정의 폐지를 발표하였고, 이승만 대통령은 대한민국의 수립을 선포하였다. 이로부터 보름 후인 9월 1일, 38선 이북에서도 총선거를 실시하였다. 이로서 미국과 소련이라는 외세에 의한 민족 분단은 끝나고, 동족에 의한 분단이 시작되었다. 9월 19일, 소련은 북한에서 철군하겠다고 성명한 데 반해, 그다음 날 미국은 당분간 철군을 하지 않겠다고 성명하여 어수선한 속에서 10월을 맞았고, 20일에는 여수·순천에서 국군 반란 사건이 터졌다. 다음은 11월 2일자 『서울신문』에 보도된 김구의 담화문 요지인 바, 여기에는 당시의 분단 상황과 이를 극복하기 위한 그의 주장이 잘 나타나 있다.

　　과거 3년 동안 미국은 남한을 군사적으로 점령한 외에 정치적으로 그들이 예기한 바와는 달리 성공하지 못하였다. 다시 말하면 한국 민중들이 미국의 정책을 적극 지지하고 환영한 만큼 적절한 정책을 채용하지 못하였다. 이 점에 있어서 소련의 정치적 제스처는 한국 민중의 갈망하는 요소를 파악함으로써 한국 민중에 대한 정책에 있어서 이니시아티브를 장악한 감이 있다고 본다. 소련은 민중이 증오하는 친일파에 대하여 적극적 정책을 행했으나 미국은 그렇지 않았다. 미국은 어느 때는 공산주의자와의 타협을 종용하다가 또 어느 때는 이러한 미국 정책에 의하여 행동한 자유주의자까지 지도 좌익의 동조자처럼 비난하여 입장을 곤란하게 하였다. 한국의 애국자들은 한국 민중의 지지를 받을 수 있는 한국 사람의 입장에서 미국과의 합작과 원조를 갈망하는 것이다. 소련군 철병에 대해서도 미국은 미군도 철병한다는 확고한 정책을 한인에게 명백히 알리고, 그다음에 치안 확보에 대한 기술 문제를 연구하는 것이 좋을 것이다. 유엔에서 미·소의 협조로서 양군이 철수하면 외력에 의하여 분할되었던 한국의 국토와 민족은 단일민족의 자연 상태가 회복될 것이며, 조국의 통일을 위하여 반대파와 타협할 만한 열의를 가진 애국적·민주주의적 지도자들은 통일 정부 수립의 역사적 과업을 실천할 수 있을 것이다.

이번 군대의 폭동은 민족적으로 일대 통한사痛恨事이다. 건군建軍의 정신을 명확히 하지 못하고 무장을 먼저 한 것은 양책良策이 아니라 무엇을 위하여 어떤 대상과 싸워야 한다는 사상 훈련이 선결 조건일 것이다. 이번 사건에 우익이 관련되었다는 유언이 있는 모양이나, 이것은 무슨 뜻인지 잘 알지 못하겠다. 지금 남한에서는 좌익이니 우익이니 하는 문자는 정세 변화에 따라서 자의로 정하는 폐단이 없지 않다.

나는 유엔이 좀 더 강력한 중립적 기구로 발전되어 세계 평화의 확보를 위하여 실력을 발휘할 수 있을 만큼 공정한 제재 기관이 되기를 기대한다. 미국의 인민과 소련의 인민들이 전쟁을 반대하고 평화를 위하여 분투 노력한다면 전 세계 인류는 제3차 대전의 참화를 면할 수 있을 것이다.

이해 12월 26일, 소련은 북한에서 철병을 완료했다는 성명을 발표하더니, 미국은 미군을 남한에 두어둔 채 이듬해 새 아침에 한국 정부를 승인하고 초대 대사로 무초John J. Muccio 씨를 임명했다. 1월 29일 정부는 남북 협상을 반대하는 성명을 냈지만, 북한에서는 6월 하순에 '조국통일 민주주의 전선'을 결성했다. 한편, 이 해 남한에서는 2월 21일 친일파 민족 반역자들의 처단을 위한 반민특위反民特委가 활동을 개시했지만, 6월 6일 국립경찰의 습격을 받아 그 특경대는 해산되더니, 그로부터 20여 일이 지난 29일, 이번에는 일제하에선 항일 독립운동의, 분단 후엔 민족통일 운동의 영도자 김구金九가 안두희安斗熙의 총탄에 맞아 운명했던 것이다. 당시의 실정을 송건호宋建鎬는 다음과 같이 헤아리고 있다.

새 나라를 세우는 데는 정신적 전통이 있어야 하고 또 확립해야 한다. 더욱이 일본 민족의 통치 밑에서 철저한 식민 체제, 민족정신 말살 정책 아래 살아온 신생국의 경우에는 새로운 건국이념의 확립이 더욱 필요하고 새로운 기풍을 진작해야 한다. 일제에서 해방된 우리가 바로 그러한 역사적 상황에 놓여 있었다. 따라서 건국 초의 우리나라는 '민족정기의 앙양'이라는 윤리적 차원으로 보아 새 나라의 새 정신 기풍을 세우기 위한 일제 잔재의 숙청이 불가피했다. 한데도 이 필수 불가결한 숙청 작업이 이승만의 반대로 말미암아 좌절되고 말았다. 해방 독립된 이 땅에 일제 잔재를 온존한 책임자는 다름 아닌 이승만이었고, 그러한 점에서 그가 객관적으로 새로운 의미의 친일파라는 비난을 일부에서 듣게 된 것이다.

패전 일본에서는 연합국 사령부가 일제 잔재를 숙청하기 위한 하나의 작업으로, 1946년 1월 4일 지난날의 각계 군국주의 지도자 총 21만 287명을 추방키로 지명하였다. 이 추방 작업은 52년 4월까지 근 7년간 계속되어 전후 일본의 민주화 과정의 길을 넓게 열어 놓았다. …… 그러면 우리 땅에서 일제 잔재, 민족 반역자, 부일 협력자의 숙청 작업이 좌절됨으로써 어떠한 문제점이 남게 되었는가. 첫째 일신의 부귀영화를 위해 제 민족을 배반하고 일제에 적극 협력, 갖은 해족害族 행위를 한 자들이 민족정기에 의한 심판은 고사하고 오히려 더욱 영화를 누림으로써 사회에 국민적 정의감이 상실되었다는 점, 둘째 정신적·체제적인 일제 잔재를 그대로 방치함으로써 새 나라의 민주화에 결정적 저해 구실을 했다는 점, 셋째 일신의 영화를 위해 이민족에게까지 충성을 바치는 기풍이 그대로 남아 정치적 부정부패·아부 풍조를 조장하여 이 나라 정치를 만성적인 불안정 속으로 몰아넣게 되었다는 점, 넷째 민족의 긍지, 주체의식, 자부심이 특히 강조되어야 할 신생국이면서도 사대주의 풍조가 사회에 만연하여 민족의 존엄성이 땅에 떨어지고 도피성 이민 풍조 등 우려할 경향이 늘어나고 있다는 점, 결국 이 모든 개탄할 현상에 대한 원천적 책임을 건국의 국부國父로 자처한 이승만에게 돌릴 수밖에 없다는 논지도 나올 만한 것이다.[5]

이제는 이 시기의 교육 이념을 살펴보자. 학교만이 국민을 교육하는 것이 아니라 학교 밖의 사회가 하는 교육도 학교 못지않다 함은 앞서도 말한 바 있거니와, 그 사회의 교육 이념부터 살펴보자. 건국 초기의 사회를 살면서 국민은 무엇을 배워 어떤 사람이 되었던가? 다시 말해서 '사회'라고 하는 '거대한 학교'의 교육 이념은 무엇이었던가를 살펴보자. 부정 불의를 무릅쓰고라도 권력에 추종해서 축재하는 것이 최상책이라는 풍조가 사회의 구석구석에까지 가득 차 있었는데, 그 속에서 산 사람들이 인간의 존엄성이니 겨레 사랑이니를 실천하면서 스스로의 인간다운 자질을 갖추어 나가기란 불가능에 가까운 일이었을 것이다.

조국이 일제 침략으로 식민지로 전락했을 시기에도 권력에 빌붙어야 호의호식했거늘, 이제는 우리가 우리나라를 세웠는데도 더욱이 그 권력을 받들어야 호의호식할 수 있었다. 민족 분단이야 일제도 항복시킨 강대국들의 놀음인 것을, 통일운동은 일제하 독립운동처럼 굶주림의 자초自招일 터인데, 강대국들의 분단 정책에 도리어 순응해야만 영화롭게 생존할 수 있다는 등의 생각이 만연한 사회 속에서 산 사람들이 통일 조국을 자

5. 송건호 외, 『한국 근대사론·III』(지식산업사, 1978), pp. 347~348.

주적으로 건설하는 일꾼으로 스스로의 자질을 높여 나가기란 불가능에 가까운 일이었을 것이다.

사회라고 하는 이 시기의 거대한 학교의 교육 이념은 한마디로 윤락倫落이었다. 그것은 반교육적 반이념적인 것이었다. 인간에서 도덕을 빼면 짐승의 자질만 남는다. 그것은 이 시기의 사회에 유행했던 말을 보아도 알 수가 있다. 정부 수립 한 해 전, 1947년의 유행어는 '사바사바'였는데, 1948년의 그것은 '빨갱이'였고, 1949년은 '빽', '국물' 등이었다.[6]

이것으로도, 이 시기에 정치적으로는 미군 군정이 폐지되고 우리의 정부가 세워졌지만, 사회적으로는 미군정하에서 타락했던 사회 그대로를 물려받아 도리어 더욱 타락시킨 것을 짐작할 수가 있다. 그런데 사회가 베푸는 교육의 질은, 대체로 그 사회의 질보다 좋을 수도 나쁠 수도 없는 것이다. 타락한 사회는 그 속의 거의 모든 사람을 타락시킨다.

다음은 이 시기의 학교교육을 살펴보자. 표면상으로야 미군정하에서 '조선교육심의회'가 내세운 '홍익인간'을 대한민국의 교육법 제1조에 옮겨서 교육 이념으로 채택했지만, 교육 시책을 통해서 실지로 이루려던 교육 이념은 그것이 아니었다. 대통령 책임제하의 정부의 교육 시책이니 이에 대한 이승만 대통령의 생각부터 논해야 할 것이나, 이미 살펴본 그의 정치노선으로 대신하고, 지금은 그가 임명한 국무총리와 문교부 장관의 문교 시책을 살펴보기로 한다. 이범석李範奭 국무총리가 민족지상, 국가지상을 내걸고 조선민족청년단을 결성한 것은 정부 수립 2년 전인 1946년 10월이었다. 지금 필자에게는 그가 내건 이념을 분석할 만한 지면이 없거니와, 하나 분명한 것은 그의 민족이나 국가란, 그것의 분단을 평화적으로 극복할 것을 지상의 과업으로 삼은 것은 아니었다는 점이다. 이 점에 있어서 안호상安浩相 문교장관이 내세운 민주·민족 교육도 마찬가지였다. 민

6. 김종심, 「해방 15년 연표」, 『1950년대의 인식』(한길사, 1981), pp. 465~473.

족의 평화적 분단 극복을 위하는 교육만큼 민주적인 또는 민족적인 교육도 없으련만, 그의 민주·민족 교육은 분단 수용을 전제로 한 것이었다. 달리 말하면 공산주의에 반대하는 뜻에서의 민주·민족 교육이었고, 그 실체는 전체주의적 또는 획일주의적 경향마저 짙게 띠고 있었다.

아니나 다를까, 안호상 문교부 장관은 민주·민족 교육을 일민주의—民主義로 고쳐 부르기까지 하고는, 1949년 3월에 이르러 학도호국단을 결성, 스스로가 단장으로 취임했던 것이다. 이름으로야 학생이 제 나라를 지키자는 단체인데 얼마나 교육적이랴만, 그 단체로 그 당시에 벌였던 활동을 보면 그것은 적지 않게 일제하 학원의 재판이었다. '우리의 맹세' 세 가지를 소리 높여 부르게 한 것에서부터 학생들의 군대식 복장과 편제, 그리고 반공 시위를 위해 학생들을 거리에 나서게 한 것까지, 나라는 대한제국이 아닌 대한민국이라서 누구나 그것을 새 나라라 불렀던 것이고, 그 민국을 지키자는 학도호국단이었으련만, 그 이름으로 전개시킨 학생 활동들은 민주 학원의 그것과는 상당한 거리가 있는 것들이었다. 그런 뜻에서는 그것이 호국단이었다기보다는 이승만 정권을 지키기 위한 호권護權단이었다고나 할까. 교육의 정치적 도구화로야 일제하만큼 유심했던 적도 없을 터이지만, 이 학도호국단이 결성된 무렵은 공교롭게도 거의 모든 친일파 교육 관료들이 새 나라 교육계의 상층부를 차지하고 난 후인지라, 학도호국단의 호권단화는 그야말로 일사천리일 수밖에 없었다. 그리하여 교육 이념에서의 일제 잔재는 이 시기에 와서 거의 되살려진 것이었다.

5. 1950년대 교육의 이념과 정책

1950년 6·25 남침은 동족 간의 상잔에 그치지 않고 더욱 많은 외국군의 참전을 불러온 결과가 되고 말았다. 제2차 세계대전에서 승리한 나라들이 미국과 소련 두 패로 나뉘어서, 하필이면 한반도에서 싸우게 된 것이었다. 처음에야 38선이 무너지고 공산통일이 되는가 했더니, 미군의 개입으로 얼마 안 가 전세는 역전, 민주통일이 되는가 했다. 나중에는 중공군의 개입으로 또 다른 38선인 휴전선이 그어지고 말았다. 우리 민족은 본의 아니게 또다시 분단시대를 살게 된 것이었다. 아니, 38선이 그어졌을 당시보다 남북의 반목은 더욱 심화되었다. 남북 간의 물리적인 전쟁을 멈추었을 뿐, 정신적으로는 동족상잔이 멈추지 않고 있었다. 사상이 다르면 동족이어도 한 하늘 밑에 함께 살 수 없다는 생각이 온 사회에 충만하게 된 것이었다. 민족 분단의 극복은커녕 겨레 사랑은 거의 없어지고 말았다. 이웃사촌은커녕 친사촌도 용공容共이면 적대시하는 사회가 되고 말았다.

생각해 보면, 공산군의 침략을 받은 사회로서는 그리될 수밖에 없는 노릇이었다. 반공이 스스로가 살아남는 유일한 수단이었기 때문이다. 그러나 휴전이 되고도 오래도록 골육 간의 애정이나 이웃 사랑, 또는 동포 의식이나 민족정기를 되살리지 못한 데에는 자유당 정부의 책임이 적지 않았다는 것이 필자의 생각이다. 특히 미국의 경제 원조를 둘러싸고 자행된 정부의 부정부패라든가, 정권 연장을 위해서 펼쳐진 개헌파동이나 부정선거 따위는 정부의 으뜸가는 시책이었던 '반공'의 명분까지도 잃게 하고 말았다. 국민들로서는 정의로운 민족사회를 이룩하고 인간답게 살고 싶어서 목숨 걸고 하는 반공이었는데, 그것이 공산독재 못지않은 독재에다 부패까지 곁들인 정권의 연장 수단으로 악용되고 있음을 알고부터는 민주·민족 의식을 되찾겠다는 의욕을 점차적으로 품게 되었다. 아니 그것이야말로 참 반공인 동시에 민족 분단을 극복하는 길임을 깨닫게 된 것이었다.

이 점에 있어서는 정부의 반공 못지않은 중요한 시책이었던 '방일'에도 국민들은 한 가지 생각을 품게 되었다. 말로만 방일을 외칠 뿐, 실제로는 일제 잔재를 거의 완벽하리만큼 온존해서 독재 체제만 구축하는 자유당 정권임을 알게 되었다. 여기에서도 민주·민족 의식의 회복이 참 '방일'의 길임을 점차 깨닫게 된 것이다. 처음에는 일제하와 다름없이 마음도 살림도 고달팠던 국민 대중들에 나중에는 그 아들딸 학생들까지 의식이 충만하더니 마침내 4·19로 폭발, 이승만 정권은 무너지고 말았다. 그보다 한 달 전 1960년 3·15 총선거 당일 마산에서는 부정선거 규탄 시위가 있었다. 시위 군중은 그곳 경찰서를 습격하였고, 80여 명의 사상자를 내었다. 경찰서를 부정선거의 원흉으로 여겼음인지, 하필이면 반공의 보루를 습격했던 것이다. 그리고 이틀 후 17일에는 그 마산 사건의 부당한 처리에 대해서 항의하는 시위가 하필이면 반공 시위로 이름 높았던 서울의 성남고교 400여 명의 학생들에 의해서 벌여졌다. 그 뒤에도 부산 등 여러 곳에서 계속된 학생들의 시위였지만, 4월 11일에 이르러 최루탄에 맞아 피살된 학생 김주열金朱烈의 시체 인양을 계기로 마산에서 두 번째의 시위가 있었다. 그 이틀 후인 13일, 반공의 최고 영도자 이승만은 마산 사건 배후에 공산당이 개재한 혐의가 있으니 난동자들을 엄벌하겠다는 언명을 했건만, 학생들의 시위는 번져만 갔던 것이다. 공부하러 학교에 온 학생들에게 반공·방일 시위를 하라고 학교 밖의 거리에 수없이 내몰았던 이승만 대통령은 하필이면 바로 그 학생들의 시위로 하야했던 것이다.

민족을 반역했던 친일파들을 등용해서 반공전선에 내세워 독재 체제를 구축해 왔던 자유당 정권은 무너지고 허정許政 수반의 과도정부가 세워졌지만, 5월 3일 "혁명적 정치개혁을 비혁명적 방법으로 단행"할 것을 성명했다. 이는 분단시대의 개막 시, 미군정이 표방했던 시정 방침 그대로였다. 결국 정의로운 민족사회를 이루기는커녕 분단 독재정치의 산파 노릇에 그쳤던 것이다. 허정 수반의 과도정부도 4·19 혁명정신의 계승·발전은커녕 일제 강점기 이래의 특권층에 떠받쳐진 보수 정당에게 정권을 이양하고야 말았다.

5월 29일에는 이승만 전 대통령을 미국 하와이로 망명시키더니, 6월 1

일에 가서는 20일간 부정 축재 자수 기간을 설정했고, 6월 5일 부정선거 원흉으로 22명을 구속했다. 7월에 들어서면서 5일에는 부정선거 주모자의 첫 공판이 열렸는가 싶더니, 29일에 실시된 총선거에서는 13개 선거구에서 투표함의 파괴, 소각 등 난동이 벌어졌던 것이다. 허정 수반의 과도정부는 8월 12일에 부정 축재자 처단의 실패를 자인하면서, 8월 23일 장면張勉 내각의 출범과 함께 퇴진하고 말았다.

제1공화국이 일제 잔재를 청산하지 못했던 것과 똑같이, 제2공화국은 자유당 독재의 잔재를 청산치 못했다. 아니, 반민족적 일제 잔재 세력은 제1공화국에서 분단 독재 세력으로 둔갑했다가, 다시 제2공화국의 지지 세력으로 위장한 셈이었다. 그 단적인 예가 10월 11일에 4·19 부상 학생들이 민의원 단상을 점거한 사건이었다. 이는 4·19 민주혁명 끝에 생긴 민의원이 4·19 이전의 민주 반역자들의 처단에 미온적이었기 때문에 생겼던 일이다. 물론 그다음 날에 「민주반역자처리법」이 민의원에서 통과되었지만, 일찍이 제1공화국이 미군정에서 넘겨받은 친일파 민족 반역자들의 처단을 놓고 흐지부지했던 것과 똑같이, 제2공화국도 허정 수반의 과도정부로부터 넘겨받은 4·19 이전의 민주 반역자들의 처단을 흐지부지하고 말았다.

그뿐만 아니라 제1공화국의 으뜸가는 시책이었던 반공에 있어서도 마찬가지였다. 그것은 장면 정부가 출범한 지 반 년이 되는 1961년 3월 말, 61개 우익 단체가 서울, 대구, 부산 등지에서 반공법과 시위 규제법의 존속을 지지하는 대규모 시위를 벌인 것만 보아도 알 수 있다. 이것은 일찍이 제1공화국에서 분단 독재 체제를 지속하려고 우익 단체들을 빈번히 내세워 반공 시위를 벌이게 했던 것과 아무런 차이도 없는 것이다.

방일 정책은 표면상으로는 크게 달라졌다. 허정 수반의 과도정부는 출범한 지 1주일 만에 일본인 기자의 무제한 입국을 허용했는가 하면, 그해 11월 1일에는 장면 정부가 출범한 지 3개월도 못 되어 해방 후 처음으로 부산과 일본의 하카다 사이에 정기 해상 항로가 열리기도 했고, 다음 해 4월 22일에 가서는 '한·일 통상협정'에 조인까지 하였다. 그러나 제1공화국이 방일의 그늘에서 일제 잔재를 도리어 온존해 왔던 것을 생각하면, 제2공화국은 도리어 성급히 방일을 푼 셈이었다. 사회에 민족정기가 없으니 부패는 가속화되었고, 장면 정부는 출범한 지 열 달도 못 되어 5·16 쿠데타를 맞게 되었다.

이제는 이 시기의 교육을 살펴보자. 사회가 그 속에서의 삶을 통해서 온 국민에게 끼친 교육적 영향이야 사회 자체가 미군정 이래 줄곧 한가지였으니 새삼스럽게 따져 볼 필요조자 없을 것이다. 일제하에서는 친일해서 잘 살던 사람들이 민족 분단 후에 그때그때의 정치권력에 빌붙어 잘 살아온 터에 여타 국민의 눈에는 보이느니 권력과 금력뿐, 사람이니 이웃이니 겨레는 도시 보이지가 않았다. 사람이 사람으로 보이지 않았던 사회였는데, 그것이 국민 개개인의 사람됨에 끼친 영향인들 오죽했으랴.

그렇다면 이 시기의 학교교육은 어떠했던가? 우선 6·25동란 중의 학교교육부터 살펴보자. 정부에 의한 교육행정이 전무했을 이 시기에 국민이 보여 준 학교 자치自治는 참으로 놀라운 바가 있었다. 그것은 흡사 8·15 직후에 보여 주었던 바로 그것이었다. 온 국민이 전쟁 추세에 따라 이리저리 피난하고 있으련만 어디에서나 교육은 시행되었다. 학교의 운용상으로는 국·공·사립 할 것 없이 모두가 사친회립師親會立이었다. 교실도 교재도 없었지만, 도리어 그랬기 때문에 학생 중심의 자주적인 교육이 이루어졌다. 6·25 남침 이전의 학교에서처럼 학생을 위정자의 도구로 일그러뜨려 바치는 따위의 일은 그야말로 청산되었다. 선생이 학생을 위해서만 진리를 가르쳐 주니 학생도 학부모도 선생을 존경할 수밖에는 없었다.

선생님 모두가 스승이었으니 학부모들은 응분의 교육비를 내고도 아깝지 않았다. 38선으로 그어진 민족과 국토의 분단이 휴전선으로 더욱 굳어지기까지 그 모든 과정을 지켜보아 온 국민이었던지라, '분단된 민족의 자주적이고 평화적인 통일'이 동란 중 학교와 가정에서 으뜸가는 교육지표였다. 민족이 분단된 채로는 한반도의 한겨레 그 누구도 인간답게 살아갈 수 없음을 뼈저리게 깨달은 국민들이었던지라 '인간 존엄에 터한 겨레 사랑'이 동란 중 학교와 가정에서 핵심적인 교육 이념이었다.

6·25동란이 정전의 기미를 보이기 시작한 것은 1951년 6월 29일, 미국 대통령이 유엔군 사령관에게 한국에서의 정전 교섭을 명령해서부터였지만, 휴전협정에 조인을 보게 된 것은 1953년 7월 27일이었고, 우리 정부가 온전한 교육행정을 다시 펴게 된 것은 그다음 달 8월 15일에 수도가 서울로 돌아온 후로 간주할 수 있다. 이 무렵부터 6·25동란 이전의 중앙집권적 교육행정이 되살아났다. 교사가 학생을 살펴서 교육의 계획을 세워 시행할 여지라고는 거의 없을 만큼 문교부의 획일적인 학교 통제가 강화되었다. 학교교육은 이제 자치가 아니라 관치가 된 것이었다. 교육의 자주성과 정치적 중립성은 여지없이 유린되고 학생들을 살펴서 가르쳐야 할 교육자들은 위정자의 뜻을 살펴서 학생들을 단속하느라 여념이 없었다. 동란 중에 자생했던 수많은 학생 위주의 학교들은 이제 찾아볼 수 없게 된 것이었다.

어째서 그리되었을까? 우선 문교부는 지위의 높고 낮음에 상관없이 권력과 금력이 아울러 쏠리는 이른바 '영전' 자리와, 그와는 정반대의 '좌천' 자리를 마련해 놓고는, 위정자의 뜻을 살펴서 아래로 펴는 정도에 따라 영전과 좌천의 인사권을 발동했던 것이다. 이를테면 문교부는 사친회비의 책정을 통해서 같은 직급의 교원이 시골과 도시 어느 쪽의 학교에 근무하느냐에 따라 보수만도 배액의 차이가 나게끔 해 놓고는 당국의 지시를 잘 따른 대가로, 또는 따르지 않은 문책으로 도시 또는 시골의 학교 근무를 명했던 것이다. 그러지 않아도 괄시받고 살던 시골이었는데, 이제는 아이들까지 좌천된 교원들에 의해서 교육받게 되자, 시골은 문자 그대로 황폐의 외길만 치닫고 있었다.

그렇다고 영전된 도시의 교원들은 스승의 자세를 지켰던가? 그 영전 자리를 지키자니 상관 받들기에 바빴고, 그러자니 돈의 상납이 공공연해졌다. 학부모들은 도시, 시골 할 것 없이 교원들을 불신하게 되었고, 급기야는 어린 학생들에게까지 확산되었다. 선생을 우습게 여기는 학생들이 선생의 말을 믿겠는가? 학생들은 학교는 다니되 선생을 존경하지 않으니 그의 말을 따라 착한 사람이 될 리 만무했다. 이제 학교는 지식을 사고파는 시장이 된 것이었다. 학교에서 매매된 지식이 사람을 해치는 데 쓰이든 사회를 망치는 데 쓰이든, 아무도 알 바가 아니었다. 시험 잘 쳐서 일류 학교에 진학만 하면 그만이었다.

38선이 휴전선으로 바뀌었을 뿐, 남북 간의 긴장은 여전했던 터에 대학생에 대한 징병 연기 조치가 있게 되고부터는 대학 진학 자체가 초·중등교육의 목표처럼 되었다. 더군다나 일류 대학을 나와야만 관공서나 회사에 취직이라도 되는 사회이고 보니, 나라 안의 모든 초·중학교 교육은 학생의 인격이니 인간성이니는 제쳐 놓고 일류 대학 진학에만 힘쓰게 된 것이었다. 이래서 생긴 것이 초등학교 시절부터의 시험 점수 중심의 교육 풍조였고 입시 지옥이었다. 학부모도 선생도, 따라서 아이들까지 사람다운 사람은 고사하고 짐승처럼 약육강식도 서슴없었다.

이 무렵, 문교 당국은 해마다 바꾸어 가며 이른바 입시제도 개선 방안이라는 것을 내놓았지만 헛일이었다. 문교부가 사친회비를 차등 두어 책정한 비례대로 도시와 농촌 학교 간의 진학 차등이 생겼고, 같은 지역 내에서도 문교부가 책정한 학생 정원이 많은 학교일수록 진학률이 높아졌다. 학부모에게 돈 받고 그 자녀를 사람 되게 하였다기보다는, 사람이야 어찌 되어 가든 그 자녀에게 입학시험의 정답이 될 지식을 판 셈이었고, 그 매상고가 많대서 일류 학교였던 것이다. 인간교육이라는 이념이 없어진 학교, 돈 받고 지식 파는 기업을 두고, 이 무렵의 문교부는 입시 문제의 교과서 내 출제를 엄중히 시달하면서, 교과서의 내용은 국정 또는 검

인정의 강화로 정치성 짙게 개편해 갔다.

그로부터 전국의 거의 모든 초·중등 학생들은 그나마의 지식마저 교과서에서만 얻게 되었다. 날로 부정부패가 심해져 가는 사회 현실, 날로 긴장이 고조되어 가는 남북의 민족 현실이 염려가 되어, 스스로 생각하다 못했던 학생들, 선생에게 질문한다고 하더라도 입시 문제는 교과서에만 나고, 그런 사회 현실·민족 현실은 교과서에 실려 있지 않아서 선생부터가 외면하는 판국이 된 것이었다.

학생들은 선생이 외면하니 교과서 아닌 책이라도 뒤져 보다가는 대학 입시에 낙방이 십상이었다. 사회는 이미 대학 나온 사람이라야 제대로 된 사람으로 대하도록 되어 있었고, 생각하면 이러한 교육의 구조는 이 시기에 처음 이루어진 것이 아니라 일제 강점기의 것을 재현해 놓은 것에 불과하다. 일제야말로 관에 의한 시험문제의 통제로 모든 학생들의 사상까지 통제한 교육제도의 완성자나 다름없었다. 그런데 일제로부터 해방된 나라에서 그와 맞서는 학교교육의 구조를 보게 된 것이다.

국·공·사립의 모든 교원들이 본봉만 가지고는 생계조차 이어 나가지 못하는 실정이었기 때문에 사친회비를 받게 한 것까지는 어느 면 문교 당국에 의한 당연한 처사라 할 수 있었다. 그러나 교원이 동일한 직급인데도 매달 받는 보수가 근무 학교에 따라 차이가 나도록 사친회비에 차등을 두어 책정한 것은 당국의 크나큰 실책이었다. 그리고 도시의 이른바 무능 또는 문제 교원을 시골의 작은 학교로 좌천시킨 것은 더더욱 잘못된 처사였다. 이 무렵부터 교원의 눈에는 돈, 학생의 눈에는 시험 점수만 보이게 되었던 것이다. 학교가 이 지경에 이르렀는데, 그것도 교육이라고 이념을 따질 수 있으랴. 일제 강점기에 시험 점수 잘 따서 출세하고는 제 동족을 해치면서 영화를 누렸던 학교 졸업생들, 다시 말해서 일제 잔재는 이제 분단시대의 대를 이어 기세를 떨치게 되었다.

물론, 이 무렵에도 학교교육을 새롭게 해 보려는 운동이 아주 없었던 것은 아니다. 대한교육연합회가 지역사회 학교운동을, 그리고 문교부 연구 지정 학교들이 교육과정 개혁운동을 일으킨 것도 이 시기였다. 그리고 6·25동란으로 수도가 부산으로 옮겨졌을 적에 반관 반민으로 설립된 중앙교육연구소가 교육의 민주화 내지는 과학화 운동을 벌인 것도 바로 이 시기였다. 그러나 그러한 운동은 교원이나 연구원이 벌였던 것이지, 문교부나 대한교육연합회의 당국 자체는 매우 보수적이었다.

문교부에 대해서는 앞서 말한 바 있으니, 대한교육연합회에 대해서만 언급한다면 한마디로 이야말로 시종 어용기관이었다. 미군의 군정하에서 일제 말기의 조선교육회를 인수해서 발족했던 것부터가 교육에서의 일제 잔재의 청산 아닌 온존에 기여했던 것이지만, 우리 정부가 세워진 이후로도 일제하 조선교육회가 총독부의 시녀였듯이 정치권력에 맞장구만 쳤었다. 회원들의 진지한 노력으로 훌륭한 지역사회 학교의 교육 실험이 적지 않게 이루어졌지만, 날로 중앙 집중해 가는 문교 행정 앞에서는 아무런 소용도 없었다. 이때에도 대한교육연합회 당국은 그 교육 실험의 확대 적용을 위한 교육행정의 지방 분권화에는 아랑곳이 없었다. 아니 교육의 획일화를 겨냥한 시책에 호응까지 했던 것이다. 중앙교육연구소의 경우, 설립자가 대한교육연합회인 데다가 운영위원회의 절반은 문교부 국·과장으로 채우기로 되어 있어서, 그 연구원들이 벌였던 교육의 민주화 내지 과학화 운동이라는 것도 용두사미가 될 수밖에 없었다.

이 시기에 벌어진 새교육운동으로는 주한駐韓 미국교육사절단에 의한 활동도 꼽을 수 있다. 부산이 임시 수도였던 1952년에 내한해서 단원을 바꾸어 가면서 몇 해를 두고 우리나라 각지의 중견 교원들과의 대화를 가졌던 것이다. 그러나 이 역시 미국의 이익을 대신해서 한국 교육을 논할 수밖에 없었던 사절단의 성격과, 한국 정부의 추상같은 지시에 따를 수밖에 없었던 우리 교원들의 처지로, 한·미 교원 간의 친선 도모 말고는 이렇다 할 성과 없이 끝나고 말았다.

이상 몇 가지의 학교교육의 개혁운동을 일괄해서 보건대, 분단 민족의 현실에 대한 인식은 도리어 정부와 한가지로 하면서, 따라서 분단의 평화적 극복이 아닌 순응을 하면서, 체제 내 민주화를 시도했던 것이 실패로 돌아간 과정이라고 생각되는 것이다.

학생 주도의 4·19 민주혁명으로 교육계가 받은 충격은 비할 바 없이 컸다. 8·15 적에, 그 직전까지 친일로 제 민족을 반역했던 교원들이 받았던 것 못지않은 충격을, 이번에는 자유당 독재정권의 앞잡이로 학교교육을 정권 연장의 도구로 삼아 왔던 사람들이 받게 되었던 것이다. 시·도 교육감은 물론, 학생 교육을 희생시켜 일신의 영화를 누렸으면 교장까지도 당했던 곤욕이었다. 학생들은 물론 교사들까지도 교육계의 정화에 가담하더니, 대한교육연합화가 평교사 중심으로 개편되었고, 그것도 모자랐던지 교원 노동조합까지 결성되었다. 다시는 교육의 자주성과 정치적 중립성이 유린될세라, 그 기세는 참으로 놀라운 바가 있었다.

그러나 민주 정권의 산파역을 맡았던 과도정부는 그 옛날 8·15 적 미군의 과도정부가 그랬듯이, 학생들을 배신했던 세력들의 옹호에 급급했는가 하면, 산파역을 맡아 탄생시켰다는 정권이라야 자유당 못지않은 보수 정당에 넘겨줌으로써 모처럼 교육 민주화의 염원은 무산되고 말았다. 어찌 보면 성급한 5·16 쿠데타로, 그 시책을 펴 볼 기회조차 없었다고도 할 수 있다. 국회에서 내각책임제하의 국무총리를 선출하는 과정을 지켜본 국민들, 집권당 소속 국회의원들이 신·구파로 나뉘어 분쟁을 일삼는 모습을 지켜본 국민들, 이때부터 국민들은 그 끝에 누가 국무총리가 되어 정권을 장악해도 그에게 기대할 것이 없음을 알고 있었던 것이다.

이러한 과정에서 탄생한 장면 정권 역시 교육의 민주화를 거듭 다짐했건만 국민들이 믿지 않으니 되는 일이 없었다. 아니 무능한 정당에서 선출된 국무총리 역시 바로 전의 과도정부 수반 못지않게 교육계의 민주 반역자들을 감쌈으로써 도리어 부패된 교육계를 자아낸 결과가 되고 말았다. 이러할진대 이 시기의 학교에 교육다운 교육이란 있을 수가 없었다. 하물며 이념에 있어서랴. 식자 간에는 교육 이념 논의가 풍성했지만, 그 모두가 교육 현장과는 무관했던 터이므로 여기에서는 언급할 것이 못된다.

6. 제3공화국 치하의 교육정책

1961년 5·16 쿠데타가 나고부터 그 주체 세력이 제3공화국을 세우고 다스리다가, 1968년 12월 5일 '국민교육헌장'을 선포하기까지, 그 사이의 교육을 하나로 보는 것은 바로, 이 시기에 4·19 민주혁명으로 쓰러진 제1공화국의 교육 체제를 되살려 놓고도 한 걸음 더 전진시켰기 때문이다. 민족 분단의 평화적 극복은커녕 반공을 으뜸가는 국시國是로 삼았으니 교육도 제1공화국을 닮을 수밖에 없었다. 반공 교육으로야 일제 강점기만큼 완벽했던 것도 없는 터에, 총독부 시학을 역임한 친일파를 교육계의 요직에, 아니 문교부 장관까지 등용했던 것이니, 이 시기의 학교교육은 제1공화국을 닮고도 진보했던 것이다. 드디어 한·일 국교는 재개되고, 일제가 명치유신하에 제정했던 '교육칙어'를 연상케 하는 국민교육헌장이 선포되었다. 그리하여 그 4년 후에 수립된 제4공화국의 유신체제는 그 기반이 바로 이 시기의 학교교육으로 거의 완벽하리만큼 닦아졌던 것이다.

일제는 36년간에 걸친 한반도 식민 통치 과정에서 학교교육을 전면적으로 통제하여 정치권력에 예속시켰던 것인데, 5·16 세력 또한 국·공·사립의 각급 학교에 대한 전면적 통제를 감행했던 것이다. 「교육에 관한 임시 특례법」의 제정·공포가 바로 그것이었고, 민정 이양 직전에 이 법의 폐기와 함께 제정·공포된 「사립학교법」이 바로 그것이었다. 다음은 필자가 그 당시에 「사립학교법」의 제정을 보고 발표했던 소견을 간추린 것이다.

이 법을 보고 참으로 이해가 안 가는 점이 있는데, 혁명정부는 「교육에 관한 임시 특례법」 중 사립학교에 관한 조항을 거의 그대로 이 법에 옮기어 놓고 있다는 점이다. 그런 의미에서 본다면 정부는 임시 특례법을 그 이름 까닭으로 더 간직할 수가 없어서 폐기하려는 것이지, 그 법을 그대로 두고는 교육이 발전할 수가 없다고 판단해서가 아니었던 것이다. …… 더 단적으로 말한다면 사립학교를 사립학교 되게 할 것이 아니라, 공립학교나 다름없이 만들어 나가는 것이 옳다는 생각 위에 이 법은 제정된 것이 아닌가 생각된다. …… 곰곰이 생각해 보건데, 사립학교가 그 교육 이념을 실현하는 수단인 재정과 인사에 대한 자유를 빼앗기고 나면 사립이 아닌 것이 되고 마는데, 이번의 법은 이 두 가지를 모두 관에서 간섭하겠다는 것이니 무엇을 가지고 사학 경영의 명분으로 삼을 것인지 모르겠다. 교육 내용에 관해서는 언급이 없지만, 이것은 이 법에서 규정짓지 않더라도 이미 다른 교육법에 규정되어 있기 때문일 것이다.

…… 이상에서 74조 부칙으로 되어 있는 「사립학교법」을 교육정책적인 입장에서 비판해 보았다. 솔직히 말해서 필자가 내린 결론은 이 법의 시행을 계기로 우리나라의 사학은 크나큰 변동을 가져올 것이며, 그 변동은 사립학교의 개점휴업과도 같은 것이리라는 점이다. …… 이 법을 제정한 정부가 그러한 변동을 기대했다고는 믿지 않는다. …… 그러나 여기에서 그냥 보고만 넘길 수 없는 것이 있으니 그것은 사립학교를 공립학교 쪽으로 잡아당기려는 의도이다. 이러한 의도는 이 법의 장마다 절마다 거의 공통적으로 엿보이고 있다. …… 사립학교를 보고 공립학교를 닮으라는 것이 정부의 의도라면 그야말로 사학은 그 존속의 이유를 찾지 못하게 되기 때문이다.

…… 국공립학교는 그것인 국공립인 까닭에 이렇다 할 특색이 없는 교육을 하기 마련이다. 이는 국공립학교의 본질이라 하여 옳고, 그것을 군이 단점이라 할 필요는 없는 것이다. 장점이라면 장점일 수도 있는 것이다. 그런데 문제는 우리나라의 학교를 모두 그렇게만 할 것인가에 있다. …… 국공립

학교보다는 앞질러 나가는 혹은 그보다 더 보수적인 국공립학교에서는 시비가 많아서 못 가르치고 있는 것을 감히 가르치는, 혹은 그와는 반대로 국공립학교에서 가르치고 있는 것일지라도 아직은 많은 사람이 모르고 있는, 새로 발견된 진리에 대해서 감히 가르치지 않는 사립학교가 있어서는 안 될 것인가, 그래서 그 덕에 국공립학교까지 배울 수 있게 할 것인가 하는 것이 문제인 것이다.

…… 사립학교가 특색 있는 교육을 하자면 그것은 바로 예산에 나타나야 하고, 인사에 반영되어야 하며, 다시 그것을 뒷받침하는 재정이 있어야 하는 바, 이 모두를 다 함께 제한당하고야 어찌 특색 있는 교육을 할 수 있겠느냐 말이다. …… 사학의 분명한 부패에 대한 발본색원은 있을수록 좋다. 그러나 그것도 이 사립학교법이 꼭 있어야 한다는 이유가 되지는 못한다. 지금까지의 법만 가지고도 썩은 학교는 송두리째 없앨 수 있기 때문이다. 따라서 지금부터라도 부패의 적발과 그 응징에는 더욱 용기를 내는 대신에 그 밖의 면에 대해서는 적극적인 보호 육성책을 마련해야 할 것이다. 사립학교법은 폐기되거나 대폭 수정되어야 한다.[7]

제2공화국을 무너뜨리고 세워진 제3공화국이 교육에서는 제1공화국을 닮은 정책을 펴 나갔다는 것은 앞서 말한 바 있거니와 1964년의 교육정책을 한 예로 들어 그 가운데서 교육 이념을 살펴보자. 다음은 필자가 다음 해에 쓴 「1964년의 교육정책」 중 일부이다.

교육 이념 면에서 지난 한 해를 훑어본다면 집권하기에 유리하도록 문교를 통제하기에 여념이 없었다고 할 것이다. 그러기에 문교를 정치에 예속시키지 않고 국민적 입장에서 문교의 육성을 바랐던 국민과 교원과 학생들

7. 『새한신문』, 1963년 7월 1일자.

은 크나큰 실망을 느끼며 지난 한 해를 보냈던 것이다. 집권층의 어느 누구도 문교를 집권에 유리하도록 통제하라는 지시를 명문으로 내린 일은 없었을지라도 한 해를 두고 문교 행정을 몰아댄 집권층의 행동은 궁극적으로 따져 보면, 바로 그것이었다고 할 수 있다.

그 대표적인 사례로서는 교육자치제의 운영을 들 수 있다. 지난해의 1월 1일을 기해서 발족한 교육자치제는 문자 그대로 관치제官治制로 일관하였다 해도 과언이 아닐 것이다. 헌법에까지 명시되어 있는 정치인지라 문교장관이 당직을 지닌 채 그 직을 수행한대서 이의를 제기하는 국민은 없었다. 그러나 그렇다고 해서 그가 집권당의 현장 감독과도 같은 자세로 교육자치제의 이름을 그대로 둔 채, 그 내용을 거세시킬 정도로 통제를 가하고, 그리하여 교육을 집권에 결부시키려니는 꿈에도 생각하지 않았으리라.

우선, 지방의회가 구성되어 있지 않은 관계로 문교부 장관이 인선하기 마련이었던 시·도의 교육위원들, 그야말로 친여당적 인물로 망라되다시피 하였거니와 그렇게 해서 발족을 보게 된 교육위원회를 두고도 교육감 선출을 에워싸고 집권층 및 문교부 장관의 압력은 참으로 지나칠 만큼 가해졌던 것이다. 선출된 교육감의 절반이 군사정권기의 교육국장이었다든가, 그 외의 인사 중에는 정당의 요직에 있었던 사람이 포함되었다든가, 그러한 압력의 당연한 결과이었던 것이다. 그럼에도 불구하고 국민들은 그들에게 지방 교육을 자치하게끔 뒷받침하기를 기대했던 것이다. 물론 이런 기대도 충족되지 못한 한 해였다. 교육위원회의 국장과 교육장의 임명을 에워싸고 정치적 압력은 가중되었고, 심지어는 일부 국회의원이 그 자녀들을 일류 중학교에 전·입학시키도록 교육감을 통하여 교장에게 압력을 가하기까지에 이르렀던 것이다. 교육 자치의 이념은 교육 관치의 동의어로 여겨질 지경에 다다랐던 것이다.

이와 같이 문교장관을 위시한 집권층이 행동으로 표시한 교육 관치적 자세는 그들이 마음속에 품고 있는 교육 이념이 무엇인가를 말해 주는 것이다. 자주적으로 사고하여 행동하는 민주시민이라기보다는 집권 세력에 추종하여 살아가는 전제사회의 국민이었다고 하여 마땅할 것이다.[8]

제1공화국을 붕괴시킨 4·19 민주혁명을 주도했던 학생층은 제3공화국이 국정 전반에 걸쳐, 하필이면 그 제1공화국의 노선을 따라 더욱 강화되는 것을 보고는, 특히 일제하 총독부 시학 출신이 초대 문교부 장관이 되어 반공 교육을 가일층 정치적 도구로 삼는 것을 보고는, 더군다나 일본과의 국교 재개가 굴욕적으로 추진되는 것을 보고는 또다시 술렁이기 시작했다. 학생들의 시위를 국립경찰의 힘으로는 막을 수 없었든지, 1964년 6월 3일 군의 계엄포고로 서울 시내 각 급 학교는, 따라서 초등학교까지 문을 닫게 되었다. 당시의 집권당 출신 문교부 장관은 그 이틀 후, 여름도 아닌 6월 5일부터 전국 대학에 여름방학을 지시했는가 하면, '불순' 교수들의 파면과 구속 학생들의 퇴학을 또한 지시했다. 그로부터 4일 후, 6월 8일 문교부는 서울대학교 총장을 해임했는가 하면, 다음날엔 시·도 교육감 회의에서 초·중등 학원 내 정치 활동 금지를 지시하기까지에 이르게 되었다.

돌이켜 보면, "교육의 자주성과 정치로부터의 중립이 보장되어야 한다"는 규정이 처음으로 헌법 속에 자리 잡게 된 제3공화국이었다. 바로 그러한 제3공화국이 출범 시부터 교육을 정치에 예속시킴에 이르렀던 것이다. 4·19 때, 학생들의 시위를 보고 그것을 탄압했던 자유당 정부가 '교육의 자주성과 정치로부터의 중립'을 유린했던 것이지, 부정선거를 보고 그것을 규탄하는 시위를 벌였던 학생들이 아니었다 함은 하나의 뚜렷한 역사적 진실이 되어 있는 터에, 당시의 공화당 정부는 제3공화국 헌법(제27조 제4항)을 위반했음이 분명했다. 물론 공화당 정부는 학원가의 평화적 시

8. 성래운, 『한국 교육의 증언』(배영사, 1965), pp. 16~18.

위를 정치 활동으로 규정, 강경 일변도의 조치를 내리면서 합헌을 주장했었지만.

제3공화국의 나머지 기간의 학교교육이라야 이 교육의 정치적 중립을 에워싼 분규로 가득히 채워지고 만 셈이었다. 정부는 반공 태세의 강화와 조국 근대화를 내세워 일본과의 국교 재개를 타결 짓더니 일본의 공해 산업까지 묻어 들어오는가 하면 대일 무역역조는 해마다 늘어만 갔다. 이 시기의 우리 정부, 정치적으로야 분명 자주독립을 견지했지만 경제적인 대일 의존도가 높아짐에 따라 기업가들은 물론 일반 국민의 정신까지도 대일 의존으로 기울게 되었다. 물론 "동족을 해치고라도 권력에 빌붙어서 나만 잘 살면 된다"는 일제 강점기의 풍조 그대로가 되살아난 것은 아니었지만, 일제하에서 빼앗긴 나라, 되찾지 않고라도 우리 모두가 잘 살 수 있다고 믿었던 풍조에 버금가는 "분리된 민족, 평화통일 않고라도 우리 모두가 잘 살 수 있다"고 믿는 풍조가 사회 안에 일기 시작한 것은 사실이었다.

뭇사람의 눈에는 보이느니 돈뿐이었던지라, 사람이 사람으로 제대로 보이지 않게 되자, 이 시기의 학교 사회라고 별수 없었다. 학생도 선생도 사람인데 서로 돈타령이 일과이다시피 되었다. 이 시기의 초·중등학교들이 입시 준비의 지옥을 이루었던 것도 그 속을 자세히 들여다보면 '돈벌이' 아귀다툼이었다. 세상은 이미 관계 당국이 과하는 시험에 점수를 잘 따야 출세해서 돈을 잘 벌도록 되어 있었던 것이다.

민족이야 남·북으로 분단된 채 대결로만 치닫건 말건, 국토야 산업공해로 오염되건 말건, 농민·근로자들이야 저곡가·저임금 시책으로 생계에 허덕이건 말건, 정부는 나라가 부강만 해지면 그만이었고, 학교는 학생들이 시험 점수만 잘 따면 그만이었다. 시험에 나지 않을 것은 아예 들으려고도 않는 학생들인데, 선생들도 시험에 나올 것만 가르쳤다. 시험에는 부富와 강强이, 다시 말해서 돈과 힘에 관계되는 것이 출제되면 되었지, '사

람 섬기기'나 '이웃 사랑', 더군다나 '평화'나 '겨레 사랑'은 출제되지 않았
다. 이래서 이 시기의 사람들은 어른들만이 아니라 어린 학생들까지 사람
대신 돈과 힘을 섬기며 살게 되었다. 아니, 약하고 가난하면 같은 반 친구
도 이용하고 쓰러뜨리면서까지 돈과 힘을 섬기며 살아가게 되었다.

사람은 누구나 나날을 어떻게 살아가느냐에 따라 그 정도만큼 다른 사
람이 되기(교육되기) 마련인데, 이 시기의 사람들은 어린 학생들까지 돈과
힘의 노예가 되어 갔다. 노예도 사람은 사람이니 그 양성도 교육이란다
면, 그 시기의 교육 이념은 바로 '돈과 힘의 노예'였다고나 할까.

7. 국민교육헌장과 유신체제하의 교육

정치적으로는 유신헌법이 선포된 1973년 말부터가 유신시대를 이루는
것이 분명하지만, 교육 면에서 보면 그보다 4년 전인 1968년 12월 5일, '국
민교육헌장'이 공포되고부터가 유신시대를 이룬다. 그것은 유신시대를 시
작하고 지키고, 끝내는 박정희 대통령 자신이 유신 첫해인 1973년 10월
유신의 정신이 국민교육헌장의 이념과 그 기조를 같이하는 것임을 누차
분명히 했던 것으로도 알 수 있다. 장기 집권을 위해서는 헌법의 수술보
다도 교육 체제의 수술을 앞세웠던 것을 보면, 박 대통령은 제1공화국의
붕괴를 3·15 부정선거에서 그 직접적인 원인을 찾지 않고, 자유당 정권의
교육 체제 미비에서 찾았던 것이 아닌가 싶다. 하여간에 박 대통령은 유
신헌법을 만들어 통일주체국민회의를 구성하고, 그 대의원 대회에서 거의
만장일치로 6년 임기의 대통령으로 당선되기 4년 전인 이미 국민교육헌
장을 개정해 놓고는, 문교부로 하여금 곧바로 장기 종합 교육 계획에 착
수, 70년 말에 완성토록 했던 바, 그 계획의 바탕이 된 것은 바로 이 국민
교육헌장이었다. 문교부는 이 장기 종합 교육 계획에 따라 곧바로 각 급

학교교육과정 개편에 착수하였고, 그리하여 교육 면에서의 유신체제는 유신헌법이 제정되기 전 4년 동안에 거의 완성되었던 것이다.

이제는 유신체제하의 각 급 학교의 교육 실태를 돌이켜 보자. 처음에는 국민교육헌장 외우기가 초·중등학교를 휩쓸더니, 얼마 안 가서 충효 교육의 태풍으로 바뀐 것이었다. 그도 그럴 것이 '충'도 '효'도 국민교육헌장에는 없었던 것이지만, 그렇다고 인권이나 사회정의가 들어 있었던 것도 아니어서, 교육헌장 속의 모든 덕목을 강력히 밀고 나가다 보면 곧바로 충과 효가 도사리고 있는 지점에 도달하게 되었다. 그것은 국민교육헌장에 터한 교육의 당연한 논리적 귀결이었다. 교육법을 까마득히 능가하는 권위를 국민교육헌장에 부여했던 박 대통령이었고, 그렇기 때문에 이 헌장이 공포되고부터, 특히 초·중등 교육은 일제하 교육의 으뜸가는 특성인 '교육칙어' 중심의 교육을 방불케 했던 것이 아닌가 한다. 일본 제국주의는 1880년 명치유신 이후 1945년까지 무려 65년간을 존속했던 것인데, 그 비법 중 으뜸갔던 것이 이 '교육칙어' 중심의 교육 체제였다. 서양의 선진 공업기술을 과감히 도입해서 후진국 일본을 근대화하되, 국민들의 정신만은 유교의 봉건도덕으로 묶어 두자는 데서 제정되었던 것이 이 '교육칙어'였던 것이다.

그런데 그 '교육칙어'란 충효 중심 교육과 다름없었다. 물론 박 대통령은 우리의 10월유신이 일제의 명치유신과는 무관하다는 것을 밝힌 바 있었고, 더군다나 우리의 국민교육헌장은 충효가 그 속에 없거늘, 일제의 '교육칙어'와는 동일하지 않다. 그러나 공화당 정권하에서 한·일 국교가 재개되고 일본의 선진 공업기술을 과감히 도입해서 우리나라의 근대화를 강력히 추진했던 점이나, 유신체제로 들어서자 충효 교육의 태풍을 일으키면서 충효가 들어 있지 않은 국민교육헌장의 폐기는커녕 도리어 더욱 그것 중심의 교육을 강화했던 점이나, 결과적으로는 양자가 서로 비슷한 것이 되고 만 셈이 아닌가 한다. 교육을 집권 연장의 도구로 이용해, 그

끝의 이득으로서의 집권한 햇수로 보아서는 일제의 65년간에 비해서, 우리의 경우 20년도 못 되었으니까 그 점이 크게 달랐었다고나 할는지 모르겠다.

1972년 11월 21일 유신헌법이 국민투표로 확정되었고, 그 한 달 후인 12월 27일 제4공화국의 대통령 취임이 있었으니, 한국의 새 시대는 그야말로 엄동설한에 열렸던 것이지만, 이로부터 모든 국민은 봄여름 없이 얼어서 살아야 했다. 학교도 가정도 직장도, 아니 거리까지 얼음판이었다. 몸은 물론 마음까지 얼어붙은 삶인데 어디에 참교육이 있었을까? 서로 마음속을 보여 주지 않는 편이라 아무도 그 마음을 교육할 수 없었다. 어디에도 순종하는 행동이야 많았지만, 그것마저 명령이 없어지는 순간부터 안 할 작정임이 뻔했다.

삶이 사람을 만드는 법인데 학교에서의 삶은 유신헌법이 공포된 연말부터가 아니라 그해 춘삼월부터 얼어붙었다. 3월 24일 대구에서 전국교육자대회가 열리고 대통령이 직접 나가서 '국적 있는 교육'을 명령했던 것이다. 글자풀이로야 유신이 그러하듯, 국적 있는 교육도 천만 번 옳았다. 문제는 대한민국에서 민주교육을 하는 것이 '국적 없는 교육'이냐였다. 문제는 충효 중심 교육은 당시 집권당이던 공화당, 그 '당적黨籍 있는 교육'이 아니냐였다. 하여간에 그날 대회를 분기로 대통령이 국적 있는 교육을 명령한 셈이었다. 대회의 예행연습에서 대학 총장들에게까지 박수치는 연습을, 그것도 문교부 장관 주관으로 시켰을 정도였다.

1973년에는 새마을 교육의 추진과 함께, 2월 14일에는 초등학교의, 8월 31일에는 중학교의 교육과정이 개정·공포되었다. 농촌 진흥 운동의 깃발 아래 청소년 학생들이 학교 부근의 논밭으로 동원되었던 일제 말기가 있었다. 그때의 학생들이 이제는 교장이 되고 장학관이 된 셈이었다. 시집살이 당한 시어머니가 며느리 시집살이 시키듯, 교육에서의 일제 잔재는 고루 되살려졌다. 1974년에는 고등학교 학군별 추첨 진학제가 서울과 부산에서 시작되더니, 그 이듬해에는 대구, 인천, 광주로 확대됨으로써 중·고등학교의 입학시험은 일단 폐지된 셈이었다. 그러나 대학을 향한 진학 지옥은 지난날의 중·고 입시가 있었을 때 이상으로 깊어만 갔다. 콩나물시루에 물 퍼붓듯, 학교에서 교과서야 어김없이 가르쳐 댔지만 알아듣고 배우는 학생들은 언제나 소수였다. 이래서 극성을 부리게 된 과외공부요, 사설 학원 인구의 폭발이었다.

대학 입시 문제는 예부터 교과서에만 출제토록 해 온 터에 학생들은 학원에서도 시루 속의 콩나물이었다. 퍼부어 대는 시험문제 정답만 머리에 둘러쓰게 되었다. 학교도 학원도 더 다니면 다닐수록 학생의 눈에 보이는 것이라곤 시험 점수뿐, 친구도 사람도 나라도 겨레도 도무지 보이지 않는 그런 사람이 되어 갔다. 한마디로 받을수록 사람다워지는 그런 교육이 아니었던 것이다.

1974년에 접어들면서 학교는 물론, 온 사회가 온통 달라졌다. 유신헌법 수호를 위한 대통령 긴급조치가 벼락처럼 선포되었다. 아무리 사소한 위반에도 1년 이상의 징역과 자격정지에 처하도록 되어 있었으니, 말하자면 유신체제의 신성불가침 선언이었다. 저 악명 높은 일제 때 천황체제하에서도 일제 헌법의 신성불가침을 거부했던 우리 겨레가 아니었던가. 유신체제를 거부하는 민주화 운동이 대학가를 비롯하여 노동계, 종교계, 학계, 문학계, 언론계, 법조계, 정치계 등, 처음에는 개별적으로 벌어지더니 나중에는 각계가 제휴하게 되었다. 학원이나 직장에서 무수히 내쫓기고도 투옥까지 당했건만, 민주화 운동은 도리어 민족통일 운동으로까지 확산될 뿐이었다.

드디어 1979년 10월은 왔고, 그달 12일에는 부산에서 13일에는 마산에서 중대 사태가 벌어지더니 26일로 유신체제는 주인을 잃게 되었다. 유신체제하의 삶, 그것은 사람이 사람의 권리를 누릴 수 있는 것이 아니었다. 사람답게 살자면 말할 수 없는 고난을 각오해야 했다. 그런데 사람답게 산 사람들이 적지 않았고, 이들 이름이야 스승이 아닌 대학생이요, 근로자요, 종교인이요, 시인·작가·언론인·변호사였지만, 본인들의 사람다운 삶으로 겨레를 교육했던 것이다. 이들이야말로 '진실되게 살기'를 배우려는 뭇사람의 스승이었다. 장소야 분명 학교 교실이 아니었지만, 그들은 인간다운 삶을 배울 수 있는 곳이면 어디에도 찾아가 교실로 삼았다. 당시를 산 사람들만이 아니었다. 그들에게는 역사 속의 참사람들이야말로 마음속에 모신 스승이었다. 한마디로 학교 말고는 어디에나 참교육이 영위되고 있었다.[9]

8. 맺는말

이상에서 민족이 분단된 후부터 유신체제가 끝날 때까지의 우리나라 교육의 변천 과정을 돌이켜 보고, 그 밑바탕이 되어 온 교육 이념을 살펴보았다. 군정기나 민정기를 막론하고, 교육 현실과는 상관없이 논의된 교육 이념들이 적지 않게 있었지만, 여기에서는 논하지 않았다. 이와는 달리, 겉으로 논의는 되지 않았지만 실지로 교육을 추진해 온 이념만을 대충 살펴본 것이었다. 유신체제가 끝난 것은 1979년이니까 민족이 분단된 후 34년의 세월이 흐른 셈인데, 그동안 교육 변천을 훑어보면서, 필자는 알게 모르게 자꾸만 분단 전 36년 동안의 일제하 교육을 머리에 떠올리게 되었다.

1945년 미·소에 의한 민족의 분단, 그것은 옛날 일제에 의한 민족의 수난에 못지않은 비극이었다. 분단 후 15년이 되는 1960년에 있었던 민주혁명, 그것은 물론 남한에 국한된 일이었지만, 그 옛날의 3·1 독립운동에

---

9. 성래운, 「참다운 교사는 역사 속의 참사람들」, 『실천문학』 제3권(1982), pp. 303~305.

못지않은 민족운동이었다. 3·1운동이 식민 체제의 극복을 위한 것이었다면, 4·19는 그 당장에야 독재에 대한 항거였지만 좀 더 길게 보면 분단 체제의 극복을 위한 것이었다. 4·19가 무너뜨린 자유당 정권 이상으로 민족의 평화통일을 외면하기란 필자로서는 상상하기조차 어렵다.

그런데 독불장군이라는 말도 있듯이, 자유당 정권도 이렇다 할 추종 세력도 없이 10여 년이나 집권했던 것은 아니다. 일제하에서는 친일로 민족을 반역했던 이들이 분단 후에는 미군정에 빌붙더니, 우리 정부가 세워진 후로는 곧바로 이승만 정권의 앞잡이가 되어 일제하에서나 다름없는 일신의 영화를 누렸던 것이다. 이때부터, 일제 때와 다름없는 정의가 없는 사회, 정기 없는 민족이 되었던 것이고, 사람들의 눈에는 사람 아닌 권력과 금력만 보이게 되었던 것이다. 그리고 힘과 돈을 얻기 위해서는 이웃도 동족도 서슴없이 해치는 풍조가 사회에 일게 되었고, 일제하에서 나라의 독립을 외면했듯, 분단된 민족을 두고 평화통일을 외면하는 풍조까지 생겼던 것이다. 그러나 사회정의와 민족정기 없이 약육강식이 판을 치는 사회에서는, 일제하에서와 마찬가지로 누구도 사람답게 살 수 없는 노릇이었다. 이래서 일제하의 3·1운동처럼, 분단하의 1960년에 있었던 것이 4·19 민주혁명이 아니었던가 생각되는 것이다.

4·19에서 10·26까지의 민족사를 두고도 필자에게는 일제하 3·1운동에서 일제가 패망하기까지의 시기가 연상되는 것을 막을 수 없다. 일제하에서 잘 살았던 이들, 그때 그들의 주장은 한결같이 우리가 식민지 백성으로 있고도, 아니 우리가 침략국 일본 사람이 되어야 도리어 잘 살 수 있노라는 것이었다. 그런데 분단하에서 잘 살게 된 이들, 그 수효도 일제하에서처럼 극소수였고, 그 구성에서도 일제하 친일파들이 주류를 이루었지만, 이번에는 이들이 한결같이 민족을 분단인 채 두고도 부강한 나라를 이루어 국민 모두가 잘 살 수 있노라는 주장을 폈던 것이다. 1960년 4·19 이후부터 1979년 10·26까지의 짧고도 긴 세월이라야, 이러한 생각

에 우리 국민의 저항으로 메꾸어졌던 것이다. 마치 그 옛날, 3·1운동 후 8·15까지의 일제하에서처럼, 이번에도 민족의식을 바탕으로 학생들이 시작한 민주화 운동이 사회의 각계각층에 확산되더니, 마침내는 민족의 평화통일 운동으로까지 이어졌던 것이다.

교육의 역사라야 민족사의 일부에 지나지 않았다. 민족의 분단이 미·소에 의해 강요되었듯이, 미군정하 남한에서의 교육도 분단에의 순응을 강요당했던 것이다. 미군정은 8·15 전에 친일로 식민 체제에 순응했던 이들을 교육계에 등용해서 반공 교육을 강화했던 것인데 이는 결코 우연한 일이 아니었던 것 같다. 미군정은 미국의 이익을 수호하기 위해서 당시의 우리 교육을 일부러 분단 순응에로 이끌었던 것이다. 그리고 미군정은 분단 극복을 염원하는 민족주의 세력을 거세시키면서 단독정부 수립에 산파역을 맡았던 것이다. 그리하여 민족의 분단시대는 대한민국을 수립한 후에도 끊기지 않았던 것이다.

제1공화국의 교육정책이 반공 교육을 강화했던 것도, 겉으로는 방일 교육을 내세우면서 속으로는 일제의 교육 잔재를 되살렸던 것도 모두가 미군정하 분단 순응 체제의 계승으로 볼 수 있다. 일제하 총독부 시학이란, 교육계의 감시자로서 민족주의자와 더불어 공산주의자를 색출 처단하는 것을 임무로 삼았던 것인데, 대한민국이 수립되고도 이들을 교육계 요직에까지 등용했던 것을 보면, 미군정하에서 교육 이념으로 채택되었던 홍익인간을 대한민국 교육법 제1조에 그대로 옮겨 놓은 것이라든가, 미군정 당국이 표방했던 민주·민족 교육을 대한민국 문교부의 일관된 시책으로 삼았던 진의를 알 만한 것이다. 그것은 한마디로 교육 현장과는 무관한 헛된 구호였다. 학교 현장은 홍익권력의 장이었고, 가난하고 공부 못하는 다수 학생들은 사람도 아닌 취급을 받고 있었다. 학교에 실재했던 것이, 민주·민족 교육은 고사하고 교육도 아닌 것이었다면 그 이념을 따져서 무슨 소용이 있으랴. 제1공화국하에서 의무교육 취학률이나 상급 학교 진학률이 급격하게 향상되었던 것만은 엄연한 사실이다. 그러나 교육의 기회 균등이라는 이념은 학교가 학생들을 사람다워지게 하는 능력을 지녔을 경우에만 적용될 수 있다는 것이 필자의 생각이다. 그런데 제1공화국 정부는 정책적으로 그런 교육을 의도하지도 않았고, 학교들이라야 하나같이 정치에 예속되었던 터에, 외형적인 학생 인구의 급증이 교육의 기회 균등이라는 이념에 결부될 수는 없는 것이다.

제2공화국이라야 집권 기간도 짧았고, 따라서 교육이나 그 이념을 논할 여지도 없다. 제3공화국에 들어서서야 본격적으로 제1공화국을 계승해서 그 노선을 심히 발전시켰던 바, 교육 면에서는 일제 잔재를 거의 완벽하게 재현시키게 되었던 것이다. 그것이 1968년 말의 교육헌장 선포였고, 그것을 바탕으로 유신교육 체제, 즉 충효 중심 교육의 완성을 보게 된 것이다.

그러나 분단시대에 실재했던 교육은 집권 세력이 의도했던 대로 되었던 것은 물론 아니었다. 그것은 마치 일제 강점기에 식민 체제에의 순응을 거부했듯이, 분단시대에서도 분단 체제에의 거부는 교육계에서 줄기차게 이어졌던 것이다. 학생들이 주도한 4·19 민주혁명도 그 속을 들여다보면 민족 분단의 평화적 극복을 지향했던 교원들의 희생적 뒷받침이 적지 않았고, 제3공화국에 이르러서는 교육계 이외에서도 4·19 정신이, 민족사적 정통성이 활발하게 논의되더니, 1972년 7월 4일 민족의 자주적 평화통일을 다짐한 남북공동성명이 발표되면서 온 민족이 타고난 양심을 되찾는 것 같았다.

그러나 남도 북도, 정치권력은 더욱더 분단 체제를 굳히는 결과가 되고 말았다. 교육은 전보다 더욱 정치에 예속하게 되었고, 제4공화국에 접어들면서는 각계각층에 민주화 운동이 전개되더니 급기야는 민족의 평화통일 운동으로까지 확산되었다. 교육계는 물론 모든 분야에까지 당국의 의도와는 다른, 아니 당국을 등진 이른바 반체제 운동의 확산을 보게 되었고, 그것 그대로가 스스로나 남을 교육하는 위력을 발휘하게 되었던 것이다. 나라의 민주화와 민족주의 평화통일을 놓고 무엇이 먼저고 나중이냐에 대한 논란은 계속되었지만, 민족 분단에의 순응을 거부하고 그 극복을 다짐하는 삶은 학교에는 물론 그 밖의 어디에도 있었다. 그 삶이 스스로는 물론 남들도 교육했던 것이며, 마침내 1979년 부산·마산 사태가 나더니 10·26사태로, 명치유신을 방불케 했던 유신체제는 끝나게 되었던 것이다.

분단시대 교육 이념의 변천 과정이라야, 교육계에서 일제 잔재를 되살려 동·서 간의 세계적 냉전 논리에 입각한 민족 분단에의 순응을 강요했던 집권층과, 교육에서 일제 잔재를 청산하고 민족 분단의 자주적·평화적 통일을 지향했던 국민들과의 대립의 발자취와 다름없다. 8·15에서 10·26까지 34년간에 걸친 교육 이념에서의 이러한 대립은 온통 미결인 채로 80년대로 넘겨지고 말았다.

1970년대의 교육 현장

1. 1970년대가 물려받은 교육정책

1970년대의 교육이라고 할 때, 그것은 60년대에 이어지는 다음 교육인 것이다. 마찬가지로 60년대 교육은 그 이전 것을 물려받아 영위된 교육이다. 그것은 이 20년간의 교육에 변화가 없었다는 말은 물론 아니다. 변화의 양으로야 엄청나게 컸지만, 그 질로 보아서는 도무지 아무런 차이도 찾을 수가 없다. 이 점에서는 50년대의 교육도 40년대와 다를 바가 없는 것이다. 40년대라면 전반은 일제 말기인데, 후반인 해방이 되어서의 교육도 일제 말기의 그것과 변화가 없었다는 말인가라고 되묻는다면, 그저 그렇다고 말할 수밖에 없다는 것이 필자의 생각이다. 그렇다면 일제 강점기의 교육에도 조선왕조적 교육과 질적인 차이가 없었다는 말인가 거듭 묻는다면, 그 또한 그렇다고 말할 수밖에 없다. 그러니 70년대가 물려받은 교육 유산을 챙겨 보기 위해서 일제 강점기의 교육이 조선왕조 시대의 그것과 어떻게 한 줄기를 이루고 있나부터 보기로 한다.

우선 교육의 여러 부면 중에서도 정책부터 살펴본다. 다시 말하면 정치권력이 추진한 교육 체제부터 살펴본다. 그리고 그 정책의 핵심을 이루고 있는 교육 이념을 본다. 널리 알려진 바와 같이 일제하 교육의 이념은 이른바 '교육칙어教育勅語'에 집약되어 있다. 말하자면 일본 천황의 말씀이라 하여 신성한 것으로 추어올려 놓고는. 온갖 교육 활동을 그에 따르도록 요구했다. 일제 강점기에 학교를 다녀 본 이라면 누구나 일제 당국에 의한 그 요구가 얼마나 혹독한 것이었나 하는 점을 잊으려야 잊을 수가 없을 것이다.

그런데 그 '교육칙어'란, 일본이 천황 중심의 국가로 변질된 지 10년 후인 1890년 10월에 발표된 것으로서, 이른바 명치유신체제의 주창자였던 이토伊藤博文 및 이노우에井上毅와 모도다元田永孚라는 유학자의 공동작이었다. 일본의 명치유신체제란, 지금의 입헌군주제와는 달리 천황이 정치권력과 밀착되어 있을 뿐만 아니라, 나라를 직접 통치했다는 점에서는 오히려 독일의 카이저나 러시아의 차르 체제와 비교되어야 할 것이다. 그러면서도 명치 천황은 종교윤리의 영역에서는 '살아 있는 신現人神'이 되기도 하고, 인간 정서의 세계에서는 만백성의 어진 아버지가 되기도 했다. 결국 명치유신체제란, 최고 권력자, 살아 있는 신, 만백성의 어진 아버지라는 천황의 세 가지 이질적인 원리를 바탕으로 세워졌던 까닭에 10년이라는 세월을 두고도 민심은 떨어져만 갔었고, 그래서 에노모도榎本式揚라는 문교상으로 하여금 제의케 한 것이 '덕육德育의 기본 확립'이었으며, 그 끝에 제정된 것이 바로 그 '교육칙어'였다. 다시 말하면 모순덩어리인 명치유신체제를 더욱 유지하려는 정치적 의도에서 교육을 철두철미 그 수단으로 삼은 결과 탄생한 것, 그것이 바로 '교육칙어'인 것이다.

생각하면, 교육을 정치적 도구로 삼았던 정치권력으로야 일제 강점기 전으로는 조선왕조만 한 것이 없고, 해방 후로는 70년대, 그중에서도 유신체제하의 제4공화국만 한 것도 없다. 조선왕조는 고려왕조의 불교를 버리고 유교 도덕을 국가 교육의 기본 이념으로 삼았을 적에, 그중에서도 송나라의 성리학을 택해서 교육에서의 국시로까지 치켜세웠던 것인데, 일본 명치유신하에서의 '교육칙어'가 바로 유교 덕목의 나열인 데다가, 그것을 작성한 모도다 자신이 우리의 유학자인 이퇴계를 숭상하던 성리학자였다. 한마디로 조선왕조도 일본제국도 유교의 충효사상 보급으로 스스로의 권력을 오래도록 유지하려 했던 것이다. 유교의 여러 갈래 중에서도 송나라의 성리학을 택한 것은, 그것이야말로 변혁 내지는 혁명을 죄악시함에 있어 으뜸가기 때문이었다.

그렇다면 해방 후 교육정책은 어떠했던가? 2년 남짓한 동안의 미군정 하에서도, 그리고 건국 후에도 교육의 정치적 도구로 마구 쓰였다. 방일 교육을 반공 교육과 함께 교육 국시로까지 내걸었던 제1공화국이라고는 하지만, 교육의 체제 자체는 오히려 일제의 그것을 되살리고 만 셈이었다. 유교 숭상의 유시를 내리는가 하면 학도호국단을 결성해서 교육의 획일화 내지 어용화에 박차를 가했다. 제2공화국이라야 교육의 자주성과 정치적 중립성을 보장하는 데까지는 이르지 못한 채 무너졌다. 제3공화국에 이르러서는 100년 전 일본의 근대화 운동을 방불케 하는 경제개발계획의 추진과 함께 교육의 정치적 도구화 내지 어용화가 날로 강화되더니, 1968년 12월 5일에 이르러서는 국민교육헌장의 선포를 보게 되었던 것이다. 충효가 일제의 '교육칙어'에는 들어 있지만, 이 교육헌장에는 없는 것이 사실이다. 그러나 이 헌장을 제정한 제3공화국은 70년대에 들어서면서부터 충효를 주요 교육지표로, 1972년 10월유신 끝에 세워졌던 제4공화국에 이르러서는 으뜸가는 교육지표로 삼게 되었던 것이다.

2. 1970년대의 학교 현장

교육정책의 원천이야 단 하나 국가권력이지만, 교육 현장은 학교만이 아니다. 의식적으로 가르치는 곳으로야 학교가 제일이지만 어렸을 적에 사람됨을 배우는 곳으로야 가정이 으뜸이다. 식구들, 그중에서도 어머니라는 선생님에게서 가장 많은 영향을 받기 마련이다. 뿐만 아니라 좀 더 자라나면 이웃과 마을, 어른이 되고는 사회 자체가, 나아가서는 역사까지도 학교 못지않은 학습 현장이다. 선생은 학교 선생님만이 아니고 따라서 사회도 교육 현장이다. 그렇다면 70년대가 물려받은 교육 현장은 과연 어떤 것이었던가?

바로 한 해 전인 1969년의 교육 현장, 학교부터 살펴본다. 농촌 마을의 학교는 가난한 집 아이들만이, 실의에 찬 선생과 더불어 학습과는 동떨어진 노동을 그나마 무보수로 하고 있는 경우조차 적지 않았는가 하면, 도시의 초등학생이라야 교실 속의 사람 아닌 시루 속의 콩나물로 다루어졌다. 어느 농촌 마을에서도 한 달에 대여섯 말의 쌀만 댈 수 있는 농가라면, 그 아들을 도시에 하숙이라도 시켜서 유학시키는 풍조가 거세게 일었다. 아니 여러 해 전부터 일기 시작했던 이 꼬마들의 도시 유학 풍조가 한 해 전에 와서는 돌풍으로 바뀐 것이었다.

그러니까 1968년이다. 서울에서 맨 먼저 중학교의 무시험 추첨 진학제가 실시되었고, 그다음 해에 와서는 10개 도시에 확대 실시되었다. 추첨 진학이니 중학교들을 평준화해야 했고, 그래서 의무교육 재정을 그리고 돌려쓰는 바람에, 그것도 서울을 비롯하여 도시의 중학교로 돌려썼던 까닭에 도시의 초등학교들은 그야말로 아이들의 밀집 수용소로 전락해 버렸다. 도시의 초등학교에 다니고 있어야만 좋은 고등학교와 좋은 대학에로의 진학을 바라볼 수 있는 도시 중학교의 진학 추첨권을 얻기 때문에, 꼬마들의 도시 이동 풍조는 노도와 같이 밀어닥쳤던 것이다. 그야말로 학교에 교육은 없고 날마다 아이들 수라장만 있었다. 수라장인데 아이들에게는 해로운 학교일 수밖에 없었다. 딱한 것은 선생들도 매일반이었다. 국민교육헌장을 따라 말 잘 듣는 사람이 되라고야 매시간 목이 쉬도록 외쳤지만, 아이들은 만고불변의 교육 원리대로 수용소 수라장의 삶을 따라 그런 사람이 되어 갔던 것이다.

중·고등학교의 현장은 어떠했던가? 한마디로 일류 대학 진학을 위한 점수 따기가 도시 학교생활의 전부이었다. 학생 자신들만이 그랬던 것이 아니라 선생도 부모의 그러한 삶에 가세할 수밖에 없었다. 해방 후부터, 아니 일제 강점기에도, 더 거슬러 올라가면 조선왕조 적부터 국가고시에 합격하고야 부귀영화를 누려 왔는데, 그 국가고시가 조선왕조 적에는 과거요, 일제 강점기 때는 고등고시요, 지금에 와서는 그 처음이 대학 입시인데, 학생이 안 그러면 선생도 부모도 점수 따기 삶을 강요라도 할 판이었다. 돌이켜 보면, 과거에 급제한 탐관오리들, 고등고시 출신의 친일파 민족 반역자들, 대학 출신의 고등 사기범들이 당대만이 아니라 후손들에게까지 영화를 물려주며 살아왔는데, 제 학생, 제 자녀에게 점수 따기 아닌 올바른 삶을 가르치기란 여간 어려운 일이 아니었던 것이다. 말하자면, 민족의 정기正氣 아닌 사기邪氣 서린 민족 생활사가 이제는 학교 선생도 학부모도 학생들에게 물불 가리지 않고 제 점수만 따는 삶을 강요하게 되었다고나 할까. 넉넉한 가정에 태어나 좋은 뒷바라지 속에서 공부 잘하는 학생들에게 더욱 그랬다. 그러나 공부를 못해서 대학 진학을 단념한 수많은 학생들은 그나마 점수 따기조차 포기한 채, 갔다 오라니까 몸만 학교를 왕래하는 판이라, 이들에 있어 학교는 건달을 길러 내는 곳이 되어 버렸다.

　70년대가 물려받은 교육 현장, 1969년의 대학은 어떠했었나? 교련(군사훈련)을 받으라는 정부 당국과 못 받겠다는 대학생들 간의 시비가 그치지 아니한 한 해였다. 대학생의 교육문제인데 대학이 가로맡아 해결 짓는 것이 상식이련만 대학에는 그럴 의사나 능력이 없어진 지 오래였던 것이다. 5·16 군사정부 때 뭇 대학이 온갖 시련을 겪으면서부터는 보신상으로라도 강의는 하되 정부의 비위를 거스르는 내용은 기피하기로 한 것이다. 이때부터였다. 대학생들에게 진실로 대해 주는 스승이 없이 된 것은. 대학 당국이야 그저 정부의 지시에만 따를 뿐, 입을 열어 진실이 무엇인가를 말하지 않는지라, 대학생들은 교수를 사이비로 멸시까지 하는 경향조차 적지 않았다. 멸시하는 대상에게 배우는 사람이라고는 없는 법이다. 한마디로 대학의 어용화는 그로부터 참다운 교육이 사라지게 했던 셈이다. 대학 안에 고시 준비로 밤새우는 이들이야 예나 다름이 없었지만, 그보다는 젊어서 놀자는 이들이 급증했던 것이다.

3. 1970년대의 가정과 사회생활

60년대 말이라고 하면 이른바 핵가족제가 제법 뿌리를 내려 가정이 부부 중심으로 되어 갔다. 남녀 차별이야 여전했지만 여자들의 일자리도 꽤나 생겨서 맞벌이 부부도 흔하게 볼 수 있었다. 이제는 아기를 낳아서 키우는 것이 짐스럽게 느껴졌던 것이다. 부부의 쾌락에도 지장이 되고 가정의 경제에도 부담으로 느껴졌다. 이러한 형편에 정부는 가족계획의 이름으로 아들 딸 구별 말고 둘만 낳도록 외쳐 댔던 바람에 가정의 자녀관은 급변하였다. 젊은 부부일수록 자녀를 자기들로부터 향락과 돈을 가져가는 존재로 보게 된 것이었다. 사람이란 누구나 저 먹을 것 타고난다는 믿음, 자녀의 존재는 부부간의 사랑을 심화 내지는 증대시킨다는 기대 등이 희박해졌다. 이제는 배 안 아기에 대해 태교는 고사하고 유산시키는 일이 흔하게 되었고, 갓난아기에게 모유를 두고도 우유를 대어 주었던 것이다. 아기가 부모와의 이해타산 속에서 자라면, 그 정도만큼 그도 다른 사람들을 이용가치로 헤아리는 사람으로 되어 갈 수밖에 없는 것이고, 그것이 심해지면 제 이익이 되기만 하면 사람도 해칠 수도, 약육강식하는 짐승을 닮을 수도 있는 것이 아닐까. 한마디로 가정은 그 속에서 살아서 착한 사람이 될 곳이 아닌 방향으로 변질되어 갔다.

가정이 이럴진대 사회도 별수 없었다. 축재에만 혈안이 되어 이제는 하늘이 두려운 줄도, 사람이 존귀한 줄도 까맣게 잊은 채로 약육강식도 서슴없는 터였다. 5·16군사정부 전에 이미 혁명입법으로 농촌 고리채의 정리를 시도했을 정도로 가난했던 농어촌, 그 후의 10년간도 일해서 살 수가 없는 통에 도시로 떼 지어 떠난 농촌 사람들, 생계비의 가득은 고사하고 이제는 몸까지 병드는 경우조차 허다해진 터였다. 그사이에 나라의 경제 발전이야 겉으로는 이룩됐지만 가난한 사람들은 더욱 가난해졌을 뿐만 아니라, 공해로 자손들에게 물려줄 강산과 바다까지 오염되기에 이르렀다. 돈더미는 사회의 여기저기에 쌓여 갔지만, 사람들의 마음은 가난하다 못해 바닥이 드러난 셈이었다. 70년대가 물려받은 사회생활, 약육강식과 자연오염, 그것은 결코 도덕적인 것이 못되었다. 그 속에서 사노라면 사람다워질 수 없는, 반교육적인 삶이었다.

4. 맺는말

저임금으로도 불평하지 않고 일 잘하는 산업 역군의 대량 양성에 주안점을 둔 장기 종합 교육 계획의 시안이 공포된 것이 1970년 4월 1일이었고, 6월의 수정안을 거쳐 완성을 보게 된 것은 그해 12월이었다. 이보다 2년 전에 있었던 국민교육헌장의 제정으로 이미 나라의 주인으로서의 자질보다는 나라의 일꾼으로서의 자질을 더 중시해 온 터이지만, 이 장기 종합 교육 계획의 수립은 그러한 이념의 구현을 체계화한 셈이었다. 서울부터 실시했던 중학교 무시험 추첨 진학제가 이 해에는 10대 도시로 확대되었고, 대학생에게만 실시했던 군사훈련이 고등학생에게까지 확대된 것도 바로 이 해였다.

앞서 말한 바도 있지만, 의무교육 재정을 중학교 평준화에 돌려썼기 때문에 초등학교 교실 증축은 적은 데다가, 도시에만 있는 우수 중고교로의 진학을 위한 농촌 아이들의 도시 유학 물결이 거세게 일었다. 이제 도시의 학생들은 학생 하나하나 존귀하게 여겨 교육할 처지에 있지 않았다. 비슷한 여럿을 묶어서 하나로 거칠게 다룰 수밖에 없었다. 취학률이야 급상승했지만 학생들은 인간성을 잃어 갔다. 학교에서 자기가 받은 대접대로 남들을 대할 수밖에 없었다. 강하면 그에게 따르고, 약하면 그를 누르고 하는 저질의 삶 속에서 학생들은 저질의 사람으로 되어 갔다.

1971년에는 중학교 무시험 진학제가 농어촌에까지 실시되어 전국에 미쳤지만, 도시와의 중학교 격차는 도리어 크게 벌어지고 말았다. 서울·부산 등 대도시 중학교들, 시내 학교끼리야 꽤나 평준화되었지만 면소재지 중학교들과 비교하면 똑같은 종류의 학교로 볼 수 없을 정도로 격차가 벌어졌다. 교육 투자가 도시 우선, 도시 위주였기 때문이다. 시골 중학생들은 이제 대학 진학으로 통하는 고등학교로의 진학이 실질적으로 막혀 버렸다. 다니는 학교 마치고 곧바로, 아니면 실업계 고등학교를 거친 다음에 도시로 일자리를 찾아 농촌을 떠났던 것이다. 말하자면 저임금 산업 역군이 대량으로 배출된 것이다.

이 해의 교육을 말함에 있어서 빠뜨릴 수 없는 큰 사건은 대학가에서의 교련 반대 시위이다. 5월 27일에 내려진 일부 대학의 휴업령은 10월 30일에 가서야 해제되었던 바, 이 시위로 제적된 학생만도 무려 175명이나 되었다. 교육하기 위해서 열었던 대학의 문을 닫았다면 그동안은 대학이기를 그만둔 셈이었고, 학생을 제적했다면 교수는 학생의 스승이기를 스스로 거부한 셈이었다. 그사이엔 학문의 전수도 인격의 함양도 없이, 학생들은 등록금을 냈고 교수는 봉급을 탔다. 물론 제적되지 않은 학생들에게는 학점 주어 진급의 자격까지 갖추어 주었지만, 교수·학생 할 것 없이 모두가 양심을 잃은 한 해였다.

70년대 이전이라고 정치적 대변동이 거듭되지 않았던 것은 아니었지만, 그리고 그럴 때마다 교육은 곧장 그것에 끌려다녔지만, 1972년은 특히 그런 한 해였다. 7월 4일에는 서울과 평양에서 남북공동성명이 발표되더니 10월 17일엔 비상계엄이 선포되었고, 그 열흘 후에는 유신헌법안이 비상 국무회의에서 의결되더니 11월 21월의 국민투표로 확정되었고, 12월 27일에는 그 공포와 함께 제8대 대통령이 취임했다. 한마디로 남북의 사이가 화해로 전환되는가 했더니 국내는 한층 더 얼어붙었다. 추운 겨울만이 아니고 사철 얼어서 살아야 하는 제4공화국이 출범했던 것이다.

교육 현장이라고 훈훈할 순 없었다. 학교도 가정도 직장도, 아니 거리까지가 얼음판이었다. 마음까지 얼어붙은 삶인데 어디에도 참교육은 없었다. 서로 마음속을 보여 주지 않는 판이라 아무도 그 마음을 교육할 수 없었다. 어디에도 순종하는 행동이야 많았지만 그것마저 명령이 없어지는 순간부터는 안 할 작정임이 뻔했다. 삶이 사람을 만드는 법인데 학교에서의 삶은 유신헌법이 공포된 연말부터가 아니라 그해 춘삼월부터 얼어붙었다. 3월 24일 대구에서 전국교육자대회가 열리고, 대통령이 직접 나가서 '국적 있는 교육'을 명령했던 것이다. 글자풀이로야 유신維新이 그러하듯 국적 있는 교육도 천만 번 옳았다. 문제는 대한민국에서 민주교육을 하는 것이 '국적 없는 교육'이냐였다. 문제는 충효 중심 교육은 당시의 집권당이던 공화당, 그 '당적 있는 교육'이 아니냐였다. 하여간에 그날 대회의 분위기로는 대통령이 국적 있는 교육을 명령한 셈이었다. 대회의 예행연습에서 대학 총장들에게까지 박수치는 연습을, 그것도 문교장관 주관으로 시켰을 정도였다.

1973년은 유신교육의 첫해인 바, 박 대통령에 의해서 "10월유신의 정신이 국민교육헌장의 이념과 그 기조를 같이하는 것"으로 밝혀졌고, 새마을 교육의 추진과 함께 2월 14일에는 초등학교의, 8월 31일에는 중학교의 교육과정이 개정·공포되었다. 농촌 진흥 운동의 깃발 아래 청소년 학생들이 학교 부근의 논밭으로 동원되었던 일제 말기가 있었다. 그때의 학생들이 이제는 교장이 되고 장학관이 된 것이었다. 시집살이 당한 시어머니가 며느리 시집살이 시키듯 교육에서의 일제 잔재는 되살려졌다.

1974년에는 고등학교 학군별 추첨 진학제가 서울과 부산에서 시작되더니, 그 이듬해에는 대구·인천·광주로 확대됨으로써 중·고등학교의 입학 시험은 일단 폐지된 셈이었다. 그러나 대학을 향한 진학 지옥은 지난날의 중·고 입시가 있었을 때 이상으로 깊어만 갔다. 학교에서는 콩나물시루에 물 퍼붓듯, 교과서야 어김없이 가르쳐 댔지만 알아듣고 배우는 학생들은 언제나 소수였다. 이래서 극성을 부리게 된 과외공부요, 사설 학원 인구의 폭발이었다. 대학 입시 문제는 예부터 교과서에서만 출제하도록 해온 터에 학생들은 학원에서도 시루 속의 콩나물이었다. 퍼부어 대는 시험 문제 정답만 둘러쓰게 되었다. 학교도 학원도 더 다니면 다닐수록 학생의 눈에 보이는 것이라곤 시험 점수뿐 친구도 사람도 나라도 겨레도 도무지 보이지 않는, 그런 사람이 되어 가고 있었다. 한마디로, 받을수록 사람다워지는 그런 교육은 아니었다.

교육 현장으로서의 사회의 1974년에 접어들면서 온통 달라졌다. 유신헌법 수호를 위한 대통령 긴급조치가 벼락처럼 선포되었다. 아무리 사소한 위반이어도 1년 이상의 징역과 자격정지에 처하도록 되어 있었으니, 말하자면 유신체제의 신성불가침 선언이었다. 그러나 유신체제를 거부하는 민주화 운동이 대학가를 비롯하여 노동계, 종교계, 학계, 문학계, 언론계, 법조계, 정치계 등 처음에는 개별적으로 벌어지더니, 나중에는 각계가 제휴하게 되었다. 학원이나 직장에서 무수히 내쫓기고도 투옥까지 당했건만, 민주화 운동은 도리어 민족통일 운동으로까지 확산될 뿐이었다. 드디어 1979년 10월은 왔고, 그 달 12일에는 부산에서, 13일에는 마산에서 중대 사태가 벌어지더니, 26일로 유신체제는 그 주인을 잃었고, 그와 함께 70년 대도 막이 내려졌다.

유신체제하의 삶, 그것은 사람의 권리를 누릴 수 있는 삶이 아니었다. 사람답게 살자면 말할 수 없는 고난을 각오해야 했다. 그런데 사람답게 산 사람들이 적지 않았고, 이들 이름이야 스승이 아닌 대학생이요, 근로자요, 종교인이요, 시인, 작가, 언론인, 변호사였지만, 본인들의 사람다운 삶으로 겨레를 교육했던 것이다. 이들이야말로 '진실되게 살기'를 배우려는 뭇사람의 스승이었다. 장소야 분명 학교 교실이 아니었지만, 그들은 인간다운 삶을 배울 수 있는 곳이면 어디에도 찾아가 교실로 삼았다. 아니, 당시를 산 사람들만이 아니었다. 그들에게는 역사 속의 참사람들이야말로 마음속에 모신 스승님이었다. 한마디로, 학교 말고는 어디에나 참교육이 영위되고 있었다.

역사와 청년 교육

1

우선 이 글의 제목에 대한 생각부터 밝혀 두고자 한다. 역사의 전개라고 할 때 남들의 역사가 아닌 우리 역사의 전개를, 그나마 일제하 36년과 해방 후 36년간에 한해서 생각해 보고자 한다. 그리고 그 올바른 전개는 인간다운 삶의 추구에서 구하고 싶다. 일제의 침략으로 나라가 주권을 잃었으면 그 회복을 위한 노력이, 그리고 민족이 분단되었으면 그 통일을 위한 노력이 인간다운 삶이라는 것이 필자의 생각이다. 일제하에선 끝내 나라의 독립을, 해방 후엔 아직도 민족의 통일을 이루지는 못했지만, 그 방향으로 역사를 추진해 온 일, 그것이 올바른 역사의 전개였다고 생각하는 것이다. 일제하에서는 식민 통치에, 해방 후에는 독재정치에 순응한 사람들이 더 많았던 것은 사실이지만, 그렇다고 그들이 인간다운 삶의 영위를 통해서 역사를 올바로 전개했다고는 생각지 않는 것이다.

글 제목 속의 청년에 대해서도 나 나름의 생각이 있다. 청년이란 누구인가? 청년이란 역사 전개의 주체 세력쯤으로 필자는 생각하고 있다. 나이로만 따진다면 청년이란 늙지도 어리지도 않은 젊은이들이지만, 그렇다고 3·1 독립운동 때 류관순 님이나 4·19 민주혁명 때 김주열 님을 다만 나이로만 따져서 청년이 아니랄 수 있을까? 그리고 나이만 젊으면 그의 삶이 제 겨레를 반역한 것이어도, 또는 독재자를 부추기는 것이어도 그를 역사 창조의 주역인 청년이랄 수가 있을까? 이를테면 일제의 앞잡이였던 판검사나 군수들도 나이만 서른 안팎이면 모두 청년이랄 수는 없을 성싶다. 당초엔 벼슬자리를 지칭한 영감이란 말이 요즈음엔 나이 많은 이를 뜻하게 되었지만, 그들은 판검사 영감 또는 군수 영감이었던 것이다. 만해 한용운이 민족 대표의 한 사람으로 3·1운동에 가담했을 때 그의 나이 마흔이었지만, 그 후 많은 민족 대표가 친일로 변절하는 속에서도 해방 한 해 전, 나이 65세에 죽을 때까지 항일만 일관했다. 그렇다고 50세의 한용운을 노인이라 부를 건가?

이 글에서 청년 교육이라 할 때 그 '교육'에도 전제는 있다. 학교 안에서 선생이 가르치는 것도 포함되지만, 사랑방이면 어떻고 논밭에서면 어떠랴. 글을 가르치는 이만이 선생일 수도 없다. 올바른 삶을 몸소 실천하는 이야말로 참다운 선생이다. 이름은 선생이 아니지만, 그리고 아는 것도 그리 많지는 않지만 사람만이 지닌 양심 따라 행동하기만 하면, 그래서 일제하에선 빼앗긴 나라를, 해방 후엔 짓밟힌 인권을 되찾으려 애써 살았다면 그가 가정의 어머니이건, 논밭의 촌로이건, 교회의 평신도이건, 절간의 중이건, 모두 학교요 선생인 것이다. 필자는 '교육'을 이렇게 생각하고 있다.

2

우리나라를 빼앗은 일제는 우선 정치적 선전부터 늘어놓았다. 우리 겨레는 일본제국의 신민이 되어야만 잘 살 수 있다는 따위를 선전하면서, 일제는 우리 겨레 속에 친일 세력을 키우는 일에 온 힘을 쏟았다. 그것도 일제로 보아서는 역사를 전개한답시고 한 짓이었고, 그것도 교육이라고 되풀이했던 것임에는 틀림이 없다. 그런데 역사의 참주인 우리 민족은 그러한 일제의 책략에 어떻게 대응했던가? 우리 민족이 자주적으로 창조했던 역사는 무엇이었나? 그게 바로 3·1 독립선언이었다. 민족 대표로야 33인이 있었고, 글 지은이로는 훗날 변절한 최 모가 따로 있었지만, 독립의 뜻은 이보다 먼저 우리 민족 속에 충만해 있었다. 최 모라야 먼저 있었던 민족의 뜻을 받아 글로 옮긴 것뿐이었다. 33인이라야 일찍부터 독립의 뜻을 품었던 민족을 대표한 것이 고작이었다. 그러기에 민족 대표 중에는 배신자들이 속출했건만 민족은 요지부동이 아니었던가? 역사를 올바로 전개한 이들은 김가, 이가, 박가 등 보통의 우리 동족이었다. 가진 것, 배운 것은 별로 없어도 끝내 사람답게 살려는 보통의 우리 이웃들이었다. 당시야 거의 모두가 농사지어 살았던 만큼, 우리 역사를 올바로 전개한 이들이란 바로 그들 농민이었다.

이 3·1운동의 주체 세력은 어떻게 육성된 것일까? 나라를 빼앗기고 그 종살이로 농사지어 10년을 보내면서 무엇을 듣고 배웠기에 그 끝에 하필이면 3·1운동을 결단하게 되었던 것일까? 나라를 되찾되 제국帝國 아닌 민국民國으로 세워 온 민족이 모두가 인간답게 살아 보자는 결단은 무엇에 말미암은 것이었을까? 스승이 있었다면 누구인가. 그 스승은 이보다 25년 전 그러니까 1894년의 우리 농민들이었다. 그해에 우리 농민들은 반봉건·반외세로 보국안민輔國安民 하자는 동학혁명을 일으켰던 것이다. 물론 이 거사 자체는 일본군의 총칼로 여지없이 짓밟히고 말았지만, 25년 후의 우리 농민들은 조상들을 본받아 3·1운동을 결단했던 것이 아닐까.

3·1운동은 '반봉건 반외세로 보국안민' 하자는 운동 그 이상도 이하도 아니지 않은가. 3·1운동이 올바른 역사의 전개였다면 그 운동의 주체 세력은 누가 육성했던 것일까. 그것은 동학혁명의 농민들이라는 스승에 힘입은 바 큰 것이 아닐까. 인간답게 살다 간 농민들이 훗날 인간답게 살 농

민들을 낳은 것이다. 농촌마다 세워졌던 서당·서원의 훈장들 물론 그들도 인간답게 살 것을 가르쳤지만, 배우는 사람들에게는 제 식구와 이웃들의 삶 그자체가 더없는 스승인 것을 어쩌랴. 25년 전의 동학 농민의 삶이 대를 이어 전승된 것으로, 3·1운동의 주역 농민들의 삶을 풀이할 수는 없는 것일까.

3

3·1운동에 충격을 받은 일제는, 제 민족을 반역하고 친일하는 자들이라야 영화를 누리도록 길을 터놓는 한편 문화운동과 자치운동으로 애국애족 세력의 분열을 획책했었다. 물론 이래서 얼마만큼의 친일 관료도 생겼고, 친일 지식인들도 나타나서 민족 개량의 주장을 편 바람에 반일 기운 역시 어느 정도는 거세되는 듯했다. 그러나 바로 그 까닭에 국내에서의 반친일파 투쟁과 국외에서의 무장 독립군의 탄생을 보게 되었으니 올바른 역사의 전개는 바로 이들이 떠맡게 되었던 것이다. 평화적인 3·1운동이 이제 무력 항쟁의 독립운동으로 변모한 것이다.

3·1운동 후 반친일파 투쟁의 주역을 맡은 것은 국경지대를 무대로 삼았던 무장 독립군과 중국에 본거지를 두었던 의열단 등 비밀결사였다. 이것은 일제가 독립운동에 대한 탄압을 강화해서 무차별 학살까지 서슴지 않았기 때문이었다. 그렇다고 국내에서는 반친일파 투쟁이 없었던 것은 아니다. 3·1운동의 국내 애국 세력은 합법·비합법의 온갖 방법으로 친일파의 반민족 행위를 응징하기도 하고, 친일단체를 습격해서 부수어 버리기도 했다. 그렇다고 일제는 친일파들을 지배 권력에 끼워 준 것도 아니었다. 호의호식이야 꽤나 시켰지만, 일제에 있어서 친일파들은 식민 통치의 한낱 도구였을 따름이다.

우리는 3·1운동 후에 전개된 무력 항쟁에 있어 참으로 애석하기 이를 데 없는 역사적 미수의 사건이 있었음을 잊을 수가 없다. 대한민국 임시정부 김구 주석은 그가 거느린 광복군 유격부대로 하여금 중국 중경으로부터 황해를 건너 군산 언저리에 적전 상륙케 해서 일제와 한판 싸움을 벌이려는 작전계획을 세워 놓고 있었던 것인데, 공교롭게도 일제는 바로 그 직전에 포츠담 선언을 수락, 항복해 버렸던 것이다. 이래서 우리 민족의 해방 8·15야 왔지만, 해방시킨 것은 우리가 아니게 되고 말았다. 민족 분단의 역사는 이래서 시작되었고, 조국의 분단이 우리 민족의 뜻에 반함은 그 36년 전에 있었던 주권의 빼앗김과 똑같은 것이었다. 식민시대는 끝났지만 분단시대가 시작되었던 것이다. 지난날에는 식민 극복이 역사의 올바른 전개였듯이, 이제는 분단 극복이라는 우리 민족의 역사적 과업이 시작된 것이다. 겉으로야 한 시대가 사라지고 다른 시대가 찾아왔지만, 알맹이로는 하나같이 순응 아닌 극복이 인간다운 삶의 길이 되는, 한 줄기의 역사일 따름이었다.

민족 해방의 8·15까지, 일제에의 순응 아닌 조국의 독립 쟁취로만 살아온 수많은 이들, 그들은 대체 어떻게 태어나서 어떻게 자라난 이들인가? 훗날 그들이 드러낸 인간으로서의 존엄성과 민족적 양심은 대체 어디에 말미암은 것일까? 그토록 많은 이들이 그리되게 한 것은 무엇일까? 수많은 스승들이 있어서이다. 그 스승은 집 안에도 집 밖에도 어디에도 있었던 것이다. 스승은 사시사철 함께 사는 이들 속에 있어서 누구나 저도 모르게 배웠던 것이다. 3·1독립운동을 했던 집안에 태어나서 독립만세를 불렀던 동네에서 자라나고 보니, 어느덧 그런 사람이 되었던 것이다. 3·1운동에 나섰던 이들 모두가 이들의 스승이 되었던 것이다. 3·1운동 후 8·15까지 독립 쟁취로만 살다 간 수많은 의인들의 스승은 3·1운동 그 자체라는 것이 필자의 생각이다. 그것은 마치도 19세기 말의 동학농민혁명이 20세기 초의 3·1운동의 스승이었듯이, 스승은 개개의 사람이기보다는 올바로 전개될 역사적 사건 그 자체인 것이다.

4

분단시대의 올바른 역사 전개는 무엇인가? 1950년의 6·25는 그야말로 일제에게 나라를 빼앗긴 일 못지않은 반역사적인 민족적 비극이었다. 그러나 그로부터 10년이 되는 1960년에는 일제하 3·1운동의 맥락을 이은 4·19 민주혁명이 있었고, 다시 10여 년 후 1972년에는 7·4 남북공동성명이 온 세계에 발표됨에 이르렀던 것이다. 4·19란 우리의 조국 대한을 3·1운동 때의 이상 그대로 국민의 나라로 바로잡자는 일이었고, 7·4 그것은 우리 민족이 분단의 자주적 극복을 온 누리에 맹세한 것이었다. 이보다 더 올바른 역사 전개의 길이 따로 있을 수 있겠는가? 물론 일제하의 독립운동이 결실을 보지 못했듯이 분단하의 민주화 운동이나 평화통일 운동도 미결의 과제로 남아 있는 것은 사실이다. 그러나 우리의 민족사적 정통성은 일제하 독립운동 세력으로부터 4·19 민주혁명 세력으로 이어졌던 것이고, 다시는 남북이 자주적인 평화통일을 공동으로 다짐하기까지 그 세력이 확산된 것도 사실이다.

7·4 남북공동성명의 글이야 지은이들이 따로 있었지만, 분단된 민족의 자주적인 평화통일의 뜻은 그 글이 생기기 이전에 한반도의 구석구석에까지 충만해 있었다는 것이 필자의 생각이다. 아니 그 민족의 뜻이 남북의 모모로 하여금 공동성명을 작성토록 했던 것이 아닐까? 그것은 3·1 독립선언문의 작성이 그러했던 것과 똑같이 우리 민족의 뜻이 담겨 있는 것이므로, 그 작성자들 개인의 배신 행태에 상관없이 민족의 뜻으로 지금도 엄존하고 있는 것이다. 이는 참으로 엄청난 민족 역량의 축적인 것이다. 이제는 이 뜻을 따르는 것이 남도 북도 그 권력을 유지하는 최소한의

필수조건으로까지 되고 만 것이다.

그렇다면 이와 같은 주권의식이 또렷한 사람들을 한반도의 구석구석에까지 있게 한 것은 무엇이란 말인가? 조국이 분단된 이래 남에서도 북에서도 앞을 다투어 학교를 세웠던 것은 사실인데, 평화통일의 의지 충만이 그 학교교육 탓일까? 아니다. 수많이 세워진 학교들이 해 온 일이란 남북대결에만 골몰했던 시절, 그 권력의 도구 노릇이 고작이었다. 6·25의 동족상잔을 겪고부터 학교는 더욱 그러했었다. 권력이 상대방을 적으로 간주할 때마다 그 밑의 모든 학교는 그 박멸을 위한 선동 장소로 바뀌곤 하였다. 그러던 중 어느 날 갑자기 그것도 서울과 평양에서 동시에 민족 화해가 발표된 것이다. 남북의 학생들은 6·25로부터 20여 년간이나 상대방을 증오하는 교육만 받아 온 터이련만, 그 7·4 공동성명이 남에서도 북에서도 열화 같은 환영을 받았던 것이다. 우리 민족이 일제로부터 해방되었을 때처럼 요란스럽지는 않았지만 마음속으로야 기쁘다 못해 울 만큼이었다고나 할 것이다. 바로 하루 전까지만 해도 남북 간에 사람을 만나는 건 고사하고 흙만 밟아도 이적 행위로 엄단되곤 했던 것인데, 남북의 실력자들이 왕래·회합하면서 그 성명에 합의했다는데도 누구 하나 시비는커녕 모두가 할 말을 잊고 있었다. 그것은 분명히 그 성명의 발표가 너무나도 고맙고 기뻐서였던 것이다. 우리는 이러한 그날의 우리 민족을 놓고 어떻게 생각할 것인가? 특히 그 이전 20여 년간에 걸친 교육과의 관계를 어떻게 보아야 할 것인가?

그에 대한 나의 생각은 이렇다. 6·25 당시에 남침했던 북도 말할 나위는 없지만 반격했던 남 또한 동족상잔의 비리 앞에 인간으로서의 양심이 받은 상처도 컸던 것이 아닐까? 더군다나 남도 북도 외국 군대까지 개입시켰음에랴. 휴전이 되고도 증강만 거듭하는 남북의 군비를 보고는 6·25 때에 받은 민족적 양심의 상처가 더욱 악화되어 더는 견디기 어려운 지경에 이르렀던 것이 아닐까. 그 사이에 받은 교육만 해도 남북이 저마다 상대방의 증오 교육이요, 생존을 위한 방위 훈련이라니까 말없이 받아는 오면서도, 속으로는 7·4 남북공동성명의 내용 그대로를 간절히 바라고 있었던 것이 아닐까? 증오보다야 평화가 인간다운 생존을 보장해 준다는 것을, 그리고 민족 분단의 자주적 극복 속에서만 민족적 번영을 이룩할 수 있다는 것을 깨닫게 된 것이 아닐까?

그렇다면 이른바 교육은 아무런 소용도 없었다는 말이 되는데, 이에 대한 나의 생각은 이렇다. 결론부터 말한다면, 남에서도 북에서도 학교교육으로 권력을 유지·강화하려 했던 것인데, 그런 뜻에서의 교육의 효과는 어느 정도 있었던 것이 아닌가 한다. 더군다나 북에서의 권력 유지에는 학교교육이 큰 몫을 차지했던 것이며, 남에 있어서도 제1·제3 공화국이 10년 이상 지탱된 데에는 교육도 한몫을 차지했으리라는 점이 나의 생각이다. 그러나 교육 본래의 목적인 애국애족심을 포함한 인간성의 육성이라는 시각에서는 남에서도 북에서도 학교는 별 구실을 못했던 것이 아닌가 한다. 그 단적인 예가 4·19이다. 그 한 달 전 3월 15일에 있었던 자유당 정권의 부정선거, 그것은 아무리 생각해도 민주국가의 변란이랄 수밖에 없었다. 대한민국을 사랑하는 길은 3·15 부정선거를 다시 하게 하는 것뿐이었다. 그런데 학생들이 그 길을 가려 했을 때, 다른 기관도 아닌 학교가 그 학생들을 가로막고 나섰던 것이다. 그래도 안 되니까 이번에는 경찰이 총을 들고 나섰고, 천만다행으로 당시의 계엄군은 총을 쏘기는커녕 도리어 학생들 편에 서서 국민의 군대가 건재함을 과시했었지만, 다시 말하면 당시의 학생들은 평소야 학교의 지시대로 권력을 떠받쳐 왔지만, 그 학교가 애국애족을 포함한 인간 양심을 외면한 지시를 할 적엔 단연코 그것을 거부했던 것이다.

나는 북의 사정을 잘 몰라서이지 북의 학교들도 그사이에 이런 일을 도리어 남에서보다 더 많이 겪었으리라 생각한다. 왜냐하면 북의 학교에서는 그사이에 평소에도 교육의 이름으로 남의 증오와 타도를 외치면서 권력을 떠받쳐 왔기 때문이다. 내가 믿는 것은 사람이면 누구나, 따라서 북의 학생들도 증오보다야 사랑을, 전쟁보다야 평화를, 나아가서는 분단보다야 통일을 염원해 왔을 것이라는 점이고, 북의 권력도 바로 그 점을 의식해서 7·4 공동성명에 합의했으리라는 것이다.

그렇다면 사랑이니 평화니 나아가서는 민족통일까지 그것들은 교육하지 아니해도 저절로 습득되는 것일까? 교육이 있었다면 언제 어디서 받은 것인가? 나는 그것을 역사적인 삶의 현장이라 생각한다. 6·25 때의 동존상잔이라는 현장에서, 그리고 휴전 후 증오와 군사력 증강의 현장에서 체험한 것들을 스스로 심사숙고한 끝에 사랑·평화·통일 등을 인간다운 특성으로 받아들여 마음속에 간직해 왔던 것이 아닐까? 겉으로야 권력이 시키는 대로 증오·전쟁·분단을 실천하는 척해 왔지만, 속으로는 그 반대되는 가치에 터해서 살아왔던 것이 아닐까? 사람의 질은 예나 지금이나 삶의 질에 따라 결정되는 법이지만 우리 민족이 7·4 공동성명을 낼 만큼 높은 삶의 질을 지니게 된 것은 그 이전 20여 년간에 걸친 정신적 생활의 질적 향상이 있어서였으리라는 것이 나의 생각이다. 한마디로 교육은 있었으되 그것은 역사적인 삶의 현장에서, 인간 양심에 터한 심사숙고한 체험에 의해서 이루어졌던 것이다.

그렇다면 인간 스승은 없었다는 말이냐고 반문하는 이가 있을 것이다. 그에 대한 나의 생각은 이렇다. 학교 선생이 권력의 도구로 이용되었던 시대로야 일제 말기가 으뜸이겠지만, 그 적에도 중학생이었던 나에게 제 민족을 사랑하라 가르쳤던 일본인 선생이 있었는데, 해방 후에야 말할 나위가 있겠는가? 북의 사정은 자세히는 모르지만 해방 직후에 민족을 사랑하다 고난받은 이들이 비단 조만식 한 분이었겠는가? 그이와 같은 무렵에 남에서 민족통일로 목숨까지 빼앗긴 분으로는 김구가 있다. 그뿐이랴. 민족을 사랑하다 고난 속에서 삶을 마친 이름 없는 민족의 스승은 학교 안팎에 그 수를 헤아릴 수가 없을 만큼 많았던 것이다. 사람이면 누구나,

따라서 학생도 이름이 선생인 이에 못지않게 선생 아닌 이에게서도 배우기 마련이요, 배우는 때와 곳 또한 학생이고 아니고를, 그리고 학교 안이거나 밖이거나를 가리지 않기 마련인 것을 어쩌랴. 그런 뜻에서 조국의 민주화에 목숨을 바친 4·19 학생들이야말로 뭇사람들에게 애국애족을 가르친 의젓한 스승이었다 할 것이다.

5

이상에서 해방 전후 36년간의 역사를 놓고 그 올바른 전개는 무엇이었고, 그 주체 세력은 누구였던가, 그리고 그러한 세력은 어떻게 해서 육성되었나를 생각해 보았다. 조국이 일제의 침략을 받아 그 식민지가 돼 있었을 적엔 항일 독립운동을 편 이들이, 조국이 강대국들의 이해관계로 남북으로 분단돼 있을 적엔 그것의 통일을 위한 운동을 자주적으로 편 이들이 올바른 역사 전개의 주체 세력이었음은 더 말할 나위도 없다. 그러나 그사이의 역사는 실지로 그리 전개되지는 못했다. 일제하의 항일 독립운동도 성공하지 못했었고, 분단 후의 평화통일 운동 또한 완수하지 못한 채 남아 있다. 악화가 양화를 구축한다는 말이 있거니와 일제하에서는 식민 체제에 순응했던 이들이, 남북으로 분단된 후에는 상대방을 적대시했던 이들이 막강한 세력을 이루었던 것이다. 그래서 우리는 36년을 일제의 노예로 보내고도 다시 36년을 분단인 채로 남아 있게 된 것이 아니겠는가?

민족의 평화통일은 분단시대에 있어서 으뜸가는 역사적 과업임에 틀림이 없다. 힘이 약해서 때때로 구축당하는 양화이지만, 그것이 있지 아니하고는 삶을 누릴 사회가 될 수 없듯이, 일제 강점기에는 자주독립 세력이 있었고, 그리고 분단시대에는 평화통일 세력이 있었기에 우리 민족은 오늘도 인간적인 품위를 간직한 채 올바른 인류사의 전개에 참여하고 있는 것이다. 이런 뜻에서 1972년 7·4 남북공동성명은 1919년의 3·1 독립선언과 함께 그 시대의 역사를 올바로 전개함에 있어서 결정적인 장거임에 틀림이 없다.

그토록 장한 사람들은 누구였던가? 독립선언과 공동성명의 글을 지어 발표했던 몇몇 사람들인가? 아니다. 독립선언 후 민족 대표들의 변절이 늘어갈수록 독립운동을 더욱 거세게 펼쳤던 이들, 공동성명 후 남부 권력 담당자들의 배신이 늘어날수록 더욱 힘차게 민주주의와 평화통일을 주장하고 나선 이들, 아니 공동성명 훨씬 이전부터, 그러니까 6·25 적부터, 더욱 거슬러 올라가면 한반도가 38선으로 분단되고 남북에 따로따로 정부가 세워질 무렵부터, 남북의 화해를 통한 자주적 통일에 온몸을 바쳐 온 바로 이들이 우리 역사를 올바로 전개해 온 장한 이들인 것이다.

그렇다면 그들을 그토록 훌륭한 사람이 되게끔 교육한 것은 대체 무엇인가? 학교는 아니다. 일제하의 학교가 그랬듯이, 분단 후 남북의 학교도 권력의 도구를 벗어날 수가 없었다. 학교에 참교육이 없었는데 학교 밖에 있을 리가 없었고, 학생들은 그저 비인간화의 나날을 강요받고 있었다. 일제하 학생들이 그랬듯이 분단 후 학생들도 마음속으로는 사람다운 삶을 찾아서 몸부림쳤던 것이다. 증오 아닌 사랑의, 전쟁 아닌 평화의, 분단 아닌 통일의 삶을 사람이면 누구나 타고나는 양심인데, 남에서도 북에서도 그 양심에 터해 이 분단시대를 살려는 세력이 나타났던 것이다. 일제하에서도 그랬듯이 분단 후에도 젊은 층이 앞장을 섰다. 학교가 교육해서가 아니라 비리의 현장에서 자생했던 셈이었다.

아니 스승이 있었다면 '인간다운 삶'이 그것이었다. 인간답게 살아서 사는 법을 배웠고, 그 끝에 더욱 인간다운 사람이 된 것이었다. 있었던 스승은 그것만이 아니다. 조국을 빼앗겼을 때 그것 도로 찾으려고 싸웠으니, 자신들이야 고난 속에서만 삶을 마쳤지만, 후손들에게 인간답게 사는 법만은 물려주었던 이들, 그들이 스승이었다. 그들에게 배워서 분단된 조국을 보고는 그것의 평화통일을 위해서 온몸을 바치는 사람이 된 것이다. 그것은 마치 3·1 독립운동의 젊은이들이 그 25년 전 동학농민혁명의 농민들을 스승 삼았던 것과도 같다. 민족사를 올바로 추진한 이들, 그들이 그다음의 젊은 세대들을 올바로 교육한 스승이었다. 인간답게 살다 간 이들, 그들이 그다음의 젊은 세대들을 인간답게 살게끔 교육한 스승이었다.

III

노교사의 교육 엽서

교권 확립은 참교육의 전제
일류 학교, 삼류 학교
통치 이데올로기와 교과서
교육 없는 과학 교육
과학기술 박사의 대량생산
제도 지상주의의 교육 현실
뿌리 깊은 차별 교육
주체성 없는 외국어교육
학교에서 사라진 4·19 정신
미국 교과서의 전쟁과 평화
비행청소년과 사회 현실
일제 잔재를 못 벗는 학생 동원
처벌 만능주의 교육
명분에 희생되는 교육 현장
한 젊은 교사의 자살
점수 따기 교육의 파행성
모순투성이의 문교 행정
제1공화국 시대의 교육
부실 문교 정책과 부실교육
스승 없는 교육 현장
우리 아이들 모두를 사람 되게 하자면
무엇을 가르칠 것인가
몸의 결함이 앞날의 삶에 장애가 되어서야
이기시므로 뭉쳐진 오늘의 가정
사람 중의 사람
지금의 자기 속을 보게
불합격을 축하합니다
지 곧고 키 큰 나무
버스 칸의 라디오 소리
어떤 부인
본받을 어른
어린이와 가정·학교·사회
겨레 노릇
없어져야 할 아홉 시늉

교권 확립은 참교육의 전제

이번 『교육신보』를 읽고 느끼는 점이 있어 선생님께 이 엽서를 띄웁니다. 많은 기사 가운데서 특히 관심을 두고 거듭거듭 읽은 것은 일면 머리 기사인 '후유증을 앓는 교권 투쟁 교사들'이었습니다.

젊어서는 훈장을 해 온 나에게도 이제는 유치원·초등학교에 다니는 손자, 손녀가 있게 되고 보니, 학교에 대한 관심이 아직도 가시지 않고 여전합니다. 그런데 이게 웬일입니까? 사립학교 선생님이 교권을 수호하기 위해 싸웠는데 그분들이 후유증을 앓고 있다니, 그것도 사학 당국과의 사이에서 가당치도 않은 후유증이 생기고 있다니, 그건 말도 안 됩니다. 어떻게 그러한 일이 가능하단 말입니까? 어느 사학에나 있을 건학建學 정신. 그것이 무엇이기에 학교 측의 잘못에 대항하여 교권을 수호한 분들을 우러러 모시지 않고 괴롭힙니까? 그건 학교도 망치고 교육도 망치는 처사입니다. 그건 우리 학생들의 올바른 성장을 위해서도 안 될 말입니다.

나는 일제 강점기에 학교를 졸업한 사람들을 잊을 수가 없습니다. 학교 다녀 올바른 성장은커녕 노예근성만 잔뜩 몸에 붙이고 사회에 나와서도 제 동족, 양민들에게 해악을 끼치며, 일신의 영화만을 탐했던 수많은 학교 출신들을 잊을 수가 없습니다. 식민지 교육에 물들어 식민지 지식인으로 민족 위에 군림했던 그들에게 생각이 미치면 견딜 수가 없습니다.

선생님, 그때의 학교들, 그건 분명 교권이 없는 학교였습니다. 일제 강점기에도 소수나마 학교 다녀 올바르게 성장했던 사람들이 있었다면, 그것도 분명 학교에 없던 교권을 있게 하느라고 투쟁한 분이 있어서였습니다. 살신성인이라더니, 학교 살리고 교단을 쫓겨난 분들이 있어서였습니다. 그러니 그러한 분들의 선구자적 고통은 필설로 이루 형용하기 어려웠지요.

그러나 선생님, 시방은 일제 강점기가 아니지 않습니까? 민족의 분단에서나마 제 나라를 가졌고, 그 주인은 두고두고 국민입니다. 그리고 나라 주인의 아들, 딸 그것도 바로 지금의 학생들인데 그들에게 주인의식부터 길러 줘야 이 나라의 학교가 되는 것이 아닐까요? 민족 분단의 평화적 극복이라는 우리의 시대적 과제만 해도 우리의 자녀들이 기성세대의 노예 근성, 일제 교육의 잔재를 물려받고는 해결될 일이 아니지 않습니까?

교권이 보장되지 않는 스승이 제자들에게 무엇을 가르칠 수 있겠습니까? 교권 없는 학교, 그건 노예 양성소이지 학교도 아닙니다. 학교는 자유입니다. 아니 자유이어야만 합니다. 교권 없는 학교는, 지금의 일본조차 헌신짝처럼 내버린 일제 교육의 잔재, 노예 양성소입니다.

그 일제로부터 해방되었다고 좋아라 소리치던 우리가 이제 선생이 되어 그 잔재를 되살린대서야 우리는 학생들을 배신하는 대죄인밖에 더 되겠습니까? 학교에 없는 교권을 있게 하고, 있는 교권이면 지키느라, 이제는 후유증까지 앓고 있는 선생님들께 훈장으로 늙은 이 사람은 두 손 공손히 모아 조속한 쾌유를 빕니다.

여러분이야말로 이 시대의 스승입니다. 그냥 지식만 가르치는 평범한 스승이 아니라 온몸으로 진리를 가르치는 참된 스승입니다. 건투하십시오.

일류 학교, 삼류 학교

이번 『교육신보』를 읽고 느끼는 것이 있어 선생님께 다시 엽서를 띄웁니다. 많은 기사 가운데서 특히 관심을 두고 읽은 것은 1면과 3면에 걸쳐 세 군데나 실려 있는 교사의 인사이동에 관한 기사였습니다. 새 학년도를 앞두고 정기 인사이동이 전국적으로 단행됐었나 봅니다. 나에게는 초·중·고 교사였던 시절도 있고, 교육정책이나 행정에 관여했던 적도 있어서인지, 교사의 인사이동에 남다른 관심이 쏠리는군요. 어느 분이 영전되고 좌천되었는지는 보도도 안 되었지만, 나 자신의 관심도 아니었습니다. 보도된 인사이동의 규모와 원칙들, 그것이 나로 하여금 이 엽서를 띄우게 한 장본인입니다.

초·중·고 교사라면 어린 학생들을 맡아 사람 되게 가르치는 분들인데, 청소년들이 얼마나 사람다워지고 있나를 살펴서 교사의 인사를 결정하고 있지 않은 것이 걱정이었습니다. 학생 어느 누구도 교사 덕분에 나아지는 것이 없이 무작정 학교에 다니게 할 수는 없는 노릇입니다. 타고난 머리가 나쁘든 집안이 가난하든, 그래서 공부도 못하고 성질까지 비뚤어졌더라도, 그도 사람인데 학교에 가서 교사를 만나고부터는 공부도 나아지고 마음씨도 바로잡혀야 하지 않을는지요. 타고난 머리도 출신 가정도 좋아서 시험지마다 100점을 맞는 아이라도 가난하고 공부 못하는 아이를 제집 강아지만큼도 안 여기는 심보라면, 그 우등생도 학교 가서 교사를 만나고부터는 사람 마음을 지니게 돼야 하고요. 그리고 또 한 가지만 더 말씀드린다면, 부모 따라 사노라고 빈촌의 학교에 다니는 아이들이라도, 아니 그럴수록 그곳 학교의 교육 여건만은 넉넉해야 하지 않을는지요. 교사만이라도 신이 나서 온갖 정성 다 쏟아 가르쳐 주시는 분이고요.

전국에 걸친 이번의 정기 인사이동을 보고 나는 우선 그 규모에도 놀랐지만, 인사이동의 원칙에도 놀랐습니다. 서울의 초등 교사의 경우, 전체의 21%, 중등은 18.1%에 해당하는 약 3만 명을 무려 열 가지나 되는 원칙하에 이동시켰다는 보도입니다. 나는 어째서 이리되었을까를 곰곰이 생각해 보았습니다. 그 끝에 분명하다고 여기진 것은 교육법으로야 똑같은 초등학교·중학교·고등학교들인데도, 1·2류 3·4류가, 아니 어쩌면 학교 수효만큼 등급이 있다는 점입니다. 교사들도 사람인데 모두가 이동하고 싶어 할 1·2류 학교입니다. 열 가지나 되는 이동 원칙이라야, 모두가 가고 싶어 할 1·2류와, 그리고 누구나 가기 싫어하는 3·4류가 있어서 생겨난 것에 지나지 않습니다.

'동일교 근무 4년 이상'이라는 이동 원칙만 해도, 되도록 많은 자리를 비워야 채울 수가 있기 때문에 당국이 그리 정한 것뿐입니다. 그야말로 타당한 근거가 없으니 원칙이랄 것도 못됩니다. 동일교 근무가 꼭 4년이 되면서부터는 학생들을 잘 가르치지 못한다는 법이 어디에 있는지 나는 알고 싶군요. 4년은 고사하고 일생을 동일교에 바친 선배 스승들이 많았던 터에 그리 생각한다면 후배로서의 스승들에 대한 예도 아니고요,

학교에 1류 4류가 없으면, 잡스러운 영전 욕망도, 좌천 불안도 없어서 그만큼 학생들의 교육에 전념할 우리 교사임이 분명합니다. 학교에 1류 4류가 없으면, 정기고 임시고 인사이동 자체가 거의 필요 없게 되는지라, 교원 인사에의 정치성이나 금전의 개입이 또한 없어져서 그만큼 본업인 교사들의 활동 지원에만 전념할 우리 교육행정입니다.

그런데 학교의 1류 4류란 무엇입니까? 도시이고 또 부촌이면 그곳의 학교가 바로 1류입니다. 도시이지만 변두리이거나 혹은 시골의 농어촌이어서 빈촌이기만 하면 그곳의 학교가 바로 4류이고요. 빈촌의 학교에서 부촌 학교로 가면 그게 바로 영전이요, 그 반대가 다름 아닌 좌천이고요. 온 세상이 돈벌이에 미쳐 있는데 학교라고 온전할 수는 없는 노릇이지요. 학생들이 미쳐 있는 시험 점수만 해도, 점수 따야 대학 가고, 대학 나와야 결국엔 돈벌이가 잘된대서가 아닌가 싶군요. 돈벌이 자체야 꼭 해야만 살 수 있는 것이지만, 돈에 미쳐서 사람도 해치니 그건 사람도 아니랄밖에요.

하여간에 이 4류 학교들을 1류가 되게 한다면, 온 나라의 교사들과 교육행정인들이 본업에만 전념하게 되어, 그 덕에 온 나라의 청소년들 하나하나가 모두 올바른 교육을 받게 될 터인데, 그 길은 없는지요. 내 생각이라야 별것은 아닙니다. 한마디로 줄이렵니다.

우리 국민과 정부가, 가난한 집의 공부 못하는 아이들의 학교를 더도 말고 수출산업만큼만 혈안으로 지원, 육성하면 되리라는 것이 나의 생각입니다.

통치 이데올로기와 교과서

이번 『교육신보』를 읽고 느끼는 것이 있어 선생님께 다시 엽서를 띄웁니다. 여러 가지 기사 가운데서 특히 관심을 두고 읽은 것은 3면 머리기사로 보도된 교과서 합격에 관한 것이었습니다. 합격이라고 하면 으레 학생들을 연상하는데 이번의 합격 소식은 그게 아니더군요. 학생 합격이 아니라 교과서가 합격했다는 것이었고, 낙방해서 크나큰 타격을 받은 사람도 대학교수들과 출판사 사장들이더군요. 중학교 교과서의 경우, 103종 중 28종이 합격했다니까 75명의 대학교수와 출판사 사장이 낙방했고, 고등학교 교과서에 있어서는 무려 2,033명의 교수와 사장이 불합격을 당했더군요. 경쟁률이 최고였던 고교 영어의 경우엔 47명의 대학교수 중 42명이 불합격 고배를 마셨다니, 그 비율만큼의 출판사 사장도 함께 낙방한 것이었고요.

선생님, 나는 이 기사를 읽고 어째서인지 일제 강점기를 머리에 떠올렸습니다. 그때의 학생들이 밤낮없이 공부했던 교과서, 그 교과서가 저술되고 출판되기까지의 절차, 그리고 그 교과서에서만 출제하는 시험제도, 아니 그보다도 그런 제도하에서 학교 다닌 사람들이 지니게 된 인간성과 그들이 이룩해 놓았던 사회, 이런 것들을 돌이켜 보자니 난 한마디로 몸서리가 쳐집니다. 약육강식이야 짐승도 타고나는 생존방식인데, 그때 학교 다녔다는 사람들, 그때 교과서를 달달 외워 우등생 되고 고등고시 합격해서 군수, 판검사 두루 지내면서, 선량한 동족을 해치지 않았던 이들이 있었다면 그야말로 예외였으니 말씀입니다.

그때 빼앗긴 나라의 주권을 되찾고자 침략자 일제에 협력을 거부했다가는 누구나 먹고살기가 어려웠던 터에, 어렵게 산 이들이야말로 선량한 사람들이었지요. 그렇다면 그때의 학교란, 아니 그때의 교과서란, 그리고 그때의 시험 점수란 무엇입니까? 우선 부귀영화는 학교 졸업자에게만, 그것도 상급 학교일수록 보장해 놓고는 그 학교 가는 길을 시험에 합격한 자로만 결정하였고, 그 문제는 교과서에서만 내기로 한 것이었어요. 교과서야 국정이 아니면 검인정인데 총독부 마음대로 넣고 빼고, 합격·불합격시키고요.

그러니 그 교과서의 내용이 어떠했겠습니까? 첫째 우리 민족(그때는 조선민족이라 불렸지만)은 독립할 능력이 없고, 둘째 일제는 부강하기가 서양 나라 못지않은 데다 세계에 으뜸가는 충효 국가이므로 조선은 일제의 식민지로 있고도, 아니 조선인은 일본인이 되어 버려야 훗날 잘 살 수 있다는 것이었지요. 나 자신이 그 적의 학생이었습니다. 빼앗긴 나라의 주권 되찾는 일이라든가, 그래야만 우리 민족은 너 나 할 것 없이 사람답게 살 수 있다는 생각은 꿈에서조차 생각해 본 일이 없습니다.

선생님, 하지 말았어야 할 사사로운 얘기까지 했나 봅니다. 이제는 우리나라 교육, 공적인 얘기로 돌아가렵니다. 교과서의 불합격 얘기 말씀입니다. 아니, 수많은 대학교수가 낙방한 얘기입니다. 교수면 대학의 선생인데, 그보다 한층 아래인 중·고등학교의 교과서를 지었다가 검정에 떨어진 것입니다.

교과서 과목당 교수 2인, 중·고 교사 3인으로 구성된 심사위원회가 '필수·공통·교양' 세 가지 기준에 따라 심사를 해서 합·불합격을 판정했다는 보도입니다. 그러니 알고 싶은 것은 그 기준들입니다. 시험문제의 정답에 해당하는 교과서 검정의 기준입니다. 아니, 정말로 알고 싶은 것은, 시험문제가 교과서에서만 나듯, 교과서 검정 기준이 나온 모체, 필시 그것은 교과과정일 터인데, 그것이 설마 일제 때의 그것처럼 인간이나 인류 대신 부(돈)나 강(힘)만 섬기도록 한 것은 아니겠지요. 아니기를 빕니다. 일제 때엔 합격한 교과서를 밤낮없이 공부하다 보면 사람도 약육강식하기가 십상이었죠. 이번에 합격한 우리 교과서들은 그런 것이 아니기를 빕니다. 민주국가에서는 그럴 리도 그럴 수도 없습니다.

교육 없는 과학 교육

이번 『교육신보』를 읽고 느끼는 것이 있어 선생님께 다시 엽서를 띄웁니다. 여러 기사 가운데서 특히 관심을 두고 읽은 것은 1면에 7단으로 실린, 엄청난 투자로 출발시킨 과학고등학교에 관한 기사였습니다. 전국 13개 시·도에 새로 설립되고 있는 이 학교들, 그중 경기도 수원의 한 학교에만도 지난 한 해 동안에 20억 원이나 투자했다는 것이었고, 그 끝에 모집한 신입생들이라야 단 30명씩 두 학급만으로 개교했다는 소식입니다. 이 학교의 교사들 또한 엄청난 특혜를 받고 있더군요. 주당 10~12시간밖에는 수업을 담당하고 있지 않은 데다 과목마다 실험 조교까지 딸려 있다니 말씀입니다.

나는 이 기사를 읽으면서 우리나라 경기도에 서양 선진국 고등학교들의 차림새를 보는 느낌이었습니다. 서양 나라에서도 사립 명문 고교가 아니면 이 나이의 학생들에게 기숙사 생활까지 시키지는 않고 있는 터에, 우리나라도 선진국과 비슷한 명문 고교를 각 시·도에 골고루 설립하나 봅니다. 선진국에서처럼 사립이 아니다뿐, 그래서 학교의 교육 이념이며 과정·시설·방법 등 무엇 하나 관제 아닌 것이 없지만, 그것 말고는 우리의 과학고교는 선진국을 뺨칠 만큼 번듯하더군요.

나는 분명히 우리의 과학고교가 서양 나라의 그냥 고교를 닮았다고 말했습니다. 우리의 과학고교 말고 그런 고교는 세계 어디에도 없습니다. 인문고교 농·공 고교 할 것 없이 그렇게 비정한 학교는 후진국에도 없을 것입니다.

기능올림픽 때마다 금메달을 한 아름씩 안겨다 주는 우리 공업고교라 하지만, 그건 고교교육의 소산이었다기보다는 기능훈련장의 성과이었죠. 요즈음 석유의 무기화라 한다지만, 기능올림픽의 정치 무기화 정책에 청소년들이 흡수된 것이지, 그 메달만큼 인간이 인간답게 교육됐다는 얘기는 아니지 않을까요? 선진국에선 우리 과학고교가 어디에나 있는 그냥 고교인 것이지요. 고교뿐인가요? 초등학교부터가 30명 이내로 학급당 학생 수를 제한하고 있는 데다, 교사는 관료조직의 말단은커녕 사회의 축소판인 학급의 그야말로 대통령이죠. 자유와 평등이 특징인 서양사회의 축소판인 학급에서 과학기술을 익히기를 9년이 지나고야 진학하는 선진국 고교입니다. 그 학생들 인간성도 생존의 기술로 그 바탕만은 닦는 셈이죠.

우리의 경우, 이제야 선진조국의 건설을 표방하고 있는 터에다가, 후진국의 특성은 거의 모두 간직하고 있어서, 그 속의 학교도 별수가 없는가 봅니다.

서양 경제권에 속하고, 선진국 경제 개발 이론, 정치 근대화 이론을 채택해 온 어떤 후진국도 자신들의 사회를 민주화·인간화시키는 데 제대로 성공하지 못했으며, 오히려 독재, 부익부 빈익빈이 사회의 일반적 특징이 되고 있는 것이죠. 필리핀·인도네시아 등 동남아시아 사회가 그렇고, 아르헨티나·브라질 등 라틴아메리카의 사회가 그렇죠. 우리의 경우, 지난 70년대 후반의 한 통계에 의하면 전 국민의 0.3%밖에 안 되는 약 10만 명이 전 국민의 재산 43.3%를 소유하고 있다고 하니, 그만하면 부익부 빈익빈 정도는 알 만하죠.

그런데 그 속의 우리 학생들, 그야말로 우익우 열익열 優益優劣益劣이지요. 학교야 나라에 공장이 늘어난 만큼이나 늘었지만, 학생들은 나라에 재벌만큼이나 소수만이 우등생 가도를 달리고 있는 것이죠. 도시보다야 군·면이 더 많은 우리나라인데, 그곳 학교를 다니고는 아무도 대학 진학은 못할 판국이고, 도시 학교라야 좋은 가정에다 머리도 좋게 타고난 아이들만 수업을 따라가며, 시험 점수 딸 수 있는 판이죠. 초·중등 합치면 12년 학교생활, 시험 점수만 있고 피도 눈물도 없는 약육강식의 삶이죠. 약육강식이야 인간이 아니고도 짐승조차 타고나는 생존방식이 아니던가요?

20억 원이라는 엄청난 예산을 들여 하나의 과학고교를 차렸다는 기사를 보고 내가 놀란 것은, 그렇지 않아도 전국의 학교 사회가 인간 부재의 점수 따기 수라장인 판에 그야말로 엎친 데 덮치는 격이 될까 봐서이죠. 어둠에 불을 보듯 확실한 것은 과학의 재능에 뛰어난, 그러나 이기적인 점에서 적나라한 수성獸性을 드러내는 무자비한 인간이 양성되리라는 점입니다.

그 과학고교가 그런 방식으로 교육을 하리라는 얘기는 물론 아니죠. 입학할 때 15세인 사람을 두고는 학교가 단 3년 동안에 뜯어고치기란 한계가 있는 법이라서, 그리고 학교보다야 사회의 구석구석에까지 가득 차 있는 약빈자 부강식弱貧者 富强食 풍조가 더욱 거세게 학생들의 마음을 사로잡는 법이라서, 나는 그렇게 단정했던 것입니다. 신입생을 전원 기숙사에 수용하고도 학교 밖의 사회가 자유롭지도 평등하지도 않으면, 학생들은 고교 3년 동안에 사이비 인간이 되어 갈 수밖에 없는 것이 아닐까 적이 걱정스러울 따름입니다.

과학기술 박사의 대량생산

이번 『교육신보』를 읽고 느낀 것이 있어 선생님께 다시 엽서를 띄웁니다. 여러 기사 가운데 특히 관심을 두고 읽은 것은 3면의 머리기사로 실린, 한국과학기술원의 과학계 박사 속성 과정의 구상에 관한 기사였습니다. 과학기술계 박사들이 즐비하게 들어서서 우리나라 경제개발 계획을 뒷받침하는 연구에만 몰두하는 한국과학기술원이거니 생각해 왔던 나로서는, 그 산하에 학교까지 설치해서 종래에는 12년이 걸리던 박사를 8년 내에 배출할 구상을 하고 있다는 보고엔 적이 놀라지 않을 수가 없었습니다. 해마다 그것도 봄·가을 두 차례에 걸쳐서 전국의 수많은 대학들이 각종 박사학위를 수여하고 있는 터에, 이번에 한국과학기술원은 전국 70여만 명의 중학교 졸업 예정자 중 1,000명 정도를 추려서 과학기술계 박사를 만들겠다는 구상이고 보면, 박사의 속성 재배만이 아니라 대량생산도 겸해서 추진하고 있나 봅니다.

나는 이 기사를 읽으면서, 박사를 속성하든 양산하든 그것이 인간교육임에는 틀림이 없는데 그 이념이 무엇일까, 어떤 발상에서 그런 구상을 하게 된 것일까 궁금하기가 이를 데 없었습니다. 이 나라의 어느 종합대학교에나 과학기술계 박사들이 적지 않게 있어서 후진을 교육하고 있는 터이지만, 거기에서는 인간을 수단으로서가 아니라 목적으로 섬기려는 이

넘이 있는 것입니다. 그 이념이 먼저 있었고 나중에 학생을 맞아 교육하고 있는 것입니다. 우리 한국과학기술원이 그 사업을 교육에까지 넓히려면 우선 그 이념부터 국민 앞에 밝혀야 하지 않을까요? 만약 인간을 교육해서 어떤 다른 목적을 위한 도구로 쓸 양이면, 그건 미성년·학생을 자녀로 가진 온 국민이 절대로 용납지 못할 일이기 때문입니다.

자기의 자녀도 성년이 되면 제 일은 제가 결정할 권리를 갖거니와 도구로 쓰일 사람으로 길러진다는 것을 알고도 스스로가 결정을 내릴 수 없는 나이 20세가 못 되는 학생들은, 인간을 목적으로 섬기지 않는 교육에서 기필코 제외시켜서 정부도 국민도 힘을 모아 이들을 보호해야 하지 않을까요. 나는 한국과학기술원이 그 산하에 학교를 세우려는 이념이 어느 쪽인가는 모르거니와 인간을 목적으로 섬기려는 교육을 할 양이면, 어째서 정규대학에서는 박사의 속성이든 양산이든 그것을 못하는가부터 알려 주어야 할 것입니다.

나는 지난번 교육 엽서에서 과학고등학교의 개교에 대한 나의 생각을 밝힌 바 있지만, 만인이 진학하는 정규 교육기관들은 진정한 의미에서 교육도 아닌 상태로 두어둔 채, 이른바 영재를 뽑아 따로 교육하려는 것은 학생 본인에도 나라에도 불행한 결과를 가져오리라는 것이 나의 생각입니다. 중학교 3학년이면 나이 15세 전후인데, 그때의 적성이니 지능이니 성적이니는 그 학생이 타고난 가정과 그 후의 교육 후원의 반영밖에 아무것도 아닌 것을 두고, 과학고교처럼 100명 중 3명(부산과학고교의 경우)을 뽑든, 이번의 박사 속성 과정처럼 700명 중 1명을 뽑든 간에 그건 공정을 가장한 특수층 자녀의 편애입니다.

나라가 유위(有爲)한 인재를 얻고자 하면 초등학교를 비롯한 정규학교들을 학교답게 차려 놓고, 집안이 가난하고 그래서 공부를 못하는 아이들일수록 빠뜨리지 않고 교육하는 일을 선행하지 않으면 안 될 것입니다. 학교를 세워 인재를 얻으려 함도 훌륭한 나라를 세우자는 것일진대, 제국주의 일본이나 나치즘 독일, 그리고 파시즘 이태리가 우리나라의 희망일 수는 없습니다. 지금의 일본조차 그리고 지금의 독일도 이태리도, 우선 만인의 교육부터 공들인 연후에, 아니 만인의 공정한 교육 바로 그 속에서 영재를 찾아내고 있습니다. 특혜는커녕 영재 아닌 학생보다 그 이상도 이하도 아니게 교육하느라 무진 애쓰고 있습니다. 그럴 수밖에 없는 것은, 과학·기술에 영재가 아니다뿐, 인간 존중이나 사회정의나 평화 실현 등에는 그야말로 영재인 학생들이 얼마든지 있기 때문입니다.

선생님, 지금의 우리나라가 그런지 안 그런지는 내 손에 자료가 없으니 모르겠습니다만, 나는 지금의 소위 선진국들의 과학기술 정책에 크나큰 충격을 받고 있습니다. 1975년이니까 8년 전 얘기입니다만, 국제연합 사무총장이 보고한 바에 의하면 세계 전체의 군비 지출이 연간 3,000억 달러에 이르고, 개발도상국들의 군비 지출은 6년마다 3배씩 늘어난다는 것입니다. 그런데 더욱 놀라운 것은 세계의 과학자와 공학자들의 연구 동향입니다. 무려 그 절반이 군사적 연구에 주력하고 있다는 것입니다. 저마다 그것이 나라 사랑의 길이라 외쳐 대면서 말씀입니다. 미국은 일본 히로시마에 떨어뜨린 원자폭탄 100만 개에 해당하는 핵폭탄을 비축하고 있다고도 하고, 소련의 경우는 아직은 미국보다 그 양이 적다고는 하나 곧 비슷해질 거라고도 합니다. 그런데 핵폭탄을 가진 나라들은 미·소만이 아니지 않습니까? 갖고도 더 만들고 있는 데 문제의 심각성이 있는 것입니다. 인류가 파멸하면 사랑할 나라도 겨레도 없어지고 말 것일 텐데 말씀입니다.

제도 지상주의의 교육 현실

이번 『교육신보』를 읽고 느낀 것이 있어 선생님께 다시 엽서를 띄웁니다. 여러 기사 가운데 특히 관심을 두고 읽은 것은 3면의 머리기사로 실린 정규학교를 중퇴하고 검정고시를 치는 학생들에 관한 기사였습니다. 학교 당국이 퇴학시킨 것이 아니라 학생들 스스로가 학교를 마다하고 나와서, 그러니까 독학을 해서 검정고시에 응시하는 학생 아닌 학생들이 급증하고 있다는 보도였습니다. 정규학교의 선생님들을 뿌리치고 나왔으니 분명 학생은 아닌 사람들인데, 그 수가 얼마나 많았으면 서울의 모 대학의 경우 금년도 신입생의 5.2%가 검정고시 출신자이었을까, 이건 참으로 예사로운 일이 아니라고 생각합니다.

그런데 나를 놀라게 한 기사는 이것만이 아니었습니다. 1면에 실린 '졸업정원제하의 강제 탈락자들'에 관한 보도에 따르면, 지난 한 해에만도 무려 867명이나 되는 대학생들이 퇴학을 당했다는 것입니다. 자퇴가 아니라 퇴학을 시켰으면, 이번에는 정규대학들이 그 많은 학생들을 버린 것이지요. 버려지고부터는 학생이 아니니까, 학생으로서는 죽었다고 할밖에요. 나는 대학은 고등학교까지의 일반 보통교육과는 본질적으로 다르기 때문에, 이 강제 탈락(학생 신분의 상실, 즉 학생으로서의 죽음)을 두고 교육 당국의 잔인성까지 들먹거릴 생각은 없습니다. 그러나 앞서의 고등학교 자퇴생 문제를 포함해서 무엇이 학생으로서의 생사를 가늠하는 장본인이냐는 따져 보아야 하겠다는 것이 나의 생각입니다.

두 기사를 읽어 보니 따져 볼 것도 없이 '제도'가 장본인이더군요. 그 제도라는 것에도 이름은 붙어 있어서 고등학교 학생들의 경우엔 '대학 입시의 내신 성적 반영제'였고, 대학생들에게는 '졸업정원제'였습니다. 그리고 이 두 제도를 새끼로 치면, 어미에 해당하는 것도 있더군요. 없는 이름을 내가 붙여 보았습니다. '교육 당국제製 시험에서의 득점 지상제'쯤으로 말씀입니다. 바로 이 시험 성적으로 대학도 고등학교도 학생들을 학교虐殺하고 있는 것으로 나는 보았습니다. 학교가 학교虐殺로 되게 한 것, 그것은 바로 이 시험 성적 지상주의가 아닌가 나는 생각합니다. 고등학교 중퇴생이 급증한 것도 학생 때 시험 성적으로 대학 진학이 어려울 듯해서였고, 대학에서 강제 탈락생이 대량으로 쏟아져 나온 것도 결국에 시험 성적이 나빠서였습니다.

대학생인데 자기 교수 강의만이 아니고 뭇 학자들 저술을 탐독할수록 좋은 것이지만, 꼭 자기 교수가 출제한 시험 점수가 높아야만 버림받음을 면하도록 되어 있는 것입니다. 고등학교 학생들은 더더군다나 교사의 출제도 아닌 교과서 내 출제의 시험 점수로 학생 운명이 좌우되고 있습니다. 교사가 교과서에서 말고는 출제하지 못하도록 제도가 되어 있는데 그 시험이 어떻게 교사의 출제입니까? 그래서 나는 '교육 당국제 시험문제'라는 말을 썼던 것이지요.

국민의 자녀가 받는 정규교육과 국민을 다스리는 정치의 관계를 살피고, 그것이 하필이면 교과서에서 초점을 맞추고 있다는 얘기를 하고 보니, 얼마 전 한·일 관계까지 시끄럽게 했던 일본의 역사 교과서 왜곡 사건이 머리에 떠오르네요. 『교육신보』도 최근에 교과서 문제를 깊이 파헤쳐 보도하고 있습니다만, 1종 교과서가 그렇게 잘못 꾸며지고 또한 그렇게 잘못 가르쳐지고 있다면, 그리고 2종 교과서라는 것도 그렇게까지 졸속으로 만들 수밖에 없다면, 그건 우리 학생들이 불쌍한 노릇이라고 나는 느꼈습니다.

그리고 4면 전체를 할애해서 두 번에 걸쳐 보도된 '교과서와 국제정치'를 읽고는 일본에서의 교과서 중심의 학교교육에 등골이 오싹함을 몇 번이고 느꼈습니다. 하늘이 무섭지, 어떻게 아이들 교육을 장기 집권의 도구로 삼는다는 말입니까! 하여간에 우리 교육의 애기나 몇 마디 더 하고 이 엽서를 끝맺으렵니다. 고등학교의 경우 교재 문제를 교사들에게 일임하고, 대학의 경우 대학생의 입학·퇴학 문제를 대학마다에 맡겨 버리면 어떨는지요. 그러면 문교부는 할 일이 없어지지 않느냐고요? 그렇습니다. 학교의 통제권은 그만큼 없어집니다.

그러나 그 대신에 실제로 학생들을 교육하는 현장을 돕는 일이 늘어나지요. 아니, 늘어나야 마땅합니다. 요즘에는 어디에서나 보고 듣는 '선진 조국의 창조'입니다만, 미국을 후진국이랄 당국은 아닐 터인데, 미국에서는 중앙정부이건 지방정부이건 문교부는 교육 현장을 돕는 일만 하고 있습니다. 그들의 생각은 그야말로 양식의 소산이죠. 고등학교의 교사 자격을 갖춘 사람이면 어느 교재가 자기의 학생들에게 적합할 것인가는 그가 제일 잘 알 거라는 것이지요. 물론 시험문제의 출제에 있어서도 그가 제일이고요. 고등학교 교사가 그렇고야 대학은 더 말할 나위도 없는 것이죠. 대학생의 선발 방식은 물론 퇴학권이야말로 대학의 기본권이라는 것이죠. 아니 그보다도 근본적으로는 정치로부터의 중립이 보장되어야 참교육이 실현된다는 그야말로 양식의 실천입니다.

뿌리 깊은 차별 교육

　이번 『교육신보』를 읽고 느낀 것이 있어 선생님께 다시 엽서를 띄웁니다. 여러 기사 가운데 특히 관심을 두고 읽은 것은 3면의 머리기사로 실린 '방향 못 잡는 인문계 고교 야간부 교육'에 관한 보도였습니다. 말이 교육이지 그건 교육도 아니었습니다. 교육 방법상으로는 주간부·야간부에 아무런 차이도 없으련만, 교육행정을 보면 야간부 아이들은 정규학생도 아니었습니다. 고등학교인데 고교 입시에 떨어진 아이들만 야간부에 수용했으니, 입시에 합격해서 다니는 주간부 아이들만 진짜 학생들인 셈이었습니다. 선생도 주간부 아이들의 선생일 뿐 야간부 아이들은 남의 선생님들에게 '동냥 공부'를 하고 있었습니다.

　말하자면 거지 학생들이었지요. 학생이 아닌 그냥 거지야 공부를 동냥하는 것이 아니라 보리쌀 한 줌이든, 돈 몇 푼이든 원대로 귀하게 받아먹지만, 이 공부에 허기진 야간부 아이들은 그나마 요기도 못하고 있었습니다. 그게 무슨 소리냐고 펄쩍 뛸 이도 있겠지요. 여느 날은 오후 네 시부터, 토요일은 두 시부터 교육법이 정한 바 교육과정을 하나도 어김없이 가르치고 있거늘, 그만하면 공부 배가 불러서 욕볼지언정 배고파 허기질 까닭은 없노라 하겠지만, 그것은 공부 배와 여느 배를 분간조차 못하는 이들이나 할 말입니다. 날마다 시간마다 교과서 들고 교실에 들어가서

꼬박꼬박 풀어먹인다고 해서 먹히고 채워지는 것이 아닌 것, 그것이 공부배라는 것은 교육학자까지 들먹거리지 않아도 공부하는 아이들에게 애정만 가진 사람이면 누구나 알고 있는 상식 아니었던가요. 고교 입시에 합격한, 잘사는 집의 공부 잘하는 아이들만으로 주간부에 채워 놓았으니, 그 학교는 누가 보아도 그들의 학교입니다만, 야간부 아이들은 더부살이 신세입니다.

그렇지 않아도 어려운 집의 아이들인데 학교마저 더부살이니 기가 죽어 살밖에요. 아이들도 사람인데, 아니 아이들일수록 기죽으면 아무것도 되는 일이 없는 법이지요. 학교 다녀 공부가 되게 하려면 우리는 그들의 죽여진 기부터 살려 놓고 볼 일입니다. 주간·야간의 차별부터 없애야 한다는 것이 나의 생각입니다.

아니다, 의무교육도 아닌 고등학교를 두고는 도리어 지금보다도 더욱 엄격한 입학시험으로 공부 잘하는 아이들을 추려내야지, 그래서 영재교육으로 방향을 틀어 고급 인력 양성해야지 경제의 고도성장 지속에서 선진조국 이룩할 게 아니냐는 이들도 있을 겁니다. 아닌 게 아니라 그래서인지, 제 나라 말도 제대로 익히지 못한 꼬마들에게 영어를 지껄이게도 하고, 엄청난 나라 예산을 퍼부어 세계에서도 으뜸갈 과학고교를 여기저기 세우나 봅니다.

그러나 나는 다른 생각입니다. 우리의 조국을 뒤떨어지게 하자는 것이 아니고 앞서가게 하자는 데야 두 손 번쩍 들어 만세라도 부르고 싶지만, 나라의 어떤 모습이 선진인가에 대한 나의 생각은 다릅니다. 나라가 곧 겨레이고, 우리 겨레 모두가 짐승처럼 약육강식 않고, 인간처럼 착하게 살아가게 될 때, 그게 바로 선진조국이 아니겠는가 하는 것이 내 생각입니다. 미국처럼, 소련처럼, 아니 서양의 모든 공업국들처럼 과학·기술 먼저 익혀 부강한 나라가 되고는, 약하고 작은 남의 나라도 교묘하게 뒤흔들고 돈 벌어 가는, 그런 나라들이 선진국이라면 나는 부럽지가 않습니다. 나라가 부강해질수록 제 국민도, 가난하고 약한 남의 나라도 호혜평등 않고는 선진국은커녕 후진국도 못 된다는 것이 나의 생각입니다.

그러나, 아니 그렇지만 우리는 시방 그런 부강국도 못된 터에 그런 나라한테서라도 배울 것은 배우자는 데에는 아무 이의가 없습니다. 서양 나라가 부강국 된 경위를 돌이켜 봅시다. 어느 나라도, 대학이라면 몰라도 고등학교인데도 아이들을 시험 성적으로 인간 차별하는 그런 경우를 나는 도무지 알지를 못합니다. 내가 아는 한 어느 서양 나라도 고등학교까지는 무차별 교육입니다. 온통 쓸모없을 사람은 애당초 태어나지를 않는다는 것을 정부도 국민도 상식으로 받아들이고 아이들 누구나를 온 정성 기울여 가르쳤던 바로 그 까닭에 오늘의 부강국이나마 된 것입니다.

우리의 지난날의 경우 시험 점수 잘 따서 입신출세하고는, 제 겨레 제 나라 해친 사람들은 이들 소수 우등생 출신이었습니다. 일제 강점기, 분단시대 할 것 없이 참으로 애국애족은 다수 비우등생들이 하였지요. 인문계 고등학교 학생들, 주간·야간 차별 말고 공부 못하는 학생들일수록 온 정성 기울여 사람으로 가르칩시다. 교실도 선생도 있는데 그 낡아빠진 시험 점수 지상주의만 쓰레기통에 버리면 됩니다.

주체성 없는 외국어 교육

이번 『교육신보』를 읽고 느낀 것이 있어 선생님께 다시 엽서를 띄웁니다. 여러 기사 가운데 특히 관심을 두고 읽은 것은 4면의 머리기사로 실린 '일관된 외국어 교육정책 절실'이라는 좌담회의 보도였습니다. 외국어 교육에 대한 정책이야, 88년 서울 올림픽을 앞두고 학생들을 외국말쟁이쯤으로 길러 낼 심산인가 본데, 좌담한 우리 교사들은 그것이 아니었습니다.

아무리 정책이 잘못된들 학교에 참다운 교사들이 있는 한 실지 교육은 결코 저질이거나 악질이 될 수는 없나 봅니다. 이 말씀을 뒤집어도 또한 한가지일 거라는 확신도 갖게 되었습니다. 즉 제아무리 정책이 좋아봤던들 일선 교육은 학교 교사들 이상으로 좋게 할 수는 없다는 확신 말씀입니다.

한 분 한 분의 발언 내용을 읽어 내려가면서 깜짝깜짝 놀란 것이 한두 번이 아니었습니다. 감동도 여러 번 받았고요. 우선 세 분 모두가 외국어 교사였으려만 우리의 국어 교육을 강조하고 있는 점, 나는 그저 감사하기만 했습니다. 조선왕조 500년 동안엔 진서眞書라는 외국어, 즉 한문 가르치기가 위세를 떨쳤고, 일제 강점기에는 일본어라는 외국어로 바뀌더니, 해방 후 분단시대가 되면서는 이남은 영어, 이북은 노어 바람이 일게 된 것인데, 그래서 우리 민족의 교육사가 외국어 교육사처럼 왜곡되어 온 것인데, 더욱 정확히 말한다면, 제 나라 제 민족의 사랑은 안 가르치고, 외국어로 사대하여 입신출세하기만 가르쳐 왔던 것인데, 그 세 분의 외국어 교사들은 교육의 대상이 한국말로 살아갈 우리 동족임을 잊지 않고 있었습니다.

나는 지금의 우리 교사들 모두가 이 세 분의 생각과 꼭 같기를 간절히 바랍니다. 조선왕조, 일제 강점기는 물론, 분단시대인 이제도 금력·권력 휘두르는 이들 중에는 학교에서 배운 재주로 제 민족 해치며, 외세에 빌붙어서 사는 이들이 많습니다. 그들이야 지금도 아이들 잠잘 때마다 영어 테이프를 들려준다고 자랑하건 말건, 내일이면 이 나라 이 겨레의 주인공이 될 아이들에게 스승으로서야 그 짓은 차마 못할 일이고말고요. 일제 강점기의 선배 스승들이 식민지 조국을 독립시키지 않고는 우리 민족 어느 누구도 인간답게 살 수 없다는 것을 한사코 가르쳤듯이, 지금은 분단된 조국의 평화통일 없이는 우리 민족이 잘 살기는커녕 살아남기조차 어렵다는 것을 한사코 가르쳐 주어야만 비로소 우리는 저 일제하에 친일 교육으로 민족을 반역했던 자들의 후예가 아니게 되는 것이라 생각합니다.

그런데 이 좌담 교사 세 분은 국어 교육 우선에서만 공통이 아니라, 외국어 교육을 통해서도 민족 주체성의 함양에 역점을 두자는 데에도 공통이었습니다. 백 번도 옳은 말씀입니다. 요즈음일수록, 앞으로의 세상일수록, 외국어 능력은 아쉬울 터이지만, 이광수나 최남선 따위 민족 배신자가 아닌, 한용운이나 이육사와 같은 외국어에 능통하되 애국애족할 사람이 기다려집니다. 지금의 우리 아이들을 그런 사람이 되게 하자면 우선 우리부터가 이광수나 최남선 같은 선생 노릇은 말아야 할 일이라 생각됩니다.

그런데 젊어서는 제법 애국애족으로 글을 쓰고 학문도 하면서 선생 노

룻하더니, 돈과 권세에 눈이 멀고부터는 사람도 아닌 짓, 민족 반역까지 했던 친일파들, 그들의 시나 글이 아직도 우리 중·고등학교의 국어 교과서에서 판을 치고 있다는 것은 참으로 통탄스러운 일입니다.

그런데 이리된 것도 생각해 보면 결코 우연히 아니라는 데 더욱 큰 문제가 있지 않은가 생각됩니다. 새 나라 우리 대한민국을 세웠을 적에 하필이면 친일파 민족 반역자들을, 교육계 요직에서 추방은커녕 도리어 두루 추대했던 것이지요.

제1·제2·제3·제4 공화국 할 것 없이, 교장, 교육감, 대학장에도, 심지어는 문교부의 국장, 차관, 장관까지도 버젓이 군림해 왔었으니까요. 늙으면 누구나 죽기 마련이어서 지금도 교육계에 군림하고 있는 것은 아니지만, 그 후예들이야 많이 있는지 어떤지 조금만 살펴보아도 알 일입니다. 세 분 외국어 교사들은 이구동성으로 일관된 외국어 교육정책이 절실하다고 했습니다만, 나도 물론 동감입니다. 그러나 그보다 앞서 교육계로부터 일제의 잔재와 함께 그 후예인 구시대의 잔재도 청산되어야만, 비로소 일관되기를 바라는 올바른 교육정책이 나올 수 있으리라는 것이 나의 생각입니다.

학교에서 사라진 4·19 정신

이번 『교육신보』를 읽고 느낀 것이 있어 선생님께 다시 엽서를 띄웁니다. 1면에서 4면까지 머리기사는 물론, 지방 단신까지 자세히 읽었습니다. 분명 지난 주 화요일은 4월 19일이었습니다.

그리고 이번 신문은 18일부터 한 주간의 교육계 소식을 담은 것이고요. 그런데 이게 웬일입니까? 4·19 23돌을 맞은 우리나라 학교들 그 어느 하나도 학생들에게 4·19에 관한 교육을 했다는 기사가 없으니 말입니다.

교육신보사에는 미안한 얘기가 되겠습니다만, 4·19를 교육한 것은 한 학교 두 학교가 아닌 수많은 학교들이었는데, 아니 어느 초등학교 어느 고등학교·대학도 교육했는데, 다만 신문사의 태만으로 기사화되지 않았던 것뿐이기를 나는 빌었습니다. 아, 만에 하나라도 사실로 4·19를 맞은 우리나라 학교들이 어린 국민들 앞에 선생으로 나서서 딴전만 피우고 지나쳐 버렸다면, 그건 교육은 고사하고 사람도 아닌 짓이었다고 난 생각합니다. 제 나라의 지난날에 4·19가 없는 일본이나 미국에서조차, 자유와 평화를 향한 인류의 끊임없는 헌신을 어린 학생들에게 가르쳐 주자면, 빼놓으려야 빼놓을 수 없는 교재가 바로 우리의 4·19가 아닌가도 생각합니다.

아니, 그 나라들 학교에서는 일부에서나마 우리 4·19를 인류 사회의 바른 전개라는 측면에서, 따라서 그네들 나라의 역사 창조와도 관련지어 4·19를 교재로 다루었다는 얘기도 들려오고 있는 터입니다. 그러니 제 나라의 23년 전에 있었던 꽃다운 학생들의 순국, 조국의 자유와 평화에의 헌신을 그 돌날을 맞고도, 그 후배인 학생들 앞에 가르치지 아니하고 딴전만 피운 학교가 있었다면 그건 학교가 아니었다고 할밖에요.

생각하면 23년 전 4·19 직전의 학교들만큼, 어린 학생들이 어른 사회의 부정부패를 알아챌세라 쉬쉬하고, 새로운 우리나라 대한민국이련만 친일파 민족 반역자들의 여전한 군림상을 숨겨 주느라 급급했던 적은 우리의 교육사에도 드물지 않나 생각되기도 하는군요. 조국의 독립을 위해서 항일로 젊은 시절을 일관한 끝에 취임한 초대 대통령이었기에 처음에는 그를 국부라 하여도 자연스럽기까지 했던 것이지만, 날이 갈수록 친일 민족 반역자들의 등용이 심해지고부터 실망이 여간 크지 않았던 것이죠.

한마디로 교육감에도 문교장관에도 앉힌 친일파 민족 반역자들이었으니까요. 이때부터였습니다. 일제를 닮은 교육이 우리나라 학교들을 통째로 삼켜 버릴 만큼 위세를 떨치게 되었던 것이지요. 일제를 닮은 교육이 별것이었던가요? 나라의 주권이 국민들이 아니라 통치자에 있다는 것을 학교 선생들을 시켜 가르치는 체제이지요. 민주의식의 말살을 하필이면 어린 학생들을 가르치는 선생들을 시켜서 하게 하는 독재 교육, 그게 바로 일제를 닮은 교육입니다.

그러기에, 4·19가 나던 해인 1960년, 3·15 총선거에 앞서 당시의 정부는 집권당이었던 자유당과 결탁해서 아이들의 선생들을 총동원해서까지 부정선거를 감행했던 것이 아니던가요? 일제의 총독부 시학으로 있으면서 갈고닦아 놓은 민주의식 말살 교육의 수법이 있거늘, 이제는 교육 권력의 감투까지 쓴 바에야 선생을 시켜 부정선거쯤 너끈히 해치웠던 것이지요. 아직도 우리 기억에 생생한 것은 4·19 직후 전국 교육감의 공직 추방입니다.

그땐 어린 자녀를 학교에 보내고 있었던 국민들 치고, 전국 교육감들의 교육 배신의 죄상에 접하고 회한의 눈물을 감추기가 정말로 어려웠지요. 더도 말고, 일제 때의 친일파 교육 반역자들의 재림을 보았던 것이지요. 그러니 글자 그대로 회한이었을밖에요. 4·19 직전의 교육이 일제의 그것을 닮았었다 함은 이래서만은 아니었습니다.

나라 사랑 겨레 사랑, 아니 인간 존엄 의식까지를 선생들의 발로 짓밟게 했대서도 일제의 교육을 닮은 것이었지요. 독재나 권력이나 자유당이 나를 업지 않고는 먹고사는 길도 막혀서, 선량하다가는 가난과 수난이 십상이었던 당시의 사회였건만, 한마디로 약육강식의 짐승 판의 사회였건만, 학교 선생들은 이를 외면하고는 독재자를 여전히 국부로 믿게 가르칠 수밖에 없었던 것이지요. 그들도 그래야만 월급 타서 다만 처자라도 먹일 수 있었으니까요.

그러나 그때엔 나라 사랑 겨레 사랑에 불타는, 아니 타고난 인간 양심에 따르는 용기 있는 사람들이, 아니 미성년 학생들이 있었습니다. 우리 민족의 역사적 정통성을 이어받은 4·19 순국 학생들이 있었습니다. 바로 그들의 순국 23돌이 지난주 화요일이었습니다. 그러련만 우리나라의 어느 학교에서도 그들의 순국을 외면했던지, 하여간에 『교육신보』에는 4·19를 어떻게 가르쳤다는 학교 기사 하나가 없었습니다. 노교사 나는 다만 회한스러울 뿐이었습니다.

미국 교과서의 전쟁과 평화

이번 『교육신보』를 읽고 느낀 것이 있어 선생님께 다시 이 엽서를 띄웁니다. 특히 관심을 기울여 읽은 기사는 2면 해외 교육란에 실린 미국 역사 교과서 내용에 관한 연구 보고였습니다.

그것은 미국 중등학교 표준 역사 교과서 11종을 택해서, 그것들이 '전쟁과 평화'를 어떻게 다루고 있는지를 살펴본 매우 뜻깊은 연구였습니다. 나는 얼마 전에 일본 역사 교과서 왜곡의 국제정치적 배경에 관한 연구 기사를 읽었을 때만큼이나 이 기사에 감명을 받았습니다. 그때에도 일본 정부의 바로잡겠다는 애매모호한 약속 정도로 지나칠 일이 아니라는 것을 뼈아프게 느꼈습니다만, 이번에 나는 미국 교과서에 대해서 일종의 배신감 같은 것을 느꼈습니다.

다른 것은 그만두고라도, 우리는 원자폭탄으로 희생된 사람의 수효에 있어 일본 민족 다음의 민족으로서 미국 교과서가 보여 준 핵전쟁에 대한 애매모호한 태도에는 일종의 분노마저 느꼈습니다. 물론 나는 미국의 어느 단 한 사람의 교사도 교과서대로만 가르치도록 강요당하고 있지 않다는 것을 알고 있지만, 그래도 여러 가지 교재 중 으뜸의 교재임에는 틀림이 없어서 교과서에만은 핵전쟁의 죄악성을 고지식하게 적어 놓아야 한다고 생각합니다.

솔직히 말해서 핵무기 개발이 핵전쟁 억제의 수단일는지도 나는 모릅니다. 그러나 교육으로 늙은 내가 아는 것은 전쟁 아닌 평화가 어린 세대에게 가르쳐 주어야 할 가치라는 것입니다. 그런데 우리 모두가 알고 있는 세계 제1의 부강한 나라 미국에서 어린 세대들에게 분쟁 해결의 한 방법으로 전쟁을 합법시 내지는 정당시하게끔 교과서에 서술되어 있다니 이 얼마나 놀라운 일입니까! 연구 분석의 대상으로 선정된 표준 교과서 11권 모두가 "전쟁의 합법화에 대해 이성적인 의문을 던지지 않고 있으며, 인적·물적 손실을 나타내기 위하여 통계를 인용하면서도 인간이 겪는 고통의 극한 상황을 보여 주려는 시도는 아예 없다"니 말씀입니다.

참으로 불행 중 다행한 것은 미국에는 언론의 자유가 보장되어 있어, 전쟁으로 말미암아 인간이 겪는 고통의 극한 상황도 보도되고 있으니만큼 미국의 아이들은 학교에서 말고도 전쟁 아닌 평화라는 가치를 어느 정도는 배우리라는 점입니다. 그렇습니다. 미국만이 아니라 세계의 모든 아이들은 교과서 말고도 배워 지니는 것이 참으로 많습니다. 지금도 생각나는 것은 10년 전에 있었던 7·4 남북공동성명이 발표되었을 때의 학생들의 환호성입니다. 학교 다니면서부터 그 발표 전날까지 줄곧 교과서에서 배워 온 것이 헌신짝처럼 내던져지고 평화를 그렇게도 예찬했던 우리 아이들이었습니다. 가정에서, 동네에서 전쟁 아닌 평화의 가치를 배워 지녔던 것이지요. 하여간 미국 교과서의 내용을 분석한 샤론 위그토프 씨와 세르귀 헤르스코비치 씨는 교과서에 포함시킬 몇 가지를 건의하고 있는데, 그 가운데 특히 관심을 끈 것은 핵 관계 논쟁점들에 대한 본질적인 지식 내지 정보였습니다.

분석 대상이 된 표준 교과서 11종 중 어떤 것도 미·소 간에 협상 중에 있는 무기 제한이 핵전쟁을 막는 보장이 될 수 없다는 사실은 물론, 무기 제한이 단지 핵전쟁에서 어떤 무기를 사용할 것인가 하는 선택에 지나지 않는다는 사실도 지적하지 않고 있음에 비추어, 그리고 또 반전운동을 서술한 교과서라 하더라도 원자력 발전소의 안전성 여부를 비판하는 한 두 문장이 있을 뿐 핵무기 반대 운동을 언급한 교과서는 하나도 없었음에 비추어, 이와 같은 건의를 했다는 것이었습니다.

나는 무엇보다도 이 건의가 미국의 교과서 서술에 받아들여지기를 빕니다. 그 까닭은 다른 데에 있지 않습니다. 내일의 미국이 오늘보다는 더욱더 평화 지향이기를 바라서입니다. 오늘의 학생들이 핵 관계 논쟁점들에 관한 진실을 알고야 내일 평화를 마다할 리가 없기 때문입니다. 비단 미국뿐이겠습니까? 이 건의는 어느 나라 교과서에도 반영되어야 한다고 생각합니다.

비행 청소년과 사회 현실

이번 『교육신보』를 읽고 느낀 것이 있어 선생님께 다시 엽서를 띄웁니다. 특히 관심을 기울여서 읽은 기사는 3면에 4단 기사로 실린 '선도 학생 등급 지도 지시'에 관한 기사였습니다.

그것은 지난 4월 6일, 그러니까 대구에서 밤새 춤추다가 화재가 났는데도 피하지 못한 고등학생들이 죽어 간 사건이 발생한 직후에 문교부가 내린 비행 학생을 교사가 결연 지도하도록 한 지시에 따라 경기도 교육위원회가 마련한 놀라운 방안이었습니다. 중학생 336명과 고교생 1,415명 등 1,751명을 특별 지도 대상 학생으로 선정, 이들을 3등급으로 나누어 A급은 교장이, B급은 교감과 주임교사, C급은 담임이 책임지도록 했다는 보도였습니다.

나는 이 기사를 읽었을 때, 물론 비명에 죽어 간 고등학교 학생들부터 머리에 떠올렸습니다. 죽은 학생들이라고, 살아남았다는 어른들이라는 분들이 '비행'으로 낙인찍을 때부터 우리 사회의 어떤 도덕적인 파산을 느꼈지만, 그 후에 있었던 학교교육의 총수 격인 문교부 모임에서, 앞서의 사건을 보는 일반 지도층의 시각과는 달리, 결연 지도 지시를 내렸을 때에는 한 가닥 희망을 걸었던 것도 사실이었습니다. 왜냐하면 그것은 오직 그러한 지시 속에 교육계 지도층의 뉘우침이 엿보여서였습니다. 미성년들이 비명에 죽어 간 것은 우리 기성인들의 잘못, 그 가운데서도 이른바 지도층의 타락·비정·비리의 탓이노라, 이제부터 아직 비명에 가지 않은 수많은 학생들과는 우리 지도층이 결연을 해서 서로 애정을 갖고 함께 산다면 그게 바로 죽어 간 젊은 넋들에게 하다못해 진혼이라도 되지 않겠는가, 선생님 나는 이래서 문교부의 지시를 은근히 좋아하고 있었던 것이지요.

그런데 이게 웬일입니까? 경기도 교육위원회는, 학교와 교육청이 경찰과 합동으로 불량 학생 서클을 파악·해체시키고, 학교와 교육행정기관에 불량 서클 고발함을 설치하기로 했다니, 나는 누가 뭐라 해도, 사실대로 말합니다만, 되살아난 일제 교육의 망령을 똑똑히 보는 느낌이었습니다. 조선 총독 직속의 시학(학교 감시관)과 그 동반자인 경찰관들, 나는 지금 일본인을 생각하고 있지 않습니다. 우리 동족이면서 일제의 앞잡이였던 교육계, 경찰계의 고위 인사들을 생각하고 있습니다. 시대가 지금 아닌 지난날이기에 나는 망령이라는 말을 썼습니다만, 사실인즉 해방 후 미군 정하에서도, 아니 우리 정부가 세워진 뒤에도 버젓이 요직에까지 올라 권력을 휘둘렀으니 일제만의 망령만도 아니었던 셈이지요.

물론 자연인 그들은 거개가 타계하고 없습니다만, 그 청소년을 보는 시각과 다루는 방식은 지금도 시퍼렇게 살아 있으니 이게 웬일입니까? 똥묻은 개가 겨 묻은 개 나무라는 그 시각, 그 방식 말씀입니다. 대구의 청소년들의 참사가 있은 후 밤 12시까지만 춤추기로 했다고 하더니만, 어느 일간신문 사설엔가는 소를 잃은 뒤지만 외양간을 고친 것은 잘한 짓이라고 칭찬했더군요, 난 집안에선 안 듣는 방송을 버스에서는 어쩔 수 없이 듣게 되지만, 그것으로 미루어 보면 온 세상 어른들은 날마다 종일토록 놀아나서 제정신이 아닌데, 청소년만은 놀아나지 말고 건전해라, 그게 어디 사람치고 어른들이 할 말이 되느냐는 말씀입니다. 놀아나는 청소년들이 있다면 그 어른들에 그 아이들이라는 것이 나의 생각입니다.

그러나 그중에 학생들이 끼어 있으니 우리 선생들, 물론 국민에게 그저 미안하고 죄송할 따름입니다. 그렇다고 학교 선생이 경찰과 합동이란 안 될 말입니다. 어느 사회이고 꼭 있어야 할 경찰이지만, 그 경찰조차 범죄의 예방에 주력해야 하거늘, 학교 선생이야 더 말할 나위도 없습니다. 그 방안은 다른 데 있지 않습니다. '초등교육부터의 정상화'입니다. 18세 때의 놀아남은 단 8세 때에 씨 뿌려져서 무려 10년을 자란 것인데, 18세만 감시·적발·처벌한다고 될 일이 아닙니다. 지금의 학교들, 그건 학교도 아닙니다. 그것은 고작해서 좋은 집안에서 태어나서 공부 잘하는 아이들만 교육하는 곳입니다.

이때부터입니다, 어려운 집안에 태어나서 공부도 못하는 아이들이 놀아나기 시작한 것은. 그들도 사람인데, 그렇게라도 해야 직성이 풀릴 테니까요. 날이면 날마다 우등생들의 들러리서기인데, 그러기를 10년이 지나고야 모처럼 주체성을 발휘해 보았기로, 그래서 미친 듯이 온몸을 흔들어 보았기로, 그건 동정과 연민의 대상입니다. 더군다나 그러다가 죽은 이들, 우리 어른은 옷깃을 여미고 그들의 명복을 빌어야 한다고 생각합니다. 아니 그보다도, 그 예방을 위해서는 초등학교 학생시절부터, 어려운 집안의 공부 못하는 아이일수록 빠뜨리지 않고 애정을 갖고, 교육의 대상으로 삼아야 한다는 것이 나의 생각입니다.

일제 잔재 못 벗는 학생 동원

이번 『교육신보』를 읽고 느낀 것이 있어 선생님께 다시 이 엽서를 띄웁니다. 여러 기사 가운데 관심을 기울여서 읽은 것은 1면의 머리기사로 실린 동두천여상 학생들의 화상 입은 사건에 관한 상세한 보도였습니다. "학생 동원, 교육적 의미 있어야"라는 큼직한 표제와 함께 우선 내 눈에 띈 것은 병원으로 달려가는 버스 안에서 울부짖고 있는 여학생들의 사진이었습니다. 나는 차마 눈을 뜨고 그것을 바라보고 있을 수가 없었습니다.

눈을 감고 빌었습니다. 우리들 어른이라는 것들은 사람도 아니라고, 정말 잘못됐노라고 빌었습니다. 그러고는 눈을 떴습니다. 어서어서 쾌유하기만을 빌었습니다. 속으로도 빌고 소리 내어도 빌었습니다. 사건 당일, 학생들을 인솔했던, 그러나 그도 화상을 입어 이제는 입원 가료 중인 손 선생의 쾌유도 빌었습니다. 과부의 서러움은 과부라야 안대서만이 아니었습니다. 선생으로 늙은 내가 아니어도 그날 비극의 원천은 손 선생이 아니라는 것쯤 온 천하 누구나가 다 아는 일이 아닙니까? 여고생들에게 폭발성 강한 수소풍선을 들려서 직업축구 개막전 시합장에 오도록 한 사람은 분명 손 선생이 아닙니다. 층층시하의 평교사가 아닙니다.

학생들에게 주의를 환기시키지 않았던 것까지 잘했다는 말씀이 아니라 아마추어도 아닌 직업축구팀들의 개막 식전에, 돈 받는 직업이 아닌, 공부할 학생들을, 그것도 수소풍선까지 들려서 동원키로 한 결정이 없었던들, 주의 환기도 할 필요가 없었다는 말씀입니다. 그런 뜻에서 나는 손 선생을 공무 중 부상자로, 그의 아픔에 동참합니다. 그분보다 연상인 나로서, 여고생들에게와 꼭 같은 사죄를 인솔 교사에게도 합니다. 지금의 나이 먹었다는 이들이 적어도 아이들과 그 선생님에게 가해한 죄인들이라는 것이 나의 생각입니다. 나는 학생 동원의 결정에는 아무런 관여도 없었지만 그렇다고 무죄랄 수도 없는 안타까운 심정입니다.

『교육신보』의 이 기사의 표제마따나 "학생 동원, 교육적 의미가 있어야" 한다고야 교육학 교수였을 때나, 교수 아닌 요즈음이나 목이 터지도록 외쳐 왔지만, 아이들과 그 선생을 해치지 않고 보호하며 방해하지 않고 지원하기 위해서는 어른들과 그 사회부터를 정상화하는 것이 정도임을 깨닫고 실천하지는 못했습니다. 나는 일제 말기에 학생이었죠. 그때의 어른들, 농부, 근로자 할 것 없이 가난도 했지만, 마음도 짓눌려 지냈습니다.

그러나 소수의 권력층과 부유층은, 그리고 신문·잡지들은 태평성대를 노래하며 놀아났던 것이죠. 그 속에는 내 동족도, 특히 권위 있는 학교를 우등으로 졸업하고, 고등고시에 합격한 자들이 끼어 있었습니다.

아이들과 그 선생이라야 이들 친일 민족 반역자들을 받들어 모시는 손발이었죠. 그 모시는 방법의 하나, 그게 바로 학생 동원이었죠. 당시의 신문·잡지들, 하나같이 지배층 찬양이었고요, 그때의 학생이었던 나는 지금 환갑을 눈앞에 바라봅니다. 그런데 지금에도 학생들이 직업축구전 개막식에 동원되다니 이게 웬 말입니까? 아니 그보다도, 저곡가·저임금 속에서 농부도 근로자도 허리가 휘도록 일에 시달리고 있는 반면에, 나라의 외채는 500억 달러에 육박하리라는데 직업축구단 결성이 급한 것은 아니지 않습니까? 분명 축구 시합 관람은 놀이요 잔치입니다.

꽃다운 여고생들과 그 선생님은, 그 놀이 그 잔치를 화려하게 차려 주려다 입원 가료 중인데 그 울부짖음이 그치기는커녕 아직도 뻗치고 있는 데 계속 잔치를 벌이다니, 그건 이웃 초상에 춤추는 꼴이 아닙니까? 이웃의 아픔에 동참하느라, 그 상여가 나갈 때까지는 하던 빨래나 바느질까지 중단했던 우리 조상님들이었습니다. 우리는 언제부터 이토록 인간으로서 품위마저 잃었는지 모를 일입니다. 지금 내 앞에는 『교육신보』 1면이 펼쳐져 있습니다. 화상 입고 울부짖는 여고생의 사진이 실려 있지 않았던들, 그 사진 왼쪽 밑에 있는 다른 사진 바로 그 까닭에 나는 홧김에라도 그 신문을 온통 찢어 없애 버렸을 것입니다. "사진은 서울운동장 직업축구전 개막식에서" 찍은 것입니다.

해설의 말에서도 지적했듯이 '달맞이꽃처럼 한 순간의 절정을 위해 교육의 많은 부분이 희생'될 수는 없습니다. 우리 어른이라는 이들, 이웃이야 아프든 슬프든 놀아나고 잔치 벌이는 것조차 사람 마음이 아니거늘, 미성년 학생들까지 끌어들이는 것은 더더군다나 말이 안 됩니다. 어른들이 주인인 이 사회가 인심으로 가득 차야만 그 속의 아이들도 인간답게 자라리라는 것이 나의 생각입니다.

처벌 만능주의 교육

이번 『교육신보』를 읽고 느낀 것이 있어 선생님께 다시 이 엽서를 띄웁니다. 특히 관심을 기울여 읽은 것은 3면에 5단 기사로 실린 교사 폭행 고교생 구속에 관한 자세한 보도였습니다. 나는 '교사 폭행'이라는 네 글자를 그냥 보아 넘길 수 없었습니다. 폭행 교사라는 말은 때때로 들어 온 터이므로, 처음에는 그 말을 잘못 사용한 게 아닌가도 싶었습니다. 다시 말해서, 선생이 폭행을 가하자 고교생도 폭력으로 맞선 끝에 둘 다가 구속됐다는 얘기인 성싶었습니다. 그런데 그 기사의 표제에는 다른 말 한마디가 더 있는 것을 보았습니다. 피해 교사 학생 처벌 원치 않는다. 그제야 나는 교사 폭행이 폭행 교사의 오기가 아님을 알았고, 교사에게 일방적으로 폭행을 가한 고교생이 있었음도 알았습니다.

학생에게 언어맞은 선생, 나도 선생 노릇을 천직으로 알고 살아온 터이라 그 아픔이 내 아픔이었습니다. 그 아픔을 나는 견디기가 어려웠습니다. 그러나 그 선생님은 그 아픔을 잘도 참으셨더군요. 그리고는 경찰에게 그 교사 폭행 고교생의 처벌을 원치 않는다고까지 말씀하셨더군요. 나는 그 선생님 덕분에 교사로서 교직에 대한 긍지마저 느꼈습니다. 그런데 이게 웬일입니까? 이제 겨우 17세의 학생을 그 선생도 원치 않는 처벌을 하다니, 처벌 중에서도 가장 엄한 처벌인 구속까지 하다니, 이게 웬일입니까. 그리고 또 놀라운 것은 그 학생의 어머니가 아들의 자퇴원을 제출했다고 하고, 학교 측은 이를 수리했다고 하니 이 어이 된 일입니까? 학생이 학교를 그만두다니 학생으로서는 분명히 죽음입니다.

아직 어리대서, 철부지래서, 아직은 사람이 덜 됐대서 학교에 보냈던 것이고, 그를 사람 되게 하는 일을 맡은 것은 누구인데, 경찰은 그 학생을 구속하고, 그 어머니는 자퇴원을 내고, 학교장은 이를 수리한단 말씀인가요. 교사들 말고 누가 그를 사람 되게 할 수 있단 말씀인가요. 우리 아이들이 정말 불쌍하다는 것이 나의 생각입니다. 이 땅에 태어난 이래, 어련히 사람답게 키워 주려니 하고, 부모를, 학교를, 경찰을 철석같이 믿고 나날을 보내고 있는 터인데, 우리들 어른이라고 하는 이들은 저 아이들을 걸핏하면 퇴학이요 구속이니, 교육받지 않고도 사람 되는 동서고금에도 없는 기적이 이 땅에 나타나기 전에는 고작해서 지금의 우리 어른들처럼 저들도 살아갈 수밖에 없을 터입니다. 금력·권력을 위해서는 못할 짓 없이 다 해대는, 그래서 사람까지 해치고 이제는 아이들의 교육까지 거부하는 그런 꼴의, 다시 말해서 인면수심밖에는 되지 않을 터인즉, 아 그저 후손들에게 부끄럽다는 것이 나의 심정입니다.

짐승들에게는 없는 것이 교육입니다. 약육강식에 있어서 제 새끼들이 잡아먹히지 않게끔 하는, 아니 약하면 잡아먹도록 하는 훈치訓致는 있어도 교육은 없습니다. 아직은 나이가 어려서 덜 된 사람을 사람답게 하려고 베푸는 교육이고, 그것도 아무나 지병 못 고치듯, 그래서 의사 찾아 내맡기듯, 아무나 할 수 없대서 교사들에게 우리 아이들의 교육을 내맡기고 있는 우리 인류입니다. 물론 의사들 중에도 돌팔이 의사가 있으면 보건 경찰이 개입해서 환자의 치료도 금지하고 처벌도 해야 하듯, 흑을 백이라고 거짓말 교육이나 하고 월급 타는 사이비 교사가 있으면 주저 없이 처단도 해야겠죠. 그러나 정상적 의사의 진료에 병원장도, 더더군다나 경찰의 개입이 용납이 안 되듯, 정상적 교사의 교육 행위에는 다른 누구의 개입도 있을 수 없다는 것이 나의 생각입니다.

교장도 안 되고, 더더군다나 경찰은 안 됩니다. 이번 『교육신보』의 사설 '학생 구속 신중해야'를 보니, "14세를 넘어선 나이이기 때문에 그에 대한 구속은 법률상으로는 아무런 하자도 없다"고 했습니다만, 그것은 학생 신분이 아니라면 그러하되, 나라가 설치한 학교를 다니며 나라가 부과한 교육을 받고 있는 학생일 경우, 그에 대한 처벌은 그의 교사 말고는 경찰은 물론 그 학교의 교장까지도 개입해서는 안 된다는 것이 나의 생각입니다.

그것은 이 땅의 학생들이 정상적인 교육을 받고 사람답게 되기 위한 첫 조건입니다. 교사에게 교육받으려고 학교에 다니는 그들인데, 그 교사가 원치 않는 처벌을 남들이 감행할 때, 학생들이 교사들을 무엇으로 볼까요? 교사가 사람으로 보이어서 존경을 받게 될 때에만 이 땅의 학생들은 교사들의 교육을 받고 사람답게 될 터이니까요.

명분에 희생되는 교육 현장

이번 『교육신보』를 읽고 느낀 것이 있어 선생님께 다시 이 엽서를 띄웁니다. 여러 기사 가운데 특히 관심을 기울여서 읽은 것은 3면에 5단 기사로 실린 서울시의 '산림 관리 효율성 제고 방안'이었습니다. 시내 일원의 국공유림을, 하필이면 초·중·고교의 학교림으로 정해서 학교로 하여금 조림·관리까지 책임지게 한다는 얘기였습니다. 학교라면 선생이 아이들을 가르치는 곳인데, 나는 애림사상의 고취나 자연 학습의 자원으로서의 학교림 지정인 줄로만 알았습니다.

그런데 그 기사는 그것이 아니었습니다. 이제까지의 학교에의 산림 보호의 기탁이나 결연 방식에도 비교육적인 요인들이 적지 않게 있었던 것으로 생각해 온 나로서는, 학교 임산물 판매고의 9할을 차지하게 할 계획이라는 것을 보고는 적이 놀랐습니다. 종전에도 선생의 눈에는 아이들보다 자꾸만 돈이 어릿거려 왔거늘, 이제 학교림을 통한 소득 증대 사업을 벌이도록 시키는 날에는, 아이들마저 돈에만 눈독을 들이게 될까 봐 걱정입니다.

생각하면 그것도 아닌 성싶습니다. 임산물로 돈벌이가 잘된다면야 돈에 미친 어른들이 얼마나 많은데, 여태껏 산림을 저 꼴로 두어두었을까요. 그렇다면 지난날의 농업고등학교들의 농장과 다를 것이 없노라 생각됩니다. 등뼈가 휘도록 일해서 사람이 먹어야 사는 농산물을 생산해 보았자, 늘어 가느니 빚뿐이라, 어느새 너도나도 농촌을 빠져나간 농부들인데, 농고생들인들 농자천하지대본을 믿을 수가 없었던 것이지요. 학교 졸업장 하나 바라고 강요당한 농장 일을 마지못해 했던 것이지요. 농고를 졸업하는 날이 농사일 안 하기로 결심하는 날이 되다시피 했던 것이었습니다.

그런데 이번의 신문 기사를 보면 임업에 뜻을 둔 고등학교도 아닌, 초·중고교에 맡겨진 산지를 조림·관리케 한다니 이제 웬 말인지요. 돈벌이가 안 된대서 돈 가진 이들조차 투자를 외면하는 조림·관리를 아이들과 그 선생을 시켜 하게 한다니 이게 웬 말입니까? 저농산물 가격정책하에서는 농고 졸업생들의 이농 현상만 늘어나듯, '임산물 제값 받기'를 국가 시책으로 보장하는 것이 초·중고교 졸업생들의 애림 아닌 이림離林 현상을 막는 지름길이 아닌가 싶군요.

그러나 농업이나 임업을 통한 돈벌이에 대해서는 문외한인 나로서는 이에 대한 시책을 더는 말하지 않겠습니다. 다만 내가 전공한 초·중고교에서의 아이들 교육, 특히 애림사상 고취니 자연보호의 태도 육성에 관해서만은 아직 드리고 싶은 말씀이 많습니다. 그중 가장 으뜸가게 중요하다고 생각되는 것은, 선생이 학생들에게 존경받게끔 국가가 그 여건을 갖추어 주는 일입니다.

그 여건이란 무엇이겠습니까. 그것은 바로 학생을 위해서 진실을 가르치는 일에 전심할 수 있게끔, 국가는 그들 선생부터 보호해야 한다고 생각합니다. 구시대에서처럼 권력을 위해서 진실을 은폐하거나 왜곡해서 가르치는 일이 있으면, 더군다나 학습과 무관하다시피 한 일에 학생들을 동원하는 일이 있으면, 그 결과는 구시대처럼 나타날 수밖에 없다는 말씀입니다. 존경하지 않는 선생에게는 학생들이 배우는 것도 없다는 것, 그것은 동서고금에 통하는 진리입니다. 애림이니 자연보호니 하는 것도 자기가 존경하지 않는 선생에게서는 배우지 않을 것이 분명합니다. 지금 우리 교사들이 아이들에게 존경받게끔 국가가 펴야 할 시책은 무엇이겠습니까? 학생만을 고루 사랑하며, 그 아이마다에 있는 교육적 필요를 충족할 수 있게끔 그 밖의 온갖 잡스러운 일이나 근심·걱정을 덜어 주는 일이라고 생각합니다.

좋은 집안의 공부 잘하는 소수 아이들만 사랑받고 학교에 다니는 한, 다수의 아이들은 애림은 고사하고 사람도 해치게 될 것입니다. 학급당 학생도 줄이고 잡무도 덜어 주어야만 종래 방식의 애림 또는 자연보호의 교육도 내실을 다질 수 있거늘, 교사의 교육 조건은 그대로 둔 채 조림·관리라는 새 짐을 더 얹어 준다면, 선생은 버티다 못해 쓰러지고 그 바람에 더 많은 아이들이 다칠까 걱정입니다.

아이들에게 애림사상을 참으로 고취하기 위해서, 또는 참다운 자연보호의 태도 육성을 위해서는 학교 교사들이 학생만을 고루 사랑하고 진실을 가르쳐서 모든 학생들의 존경을 받을 수 있게끔, 이제는 그분들에게 새 일을 첨가하지 않을 것은 물론, 있었던 부담도 덜어 주는 방향으로 정부도 협력해야 한다는 것이 나의 생각입니다.

한 젊은 교사의 자살

이번 『교육신보』를 읽고 느낀 것이 있어 선생님께 다시 이 엽서를 띄웁니다. 여러 기사 가운데 특히 관심을 기울여서 읽은 것은 1면 머리기사로 실린 표철表哲 교사의 자살 동기에 관한 자세한 보도였습니다. 일간신문이나 방송들이, 학생에 대한 체벌로 상처가 크게 나고 입원까지 하게 되자 양심의 가책으로 그 학생 교실에서 자살했다고 천편일률적으로 보도해 온 그 표 교사, 그의 자살 동기에 관해서 이번 『교육신보』는 성실하고도 자세한 보도를 해 주었습니다.

자살한 표 교사가 생전에 당신이 담임하고 있던 학급 학생들에게 남긴 유서와, 자살한 표철이라는 혼전 아들이 당신의 노모 안 씨에게 남긴 유서, 그리고 자살한 표철이라는 26세 청년의 생전 사진까지 곁들여서 신문 1면에 그 절반의 지면을 할애해서 자세히 보도하였습니다.

그뿐만 아니었습니다. 표 교사의 죽음을 두고 사설로도 다루고 있었습니다. 선생님, 나는 그의 유서를 읽고 또 읽었습니다. 몇 번을 읽었는지 모릅니다. 학교 선생으로 늙은 나라서인지, 선생 적에 죽고 싶도록 속 썩인 일들이 너무도 많았기 때문인지, 하여간에 나는 표 선생님의 죽음에 대한 일간지나 방송들의 천편일률적이고도 피상적인 보도에 불만과 회의로 꽉 찬 채 지내 왔습니다. 인간 생명의 존엄성을 모독하는 보도 자세는 이번만이 아니고, 구시대 유신체제 이래 줄곧 그러했기 때문에 신문·방송·텔레비전 할 것 없이 숫제 안 보고 안 듣는 나입니다만, 내 집 밖에 나가면, 특히 버스 속에서는 어쩔 수 없이 듣게 되고, 그럴 때마다 매스컴의 인간 배신에로의 치달음 같은 것을 느끼곤 합니다.

바로 지난 일요일 아침의 일이니 적어도 표 선생님의 자살 이후의 일이지요. 그날 부슬부슬 내리는 아침 비가, 나에게는 중학교 선생 노릇 몇 달 만에 사랑하는 제자들의 교실에서 자살한 표 선생님을 기리는 눈물로 느껴져, 도시락 싸 들고 산속을 찾아가는 내 발걸음을 여간 무겁게 해 주는 것이 아니었습니다. 그런데 시외버스 터미널에 설치된 대형 텔레비전은 그야말로 총천연색으로 화려하게 멕시코에서인가의 청소년 축구를 우주중계하고 있더군요. 아, 그때의 시합을 중계하던 아나운서와 터미널 가득히 모여 그 화면을 지켜보던 인파들의 함성, 참으로 대단하더군요. 선생님, 나는 그때 젊은 고등학교 교사 한 분과 표 선생님 얘기를 하고 있었습니다.

터미널이 떠나가도록 함성이 터지는 속에서이니 우리의 목소리도 커질 수밖에 없었습니다. 하고많은 직업 중에 남의 집 아이들의 선생 노릇으로 단 한 번의 이 세상을 살아가는 사람들끼리의 얘기였습니다. 지난 60년대 이래 온 세상 사람들이 돈벌이에 미친 나머지, 아니 돈 벌어 놀아나는 일에 미친 나머지, 이웃의 눈물과 아픔, 나아가서는 죽음까지도 아랑곳없을 뿐만 아니라, 돈 벌어 놀아나기 위해서는 사람도 서슴없이 해치는 판국이 되어 버린지라, 이번에는 학교 다니는 어린아이들까지 그 부모들을 닮아 버렸는지, 이제 학교에 들어왔다고 착한 사람이 되라는 가르침은 도시 먹혀들지를 않는다는 얘기였습니다.

그리고 또, 표 선생님이 가르치던 중학교 1학년생의 경우도 초등학교 적에 받은 6년간의 위선의 교육으로 말미암아 진실의 교육은 물 위의 기름이었을 것이라는 얘기였습니다. 그것은 결코 초등학교 교육을 헐뜯는 얘기가 아니었습니다. 구시대 유신체제 이래의 시험 점수 만능 풍조로, 아이들 눈에 사람은 보이지 않게 되었다는 얘기였습니다. 표 선생님이 가한 체벌은 어디까지나 잘못이었지만, 지금 중학생들은 체벌로도 착한 사람이 되게끔 교육하기란 불가능할 만큼 학생들 편에 사람 되려는 동기가 거의 없다는 얘기였습니다. 그 불가능을 가능으로 바꾸려는 몸부림이 표 선생님의 크나큰 실수였다면 실수였을 거란 얘기였습니다.

사람 되게 하는 교육도 학습도 요즈음의 학교에선 불가능이라는 얘기였습니다. 학교가 돈 놓고 점수 따기의 살벌한 도박장이라면 지나칠까 하는 것이 우리들 둘의 결론이었지요. 나는 누가 뭐라 해도 표 선생님의 자살 동기를 그가 유서에 적어 남긴 대로, "장사꾼 같은 교사들과, 무사안일, 사랑 없는 교육, 사명감 결여, 자존심 없는 행동들"을 양심과 이성으로 받아들일 수 없어 결행한 것으로 믿습니다.

돈벌이에만 눈이 멀어 '사람'이 온통 보이지 않는 이 세상 풍조 앞에서, 그리고 '돈 놓고 점수 따기'의 도박장으로 변질되어 가는 이 교육 풍토 속에서 선생 노릇이 학생들을 사람 되게 하는 일과는 무관할 수밖에 없다는, 그리하여 민족의 역사 앞에 죄인이 될 수밖에 없다는, 아직도 살아남은 교육계 지도층에 대한, 가장 준엄한 항의라는 것이 표 선생님의 자살에 대한 나의 생각입니다.

점수 따기 교육의 파행성

이번 『교육신보』를 읽고 느낀 것이 있어 선생님께 다시 이 엽서를 띄웁니다. 여러 기사 가운데 특히 관심을 기울여서 읽은 것은 3면 머리기사로 실린 학생들의 참고서 선택 경향에 관한 보도였습니다. 초·중·고 할 것 없이 모든 학생들이, 그 잘난 참고서도 깊이 있게 풀이해 놓은 건 제쳐 버리고, 월말·기말·연합시험, 대입의 시험문제를 알아맞히는 그 해답집을 사 보느라 혈안이 되어 있다는 보도였습니다.

그래도 참고서는 참고서인데 그에 대한 밀도 있고 자세한 설명보다, 도리어 교과서를 간결하게 요약하고 곧바로 시험문제와 그 해답에 접할 수 있게 편집된 것만 눈독을 들여 사 보는 경향은, 3년 전에 대학별 입시가 폐지되고부터 거세어졌다는 기사였습니다. 선생님, 초·중·고 학생이라면 우리나라 학생들 모두가 아니겠습니까? 나는 이들이 어른 되어 꾸며 놓을 우리나라의 꼴을 상상하고는 등골이 오싹함을 느꼈습니다. 교과서야 학생 누구나가 필수적으로 지닌다고 하지만 참고서야 없어도 그만인 것인데, 초등학교용 월간 학습지의 월 판매량이 4개 출판사 합계만도 100만 부가 넘는다고 하고, 그중 한 학습지는 작년 대비 30% 이상 매출 신장을 보이고 있다고 하니, 이러한 현상을 한마디로 충격이라 할밖에요.

나의 기억에 잘못이 없다면 3년 전 정부가 대학별 입시를 폐지했을 때

초·중·고 학생들의 과외공부도 금지시켰던 것이지요. 그때 이미 전국의 초·중·고 학생들은, 아니 학부모도 학교 선생들까지, 꼼짝없이 정부가 시행하는 대입 학력고사에서의 점수 따기를 유일 무상의 표적으로 삼았던 것이지요. 그때 정부가 내세운 명분이야 교육의 정상화라고 했었지만, 콩나물시루 같은 과밀 학급은 그대로 둔 채, 아니 그보다도 대입 학력고사의 교과서 출제라는 구시대 잔재를 계승한 채, 그리고 가장 놀라웠던 것은, 이것도 구시대의 유물이지만, 학생들의 엄격한 학력 차이에도 불구하고 교사는 각 학년 소정의 교과서를 소정의 학기나 학년기 내에 말끔히 떼어야 한다는 것이었지요.

선생님, 학교의 교사치고 누구나 경험하는 일이지만, 초등에서 중학교로 올라갈수록 학생들의 학력 차는 두드러져서, 고교쯤 되면 중3 학력에도 못 미치는 학생들이 거의 반은 되어 소정의 교과서를 소정의 속도로 가르치면서, "학생들 모두 알았지요." 하고 다음으로 넘어가기란 가히 '사기'인지라, 선생은 그저 부끄러울 따름인 데다가 이제는 그것도 길들여졌다고나 할까, 아무것도 배운 것 없는 학생들까지도 "네." 소리로 응답해서 선생을 속여 넘기는, 참으로 웃지도 울지도 못할 기만에 찬 교실 풍토 말씀입니다.

이것보다 더 심각한 교실에서의 구시대 잔재는 중·고 학생들의 제 나라, 제 사회의 현실에 대한 관심을 외면해야 하는 바로 그 까닭에, 학생들은 극단적인 이기주의자로 전락해 버리고는 자기 선생까지도 우습게 여기는 풍토 말씀입니다. 한마디로 '돈 놓고 점수 따기의 살벌한 도박장' 같은 교실 풍토 말씀입니다.

선생님, 나는 시험문제집을 달마다 출간해서 100만 부 이상의 매출고를 올리고 있는 출판사들을 나무라고 싶은 생각은 조금도 없습니다. 그 출판사들은 학생들과 그 부모들, 그 선생들조차도 목마르게 기다리는 출판물을 대어 주고 있는, 어떻게 보면 고맙기까지도 합니다. 그러나 우리나라와 겨레의 앞날은 캄캄하다는 것이 나의 생각입니다. 그것을 밝게 하자면 학교교육을, 아니 학생들의 교육을 정치의 도구로 삼는 일로부터 풀어놓아야 한다고 생각합니다.

뭐니 뭐니 해도 아이들의 교육은 그 선생들만큼 잘해 보려는, 잘할 수 있는 이들이 없다는 것이 나의 생각입니다. 그것을 못하게 한 제도를, 그것들은 바로 조선왕조 때의 과거라는 국가 통제하의 시험제도였고, 일제하 고등고시라는 권력 통제하의 시험제도였으며, 해방 이후 민족 분단시대였던 최근 40년에 걸친 국가 통제의 시험제도였습지요.

민주적 정치권력은, 국민이 낸 세금을 써서 선생들의 생활을 보장하고 교육 조건을 잘 차려 주면 그만입니다. 그래서 권력 대신에 우리 아이들을 눈 부비며 살펴서 사람 되게 가르치는 선생이 되게 하면 그뿐입니다. 그 잘난 참고서조차도 밀도 있고 자세한 설명보다, 도리어 교과서를 간결하게 요약하고 곧바로 시험문제와 그 해답에 접할 수 있게 편집된 책만 눈독 들여 사 보는 학생들의 경향을 두고, 이제는 구시대 체제하의 교육 잔재의 청산을 선언하는 교육정책이 아쉽다는 것이 나의 생각입니다.

모순투성이의 문교 행정

이번 『교육신보』를 읽고 느낀 것이 있어 선생님께 다시 이 엽서를 띄웁니다. 학교 선생 노릇을 생업으로 삼아 오다가 지금은 아니어서인지, 『교육신보』를 받을 때마다 나는 큰 기사 작은 기사 할 것 없이 모조리 읽곤하는데, 이번엔 특히 학교의 교육 방안에 있어서, 몇 번을 읽어도 그 진의를 모를, 서로 모순된 내용이 여기저기에 실려 있었습니다.

우선 1면만 보아도 머리기사를 보면 경기도 교육위에는 교육연수비가모자란다면서, 엄연한 교원인 사립학교 교원을 차별, 교원당 30여만 원까지 사학에 부담시키고 있다는가 하면, 그 기사의 바로 아래를 보면, 정부가 엄청난 비용을 들어 100여 명이나 되는 중등 교사들을 미국·서독·프랑스·일본에까지 보내어 연수시키기로 했다는 얘기입니다.

물론 전자는 중등 1·2급 정교사 자격 연수이고, 후자는 교육 경력이많은 교사들 중에서 교육감이 선발 추천한 교사들로서, 양자 간에 차이가 없는 것은 아니었습니다. 그러나 나의 생각으로는 나라를 믿고 자녀를 학교에 보내고 있는 학부모들로서는 1급·2급이고 간에 그 자격 미달인 교사들로부터 연수를 받게 해야만 학교에서의 자녀교육에 대한 불안이 줄어들 터이고, 더더군다나 추첨이나 배당이다로 사립학교로 별수 없이 자녀를 보내야 하는 현 제도하에서 사학 교사들을 차별한다는 것은 도리에 맞지 않는 일이라 여겨지는군요. 그것은 사학을 편들어서가 아니라, 사학 학생들이 차별받아서는 아니 되기 때문입니다.

몇 번을 읽고 또 생각해도 그 진의를 모를, 서로 모순된 내용의 기사는 또 있었습니다. 1면 왼쪽 6단 기사를 보면 과학기술원에서 영재교육을 실시, 빠르면 23세에 박사가 되게 한다는 얘기인가 하면, 3면 머리기사엔 초·중·고 할 것 없이 입시 경쟁 아닌 과학 지옥을 연상케 하는 과학 교육 진흥 경쟁의 부작용에 관한 기사가 있었습니다. 선생님, 나의 말이 과장이라 여겨지시면 3면 머리기사에 소개된 중학교 김 모 교사, 고등학교 유 모 교사, 초등학교 김 모·이 모 두 교사의 현장 증언을 다시 보아주시기 바랍니다. 나는 여기에서도, 선생님들도 딱하지만, 우리 아이들이 딱하다는 생각입니다. 그건 과학 교육이기 이전에 교육 그 자체의 것도 아닙니다. 교육 현장을 그 꼴로 만드는 정책이 백년대계를 명분으로 한 교육 정책이 될 수는 더욱 없는 노릇일 것입니다.

그런데 보도 내용에 의하면 내자 495억 원, 외자 500만 달러를 들여 제반 설비를 갖추고, 오는 86년부터 IQ 140 이상의 14~15세의 중졸 학생 중 240명을 모집할 예정이라는 얘기입니다. 선생님, 초등학교와 중학교 현장을 아수라장으로 두어둔 채, 그런 영재교육을 꿈꾼다는 것은 그야말로 현실을 망각한 처사로 여겨집니다.

더군다나 14~15세 때의 IQ란 무엇입니까. 어린 학생 본인의 책임으로는 도저히 어찌할 수 없는 가정의 가난, 부모의 무지 및 가정불화, 그리고 거주 지역에서의 환경 실태 따위에 의해서 결정적으로 낮아진다는 것은 교육학의 상식입니다. 나는 이 경우 교육의 정의에도 위배된다는 것을 지적하고 싶군요.

이렇듯, 서로 모순된 내용의 기사는 또 한 가지 있었습니다. 1면 하단에 보면 문교부가 학생생활의 자율적 지도 방안의 협의를 위해 연쇄적으로 토론회를 개최하고 있다는 기사가 실려 있는데, 3면 하단을 볼 것 같으면, 대구시교위가 "각종 비행을 저질러 제적당한 390여 명과 불량 학생 100여 명 등 490여 명의 명단을 경찰에 통보했다"는 기사가 실려 있는 것입니다. 나는 앞의 기사를 읽고는 얼마나 기뻐했는지 모릅니다.

그러나 뒤의 기사를 보고는 이 시대 국민의 한 사람으로서 조상 후손 할 것 없이 그들 앞에 그저 부끄러울 뿐이었습니다. 일제하 36년이었다고 하지만, 그로부터 해방된 지 어언 36년이 지났건만, 지금의 일본조차도 청산해 버린 일제 잔재를 우리가 되살리다니……. 생각하면 해방 후 우리의 나라를 세웠을 때 교육계와 경찰계의 친일 민족 반역자들을 최소한 우리 새 나라의 모든 공직에서만은 물러서게 했어야 옳았는데, 그렇게 하지 못한 우리의 처신이 한없이 회한으로 다가서는 것 같습니다.

제1공화국 시대의 교육

이번 『교육신보』를 읽고 느낀 것이 있어 선생님께 다시 이 엽서를 띄웁니다. 교육계를 비롯한 각 분야에서 자못 활발하게 진실을 토로하고 소신을 개진하던 시절에 교육에 몸담고 있었기 때문인지는 몰라도, 몇 해 전에 교단을 물러나고부터는 현직 선생님들께는 매우 무례한 말씀 같지만, 대낮의 교육계조차 캄캄한 느낌이 없지 않았습니다.

그런데 한 달포 전이었던가요. 일본 교과서의 우리 역사 왜곡에 관한 매우 깊이 있는 기획물이 편집부 제공으로 『교육신보』에 실리더니, 우리의 역사 교과서와 국어 교과서 등의 내용 분석이 연재되는가 하면(처음엔 시인 신경림 씨의 그야말로 명쾌하기 이를 데 없는 시 분석이 있었고, 이제 소설가 박태순 씨에 의한 준엄하기까지 한 국어 교과서 속의 산문들에 대한 내용 분석은 지금 계속되고 있는 터이지만), 몇 호 전 신문에는 중등 교사들의 '상록회' 모임에서의 발제 강연 내용에 이어, 이번엔 초·중등 여교사 모임인 '사우회' 발제 강연을 요약해 게재하였습니다.

선생님, 나는 이 어두운 우리 교육계에도 한 줄기의 서광이 비침을 느끼면서 이들 공개 토론회 발표 내용을 읽고 또 읽었습니다. 지난날의 우리 교육계를 돌이켜 보면 교육학 교수 자신들의 외국 유학 시절 노트 전달과 같은 교육 이론이 교육계의 허공에 떠 있는 아래에서, 교육관들은 지금의 일본인들조차 아낌없이 청산해 버린 일제 교육의 찌꺼기를 우려 먹느라 여념이 없었다고 해도 과언이 아니었습니다.

그런데 요즈음 나는 우리 교육계에 새싹이 돋아나는 것을 보는 느낌이지요. 교육 관료 아닌 평교사들이 교육에 관한 진실을 토로하는가 하면, 교육계 밖의 인사들이 교육계에 뜨거운 사랑을 쏟고 있는 것입니다.

본래 학교교육은 교사들이, 아니 교사들만의 고유 영역인 반면, 그것의 성패는 교육계 밖의 협조 여하에 좌우되는 법인데, 이제 그러한 기초가 다져지고 있다고나 할까요. 이번에 수유여중 김 모 여교사가 발표한 '제1공화국 시대의 교육'이란 공개 토론회 발제 내용을 나는 옷깃을 여미고 읽었습니다.

제1공화국이라면 지금의 30대조차 초등학교에 다니던 시절이고, 그때부터 교사였던 나는 자신이 심판을 받는 심정으로 그 글을 읽었습니다. 김 선생님이 문제로 제기한 것처럼 그렇습니다. 대한민국 교육법이 제시한 홍익인간의 이념은 그것이 제정 공포된 그 당시에도 교육 현장의 실천적 지도 이념으로 설득력이 없는 공허한 구호에 불과했었지요. 김 교사의 말마따나 일제가 즐겨 쓰던 팔굉일우八紘一宇를 연상케 했던 것이 당시 우리의 교육 현실이었습니다.

교육법이 제정되기 전과 별다를 바가 없었던 교육 현실이었습니다. 정치적으로야 미군정이 폐지되고 우리 정부가 수립되었으니 엄청난 변화가 있었던 것이지만, 학교라는 교육 현장은 미군정의 연장이나 별 다름이 없었지요. 그런데 그 미군정기의 교육 현장, 그게 바로 친일파 교육 관료의 재등용과 함께 무비판적으로 미국 교육제도를 이 땅에 이식하기에 여념이 없었던 때였습니다.

이와 같은 무분별한 교육 이론 도입으로 제도교육의 온갖 부작용이 뿌리를 내리기 시작한 시기였지요. 이렇듯 새 나라가 세워지고 새 교육 이념이 마련되었지만, 다른 한편으론 교육의 정치도구화라는 도저히 용납

할 수 없는 만성적 교육 병폐가 조장되었던 제1공화국이었습니다. 까닭에 홍익인간 이념은 교육법 규정에 사장되어 버리고, 교육 현장은 홍익권력으로만 치닫게 된 것이라 생각됩니다. 다시 말해서 정권의 정략에 교육이 이용되었다고나 할까요.

이리하여 일제 교육의 만성적 병폐가 되살아나고, 친일파 교육 관료는 다시 등용됐던 것이지요. 김 교사의 연구 발표 내용처럼 이미 미군정기에 도입된 단선형 학제와 대동소이한 6·3·3·4 기간학제가 마련된 것은 바로 이때부터입니다. 6·25동란이 채 가라앉기 전에 미국을 본뜬 교육자치 제도가 마련되었지만, 교육 현장은 오히려 미군정기와 일제 말기로 뒷걸음치고 있었던 것이지요.

교사들은 학생들에게 민족의식을 고양시키기는커녕 오히려 '국부'의 자녀의식만 불어넣었던 것입니다. 이러한 시책에 따르지 않으면 산간도서의 학교로 좌천되거나 교직을 아주 물러나야 하는 판에, 나중에는 국부의 영구 집권을 위해서 선거공작에까지 나섰고요. 이러한 치욕적인 교육계의 꼭두각시놀음은 제1공화국의 붕괴와 함께 끝이 났지만, 나는 김 교사의 '제1공화국 시대의 교육'을 읽으면서 새삼 교육의 정치적 예속을 얼마나 저주했는지 모릅니다. '교육의 정치적 예속' 그것은 제1공화국 시대에 앞선 미군정기의 교육 잔재요, 나아가서는 그 시기에 되살려진 일제 교육의 잔재라는 것이 나의 생각입니다.

부실 문교 정책과 부실 교육

이번 『교육신보』를 읽고 느낀 것이 있어 선생님께 다시 이 엽서를 띄웁니다. 1면 머리기사를 보면 교육 법정주의 국가인 우리나라가 교육법 시행령을 어김으로써 교원 부족이 19%나 되는가 하면, 3면에는 '사립교직원 복지후생에 적신호'라는 7단 기사가 실려 있습니다. 교원 부족도 실업계 고교에 이르러서는 40%에 육박한다는 것이며, 분명히 학교의 교직원 노릇을 하다가 발생한 상병傷病인데도 교직원 연금법상의 직무상 요양비를 지급받을 수 없게 됐다는 보도였습니다.

과로에 시달리면서도, 아니 상병까지 얻고도 요양비도 못 받는 학교 교직원들도 딱하지만 정작 불쌍한 이들은 우리 학생이라는 것이 나의 생각입니다. 우선 교사 부족 사태만 해도 그로 인한 실업계 고교 교사의 수업 시간이 주당 28~29시간이나 된다니, 그러고야 어느 학생이 어느 시간인들 제대로 수업을 받을 수 있겠느냐 말씀입니다.

그뿐만도 아닙니다. 교원 부족이 가장 적다는, 그래서 2.16%밖에 부족하지 않다는 초등학교의 경우도 그 속을 자세히 들여다보면 교사의 수가 넉넉해서가 아닙니다. 서울 시내의 경우 3학년 이상의 어린이들은 주당 30시간 이상의 수업 부담을 안고 있는 선생님한테 매일 배우고 있는 실정입니다. 그것도 콩나물시루 같은 과밀 교실에서 말씀이에요.

나는 2.16%밖에는 교원이 부족하지 않다는 수치를 거짓말이라고는 생각하지 않습니다.

'잘 살아 보세'를 노래하면서 새마을운동을 추진해 온 지도 여러 해이건만 농사지어서 잘 살기는커녕 빚만 는대서 너도나도 농토를 버리고 도시로 이사 가는 바람에 농촌의 학교엔 학생들까지 귀해진 것이지요. 과밀 아닌 과희過稀 교실의 교사까지 포함해서 평균했을 터이니 전국 수치로야 교사 부족이 그다지 심각하지 않게 보이는 것뿐이지요. 문제는 교사의 수업 부담입니다. 주당 30시간 이상의 부담을 지고 매시간을 수업답게 해낼 사람은 이 세상에 있을 수 없다는 것이 나의 생각입니다.

그것은 과희 교실에서도 그렇거늘 도시의 과밀 교실에선 말할 나위도 없습니다. 나는 제1공화국 때에 나라를 대표해서 유네스코 주최 아시아 초등의무교육 전문가회의에 한 달 동안 참석한 일이 있었습니다. 우리 교사들의 수업 부담과 학급당 학생 수를 물어온 그 전문가들로부터 우리나라의 초등학교 교육은 한마디로 '교육도 아니다'라는, 말하자면 모욕을 당했지요. 그런데 이제는 제2도 제3도 아닌 제5공화국인데, 교원의 수업 부담과 과밀 교실이 아직도 해결되지 않았다는군요. 교육도 아닌 교육을 받고 있는 우리 학생들이 불쌍하고말고요.

사립학교 교원연금 급여 심사위원회가 내린 '직무상 요양승인 심사 청구'에 대한 결정만 해도 교직원이 직무 수행에 발생한 상병이냐 아니냐를 따져서 결정을 내리는 것이야말로 법리에 맞는 일이라는 것이 나의 생각입니다. 그 법이 다른 것이 아닌 사립학교 교원의 연금법인 까닭에, 법조인 노릇 아닌 교사 노릇으로 늙은 나이지만 감히 이런 주장을 펴 본 것이지요. 그 법은 교직원 노릇을 돕자고 제정된 것인데, 그 사람이 아비 노릇이나 남편 노릇이 아닌, 교직원 노릇을 하는 중에 얻은 상병이면 요양비 승인이 법리에 맞을밖에요. 그것을 두고 상병의 역사를 캐거나, 자동차의 소유자 명의를 알아내어(그것도 그 학교법인의 이사장 아들이었는데) 요양비

승인을 부결하는 이유로 삼는다면, 도리어 그 법의 입법정신을 어기는 결과가 되지 않을는지요.

　나는 이 일을 두고도 참으로 딱하다 못해 불쌍하게 된 이들은 학생들이거니 생각합니다. 이제 학교 교직원들은 직무 수행에 몸을 사리게 될 터이고, 몸 사린다 함은 마음도 사림인데, 그런 교직원에게 우리 학생들은 무엇을 기대할 수 있을 것인가? 그러지 않아도 사제 간의 정이 사라져 간대서 너 나 할 것 없이 학교교육에 환멸마저 느끼게 하는 이 판국인데 말씀입니다. 법이 조선왕조 이후 통치 권력의 편이 아니라 국민의 편에 서서 제정되기란 대한민국 세우고서부터입니다. 교육에 관한 법령은 일제 강점기에도 있었지만, 그것이 학생들의 교육 담당자인 교직원의 편에 서서 제정되기란, 그것도 대한민국 세우고서부터입니다. 다만 그새에 그 법령의 운용이 잘못되어 온 바람에 교육 현장이 이 모양 이 꼴이라는 것이 나의 생각입니다.

스승 없는 교육 현장

선생님, 20회에 걸쳐 교육 엽서를 띄우면서도 나에게는 아쉬웠던 점이 한두 가지가 아니었습니다. 이제 그 모두를 두루뭉술하게 끝내자니 내 역부족만 더욱 절감하게 되는군요. 나는 이 엽서의 마지막을 내가 평소 크게 감명받았던 또 다른 교육 엽서를 소개하는 것으로 대신할까 합니다. 그것은 이 귀한 지면의 마지막을 내 글로 채우기는 이 지면이 너무나 아깝다는 내 나름의 생각에서입니다. 소개되는 글은 1978년 당시의 우리나라 교육 현실을 조명해 본 것이지만, 아직까지도 이 글에서 지적된 온갖 문제점들이 산적해 있는 것이 바로 오늘의 우리 교육계가 아닌가 합니다. 그럼 이제부터 지학순 지음, 『정의가 강물처럼』의 69면에서부터 발췌해 보렵니다.

오늘날, 우리는 교원은 있으되 스승은 없다는 이야기를 곧잘 듣습니다. 여기에서 말하는 교원이란 지식을 전달하는 단순한 기능인을 의미하는 것 같습니다. 그러므로 지식을 전달하는 기능인으로서의 교사는 있어도, 참된 인간을 만드는 참된 스승은 없다는 것입니다. 내가 생각하기로, 참된 스승이란 지식과 더불어 진실을 전달하는 사람을 가리키는 줄 압니다. 학생으로 하여금 진실을 깨닫게끔, 나아가서는 습득한 진실에 입각해서 살아가게끔 가르치는 사람이 바로 스승이라 할 것입니다. 선생이 학생을 위하지 않는데, 학생이 선생을 존경하고 따를 리가 없습니다. 선생이 진실과 양식을 외면하는데, 학생이 그 선생을 진심으로 존경할 까닭이 없습니다.

선생의 권위와 위엄이 땅에 떨어진 오늘의 현실에 대한 책임은 여러 가지 각도에서 지적될 수 있을 것입니다. 진실을 진실대로 가르칠 수 없게 하는 당국의 교육에 대한 기본 방침과 자세에 문제가 있습니다. 그러나 그 책임은 선생의 입장에서 본다면 선생이 학생 하나하나를, 학생 전체를 진심으로 위하고 사랑하지 못한 데서 온 것이 아닌가 생각됩니다. 즉 학생들을 존엄스럽게 대하지 않기 때문입니다. 학생을 목적으로 대하는 것이 아니라 생활이나 출세의 방편으로 생각하기 때문입니다. 이러한 현상은 상급 학교일수록 심한 것 같습니다.

…… 요새 ○○대학교에서는 '바보들의 행진'이라는 말이 유행하고 있다고 합니다. '바보들의 행진'이란 우리나라에서 대중작가로 알려진 사람이 쓴 연작소설의 제목입니다.

그 대학교에서는 교수 하나가 선도해야 할 학생 수에 책임량이 있고, 또 넓은 캠퍼스 가운데 담당해야 할 면적이 있다고 합니다. 그리하여 만약 자기가 맡은 학생이 데모에 참가하거나, 자기가 담당하고 있는 구역에서 시위라도 있게 되면 책임이 뒤따르는 모양입니다. 이래서 교수들이 시간이 나면 자기들의 담당 구역에 나타나 왔다 갔다 하면서 학생들의 동태를 파악하고 감시하는 행위를 하는데, 이 왔다 갔다 하는 교수들을 학생들이 일컬어 '바보들의 행진'이라고 부른다는 것입니다. 즉 대학교수를 '바보'라고 부르고 있는 것입니다. 이런 상태 속에서, 즉 학생이 선생을 바보요, 비양심적이며 현실에 굴종하는 무기력하고 창백한 인텔리로 경멸하는 상황 속에서 과연 참된 교육이 이루어질 수 있겠습니까. 교수가 정의를 부르짖는 학생을 잡아 경찰관서에 이첩하는 이런 풍토 속에서 교육이 어떻게 있을 수 있겠습니까……. 사태가 여기에 이르면 우리는 웃어야 할지, 울어야 할지 모릅니다.

교수 재임명 과정에서 제외된 해직 교수들은 그들의 뜻을 모아 '동료 교수들에게 보내는 글'을 공개적으로 발표했습니다. 그 가운데 한 구절을 인용하겠습니다.

"우리 교육의 대원칙이자 나라의 기본 이념인 민주주의에 등을 돌리고, 갈라진 겨레의 하나 됨을 요구하는 민족사의 부름에 귀를 막은 곳에서 진정한 교육이 있을 수는 없습니다. 주어진 삶의 진실을 밝히는 일은 대학의 임무이자, 인간 양심의 명령입니다. 그리고 옳은 일을 위해 개인의 안위를 돌보지 않는 것은 젊음의 특징이요, 특권입니다. 그러니 진리 탐구의 터전이며, 젊음의 본고장인 대학에서 민주주의 아닌 다른 것을 민주주의로 떠받들라 하고, 민족 현실을 외면한 온갖 행태를 마치 민족을 위한 것인 양 몸에 익히라고 강요할 때, 학원은 교육의 현장이 아니라 교육하고 교육받는 일을 갖가지 수단으로 가로막고 억누르는 모순의 현장이 되기 마련입니다……."

…… 민족문제만 해도 그렇습니다. 요즈음 학생들한테 북한의 공산집단에 대해 말하면 거침없이 초전박살이라고 외칩니다. 그리고 멸공 구호를 큰 소리로 외칩니다. 북한에 있는 동포도 우리와 같은 민족이요 동포라는 사실, 그리고 언젠가는 함께 만나 한 민족으로 살아 나아갈 것이라는 사실은 뒤로 제쳐 놓고 북한 공산집단에 대한 증오와 분열과 적대 감정만 내세우는 교육이라면, 앞으로의 통일문제는 더욱더 어려워질 것입니다.

공산주의자 또는 북한 땅에 살고 있는 사람은 마치 긴 손톱에 빨간 뿔이 달린 짐승처럼 알고 있는 상태 속에서는 통일은 그만큼 더 어려워집니다. 민족문화에 관한 한, 참된 민족교육은 평화와 통일을 가르쳐야 한다고 나는 믿습니다.

…… 오늘날, 학교교육의 기본 지침이라 할 국민교육헌장에는 학생들에게 요구사항만 있지 주장할 수 있는 권리에 대한 언급이 없습니다. 또 어린이들이 마땅히 가져야 할 정의에 대한 언급이 없습니다. 정의감을 키우지

않는 교육은 노예 교육입니다. 학생들에게 요구하는 교육이 아니라 학생들로 하여금 스스로 인간으로 성숙하도록 하는 교육이어야 한다고 나는 생각합니다.

또 하나 오늘의 교육문제에 있어 관급성官給性이 크게 지배하고 있습니다. 획일화가 강요되고 있습니다. 마치 일제 강점기에 충과 효를 강조한 '교육칙어'가 절대적이듯이 말입니다. 그것이 학생들의 의무만 강조했지 인간으로서의 권리는 없는 것이었음은 다 알고 있는 바와 같습니다. 그러나 우리는 법과 제도와 현실적 제약에도 불구하고 그 획일화로부터 벗어나려는 노력을 결코 포기해서는 안 될 줄 압니다.

교육이란 인간을 집권자들 마음대로 인간 기계를 만드는 공업이 아니라 참됨과 착함을 인간 안에 길러 일으켜 자기 능력대로 꽃피고 열매를 맺을 수 있는 인간을 만들어 주는 아름다운 창조가 되어야 할 것입니다. 교육이 거짓을 가르치면 그것을 교육이라고 할 수 있겠습니까? 그것이야말로 명백한 사기입니다. 따라서 이런 것들을 가르치는 교육자는 교육자가 아니라 사기꾼이지요. 우리는 참된 긍지와 책임감을 가지고 오늘 그 나라 이 민족이 요구하는 참다운 교육자가 되도록 헌신 노력합시다.

우리 아이들 모두를 사람 되게 하자면
-노 선생님께

하루는 놀고 하루는 쉬는 것이 교단을 물러난 후의 내 습성이라면 습성입니다. 어젯밤에 선생님의 원고 청탁을 받고는 어찌나 반가웠던지요. 오늘은 교단에 서 있었을 적의 기분입니다. 선생님이 초등학교에 계시다고 해서인지, 저도 한때 몸담고 있었던 초등학교 생각이 떠올랐습니다.

노 선생님, 제 나이 지금 환갑을 코앞에 두고 있습니다만, 그리고 그 사이엔 교육계에서만 일해 왔습니다만, 학교로는 초·중·고·대를 두루 겪었고, 교육 연구소에도 있었는가 하면 교육행정에도 종사한 적이 있었습니다. 어디에서 있었을 적에도 큰일을 해내지는 못했지만, 제가 전공한 교육학 이론대로는 실천해 보려고 힘썼습니다. 제가 공부한 교육학이라야 얼마 안 되는 것이었지만, 그러기에 간직한 것은 몽땅 털어놓고 실천해 보았지요.

노 선생님, 그 여러 일터 가운데 어디에서도 별일은 못하고 말았지만, 그래도 그 가운데 비교적 더 보람이 있었다면 그게 바로 초등학교였습니다. 그때의 졸업생들이 지금 착한 사람이 되었다고 해서 그게 어찌 초등학교 선생만의 덕분이겠습니까? 그렇지만 학교를 우등으로 졸업해서 출세한 사람일수록 가난하고 무식하면 짓밟기가 일쑤인 지금의 어른들 사회이고 보면, 제가 몸담고 있었을 적에 학생이었던 이들이 이제는 어른이 되어서 약한 이웃일수록 애정으로 대하면서, 짐승처럼 약육강식만은 안하는 것이 얼마나 대견스러운지 모르겠습니다.

그러나 노 선생님, 이제껏 참으로 사람답게 살려고 힘써 온 그 옛 학생들, 앞으로도 끝내 짐승처럼은 살아가지 않을 것인가, 저에게는 장담이 가지 않아서 걱정입니다. 제가 초등학교에서 일하고 있었을 60년대만 해도 학교 안팎에 그래도 인간미가 조금은 남아 있었고, 짐승에겐 없는 양심에 따라 이 세상을 살아갈 자유가 얼마간 있었지요. 그러나 60년대 말 '국민교육헌장'이 선포되고 70년 초 유신헌법이 공포되고부터는 힘세고 돈만 있으면 못할 짓이 없는 그야말로 개판의 세상이 돼 버렸습니다. 똥개의 눈에는 똥만 보인다지만, 우리들은 사람인데도 권력과 금력에 눈이 멀어서 사람이 보이지 않게 돼 버렸지요.

노 선생님, 일제 말기를 중·고등학교 학생으로 보냈던 저입니다. 우리 70년대의 학교 안팎은 꼭 일제 말기의 닮은꼴이었습지요. 사람도 짓밟아서 저만 잘 살면 그만인 세상인데, 학교 아이들도 한 반 친구가 사람으로 보일 턱이 없었지요. 가난하고 공부 못하면, 다시 말해서 빈약하면 옆자리 친구도 마구 쓰러뜨리면서 표창까지 받는 학생생활이었는데, 외양만 사람으로 남을 수밖엔 없었던 것이지요.

노 선생님, 짐승들에겐 없는 문화인데, 그리고 이 땅에 태어나는 어느 아이도 그 문화 속에서 사람 되는 것인데, 우리는 우선 그 문화부터 짐승들의 약육강식이 아닌 그야말로 인심人心으로 가득 채워 놓고 볼 일이 아닐까 하는 것이 저의 생각입니다. 사람은, 어느 집 아이도, 날마다 짐승처럼 약육강식의 생활을 하다 보면 짐승같이 될밖에요. 이제는 우리 학생들을 사람 되게 하자매 이 세상을 인심으로 채우는 일부터 해야 할 처지에 이르렀다는 것이 교육학 전공으로 늙은 저의 생각입니다.

무엇을 가르칠 것인가
-간의웅 선생님께

3월 8일자로 보내 주신 글월은 잘 받아 읽었습니다. 작년에 읽었던 '봄볕에 내리는 교실'이 생각났습니다. 아직도 대면한 사이는 아니지만 구면 이상으로 반가웠습니다.

해가 갈수록 교육이라는 것이 어렵게 느껴지고, 어떻게 하는 것이 참다운 교사의 길인지 방향을 잡을 수가 없으시다니, 간 선생님까지 소신을 잃으셨나 제 마음이 철렁했었습니다. 그러나 선생님의 나머지 말씀 속에서 전 자신을 되찾은 느낌이었습니다. 많이 배웠습니다. 멋진 선생님이 따로 없다는 게 제 생각입니다. 지금의 우리 어른들처럼 금력과 권력에 눈이 멀어 사람도 사람으로 보이지 않는 그런 사람으로 되지 않게 우리 아이들을 가르치는 선생님이 바로 멋진 선생님이 아닌가 싶습니다.

멋진 선생님의 반대가 무엇인지 저는 모릅니다만, 일제 강점기의 선배 교사들처럼 반민족적 정치 세력이 시키는 대로 아이들을 일그러뜨리면서 얼마 되지 않는 월급 받기를 낙으로 삼는 그런 교사가 아닌가 생각합니다.

정부는 100억 불 수출의 국력을 쌓은 이 시점에서 아이들 몫인 교실을 더 짓고, 선생님들을 더 모셔다가 딴짓일랑 절대 시키지 말고 오직 아이들만 사랑하고 가르칠 수 있게 해야 한다고 생각합니다. 생각하면 우리의 외침이 없었던 것은 아닙니다. 그래도 안 되는 의무교육 정상화란다면, 우리 교육자들은 우리 정부로 하여금 나라 예산에서 아이들 몫은 떼어 놓게 해야 할 것입니다.

선생님은 지도안 문제를 거론하셨습니다. 제가 교육학을 공부했으면 얼마나 공부했겠습니까만 지금의 우리 학교에 버젓이 행세하고 있는 그 지도안이라는 것은 분명 일제 교육의 찌꺼기입니다. 교사인데 어느 나라의 교사인들 지도안이야 없겠습니까만, '국정 교과서의 내용을 아이들 머리에 주입하는 안'으로서의 지도안은 지금의 일본에서도 찾아볼 수 없습니다.

제가 쓴 책이 좋다고 하셨는데 전들 어찌 기쁘지 않겠습니까만, 제가 직원 연수에 권해드리고 싶은 책은 이오덕 선생님이 지으신 『이 아이들을 어찌할 것인가』와 『일하는 아이들』입니다. 그보다도 제가 드리고 싶은 말씀은 교육에 대한 책이 아닌 것들 중에서도 사실 우리를 이끌어 주는 책이 많다는 것입니다. 그리고 TV 어린이 프로에 대한 제 생각입니다. 비단 어린이 프로뿐이겠습니까? 저는 숫제 보지를 않습니다. 백해무익하다는 것이 제 생각입니다. 내용과 편성의 면에서 비교육적인 요소가 너무나 많은 실정입니다.

저는 잘 있습니다. 교단은 물러서게 됐지만. 교단을 위해서 글을 쓰는 보람은 아직 남아 있습니다. 간 선생님 댁의 귀여운 꼬마와 선생님 반의 여러 아이들을 생각하면서 선생님의 의로운 교육을 빕니다.

몸의 결함이 앞날의 삶에 장애가 되어서야
- 연순이에게 보내는 오래 묵은 편지

나는 지금 너와 네 동무들 생각으로 가슴이 꽉 차 있다. 내가 너희들을 보러 갔던 그날은 헬렌 켈러 할머니가 탄생하신 날, 너희들은 올해 들어 제일 활짝 핀 백합 꽃다발 바구니를, 3년 전부터 한 학교 언니 오빠들 손으로 만들어 차려 놓은 '일곱 살 난 헬렌 켈러' 동상 앞에 바쳤느니라.

연순아, 지금 나는 네가 작사하고 한 반의 세원이가 작곡한 '헬렌 켈러 할머니'를 새삼 들여다보면서 놀라움에 가슴이 터질 것만 같구나. 그렇지. 네가 지은 가사대로 그가 어려서 '보도 듣고 말까지 못했을' 땐 시냇물은 헬렌과는 상관없이 그야말로 '혼자 흘러갔을 거야'. 그리고 '백합은 외로이 피고' '바람 또한 쓸쓸히 지났을' 게다. 헬렌 켈러가 설리번 선생님을 모시고 '희망과 용기로서 공부한' 후부터는 '느껴서 듣는 시냇물'이 되었고, '만져서 보는 백합'이 되었고, 그렇게 되었기에, 네가 지은 가사마따나 '바람마저 반가이 속삭였을' 게다.

그렇지. 읽고 쓰고 말하고, 그리하여 스스로의 힘으로 세상을 살아갈 뿐만 아니라 많은 남들을 도와줌에 이르러서야 '시냇물은 즐거이 노래하고' '백합은 향기를 풍기고' '부드러운 바람은 즐거이 속삭였을' 게다.

연순아, 네 작사는 참으로 훌륭하다. 김 선생님을 모시고 헬렌 켈러의 일생에 관한 공부를 많이 그리고 깊이 했다는 것은, 그리고 네가 그전부터 글짓기를 좋아한다는 것은 내 잘 알고 있었지만, 몇 마디 말로서 그의 인생을 세 시절로 나누어 그토록 잘 표한한 데에는 참으로 놀라지 않을 수가 없었다.

연순아, 나는 지금 네가 그날 온몸에 케스트를 한 채 바퀴 달린 침대에 누워서 헬렌 켈러 추도식에 참석하고는 기도 인도를 하던 시간을 다시 생각하고 있다.

인자하신 하나님, 안녕하셔요!

하나님이 보내 주신 헬렌 켈러 할머니는 저희들과 같이 몸이 불편한 사람들의 마음의 등대였어요.

그런데 하나님, 저희들 마음의 등대이시고 희망과 인내를 불어넣어 주신 그 헬렌 켈러 할머니를 왜 그렇게 빨리 데리고 가셨어요!

아직도 헬렌 켈러 할머니의 좋은 말씀을 더 듣고 싶어 하는 사람이 얼마나 많다고요. 하나님께서는 그 어느 누구보다 잘 알고 계실 텐데.

아, 저희는 지금 왜 그러셨는지 알겠어요.

저희들도 헬렌 켈러 할머니처럼 어려움을 이겨내어 훌륭한 사람이 되어서 저희들같이 몸이 불편한 다른 사람들을 위하여 일하란 말씀이시죠!

네, 꼭 그렇게 하겠어요. 그 일을 하고야 말겠어요.

저희들이 하나같이 훌륭한 사람이 되면 헬렌 켈러 할머니는 기뻐서 손뼉을 치시겠지요! 저희는 존경하는 헬렌 켈러 할머니의 칭찬을 받고 싶어요.

하나님, 저희는 이 기도회가 끝나면 헬렌 켈러 할머니가 소녀 시절에 지은 동화 「서리왕」을 바탕으로 오페레타도 해요. 노래도 저희들이 짓고요, 말도 지었어요. 하나님, 하나님도 헬렌 켈러 할머니를 이끌고 오셔서 우리가 하는 오페레타를 보셔요. 물론 재미있으면 손뼉도 쳐 주시고요.

그리고 하나님, 헬렌 켈러 할머니더러, 저희들에게 희망과 인내를 불어넣어 주셔서 감사하며, 헬렌 켈러 할머니가 하시다 간 일을 저희들이 이을 테니 조금도 걱정 마시라고 전해 주셔요.

하나님, 이제 헬렌 켈러 할머니는 영원한 하늘나라에서 눈도 보이고 귀도 들리고 말도 하시면서 행복에 젖어 있겠죠! 그럼 하나님, 안녕히 계셔요.

예수님의 이름으로 기도드립니다.

연순아, 얼마나 내 가슴에 파고든 기도였던지 지금도 한마디 한마디를 잊을 수가 없구나. 많은 어른들의 판박이 기도 인도 속에서 나는 가끔 딴생각만 하면서 고개만 숙이는 일도 있었다. 그러나 그날의 네 기도 인도는 그야말로 너의 이끌음으로 내가 하나님 앞에 다가서는 느낌이었다.

너야 마음속 깊이 느낀 대로를 정성껏 말씀드렸을 뿐일 게다. 말재주가 따로 없을 거다. 깊이 생각하고 정성으로 표현하면 가장 힘찬 말재주를 지니게 된다는 것을 나는 너를 보아 다시 느꼈다.

연순아, 나는 지금 너희들이 공동으로 각색하고 세원이가 작곡해서 이 세상 처음으로 공연한 가극 '서리왕 이야기'를 다시 되씹어 생각하고 있다. 세원이가 지어서 읽은 헬렌 켈러 추도의 글 속에서는 "할머니께서는 우리 아이들을 위해서 '서리왕 이야기'를 지으셨는데, 세상 사람들이 남의 저작을 흉내 내서 지은 것이라고 떠들어 대서 속을 썩이신 일이 있지만, 저희들은 헬렌 켈러 할머니가 지으신 바로 그 아름다운 이야기를 이해의 할머니 생일잔치에 가극으로 꾸며 공연하기로 하였습니다. 저희들의 정성 어린 잔치를 하늘나라 그 어느 곳에서 보아주시겠지요. 저희들의 노래를 기쁘게 들으시겠지요. 그리고 '잘들 하는군.' 하면서 큰 소리로 칭찬의 말씀까지 해 주시겠지요"라고 했더라만, 나는 너희들의 공연을 보고 이렇게 생각하였다. 헬렌 켈러 할머니의 생일잔치는 그날 세계 여러 곳에서 열렸겠지만, 그날 너희들이 차린 잔치만큼 할머니가 기뻐하며 받으신 잔치는 없을 것이라고. 하여간에 모든 점에서 참으로 훌륭하였지만, 특히 각색과 작곡에 있어 그것이 정말로 너희들 힘으로 그만큼 해냈다니, 사실로 믿기 어려운 일이라 할 만큼 훌륭한 것이었다.

정직하게 말해서 나는 아직 '서리왕 이야기'를 읽지 못하였다만, 너희들이 각색한 각본을 읽고는 그야말로 동화의 아름다움을 찾은 느낌이었다. 거기에다 서리왕의 노래 1과 2, 선녀의 노래 1과 2, 해왕의 노래, 산타클로스의 노래, 숲 속의 노래 등 초등학생 세원이가 작곡한 노래가 어디 그렇게 자연스럽고 아름다울 수가 있겠는가 싶었다. 초등학교 어린이이면서 세원이처럼 작곡을 할 수 있을 바에야 앞으로의 어린이 노래는 세원이와 같은 어린이에게 맡겨 볼 만하다고까지 생각하였다. 물론 나는, 연순이 너도 알다시피 음악을 잘 모른다. 그러나 들어서 아름다움을 느끼면 그것이 좋은 음악이 아닌가 생각한다. 연순아 전해라, 내가 세원이의 작곡을 크게 칭찬하였다고.

연순아, 나는 지금 내가 아직 너희들의 교장으로 있었을 적에, 네 윗학년 오빠 언니들이 오랜 동안에 걸쳐 벌였던 헬렌 켈러에 대한 공부를 생각하고 있다. 처음엔 무척이나 하기 싫어했기 때문에 그 담임선생님도 크게 애태웠다더라. "왜 우리 같은 병신들에게 우리보다 더 지독한 병신에 대한 공부를 하라는 거지요?"라며 선생님에게 따지고 대드는 바람에 선생님이 곤욕을 치른 적도 있었지. 그러나 못 보고 못 듣고 말 못하는 사람이라도 몸에 무엇 하나 불편 없는 사람보다 마음이 몇 배나 훌륭할 수도 있다는 것을 알고부터는 뛰고 달리기를 못하는 것쯤, 훌륭한 사람이 되는 데는 아무런 문제도 되지 않는다는 사실도 깨닫게 됐던 것이지. 헬렌 켈러 공부를 시작한 지 한 달쯤 지나서였지. 그 반의 어린이들은 일곱살 헬렌 켈러를 한 반의 친구나 되는 것처럼 함께 생활하더니, 이번에는 틈만 나면, 아니 틈을 만들어서라도 그 공부를 하자고 졸라 대었지.

그 반 모두가 헬렌 켈러의 제자 되기를 자청하게 됐을 무렵이었던가, 연순이의 반도 그 공부에 끼어들었던 것은. 그다음 네 반도, 훌륭한 사람이 되라고 잔소리하는 선생님이 필요 없게 되었던 때지. 아, 나는 그때 얼마나 흐뭇했던지, 너의 담임교사를 찾아갔었다. 그도 이제야 교사 노릇 제대로 한 것 같다며 기뻐하더군. 연순아, 너희들의 담임교사나 그 뒤를 받쳐 주려던 교장인 나나 너희들을 맞아 교육하는 까닭은 교육자 우리가 너희들에게 필요 없게 되는 날을 앞당기기 위해서란다. 이제 그날이 왔던 것이다. 학교 선생들치고 그보다 더한 보람이 있으랴.

연순아, 너희들이 이번에 차린 헬렌 켈러 선생님의 생일잔치에 나를 초청해 준 것을 거듭 고맙게 생각한다. 선생님께서도 매우 기뻐하셨을 게다. 하나님도 굽어 살피시고는 너희들을 기특하게 여기셨을 것이다.

이기심으로 뭉쳐진 오늘의 가정
-날 받은 김 양에게

　이제는 날까지 받았다니 결혼할 채비야 모두 끝난 셈이지요. 어느 때인들 함부로 살아서야 되겠소만, 결혼할 날을 눈앞에 두고서는 특히 가려서 살아야 하오. 보고 듣고 말하는 것은 물론, 생각하는 것까지 가려야 하오. 이 세상에는 독신으로 살다 가는 이들도 없지 않지만, 결혼해서 사노라면 부부는 서로의 행불행을 좌우하니 말이오. 내가 학교 선생 버릇으로 숙녀 김 양을 지금도 어린 학생으로 여겼나 보오.

　김 양도 알다시피, 내가 공부한 것은 아이들의 교육이외다. 그래서인지 요즈음의 젊은 부부들에게서 항상 보게 되는 자녀 기피 경향에 남다른 관심을 갖게 되었소. 아기를 낳지 못해서 몸부림치는 부부야 요즈음에도 흔하게 있지만, 낳을 수 있는데도 소위 가족계획이랍시고 그 시기를 뒤로 미루거나, 낳아도 한둘로 마감하는 경향을 두고 하는 말이외다. 말로서야 그렇게 해서 잘 기를 생각이라 합디다만, 내 보기에는 그런 것만은 아니어서 염려이외다.

　내가 한 공부라야 별게 아니지만, 가정적으로나 사회적으로나 간에 인구가 많아져서 우리 모두가 잘 살지 못하게 된 것은 아니외다. 이미 태어난 사람들끼리라도 사람답게 살지 않아서이고, 그러니 그 속에 새로 태어나는 아기들까지 사람답게 자라나지 못해서라고 생각하외다. 사람살이를 이대로 두고는 인구를 줄여 가고도 잘 살기는커녕 살아남기조차 어려우리라는 것이 내 생각이외다.

우린 조상들은 그 조상들처럼, 사람이면 누구도 저 먹을 것 타고나노라 믿고 살았소. 적어도 내 것을 빼앗아 갈 자녀라고는 생각하지 않았단 말이외다. 실제로 많은 자녀를 기르는 동안 살기가 가난해졌기로 자녀에게 빼앗긴 탓으로는 생각하지 않았소. 가난 가난 하지만, 자녀 있고야 불행이 다 뭐요, 그저 유복하니라 생각했었소.

그런데 정작 행복한 이들은 자녀를 그리 여긴 부모보다는 그 속에서 태어나 자라난 아이들이었다오, 원망이 다 뭐요, 섬김조차 받았던 거죠. 부모의 것 빼앗아 먹는 얌체가 다 뭐요, 아직은 어려서 타고난 제 것 먹지만, 이다음엔 남들까지 잘 살릴 사람이노라, 귀인으로 대접받았소.

결혼 날을 눈앞에 둔 김 양, 나는 우리 조상들의 생각이 옳았느니라 생각하외다. 지금 우리는 단기 인구 증가 때문에 이 지경으로 살아가게 된 것이 아니외다. 도리어 사람다운 사람들이 줄어들어서, 부자 되고 권세 잡는다면 약육강식도 서슴없는 세상, 가난하고 권세 없으면 인권도 못 누리는 세상에 살게 된 것이외다. 이즈음처럼 사람다운 사람들의 증가가 아쉬운 적은 일찍이 없었던가 하외다. 사람을 제 목적 달성의 수단으로 삼지 않는 사람들, 사람을 섬기며 사는 사람들의 수가 늘어나야 하외다. 그리되려면 자녀에 대한, 아니 사람에 대한 우리 조상들의 생각부터 이어받아야 한다는 게 나의 생각이외다. 김 양의 새 가정에 새로운 사람의 탄생을 비는 마음 간절하외다.

사람 중의 사람
-젊은 박 군에게

박 군, 나는 지난 보름 동안 지학순 주교가 지은 『정의가 강물처럼』을 몇 번이고 읽었네. 실은 지난 5월 23일에 있었던 그 책의 출판기념회에 나가서 그분도 뵙고 그 책도 받은 것이지. 지학순 주교님이 어떤 분이시라고, 그분이 지은 책을 기념하는 모임에 빠지랴 싶어 나갔던 것이지만, 초청한 측도 한국사회선교협의회이기에 때와 곳을 어기지 않고 갔던 것이지. 그 협의회란, 저 천하를 진동시킨 부산 미 문화원 방화사건, 그것을 해명한 이른바 '반미성명'을 냈다가 다시 한 번 천하를 뒤흔든 신·구교 성직자들의 연합체라네. 그 사건은 박 군도 알다시피 그리 낙착되었네만, 지 주교님은 그 협의회의 초대 회장이었지. 그러니 그분의 출판기념회를 그 협의회가 주최하게 됐던 것이고, 그날 기념회는 문익환 목사님의 기도로 시작됐지. 자네에게도 여러 번 들려주었던 시 「꿈을 비는 마음」을 옥중에서 지은 바로 그분 말일세. 이때 그분의 기도는 정말로 감동적이었다네. 실지로 윤동주 시인과 어릴 적 친구였다지만, 그 기도는 윤 시인의 산문시 못지않았네. 아직은 입수 못해서 그걸 자네에게 소개는 못하겠네만.

그런데 이때였어. 앞서 말한 주최 측 협의회 총무 권호경 목사님이 나를 불러내질 않겠나. 글쎄, 축사를 맡으라는 거였어. 자네도 생각 좀 해보게. 출판기념회에서의 축사라면 최소한 출판된 그 책을 읽었어야 하지 않겠느냔 말일세. 물론 완강히 사양했지만 결국엔 권 목사님에게 떠밀려 단상에 오르고 말았지. 그때 지 주교님과 함께 감옥을 드나들면서 사회 선교에 헌신해 온 박형규 목사님의 축사가 있었는데, 물론 출판된 책도 읽고 난 뒤의 말씀이었지. 박 군, 나는 목사님의 축사를 듣고는 지 주교님 앞에 '겨레의 스승'이라는 칭호를 드리고 싶었다네. 그분의 이 책에는 '겨레의 갈 길'쯤으로 부제를 달고 싶었고, 차제에 한마디 더 보탠다면, 신교이건 구교이건 간에 교회로서의 일치를 절감했을 뿐만 아니라, 외래 종교가 아닌 민족 종교의 일부임도 느꼈다네. 그때 내가 무아의 지경에 있었다면, 나의 느낌의 정도를 알 만하지 않은가. 나는 그다음 축사 지명을 받고야 허둥지둥 일어섰고, 마이크 앞에 가서야 축사의 대강을 작심했으니 말일세. 이육사 님의 시 「교목」 한 편과 김지하 님의 시 두 편 「타는 목마름으로」와 「1974년 1월」을 낭송하기로 했다네.

그러니까 몇 해 전, 연세대의 김찬국 교수가 풀려난다기에 서대문 교도소에 마중 나갔을 때였지. 기다리던 김 교수는 아직 보이지 않는데, 그때 지학순 주교님이 나오시더군. 내가 그분의 모습을 뵙기는 그때가 처음이었던가 보이. 내가 놀란 것은 단아한 차림의 수많은 수녀님들이 그분을 맞는 정성이었다네. 실례의 또는 불경스러운 표현일까, 하느님이 임하신들, 또는 그 아드님 예수가 나타나신들 그 이상일 순 없을 만큼이었다네. 나에겐 얼마간의 거부반응도 없지는 않았지. 그러나 그 뒤로 그분의 삶이 수시수처에서 증거 세워짐에 따라 내 생각도 달라졌고, 이제 축사를 뇌까리자니 나는 문득 일제하 애국 시인 이육사 님이 생각났던 것이고, 그의 시 가운데서도 '가지 곧고 키 큰 나무喬木'를 연상했던 것이지.

그때에야 나라가 일제의 식민지였으니 독립운동이 사람다운 몸짓이었지만, 해방 곧 분단하에서야, 더욱이나 분단을 구실로 일제 못지않은 독재하에서 신음하는 수많은 이웃들을 보고서야 사회정의의 구현 운동이 사람다운 몸짓일밖에. 나는 「교목」의 구절 가운데서도 "세월에 불타고 우뚝 남아 서서 / 차라리 봄도 꽃피진 말아라"와 "검은 그림자 쓸쓸하면 / 마침내 호수 속 깊이 거꾸러져 / 차마 바람도 흔들진 못해라"를 힘주어 불렀다네. 김지하 님의 시는 왜 그때 낭송했겠나? 지 주교님이 앞장선 구출 운동이 없었던들 우리는 그와 유명을 달리했을는지도 모를 일이었지. 그러나 나는 그 자리에서 말했다네. 김 시인에 대한 지 주교님의 편애가 아니라, 고난받는 모든 의인들에 대한 사랑의 상징이었기에 그의 시를 읊어 축사에 대신하겠노라고.

출판기념회야 간소하기가 짝이 없었지만, 노동자와 농민을 대표한 젊은 남녀가 꽃다발을 주교님께 안겨드릴 땐 참 화려하더군. 소수의 권력층과 다수의 민중으로 이룩된 이 사회에서 그분만큼 온 민중의 존경과 사랑을 받을 분이 어디에 있겠나. 뜨겁디뜨거운 박수를 받으시면서 인사말에 나선 지 주교님, 난 그러신 줄은 몰랐네. 건강이 매우 좋지 않으시더구먼. 서울에 다녀가는 것만으로도 한 사흘은 누워서 앓으신다며 짧막한 인사말이었지만, 난 크나큰 감명을 받았네. 사회정의 구현이니, 선진조국의 창조는 구시대 유신체제의 철저한 부정 내지는 유신 잔재의 말끔한 청산에서부터 시작되어야 한다는 말씀이셨지. 이것은 내 말이네만, 유신체제라는 것이 다분히 일제 잔재를 되살린 것이고 보면, 새 시대는 결국 해방 후로부터 오늘에 이르는 역사의 부정이 없이는 열릴 수 없다는 얘기가 되는 셈일세. 하여간에 나는 출판기념회에서 돌아오는 대로 그분의 저서를 쉬지 않고 읽었지. 한두 번이 아니라 몇 번이고 읽었네.

박 군, 내가 자네에게 이 책을 읽어 보도록 권고하는 까닭은 다름이 아닐세. 언젠가 자네가 나에게 와서 70년대의 유신체제에 관한 다각적인 질문을 펼쳤던 일이 있었지. 그때 나는 나름대로의 답변을 했었지만 미흡하기가 이를 데 없었네. 70년대에 강단에서 쫓겨나기도 하고 감옥살이를 하기도 했지만, 그 모두는 내 전공 분야인 교육학에 관련해서의 일이었기 때문에 다른 분야에 대해서는 내 이해가 매우 피상적이었던 것이지. 그러던 차에 그렇지 않은 분이 쓰신 이 책을 대하게 된 것이고, 읽어 볼수록 70년대의 민족 현실을 광범위하면서도 깊이 있게 다루었고, 민족의 진로마저 극명히 제시되어 있다는 말일세. 그러니 내가 어찌 자네에게 이 소식을 전하지 않을 수가 있겠나.

박 군, 나는 사실로, 처음에는 책의 부제가 '지학순 주교 강론집'으로 되어 있는 데다가 표지마저 지 주교가 현 교황과 악수하고 있는 사진이어서 천주교 신자나 볼 책인 줄 알았다네. 그런데 책 속은 딴판이었네. 아니지, 강론집임에는 틀림없지만, 강론의 내용은 천주교 신앙만이 아니라 70년대 우리의 정치, 경제, 사회, 문화 모두에 걸쳐 있었다는 말일세. 그것도 아니랄 수밖에 없는 것은, 자료는 과거의 70년대, 아니 그 이전에서 찾아 글의 밑에 깔고 있지만 글이 주장하고 있는 바는 미래의 80년대 90년대, 나아가서는 영원토록 민족 내지는 인류의 앞날에 관한 것이었다네. 그제야 나는, 교황과 손잡고 서 계신 지 주교님의 사진을 표지로 삼은 연유를 짐작할 수 있었고, 처음에 느꼈던 어색함 내지 소원함 같은 것도 사라져 버렸다네. 도리어 나의 동족, 그 한 분이 그토록 친근하게 느껴졌고, 내가 그분과 동일한 민족에 태어났음이 자랑스럽기가 그지없더군.

박 군, 내가 자네에게 이 책을 읽어 보도록 권고하는 직접적인 동기는 젊은 자네의 이제부터의 인생 설계에 더없이 귀한 지침이 되리라고 믿어서이지만, 그것도 사회를 종전대로 두어둔 채로는, 다시 말해서 사회 설계 없이는 안 된다는 것을 깨달아 주기를 바라서이기도 하지. 이 책의 이름대로 '정의가 강물처럼' 흐르는, 그런 사회의 설계 말일세. 정의 아닌 불의가 득세하는 사회 속에서는 어느 누구도 인간답게 살아가기가 어렵다는 것, 더도 덜도 아닌 꼭 이 책의 저자만큼이나 고난이 수반된다는 것, 그 고난을 피하자면, 사람이고도 짐승처럼 살아갈 수밖에 없다는 것, 그러기에 인생 설계, 사회 설계가 따로 없다는 것, 나는 그것을 자네가 이 책을 통해서 터득하기 바라네.

물론 나도 자네만큼은 여생이 길지 않을 것이 확실하지만, 그나마 의로운 사회를 꾸미는 일로 채워서 인간답게 살아 보려네. 그 고난 피하자고, 나도 사람인데 짐승처럼 살 순 없지 않은가? 이 책을 읽고 있는데 지 주교님이 병환으로 입원하셨다는 소식이 들려오데나. 나는 그분의 책을 덮고 달려가서 쾌유를 빌었네만, 웬일인지 지난날 그분이 받으신 숱한 고난들이 머리에 떠오르데나. 그러나 그럴수록 병상에 누워 계신 그분이 불행은커녕 이 세상에서 가장 다복하신 분으로 보였고, 그때는 그 까닭을 알 수 없었네. 입원실을 나오고야 나는 그분이 왕중왕王中王은 물론 아닐지라도, '인중인'이로다, 다복하신 까닭을 알 성싶데나. 박 군, 이 책을 읽고 자네도, 아니 다른 누구도, 사람 중의 사람人中人의 생애를 가능케 하는 정의로운 사회의 설계를 해 보기 바라네.

지금의 자기 속을 보게
- 젊은 대학생들에게

교육학 교수라는 20여 년의 생업을 잃은 채, 집에만 쑤셔 박혀 있는 판에 원고를 청탁하는 전화가 걸려오니 무척이나 반갑데나. 그러나 교육학이 아닌 문학의 잡지라는 데는 좀 주춤해지더군. 우선 문인이 아니라는 말부터 했었네. 그런 줄 알고 청탁하는 것이니, 젊은 학생들에게 교육학에 관해서 하고 싶은 말이 있거든 무엇이나 적으라는 거였어. 바로 그것을 못하게 돼서 울화가 치미는 나날을 보내고 있는 나네만, 그것도 그리 쉬운 세상은 아니지 않은가. 그렇다고 검은 것을 희다고야 하겠나? 나는 며칠 전에 손녀를 보았네만, 나 죽은 다음 그 손녀가 부끄러워할 글을 어찌 쓴단 말인가? 이는 과장이 아닐세. 지난해에 내가 읽은 글만 해도 숱하게 있었네. 지금은 가고 없는 왜정 말기의 저명인사들이었네만, 그 글을 읽고는 그의 동족인 내가 수치스러웠을 정도니 그 손녀야 오죽했겠나.

그건 하여간에 나는 지금 펜을 잡고 있네그려. 되도록 권력과 무관한 흰 것들만 찾아서 희다고 할 양으로 싱거운 글이 되면 대수인가? 내가 공부한 교육학이라야 정말 보잘것없네만, 예나 지금이나 착하기만 한 백성들의 교육 얘기나 해 봄세. 이것을 강의라고 할 것은 못되네. 더군다나 청탁받은 '명강의 노우트'에는 해당 안 되네.

학생이여, 젊은이여, 자기를 보게. 겉이 아니라, 속을 들여다보게. 무엇을 소중하게 여기고 있나를 살펴보게. 사람을 무엇보다 소중하게 여기나? 그래서 남의 집 아기가 자네 집 강아지보다 소중한가? 나아가서는 자기 자신의 소유물, 그중에서도 가장 귀중한 것보다도 남의 집 아이가 참말로 소중한가? 자네는 자네 속을 알 걸세. 만약에 자네의 대답이 서슴없는 "네"라면, 이번에는 자네의 배 안 시절을 얘기해 봄세.

그러니까 6·25 후이네. 끼니를 건널 만큼 가난하건만 자네라는 새사람의 탄생을 기다리는 어머니와 아버지, 그 식구와 이웃 사람들이었다네. 먼저 기다림이 있었고 나중에서야 자네가 배 안에 있게 된 거지. 그 순간부터 자네도 사람이었네. 자네를 배 안에 가진 어머니, 그 순간부터 홀몸이 아니라 했지. 모두가 배 안의 자네까지 사람으로 친 걸세. 사람인데 배 안에 있다고 안 가르쳤겠나? 태교가 시작됐다네. 교사는 자네 어머니였지. 교사를 돕기 위해서 하는 일을 교육행정이라 하네만, 태교를 떠맡은 교사에도 있었지. 아버지와 그 밖의 식구들과 이웃 어른들이 홀몸 아닌 자네 어머니를 도왔지. 초상집에는 얼씬도 못하게 했다네. 홀몸 아닌 어머니, 병 옮길세라, 충격받을세라, 배 안의 자네에게 해로우리라고. 못하게 한 것보다 하게 한 것이 더 많았다네. 옳은 것들만 생각하게 하고, 살아 있는 것은 물론 하늘과 땅까지도 사랑하게 하고, 그리하여 착하게만 행하게 했던 것이지. 어머니는 배 안의 자네로 인해 뭇 어른들의 이른바 서비스를 받았던 거야. 그러니 그 어머니의 배 안 사람 교육은 잘 안 될 리가 없었던 거네. 자네가 배 안에서 받은 교육 말일세.

나는 앞서 자네의 지금을 묻고 난 다음, 자네의 배 안 시절을 말했네만, 나는 앞서 자네가 사람을 으뜸으로 섬기는지를 묻고 난 다음, 그 자네가 배 안 시절부터 사람으로 섬겨졌음을 말했네만, 그야말로 콩 심어 가꾸어서 콩 거두고 있는 셈이라네. 그런데 오염된 콩을 심어 더욱 오염시켜서 유독성 콩을 거두고 있는 경우도 없지 않아 있다네. 겉으로야 의젓한 사람인데 속마음은 짐승인 그런 사람 말일세. 짐승 마음이 별것인가, 약육강식이 바로 그것이지. 사람끼리인데, 상대가 가난하고 약하면 그를 악용하고 짓밟아서 제 욕심만 차리는 그런 사람 말일세. 그런데 그에게도 배 안 시절은 있었을 게 아닌가? 미움받으며 감옥살이를 했다고나 할는지.

감옥에는 간수가 있지 않은가? 죄수를 차디찬 눈매로 감시하다가 기한 차면 내보내는 형무소 간수 말일세. 간수 같은 어머니 배 안에서 죄수같이 갇혔다가 나온 사람도 있단 말일세. 사람대접이 뭔가? 처음에는 유산되기를 바랐다가, 나중에는 유산시키려고 했다가, 그것도 여의치 않아 내질러 놓은걸. 그 어미로 보아서는 자기의 배 안에 있대서 자기의 소유물로 생각한 거지. 그나마 갖고 싶어 갖게 된 것이 아닌, 갖고 있으면 손해만 보는 그런 물건쯤으로 생각한 거야. 즐기기 위해서 남녀가 결혼한 건데 그 즐거움을 앗아갈 뿐만 아니라, 돈 벌어 잘살기 위한 일생인데, 그 돈을 빼앗아 가는 것쯤으로 제 자녀를 생각한 거지.

나는 앞서, 오염된 콩을 심어 더욱 오염시키면 사람을 해치는 유독성 콩이 맺어질 수 있다는 말을 했네만, 자녀에 대한 생각이 이런 어미이고야 그 배 안에 있는 아기인데 어찌 오염되지 않겠나? 사람인데 그를 개똥같이 기피 또는 혐오하거나, 그렇지 않고야 제멋대로 할 수 있는 애완동물쯤으로 여기는 부부 사이에 태어나서, 그쯤으로 여기는 성인들 속에서 자라나고야 그도 안 그런 사람이 되는 것이 도리어 예외라는 말일세. 죄수이고도 유린당하면 출옥 후에 앙갚음이 예사이거늘, 죄 없이 사람대접을 못 받은 채 자라난 사람이, 사람이라고 누구나를 섬기게 되겠는가? 자기보다 힘이 약하면 그가 가진 것을 빼앗고도 쓰러뜨리지. 짐승이 못하는 말만 지껄이면 사람인가, 하는 짓은 같은걸.

물론, 배 안 시절에 있어서의 삶의 질質 하나만으로 나머지 일생의 삶의 질이 결정되는 것은 아닐세. 배 안에서 밖으로 나와서의 삶의 질도 마찬가지로 중요한 거지. 지금의 자네에게, 차마 그것만은 끝내 못하는, 그런 일이 있는가? 이를테면 사람을 죽이는 일, 그것도 친척이나 동포를 죽이는 일 따위를 말일세. 그를 죽이지 않는다면 자네를 죽이겠다는 위협을 남으로부터 받고 있다 하세. 그렇다고 서슴없이 그를 죽이겠나? 아니면 하늘땅을 다 준대도 그 일만은 차마 못할 자네인가? 직접 남의 목숨을 끊지야 않을지라도, 마침내는 그 속에서 생명이 손상될 것이 분명한 그런 조건들을 조성하는 일만은 끝내 못하는, 그런 자네인가 말일세.

숨 쉬어야 물 마셔야 사는 사람인데, 그것들을 오염시키는 일만은 차마 못하는, 농사짓고 고기 잡아서 먹어야 사는 사람인데 그 땅과 바다를 오염시키는 일만은, 그 끝에서 제아무리 많은 돈과 권세를 얻게 된대도 끝내 못하는 자네인가 말이네. 그렇다면 자네는 참으로 사람다운 젊은이이네. 짐승에게는 없는 삶이지. 제 욕심을 억제하면서 동료의 생명을 섬기는 사람에게만 있는 삶이지.

이번에는 내가 자네의 젖먹이 시절을 말해 주려네. 어머니의 젖도 넉넉히 먹었네만 그의 사랑도 배불리 먹었던 거야. 자네는 어머니를 대신한 돈벌이 식모의 차가운 손길도, 모유를 대신한 송아지의 젖도 전연 모르고 자랐던 거야. 자네가 자라난 집이라야 결코 으리으리한 건 아니었네만, 그 속의 어머니와 식구들이 자네를 중심으로 꾸며 놓은 분위기는 맑고도 훈훈했었지. 자네는 이때에 벌써 한집 사람을 믿게 된 거야. 한집에서 살고 있는 모두가 자네에 대한 믿음이 확고한 바에, 자네라고 그분들을 안 믿을 수가 없었던 거지.

사람에 대한 믿음이 생기고, 그 믿음이 깊어지고야 어찌 사람에게 잔인해질 수가 있겠는가 말일세. 착하게 살 수밖에는 다른 길을 모르게 되는 거야. 물과 공기를, 땅과 바다를 오염시키면서까지, 그래서 인간의 생존을 위협하면서까지, 제 부강욕富强慾을 채우지는 차마 못하게 되는 거야. 한마디로 사람다워지는 거지. 무소불능無所不能이라는 말을 좋아하는 사람이 있네만 그건 사람도 아닌 거야.

학생이여 젊은이여, 자기의 마음속을 살펴보게. 민족적 긍지가 가득 서려 있나? 천년 이상이나 이 한반도에서 한 조상의 후예로 한 나라를 이룩해 온 이 겨레의 일원임을 진정 자랑으로 여기나 말일세. 아득한 옛적부터, 인간의 존엄과 세상의 평화를 으뜸으로 믿어 온 우리 겨레는, 어떤 제왕의 정치적 억압이나 무력 탄압도 결연히 배격하면서 겨레의 문화와 예술을 끈질기게 가꾸어 온 걸세.

일제 강점기의 우리 겨레는 또 어떠하였나? 민족 반역, 식민 순응으로 제 권속의 영화를 샀던 일부의 친일 지배층이 있었음에도 불구하고, 식민 극복 자주독립의 세찬 물결은 한 해도 거른 적이 없었던 한반도의 우리 겨레였네. 미·소에 의해 국토가 남북으로 분단되고는 어떠하였나? 남북이 동족상잔까지 겪었건만, 분단 극복 평화통일을 향한 우리 겨레의 은은하고도 끈질긴 의지는 한 해도 쉬지 않고 한반도의 구석구석을 찾아 스며들고 있었네. 모든 구석에 차고 나니 넘칠밖에.

드디어 7·4 남북공동성명이 넘쳐 나온 것이네. 바로 몇 해 전이 아닌가? 그 하루 전만 해도, 아니 그 발표의 1초 전까지 남북이 다 함께 사형으로 규정한 범법 행위이련만, 그 발표를 듣고는 누구나 마음으로 달려가서 눈물로 껴안은 남북의 겨레이었네. 바로 그 성명이 우리 겨레의 뜻이라고 말일세. 이제야 주인인 우리들이 내맡긴 권력을 바로 행사했다고 말일세. 그 성명 관여자들을, 증오로 사형이 다 뭔가. 포옹으로 감사할 뿐이었네.

여보게, 학생이여 젊은이여, 이 겨레의 일원임을 진정 자랑으로 여기나? 그러니까 자네가 아직은 집 안에서 동네에서 철없이 뛰놀고 있을 적이었네. 나는 앞서, 자네의 배 안 시절과 젖 먹던 시절의 어머니가 자네에 있어 얼마나 어진 교사이었나를 말했었네만, 이번에는 자네 집안과 동네 어른들 얘기이네. 그 어른들에게도 어렸을 적의 어른들이 계셨을 게 아닌가? 무력하기만 하면 억압하는 일제의 억압 정치 속에서나마, 선량하게 사는 법을 잊지 않고 빠뜨리지 않고 아이들에게 실천으로 보여 준 걸세. 인간의 존엄을, 평화의 애호를, 이웃과 겨레의 사랑을 보여 줬던 거야. 그 속에서 자라났던 자네 어른들이라네.

이름이야 학교가 아닌 가정이요 동네이지만, 가장 힘차고 그 결과마저 가장 오래가는 교육을 받았던 거지. 이번에는 자네가 어렸고, 그런 집안 그런 동네에서 착하게 사는 법을 배웠던 걸세. 어린 자네는 동네 어른들에게서 무력한 사람일수록 위해 주면서 살아가는 법을 배웠던 걸세. 한 조상의 후예들이 우리 땅 한반도의 어디에 살고 있든 그저 그들의 행복만 빌면서 살아가는 법을. 아니, 조그만 각자의 힘이나마 한 나라 되찾기에 보태면서 살아가는 법을 자네는 눈으로 보고 배웠던 걸세.

동네의 어른들, 이름이야 선생이 아니었네만, 그리고 선생들처럼 유식하지도 않았네만, 기실은 이들이 꼬마 겨레들의 스승이었네. 교실도 아닌 동네 마당에서, 교과서도 아닌 자신의 삶으로 어린 자네들을 사랑으로 힘차게 가르쳤던 것이네. 지금 자네가 지니고 있는 민족적 긍지는 결코 우연이 아니라네.

학생이여 젊은이여, 다시 한 번 자기의 속을 보게. 우리 겨레를 포함한 온 인류를 죽음의 벼랑으로 몰아붙이고 있는, 세계 도처의 미치광이 부국강병주의자들에 대해 자네는 시방 인류의 한 사람으로 참을 수 없는 치욕을 느끼고 있는가? 강대국들에 의한 핵무기 생산으로는 물론이요, 원자력 발전에 의한 핵확산으로도 나날이 오염돼 가는 지구, 이 하나밖에 없는 인류의 지구를 놓고, 자네는 시방 억누를 수 없는 의분을 느끼고 있는가? 나와 내 겨레의 생존을 위해서라도 남의 나라들의 핵확산 음모의 분쇄에 미력이나마 보탤 정열이 있는가?

실로 우상 숭배에 가까운 과학기술과, 그에 의한 공업화 및 세계 시장에서의 돈벌이, 이것들의 세계적 숭배로 이제는 육지와 바다의 오염은 물론이요, 땅속에 있는 후손 공유共有의 자원까지 바닥이 나고 있는 지금의 이 지구를 놓고 자네는 시방 이토록 문명도 아닌 반인류적 문명에 불보다도 뜨거운 분노를 품고 있는가? 먼저 만든 최신 무기로 착한 나라 등치고 약한 나라 침략해서 국경을 넓히고 지하자원까지 차지하더니, 이제는 '나라별로 따로 살자'느니 '나라별로 자유롭게 경쟁하자'는 이른바 부강국들, 배가 터지도록 먹고 마시고 미친 듯이 사치를 하고, 이래서 세계의 빈약국 사람들은 더욱 굶주리고 더욱 헐벗을 수밖에 다른 길이 없어진 거지.

이야말로 강대국들이 온 인류에게 범하고 있는 원천적인 '권력형 부정부패'가 아니겠는가? 이게 바로 세계적인 빈부 국가 간의 남북분단이라네. 그런데 자네는 시방 이 세계적인 분단을 극복하고 인류다운 세계 사회를 이룩하는 일은 온 세계의 젊은이들에게 지워진 으뜸가는 공통 과업이라 생각하고 있는가? 만약에 이 모두의 내 물음에 대한 자네 대답이 "네"라면, 만약에 인간의 자연과의 평화적이고도 초국가적인 공존을 진정으로 믿는 자네라면, 만약에 인류와 자연, 그 어느 것의 정의로운 생존도 그러한 공존 속에서만 가능하다는 것을 진심으로 믿는 자네라면, 이 또한 학교에서 배웠던 것은 아니라네. 자네가 다닌 학교라야 서양 문화의 자연관을 그대로 가르쳤다거나 서양을 본뜬 일제 교육의 찌꺼기를 간직했다가 가르쳤던 것일세.

그러나 우리의 조상들이 이어받고 물려준 자연관은 아주 딴판이었네. 도리어 학교를 거치지 않고 학교 밖의 가정이나 사회의 생활을 통해서 전해진 거네. 자네는 그걸 배운 것이네. 살아 있는 나무야 더 말할 것도 없고, 그렇지 않은 바윗덩이 앞에서조차 두 손 비비며 착한 소원을 비는, 자네가 학교에서 바로 미신이라고 배운, 무식한 아낙네도 자연의 경외를 배웠던 걸세. 이제야 서양에서는 깨달은 '자연은 인간의 정복을 위해서만 있지는 않다'는 과학적 진리를 자네는 벌써 배웠던 걸세.

우리 조상들에게는 하느님의 경배가 따로 없었네. 그가 함께 지으신 사람과 자연의 경배이었네. 자연을 차별할 줄을 몰랐다네. 더도 말고 사람처럼만 위했다네. 사람, 저 살고자 한 노릇은 아니었네만, 결과는 사람도 살아남는 길이 그 속에 있었던 것일세. 자네 부모나 이웃 어른들은 서양식 학교의 졸업생이든 아니었든 간에, 가정에서나 동네에서는 이 조상들의 자연관만 이어받아 자네와 더불어 살았던 거지. 자연과 인간, 이 둘 다의 정의로운 생존, 그걸 자네는 우리 문화 속에서 자라나면서 배웠던 거라네.

학생이여 젊은이여, 내가 할 말은 더 없네. 권력의 지배하에 있었던 옛 학교교육은 사람의, 겨레의 소원을 저버렸었지. 옛 권력은 교육을 정치적 도구로 삼았던 거야. 다소나마 덜했거나 잠시나마 안 한 적이 있었다면, 그것 또한 백성들이 그리 만들었던 것뿐이네. 옛 학교란, 옳지 않은 교육을 강요당해 온 불쌍한 존재이었어. 그러나 가정과 동네라는 참으로 위대한 학교들이 건재해 있었지. 사람의 양심, 겨레의 소원이 교육한 모두이었네. 못났어도 사람인데, 내 집 강아지보다야 남의 집 아기가 더 소중하고, 그래도 사람의 아들딸인데, 용도에 맞게 길들이느니보다야 타고난 바에 따라 사람답게 자라나게 하는 것이 옳고, 또 그리고 증오보다야 사랑이, 전쟁보다야 평화가, 겨레의 분단보다야 통일이 옳고…… 한마디로 진실만이 교육한 모두였다네.

여보게 학생이여 젊은이여, 그 가정 그 동네마저 이제는 구실을 못하게 되어 가나 보네. 가정과 동네에서의 참교육과 학교교육의 진실화를 점지해 주십사고 천지신명께라도 함께 빌어 보세나.

불합격을 축하합니다

무슨 일을 하시는 분인지도, 연세가 어떻게 된 분인지도 모르니 그냥 '님'이라 했습니다. 저는 님이 쓰신 '불합격을 축하합니다'를 읽었습니다. 제가 아는 한 젊은이가 보여 주더군요.

님의 글 맨 첫머리에 제 이름 석 자가 나오는 것을 보라는 것이었습니다. 틀림없는 제 이름이었고, 님이 인용하신 글도 제가 썼던 그대로였습니다. 저는 그다음 줄도 읽어 내려가기 전에 주보의 발행처부터 살폈습니다. 천주교 인천교구인 것을 알고는 마음을 푹 놓았습니다. 내 글이 주간지건 일간지건 간에 신문에 인용되는 것을 수치스럽게 생각하기 때문입니다. 짐승들은 못 쓰는, 글을 썼다고, 그 글로 신문을 만들었다고 모두가 사람의 짓이 되는 것은 아니라고 믿습니다. 글로 써 거짓말을 하고, 그것을 모아 신문을 만든다면, 그리하여 폭력을 정의라고 말하는 세상이 된다면, 차라리 고지식하게 약육강식하는 짐승들의 세상만도 못한 그런 사람의 세상이 되는 게 아닌가 하는 생각을 해 봅니다.

그래서 저는 아예 신문을 안 봅니다. 라디오도 듣지 않습니다. 텔레비전도 안 봅니다. 안 보는 데는 구독료도 시청료도 안 냅니다. 일터도 없고 벌이도 없는 바에 잘됐다고나 할는지요. 그러나 돈이 많아도 그런 신문은 안 봅니다. 안 보는 것이 인간다운 삶을 지키는 것이라고 저는 생각합니다. 그런데 신문에도 예외가 있는 줄 이번에 알았습니다. 『인천주보』를 읽고 믿고 배웠습니다. 그것이 감사해서 지금 이 글을 쓰고 있습니다. 님의 글만이 아니라 1면에 실린 인천교구 총대리 신부님의 글도 읽었습니다. 제 3면의 '소금'란도 읽었고, 4면의 독자란에서도 얼마나 감동을 받았는지 모릅니다. 그리고 또 나머지 4면의 윗글 아랫글 할 것 없이 당당한 한국 교육의 이론이더군요.

이제는 님이 쓰신 글을 읽은 제 느낌을 말씀드리렵니다. 저는 님의 글 끝부분에 나오는 "석바위에 있는 지방법정에서 재판을 받던 한 대학생의 말…… '나는 지금 여기에서 재판을 받는 것이 떳떳하고 자랑스럽다.' 대학 강의실보다 외로운 감방을 더 자랑스럽게 생각한 것이다. 이러니 어찌 눈치작전에 성공해서 합격한 학생들에게 축하한다는 말을 할 수 있겠느냐"를 읽고는 가슴이 뭉클해졌습니다.

저는 믿습니다. 용기야 그 대학생만큼 없어서 감방 신세질 짓을 안 하고, 그래서 오늘도 대학문을 오가고 있지만, 그 마음은 부끄러워 하늘도 외면하는 대학생들이 부지기수라는 것을. 또 저는 믿습니다. 처자 거느린 탓으로 해직될 짓 안 하고, 그래서 하라는 강의와 학생지도를 또박또박 하고는 있지만, 그 마음은 부끄러워 역사도 외면하는 교수들이 적지 않게 있다는 것을.

저는 교수로 있어도 보았고, 지금은 아닙니다. 그러나 그제나 이제나 대학은 한가지입니다. 저는 나라와 겨레를 위해 빕니다. 대학의 정책에 관여하는 모든 분들에게 건의합니다. 대학은 대학인들이 자치케 하라고. 인격과 학문을 겸비했대서 교수이게 했으면, 대학생의 교육도 그들에게 일임하라고, 교수마다 진실을 토로하는 데는 교수를 우습게 여길 대학생도 없을 것입니다. 하라는 공부는 안 하고 정부를 향해서 이래라 저래라 떠들 대학생도 물론 없을 터이고, 교수가 이미 정부가 가야 할 길을 밝혔는데 거리에 뛰쳐나가 똑같은 말을 소리 지를 대학생이 없으리라 저는 믿습니다.

님의 글에서도 정확하게 지적이 되었듯 대학생을 뽑는 방식도 앞으로 는 대학마다에 일임해야 합니다. 지금의 방식으로는 성적이 제아무리 우수해도 사람이 못되어질 수가 얼마든지 있습니다. 설상가상으로 졸업정원제라는 것이 있어서 입학 후에도 대학생 사회의 인심은 삭막하다 못해 살벌하게까지 되어 가고 있습니다. 고약한 인심 속에서 사람다운 사람이 돼라, 그건 말도 안 되는 소리입니다. '차라리 그런 대학 들어가지 않게 되어서 천만다행'이라고 하는 그 말에 저도 적극 찬성하는 바입니다.

가지 곧고 키 큰 나무

몇 해 전 여름이었다. 밤새워 퍼부은 비에 야영 텐트마저 새어들어 온 몸이 흠뻑 젖었다. 젖은 것을 들쳐 메고, 10명 남짓한 일행은 강원도 두메 산골을 떠나 동해안 강릉에 도착했다. 그곳은 다행히도 비가 오지 않았지만, 간밤에 젖은 옷을 걸치고 있던 일행은 병나기에 십상이었다.

나는 강릉에 살고 있을 옛적 학생을 머리에 떠올렸다. 우리 일행의 구조를 요청할 셈으로. 그러나 그는 방학 중인 학교 선생, 집 주소도 전화번호도 모르는 터였다. 덮어놓고 학교에 문의했더니 친절하게 일러 주었고, 본인도 마침 집에 있어서 통화가 되었다. 그는 당장에 우리한테 달려왔고, 응급 환자를 병원에 이송하듯 우리를 제집으로 날랐다. 객들은 주인의 뒤를 따를밖에. 대문 안에 들어서니 널따란 잔디밭이 장관이었고, 때마침 뙤약볕까지 쫴여 젖은 옷 말리기에는 안성맞춤이었다. 그런데 그 집주인은 아기들을 데리고 친정에 가 있는 아내를 전화로 불러 우리 일행의 식사며 잠자리 걱정까지 하는 것이 아닌가. 사실은 우리 모두가 간밤에 잠 한숨 제대로 못 자고 아침밥도 뜨는 둥 마는 둥 했던 터이라, 주인의 전화소리를 엿듣고는 신바람이 났다. 한여름 햇볕이라 젖은 옷도 삽시간에 말랐고, 그사이 주인의 장모님까지 가세해서 차린 밥상은 상다리가 부러질 만큼의 진수성찬이었다.

그런데 하여간에 이상했던 노릇은, 주인은 우리 일행 중 나밖에 모름이 확실한데, 주인의 아내도 장모님도 우리 일행을 나처럼 대하는 점이었다. 오랫동안 묵혀 두었던 포도주까지 내오는 바람에 모두가 나 못지않게 취하기까지 했다. 나야 20년도 전에 그 주인을 몇 해를 두고 교실에서 만난 인연이라도 있다지만, 내 일행은 생면부지인 터에 연상의 주인을 대하는 모든 것이 나를 그렇게도 기쁘게 해 줄 수 없었다. 일행 모두가 더도 말고 꼭 나를 대하듯 주인을 대했던 것이다. 그때라도 진심을 터놓을 세상은 아니었건만, 그 집에서의 하룻밤은 정말로 못할 말도 없이 다 하면서 지냈다.

20년 전의 학생과 오붓하게 만난 것은 이튿날 새벽이었다. 나는 한복을 입지 않아 여미려야 여밀 옷깃이 없었지만, 마음으로는 그야말로 정중하게 대했다. 그런데 글쎄 이게 웬 말인가? 지금은 선생도 아닌 나에게서 그 옛날 학생 적보다 더 많은 것을 배우고 있다 하지 않는가? 그것도 몇 해 전까지 선생으로 있을 때보다 더 깊은 것을 배우고 있노라고. 그리고 선생 아니게 된 때부터의 내 행적을 낱낱이 꼽는 것이었다. 나는 수갑을 찬 채로 나의 행적을 캐는 검사의 물음에 답했을 적을 생각했다. 꼽은 행적들은 옛 학생이나 검사나 똑같았다.

나는 또 법정에서의 최후 진술도 생각했다. 나는 시방 교단 아닌 법정에 서 있지만 교육은 계속하고 있다는, 이런저런 생각을 속으로만 했을 뿐, 나는 옛 학생과의 오붓한 만남을 침묵으로 일관했다.

아침식사를 다 차렸다는 부인의 말에 둘 다 일어서려는데, "선생님 이대로야 어떻게 먹고 살아가시렵니까? 이 시대를 저는 어떻게 살아가야 합니까?"라고 묻지 않는가? 그래도 나는 말을 하지 않았다. 깨끗한 종이 한 장을 얻어 이육사의 시 「교목」을 정성껏 적어 건네주었다. 그는 일제를 인간답게 살고, 산 대로 글을 남겼던 분이다.

푸른 하늘에 닿을 듯이
세월에 불타고 우뚝 남아 서서
차라리 봄도 꽃피진 말아라.

낡은 거미집 휘두르고
끝없는 꿈길에 혼자 설레는
마음은 아예 뉘우침 아니라.

검은 그림자 쓸쓸하면
마침내 호수 속 깊이 거꾸러져
차마 바람도 흔들진 못해라.

버스 칸의 라디오 소리

도시에 살면서 문 밖 출입을 하려면 버스를 안 탈 수 없어, 어제도 버스를 탔다. 북한산 기슭까지 걷자면 두 시간이나 넘어 걸리니 싸고 빠르게 실어다 주는 버스가 좋긴 한데, 탈 적마다 그놈의 라디오를 트는 바람에 딱 질색이다. 어느 방송이나 매일 그 타령이니 말이다. 청취자들은 곧 국민이요, 국민이란 나라의 주인을 일컫는 말인데, 주인을 섬기려는 생각은 고사하고 어리석은 아이들 다루듯 이리 몰고 저리 몰고 가려는 저의가 엿보여 싫다. 말투야 번드르르하고, 때로는 근질근질하리만큼 공손하지만, 국민 대다수가 매일 겪고 있는 아픔은 아랑곳없이 빛 좋은 개살구만 뱉어 대는 사기성이 싫다. 그렇다고 차에 탄 누구도 그것 좀 끄라든가, 소리를 작게 하라고 말하는 이가 없다.

어제 들은 내용인즉 요즘 아이들에 대한 어른들의 좌담회였다. 출연한 사람들은 교사, 학부모, 경찰관들인데 요지는 아이들의 범죄 예방을 강조하는 한편, 어른들 서로가 협조해야 한다는 것이었다. 특히 올봄부터는 중·고생들이 머리도 길게 기를 수 있고, 옷도 마음대로 입게 되었으니, 이들의 범죄는 분명 급증할 것이라는 얘기다. 그러므로 학생 표시만은 어떤 방법으로라도 계속 시켜야 한다는 주장이었다. 한마디로 어른들이 학생들을 감시, 적발, 처벌하기에 편리하게끔 하자는 것 아닌가!

어느덧 내가 탔던 버스는 정릉 골짜기에 무사히 도착하여 그 지겨운 라디오 소리도 끝이 났다. 골짜기에서 등성이로, 그리고 다시 골짜기로 발걸음을 옮기면서, 내 마음은 교도소와 소년원이란 곳을 오락가락하고 있었다. 우선 여러 해 전에 교도관 연수회에서 강사로 나가 한 얘기부터 떠올랐다. 그때는 형무소刑務所를 교도소矯導所로 고쳐 부르기로 한 직후여서 대충 이런 얘기를 늘어놓았던 것 같다. 범죄자들을 형무소에 가두어 처벌만 하다 보니 범죄자가 더욱 늘어만 가기에 이제는 그들을 바르게 인도해서 더 이상 죄짓지 않게 하려고 이름을 교도소로 바꾼 것이라고. 그 무렵 소년원에 가서 어린 범죄자들의 일과를 살펴본 적도 있었다. 처벌 제일주의의 감옥에는 처음 수용된 아이보다 두 번째 세 번째인 애들이 훨씬 많았다. 그때 나는 그곳에 근무하는 어른들에게 감시자나 처벌자가 아닌 불쌍한 아이들의 선생이 되어 달라고 호소했었다.

한편 내 자신의 철창살이도 떠올랐다. 대학에 있을 때, 어느 날 느닷없이 동료 교수 둘과 열일곱의 학생들이 어마어마한 죄명으로 잡혀가더니 몇 달 만에 재판을 받았다. 그들의 죄라면, 소신껏 진실을 가르쳤고 그 가르침을 실천했던 것뿐이었다. 그때 나의 몸은 강단에 있으면서도 마음은 철창 속을 맴돌았고, 나중에는 나도 그들과 같은 처지가 되었다. 그런데 그 '철창 속에 가두는 처벌'은 내게 별 효과가 없었던 것 같다. 몸은 철창 속에 있으면서도 선생의 도리를 다했다는 자부심에 마음만은 나는 듯 가벼웠으니 말이다.

산을 내려와 다시 버스 신세를 지니 이번엔 갓 졸업한 고교생들이 패싸움을 벌이다가, 그중 한 명이 그 자리에서 숨졌다는 뉴스가 들려왔다. 어른들에 의한 아이들의 감시, 적발, 처벌이 아직도 부족한 것일까? 교도소 늘렸으니 죄인도 늘더라더니, 요즘 아이들 학교가 감옥은 아닐지라도, 아이들 수용소쯤 되어 가는 것이 아닌지?

얼핏 보면 질서정연하게 교육이 시행되는 듯 보이지만 속을 보면 극소수의 학생들, 좋은 집안에 태어나 공부 잘하는 아이들이나 기를 펴는 곳이지, 나머지에게는 배우는 것이 없이 단속만 당하는 수용소인 듯싶다. 학교 아닌 수용소 출신이라면, 세상에 나와 무슨 짓인들 못하랴.

어떤 부인

하여간에 그는 일제 강점기에 독립운동을 하였던 누구 못지않게 이 분단시대에 통일운동을 하느라 밤낮이 없지요.

그 부인, 아무 불만 없이 살림을 꾸려 가기를 꼭 옛 독립운동가의 부인답게 혼자서만 살림을 꾸리니까요. 그 부인이 하는 일은 학교 선생입니다. 나는 압니다. 하라는 대로만 하는 학교 선생 노릇도 중노동 중에 중노동이라는 것을. 그런데 부인은 자청해서 새 일을 만들어 보태는 거예요. 그렇지 않으면 선생보고 그대로 닮기 마련인 아이들인데, 그 아이들도 시키는 일이나 하고 마는 그런 사람이 될 것은 뻔하지 않습니까? 일제 강점기에도 그런 선생들이 많이 있어서 제 나라를 빼앗은 자들 앞에서 그들이 시키는 대로만 살아간 학교 졸업생들이 얼마나 많이 나왔습니까? 제 나라의 독립운동을 하는 제 동족을 해치기까지 하는 그런, 사람도 아닌 짓 말입니다.

그런데 이 부인은 아무리 고달파도 남의 아들딸들을 사람도 아니게 할 순 없었던 거지요. 아이들 앞에서, 선생이란 스스로 생각해서 일을 자청하는 사람임을 보여 주기로 한 것이지요. 그것은 바로 돈보다 힘보다 '사람'을 더욱 섬기는 그런 사람이 되는 일이었습니다. 물론 그 부인은 학교 당국이 지시한 대로 한 치의 어김도 없이 선생 노릇 다 하면서도 '사람 섬기기'를 몸소 실천하여 보였습니다. 그래서 자기 반 아이들도 돈이나 힘보다 사람을 더욱 섬기는 사람이 되게끔 말입니다.

그 부인이 자청해서 실천키로 한 사람 섬기기란 이런 것입니다. 자기가 담임하고 있는 학급을 분단된 우리 사회의 축소판으로 보고 그 사회의 평화통일을 기약했다고나 할는지요. 그 부모에 그 자식이라더니 요즘 꼬마들의 사회는 온통 돈과 힘만이 판치는 그야말로 개판인 것을 보고, 그 학급만에라도 사회정의를 구현해 보자던 것이지요.

일제 때 독립운동가의 부인들이야 총독부 무서워서 못했겠지만, 오늘 우리 정부는 평화통일 정의사회가 으뜸가는 시책이니, 그 부인도 자기의 담임 교실을 사람 섬기는 사회로 꾸미고, 선생인 자기도 그런 사람이 되기를 실천하게 된 것이지요. 그렇다고 봉급을 더 타서 집에 가져갈 것은 아니지만 말입니다.

일제 강점기에는 나라의 독립이 아니고는 너 나 할 것 없이 노예 노릇밖에는 길이 없었듯이, 오늘의 분단시대엔 민족의 평화통일이 아니고는 너 나 할 것 없이 잘 살기는커녕 살아남는 길조차 보이지 않기에 그 부인은 그랬을는지 모르지요. 하기야 6·25동란은 이제 호랑이 담배 먹던 시절의 이야기가 되고 말았지만, 그때에도 누가 이기고 지고가 없이 사람만 많이 죽었지 않았습니까?

연세가 쉰 가까운 그 부인은 자기 반 아이들이래야 열 살 또래이건만, 그중의 우등생들을 모두 자기의 동료로 삼고 자신도 같이 나머지 어려운 가정 출신의 공부 못하는 아이들을 가르쳐 모시게 되었던 것입니다. 선생이 이렇듯 아이들을 모시니까 어린 나이의 아이들도 우등생이고 뭐고 하기 전에 공부 못하는 아이들을 깔보지 않게 된 것이지요. 바로 그것이 우등생들에게는 진짜 공부가 된 셈이고요. 그러자 선생과 우등생들에게 섬김을 받게 된 다수의 공부 못하는 아이들과 가난한 집 아이들도 이번에는 사람이 달라지게 되었지 뭡니까? 어려운 집안 살림 때문에 공부를 못한다고 사람대접도 못 받으니까 아예 주먹으로라도 앙갚음을 하자고 벼르던 아이들이 이제는 그 모습이 싹 달라진 것이지요. 공부를 잘 못해도 사람대접 받게 된 것은, 이제 가난해도 사람대접을 받을 수 있다는 얘기가 되니까 말입니다.

그렇게 해서 그 작은 교실 안은 증오에 찬 분단의 분위기가 사라지고 화해의 분위기로 통일이 된 것이지요. 그 부인은 이렇게 선생 노릇 하면서 분단된 민족의 통일운동에 여념이 없는 남편 대신에 박봉으로도 열심히 집안 살림을 꾸리고 있더군요.

본받을 어른

-어린이들에게

여러분, 내가 여러분만 한 나이 적에는 어른들이라고 모두 어른답게 살고 있지는 않았습니다. 우리나라가 독립해야 어른 아이 모두가 사이좋게 잘 살 수 있는 건데, 우리나라의 독립을 위해서 일하는 어른들은 많지 않았습니다. 우리나라 빼앗은 일본인데도 도리어 그 편을 들어 우리를 괴롭히며, 자기만 잘 사는 어른들도 적지 않았습니다.

여러분, 지금 나는 어른이고 여러분은 소년입니다. 지금의 우리 어른들이라고 모두가 어른답게 살고 있지는 않습니다. 우리나라를 통일해야, 두고두고 어른 아이 모두가 사이좋게 잘 살 수 있는 건데, 우리나라의 통일을 위해서 일하는 어른들은 많지가 않습니다. 우리나라를 남북으로 갈라놓은 건 외국인데도 도리어 그 편을 들어 우리를 괴롭히며 자기만 잘 살려는 어른들도 적지 않습니다. 그래서 나는 지금의 어른들이라고 모두 좋은 분이 아니라는 것을 지금 여러분에게 밝혀 둡니다. 동네에도, 학교에도, 우리나라를 갈라놓은 외국을 편드는 어른들이 숱하게 있지만, 나는 그런 어른들은 사람도 아니라고 생각합니다.

여러분, 참으로 부끄럽게도, 우리 어른들 중에는 어른다운 어른들이 많지 않지만, 그래도 여러분이 애쓰면 찾아낼 만큼은 있습니다. 숱하게 있는 사람도 아닌 어른들일랑 본받지 말아야 합니다. 더군다나 그들의 말에

솔깃해서는 안 됩니다. 1,000년이 넘도록 한반도에서 한 나라로 살아온 한 겨레인데, 우리 겨레의 편에 서서 겨레 사랑으로, 평화적으로 나라를 통일하자는 어른들만이 여러분이 본받을, 뒤따를 어른들인 것입니다.

어린이와 가정·학교·사회

1

어린이들의 사회란 다른 무엇보다도 가정입니다. 부모나 형제자매가 있는 가정입니다. 그 속에서의 어린이의 걱정은 무엇이겠습니까? 우선 예전처럼 아이들을 달갑게 여겨 주지 않는다는 사실입니다. 어린이가 있게 된후에 사실로 가정이 가난하게 됐을망정, 옛날에야 그 아이 탓으로 돌려원망하는 일은 없었습니다. 이 세상에 태어나는 모든 어린이는 최소한 자기 먹을 것만은 타고난다고 여겼기 때문입니다. 어린이가 태어난 후에 그가정이 잘 살게라도 되는 날에는 옛날에야 그야말로 그 아이 덕분으로돌려 천지신명께 두 손 비벼 빌었습니다. 이다음에 커서는 이 세상까지잘 살게 해 주는 사람이 되게 보살펴 주십사고.

옛 사회 사람들은 새 아기의 탄생을 새 사회가 세워질 징후로 보고 반겼던 것입니다. 아니, 좋은 세상 만드는 일에 필요 없는 사람은 애당초 태어나지를 않는 법이라 믿었던 것입니다. 어느 집에 태어나는 아기나 옛날사람들은 새 사회 창조에 없어서는 안 될 인재가 될 수 있노라 믿었던 것입니다. 그래서 남의 집에 태어났어도 온 동네가 그 아기를 반겼던 것입니다.

현대 가정에 태어난 어린이들의 으뜸가는 문제는 부모의 타산입니다. 자녀에게 투자해서 이익을 보려는 부모야 그래도 약과입니다. 많은 이익을 내다보기라도 하는 날에는 많은 투자를 하니까 말씀입니다. 자녀를 두었기에 자기의 시간도 정력도, 그리고 그 아까운 돈까지 모두 빼앗기고 마노라 생각하는 부모 밑에 있는 아이들, 그야말로 고민입니다. 일이나 해 드리고 얻어먹자니 아직 어려서 못하고, 저 벌어 저 먹자니 아직 버는 재주도 없고.

다른 것은 몰라도 부모의 자녀관에 있어서만은 현대를 뒤로 돌아서서 걸어가야 합니다. 어느 가정이나 아기를 많이 낳자는 말씀이 아닙니다. 그저 타산하지 말자는 것입니다. 하나만 낳아도 좋으니 아니 안 낳아도 좋으니, 제 아이든 남의 아이든 타산하는 눈으로 보지 말자는 것뿐입니다. 태어났으면 어느 어린이나 모든 사람이 섬길 사람입니다. 우리 조상들은 지금의 우리보다 착했습니다. 제 아이도 남의 아이도 사람으로 섬겼습니다.

2

가정 다음으로는 학교야말로 어린이들의 사회입니다. 가정 못지않게 중요한 그래서 꼭 살아야 할 사회입니다. 이 현대사회에서의 걱정은 무엇이겠습니까? 우선 무엇보다도 선생님이 무섭다는 사실입니다. 학력고사의 반 평균을 올리려고 날이면 날마다 시험에 날 문제들을 연습시킬 적에, 한눈이라도 팔다가는 호되게 꾸중 듣는 것은 물론 문제를 거듭 맞히지 못하다가는 머리 쥐어박히고 매까지 맞는 교실 현장입니다. 그런 시험 공부를 암만 해 보았자 그걸로 훌륭한 사람이 되는 건 아니지만, 선생님한테 쥐어박히기 싫어서라도 점수는 좀 더 따야겠는데, 이치를 가르쳐 주기보다는 해답을 외우게만 몰아대는 선생님이십니다. 덮어놓고 외워서 좀 점수를 땄기로 시험 치고 난 다음엔 까맣게 잊어버리는 아이들입니다.

그러나 이보다 더한 걱정은 선생님이 아이들 사이를 나쁘게 만든다는 사실입니다. 말씀으로야 늘 사이좋게 지내라 하시지만 행동으로는 점수 따기 경쟁을 시키기 때문에, 아니 그 점수로 인간 차별까지 하기 때문에 서로 쓰러뜨리는 아이들이 안 될 수가 없는 것입니다. 잘하는 아이가 있으면 나에게 해가 되는데, 남이 못해야 내가 잘되는데, 아이들 사이에도 늘 서로가 날카롭게 노려만 보게 된 것입니다. 아이들이라고 제 마음도 모르는 건 아닙니다. 사람 되기는커녕 못된 마음만 먹게 된 아이들입니다.

무엇보다도 화급한 일은 어린이들의 학력고사 점수로 교원의 능력을 평가하는 행정 시책을 폐기하는 일입니다. 그나마 폐기하면 어린이들의 학력은 더욱 떨어지리라, 그야말로 기우입니다. 학력의 향상이나 저하는 그 시책의 강화나 폐지와는 전혀 무관합니다. 학급당 학생 수를 줄여야만, 교과서의 정도를 낮추고도 분량마저 줄여야만, 그리고 교사에게 시키는 오만 가지 잡무를 없애야만 꼭 그 반비례만큼 참다운 학력은 향상될 것입니다. 학력뿐이겠어요? 어린이들을 사랑하고 그들 사이를 좋게 하는 참 교사들도 급격히 늘어날 것입니다.

3

어린이들이라고 가정과 학교에서만 사는 것은 아닙니다. 부모도 아니고 선생도 아닌 다른 어른들의 사회에서도 삽니다. 여기에서의 불안은 무엇이겠습니까? 어른의 사회에서는 가난하고 권세 없으면 사람처럼 여기지 않는 풍조가 적지 않게 있다는 사실입니다.

이것이 아이들의 고민인 까닭은, 바로 이들에게서는 자기네 집 강아지만큼의 대접도 못 받기 때문입니다. 돈벌이와 권세 얻기에 환장한 어른들 때문에 그 아들딸마저 가난하고 권세 없는 집 아이들이면 사람으로 여기지 않게 되었습니다. 아이들 사회에도 아이들 위에 따로 있는, 사람도 아닌 아이들이 생긴 것입니다. 이래서 신나게 살아가지 못하고 고민하며 살게 된 아이들이 날로 늘어난 것입니다.

그 해소책이라야 별것이 없는 줄 생각합니다. 짐승들이나 하는 약육강식을 어른들부터 그만두는 일입니다. 부도 좋고 강도 좋지만 그저 좋은 것은 아닙니다. 나라의 부강도 그것으로 나라의 임자인 국민을 섬길 적에만 정당한 것입니다. 어린이들도 사람이요 국민인데, 그 힘과 돈으로 섬겨야 나라의 부강이 정당한 것입니다. 그때 가서야 어린이들의 고민은 정녕 풀리게 될 것입니다.

겨레 노릇
-교감이 된 숙희 어머니께

숙희 어머니, 새로 교감이 되신 것을 축하합니다. 큰따님 숙희가 시방 고등학교 3학년이고 어머니가 교단에 선 건 숙희 낳기 전부터였으니까, 그새 20년의 세월이 흘렀군요. 참으로 힘든 교사 노릇인데 잘도 견디었네요. 새로 맡게 된 교감 직책이 아무리 어렵다 해도 수십 명 아이들을 가르치는 것만큼이야 하겠어요? 속이 탄들 교사직보다야 덜할 거고요. 쇠약해 빠진 숙희 어머니, 이번에 교감이 되면서부터 차차 건강해지시기를 바랍니다.

이제는 아이들 대신 교사들을 담임하게 된 숙희 어머니, 나는 지금 그 교사들을 생각하고 있습니다. 이 아이들, 지금의 이 아이들을 사람 되게 하려고, 그의 똥은 개도 안 먹을 만큼 속을 썩이는 교사들을 말이에요. 그토록 속을 썩이고도 그 보람이란 얼마 안 되는 봉급 말고는 아무것도 없다시피 한 저 교사들이 생각납니다.

교단에 선 건, 남의 집 아이들을 맡아서 사람 되게 하려던 건데, 한 해두 해 더 가르칠수록 도리어 사람은 못 되어 가는 판이라, 아이들을 내맡긴 학부모들은 고사하고, 이제는 자기 부끄러워서도 살 수 없이 된 교사들 말이외다. 아이들 재주야 눈에 띄게 늘지만, 그 재주로 무슨 짓 저지를 사람일지 몰라서, 이제는 교사 노릇 자체를 뉘우치고 있는 저들을 생각하고 있지요.

이제는 아이들 대신 교사들을 돌봐 주어서 그들을 스승 되게 하려는 교감선생님, 나는 시방 그들의 교육 조건들을 생각하고 있습니다. 아이들을 살펴서 사람 되게 함에 필요한 것들을 찾아내고, 다시 그것들을 아이들 스스로가 충족하게끔 돌봐 주는 교사의 삶이라면야, 한 해는 고사하고 한 달만 살아도 그게 바로 자주적인 삶인데, 교사들은 스승 된 보람을 깊이깊이 느끼겠지요. 교사 자신부터가 자주적 삶을 실천하는 마당에 그 아이들은 저도 모르게 사람다워질밖에요. 짐승들에게 없는 재주들을 제아무리 배워 지녔기로, 그걸로 사람을 해쳐 제 잇속만 차린다면 그게 바로 짐승 같은 삶이 아니던가요.

20년 동안 학생이었다가 다시 20년 동안 교사이었던 교감선생님, 나는 지난 40년 동안 우리 겨레가 살아온 발자취를 더듬어 봅니다. 생각하면 숙희 어머니의 학생 노릇, 교사 노릇도 그 '겨레 노릇' 이상 이하도 아니었지요. 학생이라고 어디 학교 안에서만 배우던가요. 교사라고 모두가 인간의 존엄성을 존중하지도 안 했고요. 학교 밖의 사회가 사람 대신 권력과 금력을 섬기면 학교 안 학생들도 별수 없이 친구도 쓰러뜨릴 수밖에 없었고, 교육계의 요직에 그 옛날 친일로 민족을 반역했던 이들이 앉게라도 되는 날엔, 그 사실을 알게 된 학교 안의 어느 학생도 애국애족을 바보들이나 하는 짓 정도밖에는 여기지 않게 되었던 것이지요.

이번에 새로 교감이 된 숙희 어머니, 내 생각은 다른 게 아닙니다. 우리들 교육인이 하는 일은 아이들 하나하나를 사람 되게 하는 일임엔 틀림이 없으나, 그 일을 올바로 해내자면 사회를 사람들의 살림답게 이룩해 놓아야 한다는 생각입니다. 작게는 학교 안 학급사회로부터 크게는 나라에 이르기까지 인간화에 놓아야만 그 속의 아이들마다 인간다워질 거라는 생각입니다. 교감선생님이 하는 일도 물론 교사 한 분 한 분 스승 되게 하는 일이지만, 그러자매 없어서는 안 될 것은 우선 사람을 하늘같이 섬기는 교직원 사회요, 국가·민족사회입니다. 그 속에서 사노라면 학생도 섬길 교사가 될 터이니, 그 제자, 학생이야 사람이 되지 않고 무엇이 되겠는가 하는 것이 나의 생각입니다.

없어져야 할 아홉 시늉

1. 선생님, 누가누가 잘하나, 우리를 경쟁시키는 것은, 우리를 가르치는 시늉입니다.

잘한 아이라야 집에서 더 배운 거고 못한 아이야 집에서 못 배운 것뿐이어요. 선생님한테 배우려고 학교 온 우리들을 시늉만 마시고 진짜로 가르쳐 주셔요.

2. 선생님, 누가누가 잘하나, 우리를 경쟁시키는 것은, 우리를 지도하는 시늉입니다.

잘한 아이라야 제 부모 잘 만나서인데, 저 잘난 줄 우쭐하게 만들고, 못한 아이도 제 부모의 지도받지 못해서인데, 저 못난 줄 기가 죽게 하는 것뿐이어요. 선생님한테 지도받으려고 학교 온 우리들을 시늉만 마시고 진짜로 지도해 주셔요.

3. 선생님, 우리를 경쟁시켜 잘한 아이 상 주고 못한 아이 벌주는 것은, 모든 아이를 잘하게 채찍하는 시늉입니다.

아이들이 받은 상벌이라야, 집안의 보살핌이 많고 없어서인데, 상 받은 아이는 그 집의 보살핌을 더욱 받게 되지만, 벌 받은 아이는 느느니 집안의 구박입니다.

집안에 보살핌이 모자라 선생님한테 온 우리들을 상벌로 채찍하는 시늉일랑 마시고, 집안의 보살핌이 없는 아이일수록, 신바람이 나게 해 주셔요.

4. 선생님, 우리에게 교과서만 가르치고 교과서에서만 시험 치는 것은 우리를 열심히 공부하게 만드는 시늉입니다.

우리 둘레에는 당장 알아야 할 것투성이인데 가르쳐 주시진 않고, 마음씨 착하고 행실이 발라야 사람인데도 교과서대로만 외우게 몰아대시는 것뿐이어요.

열심히 공부해서 사람 되려고 학교에 온 우리들을, 시늉만 마시고 진짜로 산지식 몸에 붙여서 마음과 행실 바로잡아 주셔요.

5. 선생님, 아이들 우리를 콩나물 교실에서 가르치시는 것은 한 아이라도 더 가르치려는 시늉입니다.

나이야 모두가 같고, 귀야 모두가 성하지만, 선생님 말씀을 잘 알아듣는 아이들은 좋은 집안의 공부 잘하는 몇몇뿐이어요.

교실도 더 짓고 선생님도 더 모셔다가, 집안이 어려운 공부 못하는 아이들도, 시늉만 마시고 진짜로 알아듣게 가르쳐 주셔요.

6. 선생님, 어른들도 돈 안 주면 하기 싫어하는 고된 청소를 우리 아이들에게 날마다 시키는 것은, 청소 미화의 습관을 기르는 시늉입니다.

어른들도 힘든 일을, 그나마 먼지 들이켜고 더러운 것 만지며 하자니 몸에도 해롭고 기분도 나쁩니다. 그래서 우리는 학교에 더 다녀서 청소를 더 할수록 청소하기를 더 싫어하게 되나 봐요. 어른들만이 할 일이 아니고, 아이들 몸에 해롭지도 않은 청소야 할수록 기분도 좋아서 더 하게 되는 우리이어요.

어른들의 모든 직장처럼, 아이들 학교에도 돈 받고 청소하시는 어른들을 따로 두어서 깨끗하고 아름다운 학교에서 기분 좋게 공부하고 싶은 우리들에게, 시늉만 마시고 진짜로 청소 미화의 습관을 길러 주셔요.

7. 선생님, 돈도 있고 힘도 센 어른들은 세상에 못할 일이 없으련만, 나라보다 돈을 더 사랑하고 부모보다 힘을 더 섬기면서, 돈도 힘도 없는 우리 아이들에게 충효 하라 가르치시는 것은 시늉입니다.

나라의 임자는 국민들인데, 솔선하여 어른들부터 노인 아이 할 것 없이 고루 위해 주면, 아이들 우리야 그 어른들을 보고 듣고 배우고 실천하느니 곧 충효일 거예요.

어른들보다야 더 훌륭한 사람이 되어 더 좋은 나라 만들고 싶어서 학교 다니는 우리에게 시늉만 마시고 진짜로 충효를 배울 수 있게 솔선해 주셔요.

8. 선생님, 공장 세워 만든 물건으로 수출해서 돈 번 지 10여 년에, 우리의 자연은 강산도 논밭도 바다도 하늘도 더럽혀지고 있는데, 고작 명승고적이나 관광지를 청소하게 하는 것은 자연보호 교육의 시늉입니다.

어른들이 공장 세워 잘사는 거야 어른들 마음이지만, 자연만은 더럽히지 않고 넘겨주셔야 아이들 우리도 이다음에 살 수 있지요. 어른들이 공장으로 더럽힌 자연, 어른들이 되돌려 놓으신다면 아이들 우리야 어른들을 보고 듣고 배우고 실천하는 게 자연보호일 거예요.

지금의 어른들보다야 자연보호 잘해서 후손에게 물려주려고 학교 다니는 우리에게, 시늉만 마시고 진짜로 자연보호를 배울 수 있게 해 주셔요.

9. 선생님, 땀 흘려 밤낮없이 힘을 모아 고된 일하는 마을 어른들이 사시는 걸 보면, 도시의 부자들과의 차이가 더욱 벌어지는 건 어째서인지요? 적어도 지금의 마을 어른들보다야 낫게 사는 사람이 되어 보려고 학교에 다니고 있는 아이들 우리에게 근면, 자조, 협동만 가르치는 것은 새마을 교육의 시늉입니다.

조상들이 물려준 마을에서 조상들처럼 살지 않고 새마을을 꾸며 놓고 새롭게 사는 새사람이 되려고 학교 다니는 우리에게, 시늉만 마시고 진짜로 새마을 교육을 시켜 주셔요.

IV

좌담 | 분단시대의 민족교육

민족통일을 위한 교육의 과제

분단 현실과 민족교육

민족통일을 위한 교육의 과제

송건호[1] 우리 민족과 국토가 분단된 지도 벌써 38년이 흘렀습니다. '일제 36년'이라고 하지만, 이제 우리는 그 36년보다 더 긴 세월을 분단 상태에서 살아오고 있지 않습니까? 분단이 길어지면 길어질수록 우리 만족은 더욱더 이질화가 심화될 것이고, 그만큼 통일의 여건도 어려워질 것입니다. 우리 민족은 본래가 단일민족으로서 수천 년간을 함께 살아오는 동안 오늘처럼 분단의 비극으로 헤어져 살아 본 일이 없습니다. 우리 민족은 이런 점에서 분단된 독일 민족하고는 역사적 배경이 크게 다른 것 같습니다. 우리 민족은 헤어져 살아야 할 이유가 없고 또 헤어져 살 수도 없습니다. 만약 분단 상태가 이대로 계속된다면 우리는 또 헤어져 살 수도 없습니다. 만약 분단 상태가 이대로 계속된다면 우리는 또다시 언제 6·25와 같은 비참한 동족상잔을 되풀이할지 알 수 없어요. 어느 면에서나 우리는 더 이상 오늘과 같은 분단 상태를 이대로 지속시킬 수가 없습니다. 그렇지만 남북통일을 하는 데 있어서는 여러 가지 준비가 필요합니다. 그중에서도 가장 중요한 것이 교육일 것입니다. 남북이 같은 민족으로

---

1. 1927~2001. 한겨레신문을 창간한 언론인. 동아일보 편집국장 재직 시 부당해고에 대한 책임으로 사표를 썼으며, 한국 언론의 사표로 불린다. 1988년 한겨레신문 발행인 겸 인쇄인을 거쳐 회장·고문을 지냈다. 『해방전후사의 인식』(공저), 『한국 민족주의 탐구』, 『한국 언론 바로보기 100년』 등 많은 저서가 있다.

서 사상적 면에서나 실제 생활면에서나 이질성을 극복하는 것이 통일을 위해 가장 근본적이고 또 중요한 준비 과제라고 생각됩니다. 그래서 오늘 선생님들을 모시고 특히 '민족통일을 위한 교육의 과제'에 관해 말씀을 나누고자 하는 이유도 여기에 있는 줄로 압니다. 그런데 오늘날 우리의 교육적 현실은 반드시 통일을 준비하는 데 바람직한 방향으로 가고 있다고는 볼 수 없습니다.

우리는 민족통일을 위해서 한국 민족으로서의 자각을 높이는 민족교육을 실시해야 할 것입니다. 그러기 위해서는 먼저 교육 면에서 일제의 잔재를 청산해야 하고 냉전의 해독을 청산해야 합니다. 또한 우리의 교육을 오늘보다 더욱 민주화시켜야 하리라고 봅니다. 즉 교육면에서 획일화를 더욱 완화시켜야 하고, 교육의 자율성을 더욱 신장하여 이른바 교육의 민주화를 위해 더 많은 발전이 있어야 하겠습니다. 물론 최근 중·고교생의 교복 자율화 등 외양 면에서는 획일화가 어느 정도 완화되고 그만큼 일제의 잔재가 제거되었으나 아직도 우리 교육계는 혼미한 상태로 정책 면에서나 교육 실무 면에서 청산하고 시정해야 할 문제점이 적지 않습니다. 오늘은 이런 점에 관해 선생님들의 고견을 듣고 싶습니다. 우선 우리나라의 교육정책에 관해 성래운 교수님께서는 어떻게 생각하고 계신지 말씀해 주시지요.

우리나라 교육에 관한 평가

성래운 현재의 교육정책에 모체랄지 기반이 되는 것이 있는데, 1980년도에 국가보위비상대책위원회(국보위)가 생기면서 국보위 주관하에 교육혁신이라는 이름으로 몇 가지 내놓은 것이 있습니다. 그때에 초·중·고등학교의 과열된 과외공부를 금지시키는 조치를 내리면서 형식상으로 대학별 입학시험을 폐지하고, 대학에 진학하기 위한 시험이 국가에서 실시하는 학력고사, 즉 국가고시만으로 대체되었습니다. 그 후로 이 조치에 대해서는 아무런 손도 대지 않고 그 울타리 안에서만 교복의 자율화니 내신성적제니 하는 등등의 몇 가지를 수정 보완했습니다. 대학의 졸업정원제 역시 그 당시에 마련된 것인데, 그 운영을 놓고 다소간의 의견 차가 있었습니다. 그러나 크게 보면, 지금의 교육정책은 80년도 국가보위비상대책위원회에서 여러 가지 일을 하는 중에, 이 위원회는 주로 국군 장교로 구성되어 있고, 국군 장교가 주체가 되었습니다마는, 공청회를 통한 민간 전문가의 의견을 들어서 정해진 것이고, 이것이 오늘에 이르기까지 정치권력의 뒷받침하에 시행되고 있는 것이라고 할 수 있습니다.

이제 이야기를 좀 더 발전시켜서 저는 오히려 드러나 있는 것보다 표면에 보이지 않는 것을 더 중요시하고 싶습니다. 이를테면 오늘날 새 시대라고 해서 유신체제와는 구별되는 것처럼 하고, 또 유신시대의 잘못된 유산을 구시대의 잔재라고 하는 등등에서 풍기는 것을 보아도, 지금의 교육정책은 유신체제의 교육정책과는 다르다는 것을 내세우고 있는 것이 분명합니다. 그런데 대학 입시를 없애느니 교복을 자율화하느니 하는 등으로 그 이전과는 다른 인상을 주고 있지만, 그 내면에 정말 유신체제하의 교육을 계승한 점은 없는가 하는 것을 살펴보고 싶군요. 유신체제하의 교육정책 중 으뜸가는 것은 '국민교육헌장'에 입각한 교육이었습니다. 그 당시에는 초·중·고등학교에 큰 바람을 불러일으키면서 국민교육헌장에 입각한 교육을 강행했습니다. 그런데 국보위 발표 때에는 국민교육헌장을 폐지한다는 말이 없었을 뿐만 아니라, 오늘날까지도 국민교육헌장 공포일에 행사까지 벌이고 있어요. 그리고 정기적으로 교원의 인사이동이 있는데, 그 인사 원칙 가운데 국민교육헌장에 입각한 교육을 실시한 교원이 평가를 후하게 얻게 되어 있어요. 이것으로 보아서 교육정책 면에서 오늘의 현황을 평가해 본다면 유신체제하의 정책 중에서 고친 것은 언급하고, 언급하지 않는 것은 유신체제하의 교육정책을 그대로 이어받은 것이 됩니다.

여기서 이어받은 것과 고친 것과의 상관관계에 대해서 본다면 가령 그 전까지의 과열했던 과외공부를 국보위에서 금지했는데, 그것이 어느 정도이냐 하면, 학생이 집에 가서 자습을 하다가 모르는 게 있어 전화로 선생님께 물어보아도 답변해서는 안 되고, 학교에서라 할지라도 방과 후의 자습 시간에 학생들이 개별적으로 질문해 오는 것에 선생님은 응해서도 안 된다는 것입니다. 얼핏 보기에는 유신체제하의 교육제도를 없앤 것 같지만, 그 근본적인 부조리는 없애지 못한 것이지요. 즉 중·고등학교 학생들이 과외공부를 하지 않을 수 없었던 상황에 대한 해결을 해 주지 못하고 있어요. 한 교실에 70명을 놓고 가르치는데 선생님은 교과서를 정해진 시간에 정해진 범위만큼 나가야 하는 엄격한 지시 때문에, 우등생밖에 알아들을 수 없는 진도로 수업을 하지 않으면 문책을 당하게 됩니다. 그래서 학생 수의 절반가량은 알아듣지도 못하는 수업 지도를 해 왔던 것이 유신체제하 교육의 부조리였다고 봅니다. 소수 학생들만을 가르치고 다수 학생들은 들러리 서게 하는 것이 학생에게나 학부모에게나 용납되지 않았기 때문에 과외로 달려가게 된 것입니다. 그러나 국보위에서는 근본적인 부조리, 즉 학생을 오게 하고서 배우게 해 주지 않는, 가르쳤다고는 하지만 학습이 안 된 상황 속에서, 대다수 학생들의 고민에 대한 해결이 없이 과외 수업을 못하게 했다는 데 문제가 있습니다.

또한 그뿐만 아니라 대학입학시험을 없앴다고 하지만 그것은 유신체제하에 있었던 국가고시인 대학입학 예비고사와 대학별 본고사 제도 중 국가고시만으로 대학에 진학하도록 획일화한 것입니다. 이는 얼핏 보아 유신체제와 달라진 것 같지만 유신체제하의 교육정책을 도리어 계승해서 그 방향으로, 다시 말하면 교과서에서만 출제한다고 했고, 그러므로 해서 민족 현실이라든가 사회 현실에 대한 사랑과 이해가 결여되는 절름발이로 한층 더 심화시킨 교육정책입니다. 혹시 민족이나 사회 현실에 관심을 가지게 되면 국가고시에 점수가 뒤지게 되고, 대학 진학을 못하게 되니까 배우려고도 안 하고 가르칠 수도 없는 것이지요. 유신체제에서는 대학입학 예비고사를 통해 학생들의 사회적 지성 발달을 억누르고 교육의 자주성을 거세시키는 한편, 학교교육으로 인하여 제 나라에 대한 관심이 없어지는 등등의 부조리가 있어 왔지 않습니까? 그런데 국보위에서의 대학 교육 개혁 조치의 형식으로 보면 대학별 입학시험이 없어져서 학생들의 부담이 덜어진 것처럼 착각을 불러일으키고 있지만, 경쟁이 있는 한은 학생들이 고통을 당하기는 마찬가지인데 아직은 거기까지 국민들이 미처 이해하지 못하는 터이라, 두 번 치르던 것을 한 번으로 했다는 데에서 학부모의 지지를 받았다고는 봅니다. 그러나 내면적으로 그 이전의 유신체제하에서 받았던 교육의 질을 좋은 방향으로 변경시키는 쪽으로 전환시켰느냐고 자문할 때, 외향적으로 바꾼 점이 있었지만 새로운 정책으로 그 이전 교육의 흐름을 더욱 심화시키면 시켰지 그 방향을 바꾸었다든가, 새로운 면에서 좋은 변화를 일으킨 정책은 아니었다고 봅니다. 따라서 지금의 교육정책은 국보위의 결정에 근거를 둔 것인데, 그것은 외양은 바뀐 점이 있지만 유신체제하의 교육정책을 그 방향에서 심화시켰고, 더 굳혀 나간 것이라고 보아도 좋을 것입니다.

송건호   성래운 교수님께서는 지금의 교육이 유신체제의 교육 구조의 연장이라는 측면에서 여러 가지로 좋은 말씀을 해 주셨는데, 그러면 독일이나 미국의 경우에 교육정책은 어떻게 세워지고 있고, 교육의 이념은 어떤지에 대해서 백낙청 교수님과 안병무 교수님께서 말씀해 주시지요.

교육 이념의 제 문제

백낙청[2] 사실 저는 미국의 교육정책에 대해서 아는 것도 많지 않으려니와 미국의 이야기를 하기 전에 한국의 교육 이념에 대해서 제가 생각하는 한두 가지 점을 먼저 이야기하고자 합니다. 우리 사회의 다른 면도 물론 그렇지만 교육이 혼미한 상태에 있다는 말씀을 해 주셨는데, 그 밑바닥에는 교육 이념의 문제가 있겠지요. 기독교 사회문화제연구원에서 펴낸 『교육의 이념과 과제』라는 자료집에서 성래운 선생님께서 쓰신 글에 "사람 되게 교육하는 진짜 스승은 사람다운 사람 그 자체이다"라고 하셨고 또한 "우리 백성들은 외국인들까지도 놀랄 만큼 대단한 교육열을 가지고 있지만, 따지고 보면 학교열과 다름없다"라고 하셨는데, 저도 커다란 공감을 느꼈습니다. 사실 우리가 교육이라고 할 때 살아가는 것 모두가 교육이 아닌 것이 없지요. 그러나 논의의 편의상 교육이라는 개념을 조금 좁혀 가지고 보다 의식적인 교육 행위를 중심으로 이야기를 해 나가야 하겠습니다마는, 우리나라 교육 이념의 구체적인 내용이 무엇인가를 따지기 전에 일반적으로 교육이라고 하면 그것이 곧 학교교육 내지 제도교육이라고 하는 대전제를 가지고서 교육 이념이 형성되고 교육정책이 성립되어 나가는 것 같습니다. 물론 이 점은 우리나라만의 상황은 아니겠습니다마는, 역시 우리의 경우에는 일제 교육의 유산이라는 특수한 면이 있다고 봅니다.

다시 말해서 사람들이 하루하루 살아 나가는 생활 자체, 또 생활하면서 자연스럽게 이루어지는 자기교육이 곧 진짜 교육이고, 학교교육이나 제도교육은 그것의 특수한 방편이라고 생각하는 것이 아니라, 학교 안에

---

2. 문학평론가, 계간 『창작과비평』 편집인, 서울대 명예교수. 『민족문학과 세계문학』, 『인간해방의 논리를 찾아서』, 『민족문학의 새 단계』, 『한반도식 통일, 현재진행형』 등 많은 저서가 있다.

서 교육제도 내부에서 이루어지는 교육만이 진짜이고, 나머지는 비교육적인 경험이라고 하는 생각이 일제 강점기 이래로 굳어져 온 것 같습니다. 물론 조선조 시대에도 그런 경향이 없었다고는 할 수 없습니다. 이를 테면 일반 민중들이 쓰지도 않는 문자로 표기한 글이 진짜 글이고 이 '진서'를 배우는 것이 진짜 교육이라고 하는 생각 같은 것은 말하자면 반민중적인 교육관의 표본이라고 볼 수가 있겠는데, 그렇기는 하지만 그래도 옛날에는 학교에 와서 배우는 것 또는 서당에서 배우는 글공부만이 교육이라는 생각은 하지 않았지요. 어디까지나 전인적인 교육, 즉 집안에서, 동네에서 예의범절부터 바르게 배워서 사람 구실을 하는 것이 교육의 바탕이라고 하는 생각이 깔려 있었어요. 그런데 식민지가 되면서 식민지 당국이 이제까지의 한국 사람들의 전통 속에서 자연스럽게 계승된 모든 것들을 일단 부정하고 자기들이 가르치는 것만이 진짜라는 것을 강조하기 위해서 학교교육 위주로 생각하게 하는 습성을 심어 놓은 것 같고, 그것이 죽 연장되고 오히려 강화되어 오늘날까지 이른 게 아닌가 합니다.

그래서 우리가 교육 이념을 바로잡는다든지 현재의 교육 이념에 대해서 반성한다고 할 때, 먼저 생각해야 할 것이 제도교육 위주의 교육관부터 시정해야 되겠다고 하는 것입니다. 두 번째로 말씀드릴 것은 제도교육이라는 것이 어차피 있는 것이고, 현실적으로도 필요한 이상, 그것을 의식적으로 어떤 방향으로 끌고 갈 것인가 하는 이념을 정립해야 할 텐데 그 이념이라는 것은 역시 이 사회에 오늘날 살고 있는 사회 구성원 다수가 바라는 방향으로 가야 한다는 것은 당연한 것이겠지요. 그것을 좀 더 현시점의 역사에서 구체적으로 말씀드려 본다면 민중이 주인이 되는 통일된 민족국가 건설을 지향하는 교육이어야겠다고 말할 수 있는데, 지금 우리나라의 교육 이념이 민중이 주인이 되는 통일된 민족국가 건설을 위한 교육이라는 면에서는 벗어나 있지 않나 생각됩니다. 그렇기 때문에 근본적으로 교육 이념이 뚜렷하고 건강하게 정립될 수 없고, 갖가지 혼란이 거기서 파생하는 것이 아닌가 하는 생각이 듭니다.

독일의 교육제도와 대학 교육 이념

안병무[3] 우리가 많이 받아들이고 있는 것이 미국 교육의 사고와 제도이니까 그것에 대해 이야기를 해야 할 것 같군요. 그런데 독일 교육에 관해, 살아가면서 관찰하고 느낀 것 중 몇 가지를 백 교수님이 말씀하신 것처럼 제도적인 교육뿐만 아니고, 한 나라의 국민성을 이루는 측면에서, 교육이라는 것이 어떤 영향을 미쳤는가를 생각하면서 지적하기로 하지요. 첫째로, 독일 말에 아르바이트Arbeit라는 것이 있는데, 이 말은 '노동'이라기보다는 '일을 한다'는 의미를 지니고 있어서 사람이 사는 삶과 연결되어 있어요. 우리말에 일을 안 한다는 의미로 쓰이는 '게으르다'는 말은 독일어로 파울렌첸Faulenzen이라고 합니다. 이 말은 썩었다Faulen는 것과 같은 의미로 게으르면 썩는 것이고, 이는 곧 죽는다는 것을 뜻합니다. 결국 일한다고 하는 것은 산다는 것이기 때문에 삶과 게으름이 상반되어 있어요. 아마 이런 풍토에서 헤겔G. W. F. Hegel에게 있어서 노동이라는 문제는 중요했던 것이고, 이것이 칼 마르크스K. Marx에까지 이어져 왔지 않았나, 그리고 지금도 그 영향이 있어서 아르바이트라는 말을 중요하게 쓰게 된 것이 아닌가 생각됩니다. 독일 사람들의 얘기 가운데 프랑스 사람들은 먹기 위해서 일하는 데 반해 독일인들은 일하기 위해서 먹는다고 하는데, 이 말이 어느 정도 타당성이 있다고 판단됩니다. 그러니까 아르바이트라는 말이 교육에 있어서는 '배운다'는 개념으로 쓰이게 된 것 같아요.

3. 1922~1996. 교육자이자 민중신학자로서 인권운동에도 힘썼다. 한신대학 교수를 역임했으며 『시대와 증언』 등 많은 저서가 있다.

둘째로, 자할리히Sachlich라는 말이 있는데 우리말로는 사실적이라 할까, '객관적이고 공정하다'는 의미로 매우 중요한 말입니다. 얘기하다가도 주제에서 벗어나면 '쭈어 자하(zur Sache, 주제로 돌아오라)'라고 하며, 자하쿤디히(Sachkundig, 주변적이지 말고 전문적인 말을 하라)라고 합니다. 그만큼 자할리히라는 말이 독일 사람에게는 객관성을 요구하는 것이고 과학성을 인식시키는 데 중요한 요소이자, 이것이 독일 사람으로 하여금 주관적인 감정이나 어떤 이해관계에 의해서 좌우되는 것을 제동하는 술어이기 때문에 중요하다고 생각했습니다.

셋째로, 그룬트리히카이트Grundlichkeit라는 말인데, 이것은 독일인의 성격을 상징하는 말로 일반적으로 알려져 있어요. 여기에서 그룬트Grund라는 것은 영어의 그라운드Grund로서 철저성이라고 할까, 기본성을 나타내는 말입니다. 이 말을 가령 토지에 적용해서 그룬트베지츠Grundbesitz라고 하면 기본권을 의미하는 것인데, 어쨌든 그룬트리히 하면 무엇이든지 중간부터 시작하지 말고 뿌리에서부터, 근거부터 출발해야 한다는 뜻입니다. 그리고 중간에서 끝내지 말고 끝까지 가야 한다, 마무리를 짓고 완성해야 한다는 말입니다. 이런 것들을 가치관, 이념적인 측면에서 보면 중립적인 것이고, 하나의 기능적인 면을 나타낸 것이라고 할 수 있지요. 물론 노동이라는 말 자체부터 의미 부여를 할 수 있겠는데, 일하더라도 공정하게, 객관적으로, 근본적이어야 한다는 것은, 즉 성실하게 해야 한다는 뜻으로, 결국은 가치관과 관계가 있는 것입니다.

넷째로. 직업이라는 말은 베루프Beruf라고 하는데, 이것은 '부름을 받았다'는 의미로 천직이라고 할까, 소명을 받았다는 뜻에서 나온 말입니다. 영어에서 잡job, 즉 자신을 위해서 가지는 직업·직장이라는 말이 독일어에는 없습니다. 가령 교수가 되었다고 해도 "교단 자리에로 부름을 받았다auf einen Lehrstuhl berufen"고 하지, 직장을 얻었다고는 하지 않습니다. 막스 베버Max Weber는 이 말의 개념을 중요시하여 자본주의 형성에 영향을 준 것으로 보았고, 마틴 루터Martin Luter도 베루프라는 말을 신앙의 측면에서 "내가 가진 달란트를 하느님이 주신 것으로 알고 최대한으로 활용해야 한다"는 의미로 발전시켜서 일반화가 되어 그 후 제도적 측면뿐만 아니고 다방면으로 널리 교육적인 영향을 주게 된 것입니다.

그런데 이상에서 말씀드린 네 가지 측면에서만 훈련이 되고, 이를 그대로 간직해 두게 되면 가치관의 설정이 안 됩니다. 이런 식으로 훈련된 국민은 이용하기가 참 좋아요. 그렇기 때문에 권력을 장악한 지배자의 성격에 따라서 잘못 이용될 수 있는 가능성이 많습니다. 무조건 잘 순종하고 주어진 일을 잘 그리고 철저히 하기만 하니까 지배자가 이용하기에 편리한 국민성으로 만들어 놓기가 쉬워요.

이제까지는 주로 독일 국민의 의식이나 성향을 중심으로 해서 살펴보았는데, 여기에서 중요한 것은 민족의 전통을 계승해서 제도화했다는 점입니다. 소위 트라디에른Tradieren, 즉 '위에서 받아 전승한다'라는 말에도 이러한 가치관이 내재해 있다고 봅니다. 여기서 대표적인 것이 마이스터 시스템Meister System입니다. 독일에서만 전승되고 있는 특수한 제도이지요. 어떠한 기술직에도 마이스터가 있고, 그 밑에 도제Lehrling가 있어요. 그래서 어떤 직업이든지 간에 꼭 3년 동안을 마이스터 밑에서 몸종같이 일하면서 배웁니다. 이 제도는 수공업적인 전승제를 그대로 고수한 것입니다. 정부가 최소한의 교과 내용을 주어서 일단 마이스터 자격을 딴 사람들이 레어링(Lehrling, 도제)을 채용해 훈련시켜 내보내는데, 반드시 기술에만 국한하지 않고, 개인적인 접촉을 통해서 기술공의 도덕률도 배우게 되지요. 마이스터에 의해서 전승받는다는 것이 매우 중요해서 고도로 발달한 기술 사회인데도 오늘날까지 수공업 시대의 전통을 조금씩 개량해 오면서 여전히 전승되고 있어요. 대학 사회도 역시 마찬가지입니다. 학문계의 특징이 슐레Schule 즉 학파라고 하는 것인데, 독일에서는 대학이 일반 고등 국민을 기르는 곳이 아니라 전문기관이거든요. 그렇기 때문에 대학생

의 수가 아주 적습니다. 지금은 좀 달라졌지만 어쨌든 김나지움Gymnasium
에 들어가기만 하면 자율적이고 자유롭게 공부하도록 만드는데, 교수는
학생들의 수준에 관심을 두지 않고 전문적인 강의를 합니다. 따라오려면
따라와라 하는 식이지요. 말하자면 수재 교육이에요. 암탉이 병아리를 품
듯이 교수는 자기 제자 몇 명을 두고 특수교육을 시켜서 이들이 박사과
정을 거쳐 대학교수 시험에 합격될 때까지, 학문만이 아니라 자신이 지닌
모든 것을 이들에게 전승합니다. 그러고는 이들이 그 교수보다 진일보한
학설을 펼 수 있게 될 때 비로소 독자적인 학자가 되는 것입니다. 이처럼
독일은 슐레라는 것을 통해서 학문적인 계보를 가지고 자기 역사를 계승
해 오게 된 것입니다. 즉 전승된 학문을 중간에서 받아 조금 더 보태어
다음으로 넘기고 하니까, 그중 한 사람이라도 빠지면 그다음을 이해할 수
없게 되지요. 이렇게 해서 학파가 형성되고 학파와 더불어 유명해집니다.
독일에 민족정신이 있었다고 한다면, 이러한 과정에서 전승된 것입니다.
특별히 우수한 사람이 아니더라도 전통이 잘 계승되어 빛을 보지요. 가령
프랑스 같은 나라는 갑자기 혜성같이 나타나는 탁월한 사람이 있지만 중
간에 전승이 잘 안 됩니다. 독일 사람들이 맥락을 이어 가고 있다고 하는
트라디에른은 바로 이 슐레를 통해서가 아닌가 생각합니다.

그런데 전승 과정에서의 문제점은 역시 기능주의가 작용하는 것이에
요. 소학교 4학년을 끝마치게 되면 일단 그 학생의 운명이 결정됩니다. 부
모와 선생이 그 아이의 성적을 놓고 이 아이가 장차 어디로 나가야 할 것
인가를 결정해 버립니다. 그래서 숙련공이 되면 좋겠다는 아이는 거기에
맞는 10년제 학교를 다니게 한 다음 레어링 3년 과정을 거쳐서 숙련공이
되게 합니다. 기술자가 될 소질이 있는 아이는 레알슐레Reilschule라는 곳,
즉 현실 학교로 진학하여 중간 기술자가 되게 합니다. 그리고 머리를 쓸
수 있겠다고 판단된 아이는 김나지움에 보냅니다. 김나지움은 9년제 인문
고등학교인데 이곳에 입학하면 대학에 가서 학문적 전문가의 길을 가도

록 정해 버리지요. 말하자면 소학교 4학년을 마치면 학생의 의사와는 상관없이 부모와 선생이 세 가지의 길을 놓고 운명을 결정해 버립니다.

그러면 이제 무엇을 전승하나 하는 것이 문제가 되겠는데, 마이스터 제도에서는 기술만이 아니라 직업인의 에토스ethos를 주입시킵니다. 따라서 대대로 전승된 직업을 가업으로 삼아 계승하게 되고, 오랜 역사에서 축적된 가치관을 계승하게 되기 때문에 민족성이 계승되고 있지요. 독일이 2차 대전에 패한 뒤 미국의 군정 치하에 있을 때 미국이 마이스터 제도와 대학제도를 없애 버리고 미국식으로 바꾸어 놓았어요. 그러나 독일인들은 총궐기해서 그것을 반대하여 그 제도를 다시 바꾸어 놓았습니다. 지금도 미국 사람이 보기에는 마이스터 제도나 대학제도를 비민주적이라고 보고 있지만, 독일 사람들은 자기들 나름대로 민족적 역사에 의해서 계승된 제도이니까 이것을 고수해 나가겠다고 생각하고 있습니다.

이제 독일의 대학 이념에 관해서 몇 가지 생각해 보면, 독일의 대학은 놀랍게도 히틀러 시대를 제외하고는 역시 학문을 한다는 것, 즉 진리를 탐구한다는 것을 내세우고 있고, 이 점에 있어서는 간섭을 안 받고 있습니다. 국립대학이면서도 놀라울 정도지요. 진리를 탐구하는 곳이 대학이지 대학은 결코 테크닉technique을 가르쳐 주는 곳이 아닙니다. 테크닉과 진리를 엄격하게 구별했습니다. 그래서 대학에서는 직업을 위해서 자격을 주는 일이 전혀 없습니다. 단지 진리 탐구를 인정해 주는 학위로서 박사학위 이외에는 졸업장이라는 것도 없습니다. 만약 배운 것을 이용하려고 하면 해당 기관의 요청에 따라 디플롬Diplom 자격을 따지 대학에서 졸업장을 주는 것은 아닙니다. 그러므로 독일의 대학은 진리를 탐구한다는 점에 있어서는 상당히 객관성이 있어서, 영국의 유니버시티university가 상위층의 모델에 맞는 젠틀맨gentleman을 기른다든지, 혹은 미국의 대학이 사회에서 요청하는 기능인을 만드는 것 등과는 구별되어야 한다고 보고 있습니다. 그래서 테크닉을 배우기 위한 것, 가령 공과대학이나 상과대학 혹은 음악이나 미술 같은 기술학과는 대학, 즉 유니버시티 안에 들어올 수가 없습니다. 이러한 것들은 그것대로 따로 독립되어 있어요. 대학은 상아탑으로서 자율성을 최대한으로 부여받았다고 생각하고 있지요. 대학 안에 한때는 재판소도 있고 감옥도 있어서 자율적으로 재판을 하고 감옥에도 넣고 하는 자유도 누렸어요. 이런 전통을 교육적으로 체계화시킨 것이 훔볼트Humboldt입니다. 진리 추구에 있어서는 아무래도 기독교가 중요한 역할을 했고, 철학이 기독교와 제휴해서 대학 이념 형성에 주도적인 역할을 했고, 또 자연과학에 있어서도 과학정신이라는 것이 성립되었지요. 그래서 진리 파악의 자세가 추상적이기는 하지만, 어떤 것을 '전승한다tradieren'는 것이 애매한 것이 아니라 대대손손 해 왔던 것을 새로운 양식으로 파악한다는 의미에서 역사성을 지니고 있었다고 생각합니다.

내가 독일에서 본 것이 막상 독일에서 살고 있을 때는 제일 싫고 미웠던 것인데 한국에 와서 보니까 우리가 배울 점이 참 많다는 것을 느끼게 됩니다. 독일 사람에게는 참 싫은 요소들인데 우리에게는 배울 것들이라고 생각돼요. 한마디 더하면 독일 사람들은 말초신경이 아주 둔해서 미련한 것 같은데 중추신경은 튼튼하다, 반면에 한국 사람은 중추신경이 아주 둔해서 미련한 것 같은데 말초신경은 튼튼하다고 비교를 해 보았습니다.

송건호 독일 교육의 구체적인 실정에 대해서 모처럼 깊이 있게 듣게 됐습니다. 독일의 대학 교육은 학문의 전당으로서 자율성이 인정되고 있지만 그 밖의 교육은 기능인 양성을 위한 것이라고 말씀하셨는데, 우리나라의 교육에도 기능주의적인 성격이 있지요. 그런데 개인이 강조되지 않고 기능주의만 강조될 때 문제인 것 같아요. 미국 교육은 개인이 강조되는 기능주의로서 우리의 것과는 다르다고 생각됩니다. 이런 점에 대해 백교수님께서 말씀 좀 해 주시지요.

미국의 실용주의 교육과 그 영향

백낙청 미국의 경우는 독일에 비해서 우리나라에 많이 알려져 있고, 영향도 많이 끼쳤는데요. 저로서는 저 자신의 한정된 경험을 토대로 무슨 소개를 더 해 본다기보다, 미국 교육은 개인을 존중한다든가 사회에 실질적으로 필요한 실용주의 교육이라든가 하는 그 나름의 좋은 점을 많이 갖고 있는데, 어째서 우리나라에 받아들여질 때에는 비민주적인 교육으로 되고, 현실과 동떨어진 교육으로 등장하게 되었느냐 하는 점을 생각해 보고 싶어요.

첫째는 물론 우리 자신의 문제인데, 미국 교육이든 그 밖에 다른 어느 나라의 교육이든, 한 나라의 교육 이념의 훌륭한 점이라든가 교육정책 면에서 본받을 만한 점이라는 것은 그 나라 국민들이 장구한 세월을 통해서 노력하고 희생을 치르면서 쟁취한 결과이기 때문에, 이런 것은 다른 나라에 쉽게 이식되는 것이 아니지요. 그런데 우리가 설령 그것을 주체적인 입장에서 받아들이고 활용하겠다는 노력을 처음부터 해 왔다고 하더라도 성취하는 데는 많은 시일이 걸릴 텐데, 우리의 경우는 주체적인 입장에서 미국의 교육 이념이나 교육제도의 영향을 받아들였다기보다는 일제日帝 잔재를 청산하지 못한 상태에서 표면적인 탈바꿈만 해 왔다는 데 문제가 있습니다. 『창작과비평』지 78년 여름호에 실린 좌담을 보면 김윤수金潤洙 선생이 "미국 교육이라는 것이 흔히는 일제 교육과 정반대되는 것으로 생각하는데, 우리가 해방 후에 미국 교육의 영향을 압도적으로 받았다고 하는 사실 자체가 바로 일제 잔재의 온존의 한 증상이 아니냐"라는 말씀을 하셨는데, 저는 참 탁견이라고 생각했습니다. 그래서 저는 미국 교육의 무엇이 좋고 나쁘냐 하는 문제를 떠나서 우리가 일제 교육의 잔재를 청산하고 주체적으로 새로운 교육 이념을 확립하기 위해서 미국 교육을 받아들였던 것이 아니라, 반대로 그것이 일제 잔재를 온존시키는 하나의 방편으로 기능했다는 사실을 먼저 반성해야 한다고 봅니다.

또 하나 제가 지적하고 싶은 점은 미국 교육의 이념을 흔히 자유주의라고 말합니다마는, 미국의 경우, 예를 들어 존 듀이John Dewey의 자유주의는 원래 의미의 자유주의와는 거리가 있지 않나 하는 겁니다. 개성을 존중한다고 하는 것과 자유로운 분위기 속에서 각자가 다른 의견을 내놓아서 토론하여 자율적으로 현명한 결론에 도달한다는 것 등이 듀이의 생각이기도 하지만, 예컨대 존 스튜어트 밀J. S. Mill 같은 사람이 내세우는 자유론과는 결정적인 차이가 있다고 봅니다. 다시 말해서 밀은 각자가 다른 의견을 가지고 토론하고 의견 교환을 하다 보면 진리가 나온다는 확고한 신념을 바탕으로 자유로운 토론의 필요성을 강조하는 데 반해, 듀이는 그게 아니고 적당히 각자의 개성을 어느 정도 북돋우면서 과학적으로 기술적으로 잘 조정을 하면 전체 사회에 도움이 되는 유용한 결론에 도달할 수 있다고 하는, 말하자면 과학이나 기술에 대한 신념이지 토론을 통해서 드러나는 진리에 대한 신념과는 성격을 달리한다고 봅니다.

요즘에 와서 미국의 교육 이념이 우리나라에서 문제가 될 때에는 듀이 자신의 교육철학보다도 더 극단화된 와트슨J. B. Watson이나 스키너B. F. Skinner의 행동주의 교육심리학이 주로 비판되고 있긴 합니다마는, 제가 보기에는 그 사람들 이전에 듀이 자신의 실용주의라는 것이 이미 고전적인 자유주의와는 상당히 거리가 있어서 사회를 기술적으로, 기능적으로 통제해 나간다는 행동주의적 사상을 내포하고 있습니다. 그렇기 때문에 그것이 미국 내에서도 항상 여건이 풍족해서 좋을 때에는 자유주의로 기능하지만, 기성 사회 체제가 위험에 처할 때에는 쉽사리 반역사적인 경향을 띨 수 있는 성향을 내재적으로 지닌 사상이라고 생각합니다. 따라서 한국에서처럼 비주체적인 입장에서 미국의 교육 이념을 받아들였다고 할 때, 그리고 미국처럼 풍요한 여건이 주어지지 않았을 때, 이것이 비민주적인 효력을 발휘하는 것은 결코 우연이 아닌 것 같아요. 결국은 문제가 양쪽에 다 있는 것 같습니다. 다시 말해서 미국 교육을 수용하는 우리들의 자세에도 문제가 있지만, 미국 교육의 이른바 자유주의적인 이념이라는 것 자체에도 오늘 우리가 경험하고 있는 것과 같은 교육 현상을 낳을 소지가 다분히 있다고 보는 것이지요.

송건호 지금까지는 대체로 현재 우리나라의 교육정책과 교육 이념의 문제점을 살펴보고, 독일의 교육제도와 대학 교육 이념, 그리고 미국의 실용주의 교육이 우리의 교육 환경에 끼친 영향 등에 관해서 좋은 말씀이 있었습니다. 오늘날 우리의 교육은 결국 여러 가지로 문제점이 있는데, 이는 일제 강점기의 식민지 교육에서 벗어나지 못한 데서 발생하는 것이라고 생각됩니다. 일제 강점기의 식민지 교육을 간단하게 요약해 본다면, 조선 민족은 열등하고 일본 민족은 우수하다는 것이 대전제가 되어서 이러한 질서를 합리화시키고 정당화시키기 위해 '교육칙어'를 제정했다는 것입니다. 1968년도에 제정된 '국민교육헌장'이 모방한 원형도 바로 이 교육칙어인데, 여기에서는 유교적인 인간질서와 사회질서에 비판하고 저항하는 것이 아니라 순응하는 것을 가르치고 있습니다. 말하자면 한민족을 통치하기 위해서 유교적인 질서를 강요한 것이지요. 우리가 그 당시 받았던 초등교육은, 일본 사람들의 잔심부름에 응할 수 있는 정도의 교육이었습니다. 잔심부름에 응할 수 있는 교육이라는 것은 기능인 양성, 즉 기능주의 교육이라고 볼 수 있겠는데, 이것이 해방 후에도 청산되지 못하고 오늘날까지 이어 오고 있다고 봅니다. 그러면 이제 8·15 이후에 미군정하에서 교육개혁이 실시되었다고 보고 있습니다만, 그 당시 교육개혁이 과연 제대로 되었던 것인가에 대해 성래운 교수께서 말씀해 주시지요.

해방과 일제 교육의 잔재

성래운 8월 15일 일제로부터 해방되고 미군이 인천으로 진주해 오는 그 사이에 짤막한 기간 동안이나마 무정부 상태가 있었어요. 물론 미군이 한국에 진주해 와서 항복을 받을 때까지 일본인 조선 총독이 있기는 했지만, 통치 권력을 완전히 상실하였기 때문에 행정력을 발휘할 수가 없었고 '건국준비위원회'가 결성되면서 그 당시 무정부 상태를 면해 보려고 노력을 했던 겁니다. 하지만 일제가 항복하면서부터 미군정이 실시되기 전까지 짤막한 기간 동안 무정부 상태에서 지치제가 실시되었는데, 이때에는 그야말로 일제 잔재가 철저히 청산되었어요. 일제 강점기에 학교 교원이었던 사람들은 주민들에게 용서를 빌어서 주민들의 마음속으로까지 용서를 받기 전에는 학교에 나가지 못했고, 일제 치하에서 사용되었던 교과서는 그날로 휴지가 되어 버렸어요. 또 일본 사람이 교육계 요직을 다 차지하고 있었는데, 지역 주민들이 솔선해 나서서 서로 의논하고 책임자를 결정지어 어느 학교도 공백 상태가 되거나 수업을 중단하게 된 경우가 거의 없었습니다. 그리고 또 친일파 민족 반역자를 매도하고 내쫓고 하였지만 그 사람들을 공직에만 못 있게 했지 잔인하게는 하지 않았습니다. 단 학교에는 얼씬도 못하게 한 것으로 보아서 주민들의 마음속에 있었던 일제 교육의 잔재, 그중에서도 그 이념 따위는 민족의식에 터한 것으로 짧은 기간에 완전히 뒤바뀌었습니다. 그래서 저는 이 기간을 우리 민중들이 일제 교육의 잔재를 그야말로 말끔히 청산한 기간으로 봅니다.

한 가지 덧붙일 것은 그 후 6·25동란이 일어나자 동족 간에 전쟁을 치르느라고 전력을 기울이고 있었기 때문에, 마치 무정부 상태와 같은 처지에 놓이게 됐지요. 즉 보따리를 이고 아이들을 끌고 이리저리 피난 다니던 기간이 바로 해방 직후 무정부 상태의 짧은 기간과도 같은 상황이었는데, 그때에 저는 피난을 다니면서 민중들이 교육에 관해서 마음속에 품고 있는 생각이 무엇인가를 체험했습니다. 스스로를 위한 교육이든, 자녀에 대한 교육이든 당시의 민족적·사회적 현실을 장래의 민족 운명과 관련시켜서 받아들이는 민중들의 생각을 볼 때에, 저는 교육이라는 것이 교문이나 운동장, 교실이나 교과서가 있어야만 하는 학교에서라야만 하는 것이 결코 아니라고 느꼈어요. 그 당시 교과서는 없는 상태였지만 민중들이 가지고 있는 교재는 바로 민족 현실 자체였습니다. 이리저리 피난을 다니면서 가는 곳마다 교과서가 없는데도 아무런 주저함이 없이 "내아들 내 딸 좀 가르쳐 주십시오." 하고 부탁을 합니다. 생활이 곧 교육이라는 개념 속에서 조금도 의심 없이 민족 현실을 그대로 받아들이면서 어디를 가나 서로 어울려 이야기를 하고 교육이 벌어지고 있었지요. 여기에서 저는 앞에서 말씀드린 바와 같이 일제 교육의 잔재를 청산하고자하는 태도와 더불어서 민중들의 교육에 대한 자치적인 태도를 다시금 엿볼 수 있었습니다.

다시 8·15 직후의 상황을 말씀드리면, 하지J. R. Hodge 중장 휘하의 미군 선발대가 인천에 상륙하고, 이어서 군정軍政 계획을 발표하면서 아놀드A. V. Arnold 소장이 군정장관에 취임하지 않습니까? 이때 미군정이 맨 먼저 한 일은 한국 사람 중에서 미군정 실시를 도와 줄 사람을 고르는 것이었습니다. 그런데 미군정 당국은 한반도가 분단되느냐 않느냐 하는 처절한 민족의 현실을 놓고 이러한 상황에 적극적으로 대처해서 통일된 민족사회를 구성하려는 생각이 없이, 그저 미국의 이익을 대변해서 분단에 순응할 사람을 고르는 것이었지요. 그러다 보니까 일제하에서 식민지 정책에 순응을 잘했던 사람, 그래서 교육도 많이 받은 사람, 해방된 민족 앞에서 민족 반역자로 죄책감을 가져야만 했던 사람들이 골라지게 되었던 것이지요. 또 한편 미군의 입장에서 보면, 기독교계 사람들에게서 가장 협조를 잘 얻을 수 있다고 생각하게 되었기 때문에, 그런 과정에서 일제 강점기에 교육을 많이 받았던 사람으로 식민 체제에 순응했던 사대주의자들을 골라서 미국이라고 하는 또 하나의 엄청난 권력에 순응할 파트너로 정하였습니다.

백 교수님께서는, 미국의 자유주의 교육 이념이 우리나라에 이식되는 과정에서 우리 측의 비주체적인 수용 방법에도 잘못이 있긴 했지만, 미국의 교육사상 그 자체가 이미 엄격하게 분석해 들어가 보면 반역사적인 성향을 내재하고 있어서 일제 잔재의 청산을 위한 새로운 교육사상이기는커녕 오히려 사대주의적인 영향을 많이 받게 되는 비민주적인 기능으로 역할을 했다고 보고, 일제 잔재가 그대로 온존되었던 맥락에서 그것을 헤아릴 만하다고 말씀하셨는데, 저는 거기에서 한 걸음 더 나아가 미국의 기본적인 정책이 분단이었고, 분단의 극복이 아니라 분단에의 순응을 원했기 때문에 일제하에서 서유럽이나 미국과 관계를 맺어 온 기독교 계통의 인사 가운데도, 애국 항일운동으로 저항해 온 민족 세력이 있었지만, 미군정 당국은 이들보다는 식민지 체제에 협력하고 순응함으로써 기독교를 지켜 왔던 반민족 세력 안에서 교육받은 층을 골랐고, 또 순응했으니까 잘사는 지주층을 골라서, 더 단적으로 말하자면 나중에 형성된 한국민주당 계열의 사람들을 선택해서 지원했던 것이라고 봅니다. 다만 우리가 반성하는 입장에서 본다면 왜 당시에 그것을 막지 못했느냐 하는 문제가 제기되긴 하지요.

그러나 미군정이 실시되면서 말로는 일본 사람들을 다 되돌아가게 하고 일본 교과서를 못 쓰게 하고, 한국말을 가르치자고는 했지만 이미 그 이전에 우리는 우리의 국사책을 인쇄해서 전국적으로 다 나누어 가졌고, 우리말로 된 책으로 교육을 하여 왔던 터이고, 일제 교육 체제를 청산하는 데 결의에 찬 태세를 갖추고 있었던 터인데, 그럼에도 불구하고 미군정이 실시면서 군정청의 교육고문마저 일제 말기에 우리 학생들에게 일본 제국주의의 승리를 위해서 학병에 지원해 나가기를 권고하고 다닌 것이 분명한 친일파 인사가 문교 책임자가 되고, 총독부 시학視學이었던 사람들이 교장이 되고 교육감이 되고 했어요. 물론 항일 투사들도 더러 기용이 됐습니다만, 교육정책을 밀고 나가는 요직마다 친일파가 하나도 다치지 않고 교육계에 되돌아왔습니다. 이것은 우리 민중의 의사가 전혀 아니었지요. 미군정이 들어서기 직전에 우리 민중들은 친일한 사람들을 스스로 내쫓았어요. 그리고 계속해서 이들을 내몰고자 하는 우리 민중의 노력이 없었던 것은 아닌데 친일파들이 미군정의 비호를 받게 된 것이지요. 그래서 일제 교육의 잔재는 청산되지 못했던 것입니다.

송건호 해방 직후에 일반 민중들 사이에서는 친일 협력자에 대한 비판적인 여론이 대단했었어요. 그 당시에는 성 교수님께서도 말씀하셨지만 변명이나 반격을 한다는 일은 있을 수도 없었고, 길거리를 지나가다가 맞아 죽지는 않아서 다행일 만큼 친일파들이 주눅이 들어 체념 상태에 있었는데, 미군정이 들어서서 "일제하에서 제정된 법률이라도 특별히 폐기한 것 이외에는 효력을 발생한다"고 공포하고, "모든 관공서는 종전대로 근무하라"는 지시를 내리자, 부일 협력자들이 이제는 살았다는 듯이 다시 그대로 근무를 계속했습니다. 그러고는 "독립도 되기 전에 남의 군정 밑에서 친일파 숙청이란 게 다 뭐냐, 민족정신을 살리는 문제는 독립된 정부를 수립하고 난 다음에 거론할 문제다"라고 반격을 하고 나왔어요. 사실 미군정하에서 일반 민중들의 여론이 거세니까 민족 반역자를 처단하는 법률이 제정되어 가결됐는데, 미군정 당국에서는 이를 공포하지 않았어요. 그 후 1948년에 독립정부가 들어서게 되고 국회에서 「반민특위법」이 제정되어 친일파를 잡아들이게 되었는데, 그 당시에도 교육계와 군부만은 제외가 되었습니다. 즉 군부는 당장의 국가의 운명을 지켜야 하는 임무가 있고, 교육계는 국가의 장래 문제를 담당해야 할 자라나는 사람들을 가르칠 임무가 있기 때문에 불문에 부친다고 해서 그대로 비호되어 온존하게 되었지요.

안병무 해방 이후 군정이 실시되면서부터 교육정책이라는 것은 사실상 어떻게 하면 통솔해 나갈 수 있느냐 하는 것이 주안점이었던 것 같아요. 가령 일제 때 관립대학을 국립대학으로 편성한다는 국대안國大案이 발표되자, 이에 대해서 반대하는 투쟁이 일어났는데, 이때 물론 좌익 세력도 가담했지만 민족 진영에서도 반대 입장을 내걸었었어요. 이에 대해서는 여러 가지 견해가 있겠지만 기본적인 것은 교육을 통제하겠다는 배후의 생각이 노출되었기 때문에 모두 일치가 되어서 국대안에 반대했던 것이라 생각됩니다. 그 당시 싸움이 꽤 치열하지 않았습니까? 그런데도 불구하고 기마대까지 동원하면서 통제를 위한 수단으로 그야말로 끝끝내 그 계획을 관철해 나갔지요. 교육 이념의 측면에서 보더라도 민주주의 교육을 한다면서 낡아빠진 민족지상, 국가지상을 내세웠던 것이 벌써 적신호였다고 봅니다. 진부한 1차 대전 이전의 생각을 다시 반복하는 악령 같은 군국주의를 가지고 출발했던 것이지요. 그것과 연결되어서 이승만에게 아부하기 위해 반공·반일 등의 반反 자가 기본 정책이 되었고요.

송건호 가령 그때는 미국의 존 듀이의 기능주의 내지는 도구주의 교육사상을 도입하면서도 교육 이념에 있어서는 복고적인 일민주의니 홍익인간이니 하는 것들을 내세웠는데, 이들이 서로 갈등을 일으키지 않고 잘 조화를 이루어서 통치자에게 편리한 도구가 되었던 것 같습니다.

백낙청 기능주의가 역사를 앞으로 이끌어 나가는 데 도움이 된다면야 반대할 이유가 없겠지요. 그런데 지금 기능주의에 관한 이야기도 나오고 복고주의에 대한 이야기도 나오고 있는데요, 기본적으로 우리는 이 두 가지가 한통속으로 어우러져서 돌아간다는 점을 인식할 필요가 있겠습니다. 묘사하다면 묘한 현상이지요. 얼핏 보아서는 둘이 서로 모순되는 것 같지만 사실은 그렇지 않거든요. 그리고 이것은 수립 초기에만 그런 것이 아니라 지금도 역시 마찬가지인 것 같아요. 한편으로는 민족 주체성을 운운하면서 그것이 실질적으로는 복고주의로 치닫고 있고, 다른 한편에서는 개방 사회다 근대화다 선진조국이다 하면서 기능주의로 작용하고 있습니다. 방금 송 선생님께서 말씀하신 대로 그야말로 적당히 잘 조화되면서 나가고 있는데, 이처럼 잘 조화되면서 나가게 되는 비결이 무엇인가, 얼핏 보아서는 상호 모순되는 것 같은 이 두 가지 흐름이 커다란 하나의 흐름 속에 용해되고 진행되어 나가는 까닭이 무엇인가 하는 것을 밝히는 게 중요한 것 같습니다.

자유당 정권하의 교육정책

송건호 1950년대의 자유당 정권하에서 가장 강조된 것이 반공 아닙니까? 그런데 공산주의자를 반대한다는 것은 민주주의와 자유를 지키자는 것인데, 반공을 강조하면서 이것이 모든 사고와 판단을 중단시켜 버리는 작용을 한 측면이 있는 것 같습니다. 당시의 정치적·사회적 상황에서 현실적으로 중요한 것이었기 때문에 반공을 강조했다면, 어떤 문제가 있을 때 옳고 그른 것을 철저히 따지고 토론하는 교육 풍토가 이루어졌어야 했는데, 오히려 판단을 포기하고 중단하고 금기하는 구실을 했던 것 같아요. 그래서 50년대의 교육은 민주주의적이라고 하기보다는 이것에 역행하는 교육 풍토가 조성되지 않았나 생각됩니다.

성래운 50년대에 강조된 사상으로 반공과 함께 반일이 있었는데 그때에 학도호국단이라는 것이 조직되었지요. 그래서 학교마다 시·도별로 조직이 되어서 소대장이 나오고 중대장이 나오고, 전국적으로는 한 사단이 되어서 문교부 장관이 사단장이 되고 했습니다. 그러면서 '우리의 맹세'라는 것이 일제 강점기 '황국 신민의 서사'와 똑같은 모양으로 모든 출판물에 인쇄하여 전 국민에게 주입되었어요. 그런데 교육 이념으로 내세우는 것은 반공·반일이었지만, 실제로 교육의 내면을 들여다보면 일제 식민지 교육을 묘하게도 완벽하리만큼 되살려 놓았습니다.

송건호 그래서 이승만 박사의 해방 이후의 정치 행태를 놓고 볼 때에는 이 박사를 반일 정치가로 보지 않고 친일파 정치가로 보는 견해도 있습니다. 물론 그가 일제 강점기에는 항일 활동을 한 것이 사실이지만, 해방 후에 국내에 온갖 친일적인 요소를 보호·육성했고, 식민지 정치를 되살려 놓았기 때문이지요.

안병무 시대적으로 보면 50년도에 6·25동란이 일어나서 3년 동안 전쟁이 계속된 다음에 반공 사상이 극도로 강화되고 국군주의가 머리를 들면서, 50년대 전체는 역사적으로 볼 때 마치 이북과 연결되어 있던 철도가 휴전선으로 중간에서 딱 끊긴 것처럼 우리의 사고思考를 중간에서 끊어 놓게 하는 상황이었던 것 같아요.

4·19 혁명과 교원노조

송건호 이제 60년대에 들어서서 4·19 민주혁명 당시의 교육계 상황을 좀 이야기해 보지요. 3·15 정부통령 총선거 때 자유당 정부 당국에서 상당한 압력을 가하고 명령을 해서 그랬겠지만, 교육계에서는 부정선거에 적극적으로 앞장을 섰지요. 비록 정부 권력자들이 교육계에 지령을 내리고 압력을 가했다고 하더라도, 그것이 부정하고 부패한 것이었다면, 양심과 정의를 지표로 삼아야 할 교육계에서는 이를 거부하거나 저항하는 어떤 움직임이라도 보였어야 했는데, 선거운동 기간에서 3·15 총선거 당일까지 권력의 하수인 역할을 앞장서서 담당하였으면서도 저항하는 움직임으로는 전혀 드러난 것이 없었습니다. 그래서 저는 이것이 일제 강점기에 내선일체니 황국 신민화니 하면서 적극적으로 부일 협력하던 사람들이 해방 후 청산되지 않고 온존 비호된 채로 정부의 문교 행정 요직을 차지하게 되어서 형성된 풍토랄지 영향이라고 생각하는데요. 4·19 혁명 이후에는 다방면에서 교육계의 혁신을 요구하는 운동이 일어나지 않았습니까?

성래운 제가 기억하기로 4·19 혁명 직후에서 제2공화국 정부가 구성되기 전까지 몇 달 동안 허정許政 과도정부가 들어서 있을 당시에, 이때는 마치 해방 직후 전국적으로 친일파 민족 반역자의 처벌이 논란되었듯이 민주 반역자에 대한 처벌이 논란이 되고 있었어요. 그리고 공교롭게도 마치 8·15 해방 후에 과도정부 구실을 했던 미군정청이 '반민족 행위자 처벌법'을 처리하지 않고 다음에 구성될 정권에게 밀어 버린 것처럼 새로 구성될 제2공화국 정권에게 넘겨 버렸지요. 그 이유도 똑같이 과도정부이기 때문이라고 내세웠어요. 그런데 제2공화국 정권이 들어서고도, 3·15 부정선거에 앞장섰던 부패 관리나 정권과 결탁해서 부정 축재했던 사람들의 처단이, 전혀 없었던 것은 아니었지만, 4·19 혁명으로 피 흘려 싸운 학생들이나 일반 국민들이 요구하고 바라던 만큼은 안 되었기 때문에, 새로 구성된 의정 단상을 4·19 때 부상당한 학생들이 중심이 되어 점령을 했어요. 그러고는 그다음 날로 민주 반역자에 대한 처벌법이 통과를 보게 됩니다.

교육에 국한해서 말한다면 4·19 혁명 후 제2공화국이 들어서자마자 전국의 교육감을 사퇴시키고 다시 선출했어요. 그 당시에는 교육감의 권한하에 있는 것은 초등학교뿐이었고, 중·고등학교는 아니었어요. 그런데 초등학교는 전국 방방곡곡 동네마다 있다시피 하니까, 또 시골 동네에서는 초등학교 선생이라고 하면 존경도 받고 지식도 제일 많은 층이고 해서 영향력이 있는 반면, 경찰직에 있는 사람들은 인심을 많이 잃어 놓았기 때문에 총선 때는 교육감을 통해서 집중적으로 선거운동을 하게 되었고, 모든 초등학교 선생들이 거의 다 동원되다시피 해서 부정선거에 협력을 했습니다. 그래서 전국의 교육감이 모두 사퇴를 하게 됩니다. 그리고 중·고등학교나 대학에서 4·19 혁명 후에 학교 교장이든 이사장이든 자유당 독재정권에 지나치게 협력했던 사람들을 배척하는 운동이 크게 벌어지지요. 이것도 마치 8·15 해방 직후에 친일파 교원들을 민중들이 배척하듯이 4·19 후에는 젊은 선생과 학생들이 눈에 띄게 이승만 정권에 아첨을 하고, 또 학교교육을 통해서 정권의 앞잡이, 통치 이념의 앞잡이 노릇을 했던 제 학교 교장선생이나 이사장을 몰아내는 운동을 벌입니다. 그런데 이것 역시도 8·15 직후에 미군정이 들어서면서 모두 진압하고 되앉혔듯이, 제2공화국 정부가 들어서면서 질서를 잡는다는 명목으로 안전하게 보호해서 되앉혀 주었어요. 그뿐만 아니라 이들은 오히려 떳떳하게 나서서 다시 호령을 하고, 몰아내려던 젊은 선생들을 내쫓는 상황까지 벌어지고, 학생들도 용서를 비는 각서를 써야 학교에 다닐 수 있도록 되지요.

그리고 또 한 가지 특기할 만한 사실은 교사들의 자각에 대한 것인데요. 특히 중·고등학교 교원들 중에는 고민하고 어려움을 당했던 이들이 많았습니다. 4·19 이전에도, 이를테면 장기 집권을 노린 이승만 씨가 초대 대통령에 한해서 중임 제한을 철폐한다는 내용의 소위 사사오입 개헌 파동 때 중등학교 교사들 중에는 자기가 가르치는 학생의 질문을 받고 옳고 바르게 대답했다가 그것이 학생의 입을 통해서 알려져서 교직을 떠나는 일이 벌어졌고요. 그 당시 대학에는 언론의 자유가 다소나마 존재하였기 때문에 교수가 그 정도 답변을 했다고 해서 쫓겨나는 풍토는 아니었어요. 그래서 대학교수들의 비판적인 저항도 어느 정도 있었지요. 그리고 4·19 후에는 교원노조가 생기게 됩니다. 그 이전에는 '대한교육연합회' 라는 것이 유일한 교직 단체였어요. 그런데 이 대한교육연합회는 일제 강점기의 '조선교육회' 조직을 그야말로 하나도 다치지 않고 재산이고 이념이고 사람이고 그대로 인계받아서 4·19까지 존속했던 단체인데, 3·15 부정선거를 전후해서 낸 성명을 보면 완전히 정부의 비호를 받는 어용단체였지요. 그래서 교육계 일부에서 대한교육연합회에 실망한 나머지 새로운 교직자 단체를 조직해야 되겠다고 해서 생긴 것이 교원노조입니다. 그런데 교원노조는 서울에서부터 일어난 것이 아니라 지방에서 교원들의 자각으로 시작된 거예요. 다시는 학생들을 독재정권 때문에 일그러뜨리고 다치게 하는 따위의 일을 되풀이해서는 안 되겠다는 각오에서 나온 것이지요. 교원노조의 선언은, 남의 아들딸을 교육함에 있어서 타고난 소질을 발달시키는 일 외에는 정치성을 띠어서 학생들을 희생시켜서는 안 된다, 4·19 이전의 교육을 다시는 되풀이할 수 없다는 것입니다. 그리고 대한교육연합회 내부에서도 부분적으로 혁신의 바람이 불었지요. 그래서 총장이나 교장 중심으로 된 임원 체계가 평교사도 선거에 의해 참여할 수 있게 되었어요. 하지만 그 결과가 미흡하다고 해서 노동조합운동의 성격을 가진 교원노조가 새로이 생기게 되었습니다마는, 후에 교원노조는 5·16이 나면서 불법화되고 좌경적인 것으로 판단되어 해체되었습니다.

5·16 군사정권과 제3공화국의 교육정책

송건호　그런데 5·16이 나면서 군사정권이 들어서고 제3공화국으로 이어 가는 과정에서 교육계를 되돌아볼 때에 제 기억에 남는 것은 우선 일제 강점기에 친일했던 사람들이 많은 고관 요직을 차지했다는 것입니다. 또 한 가지는 1965년에 한·일 협정이 체결되고 일본에서 차관이 들어오고부터는 일본에 대한 확고한 자세가 애매모호하게 흐려지는 새로운 현상이 나타났어요. 그런데 이승만 정권 치하의 1950년대 교육은 국내에서는 온갖 친일적인 교육자를 보호하고 일제 식민지 교육의 잔재를 온존·비호·육성하면서도 일본에 대한 공격만은 대단했거든요. 그런데 60년대에 들어와서는 친일했던 사람들을 기용하는 데 그치지 않고, 일본과 경제협력의 형태를 띠면서 항일적인 요소가 더욱 흐려지게 되었어요. 이것이 그 후 국민교육헌장이 나타나게 되는 배경과도 관련이 있다고 생각되는데, '국민교육헌장'은 일제 강점기의 '교육칙어'에서 볼 수 있는 것처럼 유교 질서를 강조하는 복고적인 내용을 담고 있습니다. 제3공화국의 교육이라고 하면 바로 이 국민교육헌장으로 결론지을 수 있다고 봅니다.

성래운 그 이야기를 하기 전에 제가 교육자치제에 대한 것을 먼저 말씀드렸으면 하는데요. 일반 사람들은 한국에 교육자치제가 있었다고 하면 언제 그런 제도가 있었나 하고 의아해하실 텐데, 교육자치제라는 것은 미국 교육제도의 특색이지요. 미국의 연방정부는 교육에 관한 한 절대로 간섭하지 못하도록 되어 있습니다. 즉 교육행정의 말단에 있는 동네 학교에서부터 자치를 해서 차차 자치적으로 연합하면서 위로 올라가기 때문에 주정부조차도 말단의 초·중등 교육에는 관여하지 못하도록 제도적으로 되어 있어요. 그런 의미에서의 교육자치제가 언제 우리나라에 도입되었느냐 하면 6·25가 발생하고 정부가 부산에 있을 때입니다. 그러니까 비교교육학적 입장에서 보면 어림도 없는 얘기지요. 자치제가 시행되고 있었다 하더라도 전시에는 이를 중단시키는 것인데, 정부가 부산이 피난해 있는 동안에 초등학교에 자치제가 처음으로 실시됩니다. 그래서 군 단위로 교육감을 선출하게 되는데, 이미 말씀드린 바와 같이 5·16 혁명이 일어난 후에는 3·15 부정선거에 깊이 관련이 되었다고 해서 모두 퇴진하게 됩니다. 그리고 두 번째 자치제는 군정하에서 이루어졌어요. 그 당시에 제3공화국으로 들어서기 위한 사전 준비로 계획된 모든 법률 체제를 이미 군사정권하에서 마련해 놓지 않았습니까? 바로 그때에 제정된 자치제가 지금까지도 시행되고 있는 제도입니다. 그리고 그 이전에는 형식상으로 초등학교만을 관장하던 자치제가 그때에 중·고등학교까지 시·도 단위로 교육감이 관할하는 제도로 바뀌었어요. 그런데 바로 이 교육자치제에 의해서 선임된 초대 교육감이 일제 강점기 총독부 시학 출신이고, 그 직후에 들어선 제3공화국 정권의 초대 문교부 장관이 역시 총독부 시학 출신이에요.

안병무 그 정도 되면 자치제가 아니라 감독제라고 해야 되겠군요.

유신체제하의 교육 이념

송건호 그러면 이제 1970년대 유신체제하의 교육 이념에 대해서 이야기를 해 볼까요? 우선 백 교수님께서 60년대의 교육과 유신체제하의 교육이 어떻게 다른지 말씀해 주시지요.

백낙청 글쎄요. 기본적으로 크게 다른 것이 있겠습니까? '국민교육헌장' 선포가 1968년에 있었고 72년에 유신체제가 들어서는데, 이 국민교육헌장은 유신체제하의 교육 이념에 대한 예고 같은 것이었지요. 이 헌장은 송 선생님 말씀대로 복고주의적 성격을 가지고 있다고 볼 수 있습니다. 그러나 동시에 기능주의적 측면이 상당히 가미되어 있는데, 이는 그 당시 정부나 국가 기관에서 추진하는 근대화 정책에 봉사할 수 있는 기능인을 양성하는 교육을 해야 했기 때문이지요. 그러면 어떻게 해서 복고주의와 기능주의가 이와 같이 서로 결합되어 있는가 하는 것을 저는 좀 생각해 보고 싶습니다. 아까도 말씀드렸듯이 이건 참 재미있는 문제 같아요. 중요한 문제이기도 하고요. 이에 대한 해답을 찾는 방법 중의 하나는 우리가 거기에 대처해 나가고자 할 때 어떤 곤란을 겪게 되느냐는 점을 살펴보는 일이라고 생각합니다. 복고주의 하나만 있으면 비판하고 공격하기가 참 쉬워요. 그것은 기능주의도 마찬가지지요. 그런데 이 둘이 묘하게 공존하고 있으면 비판적인 입장에서는 처신하기가 곤란해집니다. 즉 복고주의를 비판하다 보면 기능주의를 도와주는 꼴이 되기가 쉽고, 기능주의를 비판하다 보면 복고주의에 가담하는 꼴이 되어 버려 대처하기가 어렵게 됩니다. 왜 이렇게 되느냐 하면 우리의 역사 현장에서 우리 사회가 추구하는 것은 민중이 주인이 되는 통일된 민족국가의 건설이라고 할 때, 그 목표 자체가 한편으로 민족주의적인 성격을 띠는 동시에 결코 편협한 민족주의로 떨어져서는 안 되는 당위성을 동시에 지니고 있다고 볼 수 있습니다. 그런데 통일의 명분이 워낙 뚜렷하고 거기에 대한 민중의 욕구가 강하기 때문에 이 사회를 맡아서 운영하려면 적어도 명분상 어느 정도 거기에 영합을 해야만 가능한데, 반면에 그것을 어느 정도 이상으로 들어줄 때에는 운영하는 사람들 자신에게 현실적으로 여러 가지 문제가 생기기 마련이지요.

예를 들어서 민족주의적인 욕구를 실질적으로 반영시키려고 한다면 지금 당장의 우리 사회의 경제구조라든가, 우리가 지향하는 개방 사회 체제와 상충되는 면이 많을 것 같습니다. 바람직한 민족주의가 바람직한 개방주의와 근원적으로 상충한다는 뜻이 아니라, 우리가 요즘 주로 말하는 개방 사회라고 하는 것은 세계 속의 훌륭한 사상이나 제도는 무엇이든지 스스럼없이 받아들이겠다는 식의 개방성이라기보다는 외국 자본이 우리 경제 속에 마음 놓고 들어와서 경제 성장을 할 수 있게 한다든가, 또 내국인들 가운데서도 그러한 사업에 직접적으로 가담하고 있는 사람들이 마음 놓고 외국에 진출해서 돌아다니고 국제화하고 세계화할 수 있는 개방 체제인 셈이지요. 그렇기 때문에 그것을 대전제로 놓아두고서 민족주의를 이야기한다고 할 때에는 사실 누가 보나 터무니없는 복고적인 민족주의가 아니고서는 감당하기가 어려워집니다. 여기서 기능주의 사회의 다른 한 측면으로서 복고주의가 나온 것 같습니다. 그래서 복고주의적인 민족주의와 특수한 형태의 개방주의가 손을 잡고 조화를 이루어 나가는 것 같습니다. 이렇게 되면 기능주의에 대해서 비판할 경우 그것은 자유스러운 개방 체제 자체를 비판하는 복고주의라고 반박할 수가 있고, 복고주의에 대해 비판할 경우 민족 주체성 자체를 부인하는 국적 없는 자유주의라고 반박할 수 있는 구색이 갖춰지는 셈입니다. 그렇기 때문에 우리도 이 문제를 슬기롭게 풀어 나가려면 복고주의와 기능주의를 따로 떼어 생각하지 말고, 그것이 어떤 현실적 근거에서 어떻게 교묘하게 이루어진 결합의 측면들이며, 어떤 실질적 기능을 떠맡고 있는 것인가를 정확하게 파악해서 대처해야만 하리라고 생각됩니다.

성래운 5·16이 일어나고 11년 후에 유신체제가 등장하지요. 그런데 일본에서는 1868년에 메이지가 천황으로 집권하고 그 10년 후에 '교육칙어'를 제정했어요. 그러고는 1945년 8월 일제가 패망할 때까지 83년 동안 천황제가 세습됩니다. 메이지가 천황으로 집권하면서부터는 서구와 문호를 개방하고 기술을 받아들이면서 일본을 근대화하는 붐이 일어났어요. 또한 이 시대는 일본이 제국주의로 넘어가는 획을 긋게 되는 시대이기도 하고요. 그 후로는 아시다시피 근대화가 되고 부강하게 되면서 군국주의가 극에 달해 우리나라를 침략하고 중국과 동남아시아까지 침략해 들어갑니다. 일본은 서유럽의 문명과 과학기술을 받아들여서 자본주의라든가 기술 문명이 서구 사회와 다름없게 되는데, 제가 여기서 말씀드리고 싶은 것은 우리나라에서 5·16이 일어나고 제3공화국이 들어서면서 마치 옛날 일본 메이지 시대의 서구처럼 우리나라에 일본이 받아들여지면서 국교를 재개하고, 한국을 근대화한다는 슬로건 밑에 과학기술을 받아들이게 됩니다. 그리고 유교 질서와 충효사상을 내용으로 한 '교육칙어'가 바로 명치유신의 교육 통치 이념이었고, 한국은 일제 강점기에 바로 이러한 통치 이념으로 훈련받고 그 밑에서 일하던 사람들이 권력의 중심부를 차지합니다. 그러면서 일본과 국교를 재개하면서부터 근대화 붐이 일어나고 '교육칙어'를 방불하는 국민교육헌장이 제정됩니다. 교육헌장 내용에는 충효사상이 들어 있지 않았습니다. 그러나 4년 후에 유신체제가 들어서면서 그야말로 충효의 붐이 일어나지요. 이러한 점에서 저는 개방 체제와 근대화, 군국주의와 복고주의에 관련해서 우리나라의 집권층이 일본 명치시대 이후의 근대화 과정을 발전 모델로 하여 유신체제로 들어선 것이 아닌가 생각합니다.

송건호 저도 10월유신이니 유신체제니 해서 왜 우리 국민들에게 일제 명치유신의 악몽을 되새기게 했는지 불만이었는데요. 유신체제하의 교육 이념이라는 것이 단지 60년대 제3공화국 시대의 교육 이념을 관권의 힘으로 교육의 자율성을 철저히 배제하면서 정책적으로 이끌어 간 것이지 따로 구분될 만한 특징이 없다고 보는데 어떻습니까? 안 박사님께서 말씀 좀 해 주시지요.

안병무 일본에서는 문호를 개방해서 서구 문물을 받아들일 때 소위 양재화혼洋才和魂이란 것을 내세웠지요. 즉, 기술은 서양 것을 받아들이더라도 정신은 자기 것을 간직하겠다는 것인데요. 우리나라의 국민교육헌장에는 동학혁명이나 3·1운동, 4·19 혁명과 같은 민족정신의 맥이 들어가 있지 않잖아요? 그래서 저는 국민교육헌장이 민족사적인 맥을 고찰하고 이어받아서 앞으로 나아가려는 의식은 전혀 없고, 현재의 안정이라는 전제를 가진 복고적인 통치 이념을 의도한 것이라고 봅니다. 결국 성 교수님 말씀대로 1972년에 충효사상이 서서히 머리를 들게 되는데, 이것이 시대적으로 저항감을 받지 않을 수가 없지요. 근대화라는 말과 충효라는 말을 함께 내세운다는 것은 아이러니도 유만부동이고, 이것도 안 되고 저것도 안 될 것을 내놓은 것 아니겠어요?

민족교육의 과제

송건호 1970년대의 유신 교육 이념은 결국 1968년도에 제정된 국민교육헌장에 근거를 두고 있는데, 이렇게 보면 국민교육헌장에는 직접 언급되어 있지 않지만 내용적으로는 충효사상이 깔려 있다고 할 수 있지요. 충효사상을 강조한다는 것은 유교적인 인간질서, 순종의 길, 윗사람에 대한 아랫사람의 복종 등을 강조한다는 것인데, 이것은 결국 가정윤리라든지 사회윤리의 입장에서 부모에게 효도하고 나라에 애국하라는 뜻이 아니라, 윗사람에게 복종하고 국가에 복종하라는 통치 이데올로기입니다. 따라서 이것에 반대한다는 것이 윤리적·도덕적 입장에서의 효도나 애국을 반대한다는 게 절대 아니에요. 유신체제를 강화시켜 나가기 위한 방편으로 순종의 의미를 강조하고 나선 것이 즉 충효사상이지요.

이제 70년대 유신체제의 교육에 대한 말씀은 여기에서 마치기로 하고 앞으로의 바람직한 교육의 방향은 무엇인지에 대해서 말씀을 나누어 보기로 하겠습니다. 이 문제를 생각할 때 우선 민족교육의 확립을 위해 노력해야 하겠는데, 저는 민족의 존엄성을 강조하고 민족의 미래에 대한 자신감을 불어넣어 주는 것이 민족교육의 근간이라고 생각합니다. 즉 민족이 처한 문제는 민족 스스로가 해결할 수 있다는 자주정신을 불어넣어야 민족의 존엄성이 살 수 있고 자신감이 우러난다고 생각합니다. 그러면 민족의 자주정신을 불어넣는 구체적인 구호는 무엇이 되어야 하는가 할 때에, 오늘날 우리 민족은 외국의 일반적인 결정과 압력에 의해서 본의 아닌 분단 상태에 처해 있는데, 이런 상태 속에서는 민족의 존엄성과 자주정신이란 것이 있을 수가 없습니다. 그래서 자주정신을 구체적으로 살리기 위해서는 통일을 지향하는 의지와 노력이 있어야 합니다. 그리고 통일을 지향하는 교육을 하는 데 있어서는 무엇보다도 먼저 냉전 상태에서 파생된 이데올로기를 극복해야 한다고 봅니다. 지금 우리나라에서는 이데올로기가 기준이 되어서 민족을 심판하고 모든 가치를 판단합니다. 민족이 기준이 되어서 이데올로기를 비판하고 심판하는 것이 아니라 이데올로기가 기준이 되어서 민족을 심판하고 민족의 모든 문제를 해결하려고 합니다. 말하자면 주객이 전도되어 있는 셈이지요. 해방 후 이데올로기 중심으로 한 정치노선이 이승만 노선이고, 민족을 위주로 한 노선이 김구 노선인데, 이승만 노선과 김구 노선의 싸움에서 결국 국제적인 여당 구실을 한 이승만 노선이 승리를 하고 권력을 장악하면서부터 우리나라는 오늘날까지 모든 가치 기준이 민족이 아니라 이데올로기로 되어 왔습니다. 그래서 이데올로기를 극복하고 민족을 우선시하는 교육이 없어서는 통일이 가능하지 않고, 통일이 안 되면 민족의 자주정신이 실현될 수 없고, 민족의 존엄성과 자신감이 있을 수 없다고 봅니다.

그런데 이데올로기를 극복하는 교육을 민족교육의 과제라고 한다면 이것을 구체적으로 어떻게 실현하느냐 하는 문제가 제기됩니다. 이에 대해서 저는 교육은 교육을 직접 담당하고 있는 학원과 교육자에게 맡기는 일이 우선적으로 선결되어야 할 것이라고 생각합니다. 가령 교육은 교육자에게 맡기고, 국방은 군인에게 맡기고, 정치는 국민이 선출한 정치인에게, 언론은 언론인에게 스스로 맡기는 것이 국가의 기본 질서이고, 또 이와 같은 국가의 기본 질서가 존중되는 한에 있어서 모든 사회 개개인의 생활 질서까지도 존중되는 것 아니겠습니까? 그러니까 우선 교육이 자율적이 되어야 합니다. 교육의 자율은 즉 민주주의에 대한 존중입니다. 그런 점에서 저는 민족교육은 민주주의 교육에 귀착이 된다고 생각합니다.

안병무 송 선생님께서 민족교육에 대한 말씀을 해 주셨는데요. 여기에서 깊이 짚고 넘어가야 할 것이 있어요. 첫째로는 민족정신의 문제입니다. 민족주의라든가 민족사상의 문제가 부각되고 있습니다마는 아직도 정리가 안 되고 해결이 안 된 채로 남아 있어요. 성 교수님께서 말씀하신 바와 같이 해방 직후에 민중의 차원에서는 일제 잔재를 완전히 청산했는데도 불구하고, 지배층에서는 친일한 사람들을 다시 등용하게 됐고, 5·16 때에는 일제 강점기의 하급 장교가 정권을 장악해서 반일이라는 말조차 없어져 버린 채 일본과 밀착이 되었습니다. 지금에도 여전히 일본과의 민족적인 감정 문제는 해결되지 않은 상태에서 경제적인 면에서나 그 밖의 다른 측면에서 자주성을 가지고 자립할 수 있는 가능성이 보이지 않고 오히려 예속이 심화되어 가는 상황에 처해 있기 때문에 이런 분위기에서 한국 민족교육을 과연 어떻게 정립할 수 있겠는가 하는 것이 문제라고 봅니다.

둘째로는 우리 민족의 문제가 스스로의 필요성에 의해서 내부적으로 논의되지 못하고 미국이나 일본, 중국이나 소련 등지의 입장에 따라 밖에서 논의되고 있어서, 마치 우리는 우리의 운명을 구경하는 꼴이 되어 버렸다는 점입니다. 그러니까 민족의 긍지를 가지려고 해도 가질 수 없는 상황에 빠져 버리게 된 것이지요. 그래서 저는 우리의 교육에 있어서 일차적인 과제는 대미·대일 관계의 정립이라고 생각합니다. 과연 어떻게 하면 정치적·경제적인 종속과 유착의 관계를 자주적이고 독립적인 방향에서 정립할 수 있겠는가라고 하는 것은 교육적인 면에서 매우 중요한 문제이지요. 해방 후 30년 동안 우리 국민은 그야말로 산전수전을 겪을 대로 다 겪어 보아서 예민해져 있지 않습니까? 세상 돌아가는 일을 경험해 보고 나면 국가권력 이상으로 우리를 지배하고 있는 힘을 느끼고 알게 되어서 그 실체가 자꾸 드러나고 있습니다. 우리의 민족교육을 위해서는 일제 치하에서 3·1 민족 독립선언을 한 것만큼 철저하고 분명한 선을 긋는 자주독립 선언이 선행되어야 할 것입니다.

송건호 거기에 덧붙여 한마디 말씀드리고 싶은 것은 60, 70년대에 추진되었던 경제 건설로 인해 우리나라는 오늘날 해마다 수십억 달러의 외자 外資 도입을 필요로 하게 되었습니다. 그래서 오늘날 외자를 도입해야 한다는 것과, 일본과 경제협력을 해야 되겠다고 하는 것을 일단 이해할 수는 있어요. 그러나 돈이 당장 필요하니 그때마다 일본에서 돈이 들어온다고 하는 것은 일본의 경제력이 들어오는 것입니다. 그렇기 때문에 일본 경제가 우리 경제에 미칠 영향을 예상하지 않을 수 없게 됩니다. 그리고 일본의 문화가 또 우리에게 영향을 미칩니다. 그러면 일본은 한반도에 대해서 깊은 이권 관계에 놓이게 되고, 이렇게 되면 일본의 정치력·군사력이 우리나라에 들어오게 됩니다. 결국 우리는 단순히 경제적으로 필요해서 몇십억 달러를 들여온다고 간단히 생각하지만, 그 뒤로 일본의 모든 힘이 밀고 들어오게 되는 것입니다. 그래서 외국과의 경제협력, 특히 한국과 일본의 관계에 있어서는 장래의 문제까지 신중히 생각해야만 합니다. 이런 점에서 민족교육을 말할 때는 안 박사님께서 말씀하신 것처럼 교육만 가지고서는 안 되고 우리 민족의 자주·독립·존엄 등의 문제가 해결되어야 하지요.

민주교육의 이념과 제도

백낙청 앞서서 송 선생님께서 민족교육에 관한 말씀을 하시는 중에 민족교육은 민주교육으로 귀착된다고 하셨는데요. 저도 우리 역사의 현 단계에 있어서 민족교육과 민주교육, 그리고 민중교육도 크게 보면 모두가 하나라고 생각합니다. 물론 구체적으로 들어가면 세 가지가 서로 간에 강조점이 조금씩 다른데, 바로 그렇기 때문에 이 세 가지는 늘 그 상관관계 속에서 함께 보아야 할 것 같습니다. 민족교육이라고 하면 민족문제, 즉 현재 당면하고 있는 우리 민족의 통일문제라든가 민족의 장래 진로와 밀접하게 관계되는 정치·경제·사회·문화적인 제반 문제들을 전반적으로 생각하지 않을 수가 없지요. 이를테면 민주교육만을 생각하다 보면 이쪽은 민주주의, 저쪽은 공산주의라는 식으로 경직된 이데올로기 교육으로 흐를 수도 있고, 반면에 민주교육이라는 차원을 제쳐 놓고 민족교육만 얘기하다 보면, 이것 또한 이상한 논리로 빠져들기 쉽습니다. 그래서 민족교육에 대해서는 이미 언급되었으니까 민주교육과 민중교육을 각기 그 낱말이 갖는 특수한 뉘앙스를 중심으로 살펴볼 때, 민중교육이라고 하면 제도교육 자체를 좀 더 민중적으로 만든다든지 민중에게 개방하는 것만이 아니라, 제도교육의 절대성, 나아가서는 제도교육이 교육의 주가 된다는 것 자체까지도 재검토하는 입장을 뜻하는 것 같습니다. 그에 비해 민주교육이라고 하면, 적어도 현시점에서는 제도교육 자체의 내용이라든가 제도교육이 운영되는 절차에 초점을 두는 것이 일반적인 생각이 아닌가 합니다.

일단 이러한 관점에서 민주교육을 본다면 해방 후 우리나라가 미국식 민주주의 교육을 받아들였다고 말하고, 헌법 제1조에 민주공화국임을 못 박고 있지만, 과연 민주교육이 얼마만큼이나 있어 왔는지 의심스럽습니다. '국민교육헌장'에도 민주교육에 대한 언급이 없고, 교육법 제1조에서 밝혀 놓은 교육의 목적에서 보더라도 "교육은 홍익인간의 이념 아래 모든 국민으로 하여금…… 민주국가 발전에 봉사하며, 인류 공영의 이상 실현에 기여하게 함을 목적으로 한다"라고 해서 민주국가 발전에 봉사하는 인간을 만들겠다고는 했지만, 이것은 '민주적 인간을 양성'하는 민주주의 교육의 구현이라는 것과는 좀 다른 내용 같아요. 민주교육이라고 하면 제도교육을 하긴 하되 상향적인 절차를 밟아서 하는 제도를 만들고, 이러한 제도의 원활한 운영을 보장하는 것이 핵심적인 과제인데, 지금으로 보아서는 그렇지 못한 것 같습니다. 예를 들어서 최근에 강조되고 있는 교권 확립이라는 문제만 해도 그래요. 교권은 학교라는 집단이 권력이나 외부 기관으로부터 독립하고 자립할 수 있는 것을 말합니다. 또 학교 내에서는 교육하는 사람과 받는 사람의 인격과 양식이 존중될 수 있는 권리를 교권이라 하겠는데, 요즘에는 학교 내에서의 교권이라는 것이 교사 또는 교수가 학생들을 상대로 일정한 조처를 마음대로 취할 수 있는 권리로 받아들여지고 있는 것 같아요. 점수를 가지고 학생들의 일생과 운명을 좌우할 수 있다거나 하는 식이지요. 그렇기 때문에 우리는 민족교육, 민중교육이 우리의 당면한 목표라고 말하는 것만으로도 모든 것을 다 이야기했다고도 볼 수 있습니다만, 그것을 구체적으로 실천해 나가기 위해서는 제도교육 자체의 과정이나 절차에 대한 구체적인 보장을 포함하는 민주교육의 이념이 동시에 확립되어야 하겠다는 것입니다.

안병무 서구에서 자유라는 개념이 확립되고 시민사회가 형성이 되면서부터 봉건 영주건 누구건 시민에게 간섭을 못하게 되어 왔는데, 민주사회라고 하면서 적어도 교육하는 자체만은 교육하는 현장에 맡겨야 옳지 않겠어요? 그런데 우리나라는 날이 갈수록 더 간섭이 심해져만 가고 있으니 큰일입니다. 대학인들을 믿지 못하는 사회는 그 민족사회 전체를 믿지 못한다는 것이고, 민족의 장래를 믿지 못한다는 거예요. 대학인들을 믿지 못하기 때문에 교육제도가 획일화하게 되고, 또 획일화된 제도교육은 도무지 민주교육이라고 할 수 없지요. 이제는 제발 그만 좀 하고 자율적으로 하도록 놓아 주어야 합니다. 대학생이거나 대학교수이거나 모두 이 민족의 지성인들인데 그들이 자신의 일조차 자율적으로 못한다면 누가 할 수 있겠습니까? 이건 정말 민족의 운명이 달린 심각한 문제입니다.

　성래운　지금 안 박사께서 우리나라의 교육제도와 민족 장래에 대해서 비감한 말씀을 하셨고, 송 선생님께서는 구한말에 한반도를 에워싸고 주변 강대국들이 우리 민족의 운명에 대한 흥정을 하던 것과, 요즈음에 우리 민족을 에워싸고 통일문제에 대한 강대국들의 움직임을 견주어서 민족 운명의 처지를 말씀하셨는데, 저도 그 말씀이 지니는 의미나 내용에 대해서 동감입니다. 하지만 우리의 민족사에서는 한말에 동학농민혁명이 있었고, 의병운동, 3·1운동, 무장독립운동 등 민중들이 계속해서 치열한 투쟁으로 민족의 존엄성을 지키려고 해 왔고, 인간답게 살아 보려고 노력해 온 역사를 간직하고 있는 측면에 대해서 긍지를 가지고 강조하고 싶군요. 그리고 해방 후의 역사에 있어서도 4·19 혁명은 민족의 저력을 보여 준 것이고, 한·일 굴욕 외교 반대, 3선 개헌 반대 등으로 민족의 저항성을 건강하게 보여 왔어요. 그 뒤로 70년대에 들어서서는 민족문제로 해서 학생뿐만 아니라 언론인·문인·교수·노동자·농민 할 것 없이 함께 어울려 강하게 의사 표시를 해 왔고, 외래 종교인 기독교가 앞장을 서서 민족의 분단 상황을 자각하고 모든 분야에 걸쳐서 이를 극복하기 위한 노력을 줄기차게 전개해 오지 않았습니까? 안 박사님 말씀 그대로 저도 교육제도라든가 교육 풍토에 전적으로 동감합니다. 그러나 그러한 교육은 이미 효과가 없어요. 무효입니다. 실제로 학생들은 가려서 배우고 있어요. 그것이 실증된 것이 70년대입니다. 그런 점에서는 비관만 할 수 없습니다. 역사적 정통성을 놓고 보면 우리는 자랑스러운 지난날을 간직하고 있다고 봅니다.

민중교육에 관한 이해

송건호 이제 민족교육, 민주교육과 더불어서 민중교육에 관한 것을 정리해 보도록 하지요. 아무래도 안 박사님께서 먼저 말문을 여셔야 하겠는데요.

안병무 글쎄요. 저는 민중교육에 대해서 정말로 아는 것이 없는데……, 다만 문제 제기를 한다면 민중교육이라는 말이 과연 가능할까 하는 생각이 들어요. '민중을 교육하다니' 하는 생각이지요. 도대체 누가 누구를 교육한단 말인가 하는 점을 우선 반성해야 할 필요가 있다고 봅니다. 어쨌든 기득권자가 자기가 가진 세계관이나 실용성에 맞도록 길들이는 것이 민중교육이라는 사고가 있는데, 우리도 알게 모르게 기득권자의 한 사람으로서 민중을 그렇게 하지 않았나 반성을 하고, 지식인들이 민중을 교육하다는 것은 자기 자신이 이미 민중에게 가해자이고 부패의 장본인인데 무엇을 어떻게 할 수 있을까를 정리해 볼 필요가 있어요. 역사를 놓고 보더라도 우리 민족사는 역사적으로 실패의 과정을 걸어왔다고 하는 국사론도 있지만, 사실은 민중의 실패가 아니라 지식층이나 지배층의 실패이고, 주변 강대국에 대한 사대적 자세도 우리 민족정신의 타락에 의한 것이 아니고 상층부의 타락에 의한 것입니다. 그런 사람들의 발상에서 민중을 교육한다고 하는데 아무리 자기 자신은 구별을 할 수 있는 식견을 가지고 있다고 하더라도 자신도 모르는 사이에 지식인의 논리에 감염된 사람들이기 때문에 조심을 해야 할 겁니다. 민중교육이라고 하는 것은 되도록이면 감염되지 않은 순수한 것, 본래 가지고 있었던 가능성, 잃어버렸던 자신 등을 찾아서 우리 역사의 사실상의 주인을 만나자는 것이 아니겠나 생각됩니다. 이렇게 본다면, 민중을 교육하자는 게 아니라 민중에 의해서 교육을 받아야 한다고 보는 것이 바로 민중교육론이 아닌가 합니다. 그렇다면 민중 중심의 역사관, 민중 중심의 세계관을 얘기하는 것이 좋지 않겠나 보고요. 그럼에도 불구하고 민중에게 교육할 필요성은 있다고 봅니다. 민중에게 순수한 저력이 있다고 해도 그것이 자기 표출과 자기 계발, 그리고 자기 주권을 세우는 데에는 구체적인 방해물들이 있기 때문에 이것을 어떻게든지 제거하도록 우리가 힘을 써야 하겠지요. 민중 교육론과 관련지어 무엇이 민중의 저력을 방해하느냐 할 때, 그것은 민중 자신이 너무 오랫동안 억눌리고 시달려서 자기 자학증에 걸려 있는 것이 사실이고, 그래서 자기 자신이 역사의 주인이라는 의식을 인식하지 못하기 때문에 민중에게 주인의식을 되돌려 주도록 하는 것이 바로 우리의 역할이 아닌가 생각됩니다.

그리고 민중 스스로가 주인이라는 의식을 가지게 되었다고 하더라도 역사의 주인으로서 자신을 구현하기 위해서는 기술이 필요하다고 봅니다. 이것 역시 우리가 도울 수 있지 않겠나 생각해요. 어떤 특혜를 받아서 지식인이 된 우리가 도구를 제공하고 기술을 되돌려 주어서 도울 수 있지 않겠나 봅니다. 좀 더 구체적으로 장애 요소를 생각해 보면 교육제도 문제입니다. 제도교육이 놀랍게도 사회계층을 형성하는 모체가 되고 있다는 것이지요. 학교를 일단 나오면 나온 만큼으로 사회를 구성하는 구체적인 힘이 된다는 것이 문제입니다. 반드시 대학이라든가 제도교육의 장 안에서 힘을 길러 주는 것은 아니지만 사회제도를 구성케 하는 요원을 학교가 만들어 내고 있어요. 반성해 보면 우리의 교육제도는 미국의 풍요한 사회에서 하는 것처럼 교육을 필요 이상으로 길게 해서 낭비를 하고 있습니다. 그래서 민중이 파고 들어올 틈을 주지 않아요. 교육 기간이 길다고 해서 머리에 혼이 박히는 것도 아닌데 괜히 민중에게 아득하게 멀게만 만들어 갑니다. 이런 식으로 계속되어 나가는 것이 문제이지요.

일리치I. Illich는 교육제도화가 결국 물질적 환경 공해, 사회 분극화, 심리적인 무능화를 초래했다고 했는데, 하여간 민중에게 압박감만 자꾸 주고, 점점 자기 콤플렉스만 걸리도록 만들고 있어요. 그래서 땅을 팔아서라도 대학을 가야 되겠다는 생각을 갖게 하는데, 대학을 나와 보았자 겨우 지배자나 기업주의 손발 노릇이나 하는 것밖에 안 되는 거 아닙니까? 이처럼 전망이 없는 미래를 바라보면서 거기에 아등바등하게 만드는 것이 바로 제도교육으로 인해서 초래된 것이라고 봅니다. 그래서 일리치의 탈학교론deschooling이라는 말이 매우 심상치 않은 의미를 갖고 있다고 여겨지면서 적어도 제도화된 대학 교육을 최대한으로 줄여서 사회에 영향이 없도록 하지 않으면 안 되겠다고 생각합니다. 이것은 사회문제와 연결되는데, 구체적으로 보면 사회제도가 사람을 채용하는 데 있어서 실력에 따르지 않고 제도교육의 학제에 따라서 적용하는 한, 언제든지 대다수의 민중은 소외되고 억울한 처지에서 헤어나지 못하도록 되어 있습니다. 그래서 월급제도든지 지위든지 학력이 절대적으로 작용하는 것을 제거하지 않으면 안 되겠다고 봅니다.

그다음에, 우리 민족사회가 산업사회가 되는 것은 어쩔 수가 없는데, 그렇다면 기술사회에서 실제적으로 필요로 하는 교육제도를 실시해야 하겠지요. 그런데 우리나라의 대학제도는 거기에 알맞은 기술인을 교육하는 것이 전혀 아닙니다. 사실 산업사회에서 기계를 만지거나 공사를 하는 사람들을 배출하려면 쓸데없는 허영적인 교육제도는 쇄신을 해서 가난한 사람들도 교육을 받아서 사회에 진출할 수 있는 길을 열어 주고, 배우지 않은 사람들도 자기가 실력껏 진출해 나갈 수 있도록 결코 상한선을 두어서는 안 되겠다고 봅니다. 학교교육을 거쳐야만 일을 할 수 있는 제도를 없애야지요.

이제 현실적으로 민중을 계도하는 문제가 남았는데, 이것은 현재의 지배 체제에 맡겨서는 도무지 기대를 할 수가 없고, 결국은 자기 문제를 자기가 해결해 나가도록 도와주어야 하겠고, 이것이 곧 민중 사회교육이 되겠는데요. 현 체제는 개개인을 되도록이면 분산시켜 각기 자기 목적만 추구하도록 모래알처럼 분화시키고 있습니다. 이것을 어떻게든지 극복해서 소위 민중이 공동운명체라는 이해를 갖도록 하고, 이해관계에 있어서도 숙명적인 공동 운명체라는 인식을 갖도록 하는 것이 중요합니다. 즉 자기들 문제는 자기들끼리 자기들 힘으로 해결할 수가 있다, 그리고 자기들만이 할 수 있고, 해야 한다는 자아의식이지요. 그런 의미에서 사회교육이 필요하고, 최근에 서구나 제3세계에서도 그 필요성이 확대되고 있는데, 민중이 그들 스스로 조직체를 만들고 힘을 길러서 해결해 나가도록 하는 것이 곧 민중교육의 중요한 스타일이라고 생각합니다.

이제 성서적인 입장에서 민중교육이라는 것을 살펴보면, 신약성서에 예수와 바리사이파에 대한 이야기가 나오는데, 바리사이파 사람들은 로마 지배하에서 이스라엘의 민족정신을 살린다는 명목으로 국민운동, 즉 소위 민족운동을 일으켰습니다. 그러고는 구조적인 체제를 만들고 여러 가지 제도를 만들었습니다. 많은 율법 조항을 만들어서 지배 권력과 야합하여 그 율법을 지키도록 이스라엘 백성에게 강요를 했어요. 그래서 율법을 잘 지키고 따르는 사람은 참 이스라엘 민족이고, 안 지키거나 못 지키는 사람은 죄인으로 매도하게 되지요. 결과적으로는 국민운동에 소속되어 참여한 사람보다도 매도당하고 소외당한 무리가 더 많게 되었어요. 그런데 예수는 이렇게 해서 소외된 민중들에게 어떤 율법이나 규칙 같은 것을 강요하거나 정해 준 것이 하나도 없었어요. 바로 이런 점에서 바리사이파와 예수 사이에 정면충돌이 생기게 된 것입니다. 중요한 것은 이 무리들이 세상 모든 사람들에게서 완전히 버림을 받았는데도 예수는 아무런 간격을 두지 않고 그들 편에 서서 그들의 소원과 맺힌 한恨을 들어주고 있었다는 점입니다. 예수는 그들에게 "너는 율법을 어기고 민족을 배반했으니 회개하라"고 말한 적도 없고 "다시는 안 하겠다"는 서약을 강요한 일도 전혀 없었어요. 진정한 의미에서 그들과 서로 의사소통을 하고 "내가 너희를 구한 것이 아니라 네 믿음이 너를 구했다"고 합니다. 즉 당신은 당신 스스로가 일어날 수 있는 능력을 가지고 있다고 했어요. 이처럼 민중의 능력을 인정하고 인격을 존중하는 자세야말로 민중교육의 심벌이라고 생각이 됩니다. 민중들에게 자꾸만 간섭하려 들고 이론을 주입시키려 들고, 어떤 모델을 설정해 놓고 거기에 맞추려고 하는 자세는 정말 문제라고 봅니다. 민중 계몽이나 의식화니 워크숍이니 하는 것에 문제가 많아요. 이런 것을 하다 보면 결국은 우리 실정에 맞지도 않는 미국적인 것이나 서구적인 것에 순수한 민중들이 물들게 됩니다. 우리 민중들은 역사적 경험과 모든 분위기가 서구나 미국과는 다르기 때문에 소위 자각되었다고 하는 지식인들이 깊이 생각하지 못하고 나서서 교육한답시고 하다가는 민중을 이용하고 가해하는 꼴이 되어 버리고 맙니다. 우리 민중의 역사가 스스로 지녀 온 경험과 분위기, 한 속에서 자기들이 스스로 문제를 제기하고 대상을 찾도록 하는 것이 우리 민족의 민중교육이 나아갈 길이라고 봅니다.

송건호 안 박사님 말씀대로 민중교육에 있어서 가장 큰 장애 요소는 역시 제도교육이 되겠지마는 저도 제도교육 밖에서 발생하는 장애 요인도 크게 작용하고 있다고 봅니다. 즉 신문이나 라디오, TV 등 매스미디어가 민중의 의식 내지는 사고에 끼치는 영향은 막강합니다. 이러한 것들에 의해서 민중의 말초신경이 자극되고 의식이 마비되는데, 민중에게 이러한 상업적 미디어에 휩쓸리지 않고 스스로 자신의 문제를 판단하고 자신의 운명을 개척해 나갈 수 있는 힘을 갖도록 하는 것 역시 민중교육에 있어서 중요한 역할이라고 봅니다. 그리고 이러한 역할은 역시 자각된 지식인이 담당해야 하겠는데, 지식인을 엘리트라고 보는 것은 민중보다 잘난 사람이라고 하는 관념에서 나온 것이 아닐까요? 저는 지식인은 민중의 한 사람이고, 따라서 민중의 문제를 스스로가 판단하고 해결할 수 있는 힘을 가질 수 있도록 민중의 자리에 서서 함께 싸워 나갈 수 있다고 봅니다.

민족통일을 위한 교육의 역할

백낙청 안 박사님께서는 말씀하신 방식으로 예수를 민중교육의 심벌로
볼 때 역시 민중교육과 제도교육은 서로 대조되는 개념이라는 점이 더욱
분명해지는 것 같습니다. 그래서 우리나라에서 지금 학교교육의 기회가
확대되고 교육 기간이 길어지는 현상도 민중교육이 안 되고 있다는 증거
로 볼 수 있을 듯합니다. 제도교육 내부의 교육 내용이 민중적이지 못하
다는 것뿐만 아니라 제도교육을 모두 다 받지 않으면 사람대접을 못 받
게 되는 정도가 점점 심해져 가는 것 같습니다. 그런데 이것을 흔히 미
국에서는 좋은 교육제도를 우리가 무분별하게 그대로 받아들인 데 문제
가 있다고 말하는데, 미국은 우리나라보다 풍요한 사회이기 때문에 교육
의 혜택을 더 많은 사람들에게 더 오랫동안 나누어 줄 수 있는 측면도 있
지만, 반면에 미국이 가장 발전된 자본주의 사회이기 때문에 모든 교육이
제도화해 가는 바람직하지 못한 과정이 그만큼 더 진전되어 간 것이 아
니겠는가 생각해 볼 필요도 있습니다.

그런 측면에서 안 박사님께서 말씀하신 이반 일리치의 얘기는 많은 깨
우침을 주지요, 다만 일리치에 관해서는 저 나름대로 한두 가지 문제점
을 지적하고 넘어갔으면 합니다. 일리치는 교육의 문제를 단순히 지엽적
인 학교만의 문제로 보지 않고, 사회 전체가 제도화되어 가고 또 반민중
적인 방향으로 진행되어 나가고 있다는 전체적인 흐름의 문제로 보기 때
문에 교육에 대해서 결정적으로 중요한 문제점을 많이 지적해 준다고 봅
니다. 그런데 일리치의 사상에서 학교가 없이 각 개인 단위로 자발적으로
이루어지는 생활 속의 교육을 강조한 것은 좋은데, 그것을 구체적으로 살

펴보면 '일', 즉 안 박사님께서 서두에 말씀하신 아르바이트의 문제가 충분히 고려되어 있지 않은 것 같습니다. 노동시간은 점점 줄어들고 여가가 점점 늘어나는 현재의 미국 같은 사회를 기준으로 각 개인의 자유 시간을 뜻있게 활용하게 해 주는 공동체 생활이 참 삶이라는 전제가 깔려 있는 것 같은데, 장차 노동을 안 하고 사는 날이 올지 어떨지는 모르겠고, 또 오는 것이 바람직한지 어떤지도 모르겠습니다마는 적어도 민중이 생활을 통해서 자연스럽게 몸에 익히는 것이 진짜 교육이라고 한다면, 대부분의 사람에게 있어서 생활의 가장 큰 부분은 일하는 시간이거든요. 아까 송 선생님이 학교 이외의 장에서 인간에게 가장 큰 교육적 영향을 끼치는 것이 매스미디어라고 하셨는데, 저는 그보다 더욱 중요한 것은 각자의 생활 속에서 대부분을 차지하고 있는 일하는 시간을 어떻게 보내느냐, 어디서 누구를 위해 무엇을 생산하고 어떤 방식으로 일하고 있느냐 하는 문제야말로 민중교육에 있어서 핵심적인 부분이라고 생각합니다. 그런데 일리치는 이러한 문제에 대한 현실적이고 과학적인 분석을 빼고서 이야기를 하기 때문에 근본적인 해결책을 제시하지 못하고 있다는 생각이 들었습니다.

또 하나는 우리 민족이 당면한 문제는 역시 통일된 민족국가를 건설하는 것이 아니겠느냐는 말씀을 서두에서 했습니다마는, 그것은 한민족이라는 특수한 민족이 20세기 후반이라는 특수한 시기에 떠맡고 있는 특수한 역사적 과제입니다. 그러면 교육에서도 이처럼 특수한 역사적 과제를 성취하는 데 필요한 이념이 있어야 하고 제도가 있어야 하고 훈련이 있어야 합니다. 그리고 거기서 필요한 기술이 있어야 하고 도구가 있어야 하고 또 기능인이 생산되어야 합니다. 우리가 이런 것을 달성하고 통일을 성취하고 난 다음에 언젠가 학교도 없는 디스쿨링deschooling된 사회를 갖게 될지 어떨지 모르겠습니다마는, 지금 시점에서 디스쿨링을 우리의 주된 목표로서 추구하겠다고 한다면, 이는 우리의 당면한 역사적 과제를 구체적으로 어떻게 해결해 나가야 할 것인가라고 하는 현실적 과제를 포기하는 꼴이 되지 않을까 염려됩니다. 제가 서두에서 기능주의가 지닌 문제점을 비판하면서도 기능주의와 복고주의가 혼재해 있는 현상을 지적했습니다마는, 역시 지금 단계에서는 우리에게 주어진 역사적 과제를 실천할 수 있는 기능인은 기능인대로 생산하면서, 이데올로기로서의 기능주의를 부정하는 어려운 일을 해내지 않고서는 기능주의를 비판해 보았댔자 실효를 거둘 수 있을 것 같지 않습니다. 그리고 인간화를 말해 보았자 비인간화가 극복될 것 같지 않아요. 한갓 이상주의적인 이야기에 그치고 말 것이라고 생각됩니다.

물론 이것은 통일되기까지는 제도교육이나 착실히 하고, 탈학교적 민중교육의 문제는 통일 후에나 생각해 보기로 하자는 이야기는 아닙니다. 민중교육, 참다운 인간화 교육을 항상 염두에 두면서도 필요한 기능인은 양성하고 기술을 만들고 도구를 만들어 내는 인간화 교육이라야 오늘날의 비인간화된 기능주의를 실질적으로 극복할 수 있다는 말이지요. 그리고 이것은 우리가 현실적으로 살아가는 과정, 즉 일하고 생산하는 과정이 어떻게 조직되어 있고 어떻게 변천해 가고 있는가 하는 데 대한 통찰에 입각해서 진행되어야 한다고 생각합니다. 저 자신이 이러한 문제에 대해서 식견이 부족하기 때문에 더 이상 구체적으로 말씀드릴 수 없습니다마는 기능주의 교육의 극복이라는 것도 그것이 나쁘다고 말함으로써 이루어지는 것이 아니고, 일련의 변증법적인 자기 극복의 과정을 통해서 가능한 것이라고 봅니다. 모든 문제를 한꺼번에 해결할 수 없듯이, 다시 말해서 민중이 주인이 되는 통일된 민족국가 건설이라는 것이 인간 누구에게나 해당되는 보편적인 문제는 아니더라도, 이 시점에서 우리 민족에게 주어진 특수한 과제를 우리로서는 최선을 다해 추구하다 보면, 전 인류의 차원에서는 부족한 점도 있고 언젠가는 극복해야 할 점이 드러나겠지마는, 주어진 과제부터 일단 성취하고 다시 비판해서 또 극복해 가는 변증법적인 자기 극복의 과정을 거쳐서 발전해 가는 것만이 전 인류적 차원의 문제 해결에 우리 나름으로 기여하는 바른 길이라고 봅니다. 그런 점에서 일리치의 탈학교론이 곧 우리에게 필요한 민중교육의 이념이 되기는 힘들지 않을까 합니다.

안병무 민족통일의 문제를 놓고 독일의 경우와 비교해서 생각해 볼 때 독일 사람들에게는 통일이라는 문제가 민주나 민중이라는 것과 서로 연결이 안 돼요. 그래서 통일이 절실하게 요구되고 있지를 않아요. 분단된 현실이 감옥에 갇히거나 소외되는 민중을 만들지도 않고, 또 그들 나름대로 풍요를 이루고 있고 자유를 누리고 있고, 노조 등을 통해서 국가 정책에 참여하고 있으니까 통일에 대해서 별로 관심이 없어요. 그런데 우리는 통일문제와 민중문제가 아주 절실하게 관계되는 것 같습니다. 분단 사회이기 때문에 민중이 어느 한계에 가서는 딱 절망하게 되는데 이것이 큰 문제인 것 같아요. 교육문제에 있어서도 분단 상황 때문에 생기는 한계가 많지 않습니까? 교육의 이념이나 정책, 교육과정 등에 한계가 생기고 교사와 학생, 세대 간에도 한계가 생겨서 교육 현장이 마치 분단 현상과 꼭 같은 형편에 빠져 있어요. 그러니까 우리 민족이 안고 있는 문제는 무엇으로 보든지 간에, 즉 민중의 현장에서 보든지 정치·경제를 보든지, 교육 현장의 분위기를 보든 모든 것이 분단이 그 이유가 되고 그 구실이 되고 있습니다. 따라서 우리 민족은 통일을 해야만 인간화도 가능하고, 정상적인 교육도 가능하고, 민중이 자기를 찾을 수가 있고, 그 밖에 모든 문제를 해결할 수 있는 길이 열립니다. 따라서 우리 민족에게는 통일이 언제나 뚜렷한 비전vision이면서 이를 성취해야만 하는데, 민중교육에 있어서도 통일문제를 집권자가 혼자 맡아 가지고서는 안 되고, 우리 자신이 모두 합심해서 해결하지 않으면 안 된다고 하는 인식을 갖도록 하는 것이 무엇보다도 중요한 활력소가 될 겁니다.

백낙청 독일 사람에게는 통일문제가 절실하지 않다는 것은 민족교육이라는 것이 그들에게 절실하지 않다는 것과 관계가 있지 않겠습니까? 그들이 다른 민족의 식민지 지배를 당해 본 역사적 경험도 없을 테고요.

안병무 예, 관계가 있습니다.

백낙청 그러니까 민족교육·민주교육·민중교육이 혼연일체가 되어야 하듯이 우리에게는 역시 통일운동과 민주화 운동, 그리고 민중이 일하며 살고 있는 현장에서의 인간화 운동이 함께 전개되어야 하리라고 봅니다.

송건호 백 교수께서 좋은 말씀을 해 주셨는데 이 말씀을 오늘 좌담의 결론으로 삼고 끝맺음하기로 하겠습니다. 오랫동안 유익한 말씀을 나누어 주셔서 감사합니다.

분단 현실과 민족교육

김윤수[4] 여러 가지로 바쁘신 중에 이렇게 나와 주셔서 감사합니다. 특히 먼 길 마다 않으시고 이 좌담회에 참석해 주신 이오덕 선생님께 감사의 말씀을 드립니다. 그동안 저희 『창작과비평』에서는 우리 민족이 당면하고 있는 중요한 현실적인 문제를 중심으로 몇 차례 좌담회를 가졌는데, 이번에는 여러분을 모시고 '분단 현실과 민족교육'이라는 주제를 가지고 말씀을 나누어 봤으면 합니다. 우리나라가 일제로부터 해방이 되고 다시 남북으로 갈라진 지 30여 년이 되었습니다만, 국토의 통일과 민족의 재결합은 아직도 요원하다는 느낌입니다. 비록 타의에 의해 분단되었다고는 하지만 남북 간의 상잔이나 긴장 고조가 없었거나 나라의 통일을 위해 쌍방이 함께 노력을 기울여 왔다면 적어도 지금보다는 나은 상태에 있을 것이고, 새로 자라나는 세대에게 분단 극복을 위한 민족교육을 실시해 왔더라면 통일에 대한 전망이 지금처럼 어둡지만은 않으리라고 여겨집니다. 그런 면에서 오늘의 분단 상황은 결코 그간의 교육과 무관하다고 할 수 없을 것입니다. 무관하지 않다는 정도가 아니라 가장 절실했던 과업이 아니었던가 생각됩니다.

---

4. 영남대 미학과 교수를 역임했으며, 『민족미술과 리얼리즘』이라는 평론집을 통해 민중미술의 이론적 틀을 만들고, 국립현대미술관장을 역임하며 예술의 사회적 방향을 찾는 데 힘썼다.

흔히 우리는 '교육'에 관한 한 전문가가 따로 없다고 말할 만큼 교육은 국민 누구에게나 관련된 문제이고 직접적인 관심의 대상이 되어 있습니다. 그래서 해방 후 오늘에 이르기까지 우리의 교육 현실을 이야기할 때마다 이래서는 안 되는데라든가 이거 큰일 났다 하는 식으로 깊은 우려를 나타내곤 해 왔는데, 최근 들어 교육의 각종 병리 현상이 더욱 두드러지게 나타나면서 신문이나 잡지가 이 문제를 다투어 취급하고 있는 것 같습니다. 거기에서 논의되고 있는 내용은 대체로 교육 현장의 부조리, 교육 환경의 개선 같은 것에 집중되어 있고 또 한편으로는 지식 편중, 기술 편중, 혹은 물질주의 교육 비판에 치중하고 있는 것 같습니다. 이런 것이 다 긴급한 문제이기는 하지만 크게는 이 모두를 낳게 한 어떤 근원적인 원인이 있지 않을까 합니다. 그래서 여기에 초점을 맞춰 토론을 전개하기로 하되 토론의 순서는 분단 상황과 교육 현실을 점검하는 데서 시작하여 일제 식민지 교육과 해방 후의 교육, 오늘의 학교 안과 밖에서 행해지고 있는 교육, 그 밖의 현실적인 문제들을 교육과의 관계 속에서 자유롭게 이야기해 갔으면 합니다. 먼저 성래운 교수께서 말씀을 시작해 주시죠.

분단 현실에 순응하는 교육

성래운 네, 수년 전 7·4 남북공동성명이 발표되던 날 저는 안방에 앉아 있다가 서울과 평양에서 동시에 발표하는 7·4 공동성명 낭독의 감격스러운 방송을 들었습니다. 제 곁에는 6·25를 전후하여 태어난 네 남매와 집사람이 함께 그 방송을 듣고 있었는데, 그때 저는 오랫동안 훈장으로 살아온 까닭으로 해서, 또 아비로서, 분단 순응의 교육을 받고 자란 이 네 아이가 대체 어떤 반응을 나타내고 있는가를 유심히 살피게 되었습니다. 그런데 그 직전까지만 해도 이북에 갔다 온 사람이라고 하면 민족 반역자로 극형을 받는 것으로 알고 있었는데, 이북에 가서 공산정권의 요직에 있는 사람을 만나고 왔을 뿐 아니라 이제부터는 남북이 서로 욕하지 않고 외세에 의존함이 없이 민족적인 단합을 통해 민족의 하나 되기를 실천에 옮겨 보자고 하는 방송을 들었을 때, 제 집의 4남매마저도 두려워하거나 증오하기는커녕 감격스럽게 감사하는 마음으로 듣고 있었던 표정을, 저 자신의 그때의 감격과 함께 이 좌담회 첫머리에 떠올리게 됩니다. 이것은 비단 제 집안에 있었던 일만이 아니었으리라고 믿습니다만, 그것을 저는 겨레의 양심이라고 생각했습니다. 누가 가르치지 아니해도, 사실은 현실의 학교에서는 거꾸로 가르쳐 왔지만, 학교 아닌 가정이나 동네, 선생 아닌 어른들이 생활이나 문화의 형식으로 우리가 한 조상의 자손임을 어린이들에게 터득하게 해 온 이 민족의 양심이요 긍지라고 저는 생각했었습니다.

그로부터 수년이 지난 오늘, 7·4 공동성명이 발표되기 이전의 상황, 아니 그보다도 더 증오에 차고 동족상잔의 피비린내를 느끼게 하는 듯한 방향으로 이 땅의 사회 세태가, 문화가, 또 학교 속이 치닫고 있는 것을 저는 몹시 안타깝게 여기게 됩니다. 겨레의 운명을 책임지고 있는 지도자들도 지금 제가 느끼고 있는 바와 똑같이 오늘의 이 상황이 민족적인 비극으로 몰아가는 길임을 누구나 다 자각하고 있으리라고 믿습니다. 그래서 7·4 공동성명이, 겨레를 분단과 멸망의 길에서 통일과 번영의 길로 전환하는 새 길이고, 우리 겨레의 위대한 결정이었다고 말하고 싶습니다만, 어떻게 하면 우리가 지금 그때로 돌아가서 한마음 한뜻으로 힘을 모아 이 민족의 비극을 막고 안팎으로 자랑스럽게 우리 민족이 살아갈 길을 열 것인가, 이것이 지금 우리 누구나가 가지고 있는 공통된 염원일 것입니다. 따라서 교육 면에서도 마찬가지로 어떻게 하면 분단 순응 교육에서 통일 성취에 이바지하는 교육으로 돌릴 수 있겠는가 하는 문제가 모든 교육 관계자들의 최대의 관심사요 과제가 되어야 하지 않겠는가 그렇게 생각합니다.

이오덕[5] 오랫동안 일선에서 교육을 담당해 온 사람으로 볼 때, 그간의 우리 교육은 분단 상태를 결과적으로 더욱더 조장해 온 방향으로 진행되어 오지 않았는가 반성합니다. 통일을 위한 교육이라면 무엇보다도 평화를 사랑하고 생명을 아끼고 남의 고통을 자기의 고통으로 느끼는 인간적인 사람을 기르는 교육이 되어야 합니다. 개성을 뻗쳐 주고 창조력을 발휘할 수 있는 사람을 기르는 교육이 돼야 하는데 사실은 이와 반대가 되는 교육을 해 왔다고 봅니다. 이런 잘못된 교육의 가장 두드러진 현상이 단편적 지식만을 주입하는 것으로 나타나고 있어요.

그래서 오늘날 교육 현장에서 날이 갈수록 고통스럽게 느껴지고, 최근에는 신문이나 잡지에서 많은 사람들이 우려를 나타내고 있으면서도 교육 현장에서는 조금도 반성됨이 없이 더욱 치열한 경쟁으로 벌어지고 있는, 입신출세를 위한 점수 따기 교육에 대해 말해 보고 싶습니다. 시험 준비 교육이 초등학교에서는 중학 입시제도가 있었을 때보다 요즘이 더 심하다고 해요. 입시제도가 있었던 때는 6학년 담임교사가 아이들을 많이 합격시키지 못했을 때, 학부모들에게 어떤 면에서 미안하다고 생각하는 그런 정도에 그쳤는데, 지금은 자기 담당 학급 학생들의 점수가 오르지 않으면 바로 교사의 근무평점이 문제가 되고, 인사 관계에 직접 영향을 받습니다. 올해부터는 상대평가에서 절대평가제로 평가 방법이 바뀌었는데, 이것은 물론 잘된 일이라 하겠습니다만, 그렇다고 해서 점수 따기 교육이 시정될 가능성은 거의 없습니다. 그것은 우선 20여 년간 상대평가

5. 1925~2003. 아동문학가, 우리말 연구가. 초중등학교에서 40년 넘게 참교육에 힘쓰면서 우리 교육에 큰 영향을 주었고, 우리나라 말을 일으켜 세우고, 아동문학의 터를 닦는 데 노력했다. 『시정신과 유희정신』, 『이 아이들을 어찌할 것인가』, 『삶을 가꾸는 글쓰기 교육』, 『삶을 가꾸는 어린이문학』, 『우리글 바로쓰기』를 비롯해 많은 책을 펴냈다.

로 학력을 평가해 온 습관이랄까 풍조가 쉽사리 고쳐질 것 같지 않고, 또 하나는 담임교사가 아이들 개개인을 1년에 한두 번씩 평가해서 학적부에 올릴 때는 절대평가를 하지만, 한 달에 몇 번씩 있는 교내 일제고사라든가, 교육청 또는 도 교육위원회 주최의 학력고사 때에는 학반學班의 서열이 나타나고, 학교 간의 우열이 나타나게 되므로 아이들에게 등급을 매기는 상태는 그대로 존속되고, 점수 따기 교육은 조금도 달라지지 않고 있는 실정입니다.

가령 문교부에선 '면학 분위기 조성'이라는 장학 목표를 세우면 그것이 시·도 교육위원회에 와서는 '학력 향상'이라는 목표와 방침으로 정해지고, 군 교육청에 내려와서는 학력 검사를 장려하는 장학 시책으로 나타납니다. 그러면 학교에서는 장학 당국이 요구하는 이상으로 학력 검사 횟수를 늘립니다. 그래야지 경쟁에 이기거든요. 그렇게 되니까 모든 수업이 시험문제와 그 해답만을 가르쳐 주는 형식으로 진행되고 아이들은 집에 가서까지 숙제로 시달리고 과외에 시달리고 하지요. 이런 것이 요즘 신문에 자주 오르는 여러 가지 좋지 못한 현상으로 나타는데 어떻게 해야 좋을지 걱정스러울 뿐입니다. 장학행정을 하는 사람들이 이렇게 나온다면 교사들만이라도 정신을 차려서 본연의 인간교육을 하려는 자세를 가져야 할 텐데 그렇지 못하고, 학부모들도 덩달아 이 잘못된 교육에 발맞추어 나가고 있습니다.

얼마 전 서울에 왔을 때 들은 이야기입니다만, 서울의 어느 학교에서는 학력고사에서 우수한 점수를 받은 아이들에게 1등에서 5등까지 트로피를 만들어 준다고 하며, 학부모들은 자기 집 아이가 그것을 받을 수 있도록 교사에게 돈까지 준다고 하며, 그래서 어떤 교사는 1년 동안에 수백만 원을 벌었다고 자랑하더라는 것입니다. 시골 학부모의 경우는 물론 이렇게까지는 않고 또 그럴 만한 여유도 없지만, 그 반면 학교나 교육청에서 학력이 올라간 학생, 학반, 학교에 상장을 준다든가 우승기를 준다든가 하여 장려하고 있고, 학력이 올라간 학반의 교사는 승진이나 영전을, 그렇지 못한 교사는 좌천을 시키는 예도 있습니다. 그런데 이런 것이 산골 학교의 학부모에게도 반영되어 아이들에게 무조건 숙제를 많이 내 달라고 요구하고 있고, 또 그렇게 하는 교사가 성의 있고 훌륭한 교사인 줄로 압니다. 이렇게 도시나 산골 할 것 없이 점수 따기 교육에 정신을 잃고 있는데, 이런 교육을 받고 자란 아이들이 장차 커서 어른이 되면 민족이고 나라고 아랑곳없이 제 이익만을 찾아 살아갈 것이 뻔합니다. 인간교육마저 말살되고 있는 오늘의 우리 교육 현실이 그저 안타깝기만 합니다.

이시영[6] 제가 태어난 것은 해방 이후고, 학교교육을 받기 시작한 것은 동족상잔의 비극을 한차례 겪고 난 50년대 후반부터입니다. 그러니까 여기 계신 선생님들 세대에게 교육을 받았고, 분단시대의 특이한 교육 형태를 몸소 겪으면서 자랐으므로 그런 입장에서 말해 볼까 합니다. 해방된 나라에서 우리가 받아야 할 교육은 주인으로서의 교육이어야 했다고 봅니다. 더군다나 두 강대국에 의해 허리가 잘린 나라의 어린 세대가 받아야 할 교육은 제 국토와 제 민족을 통일하고 나아가 완전한 민족국가를 세우기 위한 민주적이고도 민족적인 자주역량을 길러 주는 그러한 교육이어야 했다고 생각합니다.

그런데 우리 세대가 지난 세월 동안 받았던 교육은 주인으로서의 교육이 아닌 손님으로서의 그것, 더 뼈아프게 말하자만 남의 나라 머슴으로서의 그것이었다고 말할 수밖에 없습니다. 큰 나라들에 의한 냉전 체제의 프로파간다를 우리 세대만큼 독하게 먹고 자란 세대도 아마 없으리라고 봅니다. 미국은 무조건 우리 편이고 소련과 중공은 무조건 나쁜 놈들이고, 북한은 온통 동포 아닌, 사람도 아닌 빨갱이들만이 으르릉대는 춥고

6. 시인. 시집으로 『만월』, 『바람 속으로』, 『길은 멀다 친구여』, 『우리의 죽은 자들을 위해』, 『호야네 말』 등이 있다. 만해문학상, 백석문학상, 정지용문학상 등을 수상했다. 현재 단국대 문예창작과 초빙교수.

배고픈 '남의 나라', 멀기만 한 땅이었으니까요. 적어도 저는 그렇게 배웠어요. 분단이란 그 말조차 생소할 정도로 지리 교과서에 그려져 있는 38선에 지나지 않았고, 통일이라는 말도 노래책에 나오는 가사에 불과했습니다. 분단 자체를 의식하고자 하는, 또는 그것을 극복하고자 하는 어떤 노력도 의지도 실천적 자세도 체험을 통해 배워 본 적이 없습니다. 사회생활 시간에 우리가 한 것은 우리 편에는 무조건 동그라미를, 남의 편에는 무조건 가위표를 치라는 것뿐이었으니까요. 우리 편이 왜 옳은 것이며, 남의 편이 왜 나쁜가를 생각해 볼 여유도 주지 않았고, 우리 국토에다가 38선을 그은 자들이 누구인가도 물어볼 여유마저 주지 않았습니다. 점심 시간이 되면 우리는 돼지 축사 옆에 걸어 놓은 커다란 가마솥 앞에 줄을 서서 한·미 악수표 우유죽과 강냉이죽을 맛있게 얻어먹으면서 어린 시절을 보냈습니다.

그리고 작문 시간이 되면 우유를 얻어 주신 '고마운 분'을 위해서 '우리 대통령 우리 할아버지'라는 이승만 대통령의 생신 축하 글을 썼습니다. 저는 그때 시를 잘 썼다고 해서 교장선생님으로부터 상까지 탄 일이 있는데, 지금에 와서 생각해 보면 아이러니컬하기 짝이 없습니다. 그러다가 초등학교 5학년 때 4·19 혁명이 일어났는데, 그 당시는 뭔지 잘 몰랐지만, 오늘에 와서 생각해 보면 그런 교육을 받는 상황 속에서 4·19가 있었다는 것은 참으로 놀랍고 자랑스럽다는 생각이 듭니다. 실로 오랜만에, 안팎으로 짓눌렸던 우리의 민족적이고 민주적인 자주 역량이 고개를 쳐들었던 것이니까요.

그런데 6학년 때 우리는 다시 5·16 혁명공약을 외어야 했으며, 그 후 국가고사라는 것을 치르고 중학교에 들어갔고, 고등학교·대학교를 숨 가쁜 경쟁 속에서 마쳤습니다만, 이제 와서 보면 몸은 내 것이로되 내 몸의 주인이 내가 아닌 것 같은, 머리는 내 것이로되 머리의 주인은 내가 아니고 남인 듯한 참으로 불쌍하기 짝이 없는 분열된 자신을 발견하고는 합니다. 비유를 들어 말씀드린다면 내 정신에 박힌 냉전의 파편이 내 몸 전체를 쓰라리게 하고, 아직도 도처에서 우리 시대를 짓누르고 있으며, 내가 16년간 교육받았던 분단시대의 허위의식이 내 눈을 사팔뜨기로 만들어 놓고, 아직도 더 많은 사팔뜨기를 만들기 위해 논리적인 허위 무장을 일삼고 있는 시대인 것 같습니다. 이것이 해방된 제 나라에서 제 나라 말로 제 나라 스승에게 무려 16년간이나 교육을 받아 온 저의 솔직한 자기 고백입니다.

김인회[7] 해방 후 우리 교육이 분단 순응의 방향으로 전개되어 왔다는 말씀이신데, 나타난 사실만으로 보아서는 반드시 그렇지만도 않다고 말할 수 있겠습니다. 왜냐하면 교육 내용 전체에서, 우리는 분단 상태에서 하나도 합칠 생각이 조금도 없다고 정면으로 내세우고 있지는 않거든요. 다만 전체적인 분위기가 그렇다는 거지요. 그보다도 저는 더 근본적인 데 문제가 있지 않은가 하는 생각인데, 그게 뭐냐 하면 일제 강점기도 그랬지만 특히 해방 후부터는 지금까지의 교육이 현실을 늘 기정사실로 받아들이는 교육만을 해 왔다는 것입니다. 의도적으로 그랬다기보다 교육의 방향이나 철학이 그랬고, 교육의 체제나 조건이 되도록 남보다 더 현실에 적응하도록 되어 왔다는 거지요. 이오덕 선생께서 말씀하신 점수 따기나 입시 경쟁이 모두 그 예입니다. 그렇기 때문에 분단이라고 하는 이 민족적인 거대한 역사적 사실도 거기에 적응해 나가야 할 사실로 알게 되었던 것이라고 봅니다. 따라서 분단 현실이나 통일에 대해비서 어떻게 가르치고 무엇을 가르칠 것인가 하는 문제에 앞서서 그것에 대한 어떤 철학적인 방향이 문제되어야 할 것이 아닌가, 그렇게 되면 분단을 어떻게 극복하고, 극복되었다고 가정했을 때, 미래에 대비해서 어떻게 가르칠 것인가는

---

7. 연세대 교육학과 교수를 역임했으며, 『교육과 민중문화』 등 많은 저서가 있다.

그러한 방향 안에 내포되었다는 거죠.

김윤수 지금까지 여러 선생님들께서 가르치는 입장에서 혹은 배워 온 입장에서 각자 문제를 제기하는 형식으로 분단시대의 교육 현실을 말씀해 주셨는데, 매사가 다 그렇기는 하지만 교육만큼 인과관계, 인과업보因果業報가 명백하게 나타나는 분야도 적지 않을까 합니다. 다만 그것이 단시일 내에 즉각적으로 나타나지 않기 때문에 뒷전으로 밀어 놓는다든가 철저히 반성함이 없이 넘겨 버리는 경우가 많은데, 이런 것 가체가 일종의 인과업보의 나타남이 아니겠는가 싶어요. 해방 후 지금까지의 교육을 성 교수께서는 분단 순응적인 교육이라고 하셨고, 김 교수는 현실을 늘 기정사실로 받아들인 교육이라고 말씀하셨는데, 어떻든 우리나라의 교육이 이런 방향으로 가게 한 원인은 가까이는 해방 후의 교육, 더 정확하게 말한다면 해방 후의 정치·사회적 현실에 있고, 멀게는 일제 식민지 교육에서 찾아지리라고 봅니다.

연장되고 있는 식민지 교육

김인회 그래서 현실 적응주의적인 교육철학은 왜 생겼는가 하는 것이 문제가 되겠는데, 그것은 일제 식민지 교육의 영향이라고 생각합니다. 식민지에서 벗어난 지 33년이 됩니다만, 우리가 남만 못한 것은 일제 36년간의 탓이라고 늘 입버릇처럼 말해 왔는데, 이제는 그 핑계 댈 시간도 지나지 않았느냐, 그렇다면 문제는 지난 33년 동안 식민지 교육을 탈피하려고 노력했는가 하는 점과, 어떻게 노력했는가 하는 데 있을 것 같습니다. 제 생각에는 해방 직후 제 나라 교육을 시작하는 첫 단계부터 잘못되었다고 봅니다. 왜냐하면 정부 수립 당시 건국이념이었던 '홍익인간'을 교육

이념으로 삼을 때, 이것이 우리나라의 것이고, 동시에 선진국의 민주주의 이념과도 같다고 해석해서 받아들인 것으로 아는데, 그때 이 말은 조선조 말까지만 하더라도 사람을 이롭게 한다는 뜻(민주주의 이념)보다는 사람이 사는 세상을 두루 이롭게 한다는 뜻으로 쓰였거든요. 그런데 그것을 식민지적 사고방식으로 받아들였기 때문에, 아 이것은 민주주의와 같다고 생각한 것인데, 이것이 벌써 식민지 교육을 탈피하려는 시도에서 실패했고, 그래서 가난한 나라에서 가장 부자 나라가 사용하는 6-3-3-4 학제를 받아들였으며, 그 결과가 오늘의 현실로 된 것 같습니다. 또 한 가지는 식민지하에서 한국인이 교육받을 때 식민지 교육정책이 그랬고, 교육받는 자세가 그랬듯이 식민지 현실에 적응하자, 소학교라도 나와서 면서기라도 하자는 것이었는데, 이러한 의식구조는 지금도 마찬가지다, 이렇게 보면 적어도 정신적인 면에서는 식민지 교육이 연장되고 있다 할 수 있죠. 그렇기 때문에 자주·자유·창의·진취 같은 답안지에 쓰는 단어로서는 기억되지만, 그런 교육은 실제로 한 번도 해 보지 않았잖느냐, 왜냐하면 지금까지 자주적인 교육행정이 없었고, 창의적인 교육을 하지 못하게 했단 말입니다. 이 모든 것을 일제 식민지 교육이 우리에게 안 가르쳐 준 것과 꼭 같이 우리도 안 가르쳐 왔단 말이에요.

성래운 방금 김 교수가 해방 직후, 교육을 시작하는 첫 단계부터 잘못되었다고 말했는데 나 역시 그렇게 생각합니다. 조선조 말의 지배층이 일제 침략과 더불어 일제 순응 세력으로, 일제의 앞잡이가 되어 동족을 억압하는 세력으로 되었듯이 해방이 되자 똑같은 현상이 일어났지요. 해방 직후 미군이 진주하여 군정을 실시하면서, 그때는 잠시 동안만이라고 했지만, 왜정시대의 모든 법률·제도 등이 그대로 유효하다는 포고령을 내렸던 걸로 기억합니다. 이 땅에서의 일제 잔재 숙청이 일본에서보다도 더 너그러웠다고 할까 덜했다고 할까, 그런 묘한 상황 속에서 일제하의 판검사가 미군정하의 판검사로, 일제하의 교장이 미군정하의 교장으로 옮겨 앉는 것이 허용되고 조장되는, 말하자면 일제 식민 당국에 순응하며 지배층으로서 동족을 억압했던 사람들 대부분이 미군정하에서 그대로 등용되었습니다. 그런데 그 후 미·소 간의 냉전 체제에 발맞추어 남북 양쪽에 각각 정부가 세워지자, 한국의 이승만 정권은 미군정하에서 물려받은 친일파 사람들을 몰아내기는커녕 그대로 받아들여, 교육계만 하더라도 일제하에 시학을 지낸 사람들에게 문교부 장관도 맡기고 학장도 맡기고 교육감도 맡기고 했던 것은 누구나 다 알고 있는 사실입니다. 그때 그것을 보고 민족정기가 흐려진 것이 아니냐 하고 모두 개탄했지요. 앞에서 나는 민족적 양심이라고 했습니다만, 민족적 양심이라고 하든 민족정기라고 하든 좌우지간 그것 없이는 우리 민족이 하나로 뭉쳐 살 수도 없고 존재이유도 없는 마지막 밑천이 우리 민족의 밑바닥에 깔려 단절되지 아니하고 이어져 왔는데, 일제에 빌붙어 동족을 억압하고 민족정기를 짓밟았던 자들이 분단 순응적 정치권력에 붙어 지도층이 되고 잘 살고 있는 반면, 일제하에서 민족적 양심에 따라 살다가 핍박을 받고 오늘의 상황에서도 핍박을 받는 것을 보고도 너도나도 앞을 다투어 기성 질서에 순응하고, 나아가서는 약한 자를 쓰러뜨리고 자기만 잘 살겠다는, 그런 것을 가르쳐온 교육이 남부끄럽게도 민족사를 욕되게 해 오지 않았는가, 그런 생각을 하게 됩니다.

김윤수 네, 그래서 우리는 해방 후 우리 교육이 잘못된 방향을 취하게 된 원인이 교육 그 자체에만 있지 않다는 사실을 확인하게 됩니다. 민족정기가 흐려졌다는 것만 하더라도 학교에서 그것을 안 가르치고 일깨워주지 않았던 탓도 있지만 전체적으로는 그것을 무시해도 좋은 질서, 무시하는 사람이 오히려 출세하고 잘사는 사회구조 때문이 아닌가 합니다. 그래서 그와 같은 질서를 낳게 하고, 또 그것을 그대로 용인했던 사람들이 해방 당시의 기성세대인데, 그러고 보면 이들이 받았던 교육이 문제가 되지 않을 수 없습니다. 일제 식민시대의 교육을 우리는 한마디로 노예화를 위한 교육이었다고 말하고 있지만, 실제로 그것이 어떤 목표 아래서 어떤 방법과 내용으로 진행되었는가에 대해서는 잘 모르고 있습니다. 그것에 대해 구체적으로 말씀해 주시지요.

일제의 식민지 교육정책

김인회 구체적인 것은 직접 체험하신 성 선생님이 더 잘 아실 테지만 일반적으로 말해 식민지 교육정책은 우민愚民 정책입니다. 우민정책은 오랜 역사를 가지고 있는데, 중세 유럽 사회를 그 예로 들 수 있겠죠. 아무튼 일본이 서양의 문물을 받아들여 근대화하고 한국을 식민지로 삼으면서 서구인들이 사용하던 우민정책을 그대로 전용했던 것입니다. 식민지가 되기 전까지의 한국 전통사회에서는 유리한 계층의 신분을 유지하려면 두 가지 조건, 즉 혈통과 그것을 유지하기 위한 교육이 필요했습니다. 그 밖의 대부분의 민중들은 배우지 못하고 못사는 것을 운명론적으로 생각했지요. 그런데 갑오경장 이후에는 그런 생각이 없어지고 너도나도 배우면 잘 살 수 있다고 생각하기 시작했습니다. 그래서 일본 사람들이 그것을 이용하여 대부분의 민중은 우민화하면서, 그들의 식민지 정책을 수행하는 데 앞잡이가 될 수 있는 엘리트들을 선발해서 길렀단 말이죠. 일제하에서 교육의 기회를 누릴 수 있었던 사람들은 친일파 세력이거나 아니면 평민계급 출신으로 아주 우수한 두뇌의 소유자였거나 했거든요. 따라서 일제 식민지 당국은 소수에게 교육의 기회를 주면서 그들을 일급 엘리트로 기르지는 않고 앞잡이가 되기에 적당한 수준으로 기르되 철저한 식민지 의식을 넣어 준다, 이것이 그들의 일관된 식민지 교육정책이었던 것 같습니다. 더군다나 일제가 전쟁을 시작하면서 한국 사람들을 전쟁에 몰아넣을 필요가 생겼고(무식한 사람들을 데리고는 전쟁을 못하니까), 그렇게 해서 소학교 교육이 확대되고 그것을 맡을 교사를 기르는 사범학교 교육이 강화되었던 것인데, 사범학교 교육은 평민 출신으로서 머리가 우수한 사람들을 골라 무상으로 가르쳐 주고 대우도 잘해 주고, 그러면서 철저한 식민지 정신을 불어넣어 준 그런 것이었지요. 이게 일제 말기로 오면서 점점 심해졌던 걸로 봅니다. 그렇기 때문에 아까 성 선생님께서 말씀하신 것처럼 교육계에도 인맥 상으로 일제 식민지 교육을 받은 의식이 철저하게 연장될 수밖에 없었는데, 이런 것이 그 사람의 죄라고 따질 때가 아니고, 어렸을 때부터 그런 의식구조를 가지게끔 교육받았기 때문에 아무리 내 나라 교육을 내 나라 식으로 해 보자 하고 진심으로 생각했어도, 거기서 나오는 발상의 한계가 있었지 않느냐 저는 그렇게 봅니다.

이오덕 저는 일제하에서 학교를 다녔고, 해방 직전에 잠시 교사생활을 한 적이 있습니다만, 일제 식민지 교육의 한 특징을 열등감을 심어 주는 교육이라고 말하고 싶어요. 그때의 교과서만 보더라도 우리 민족에게 열등감을 주고 열등의식을 조장하는 그런 내용으로 가득 차 있습니다. 그리고 교육하는 방식이 군대식이었어요. 더구나 1930년대 후반부터 40년대에 들어오면서 초등학교에서는 노골적으로 구타를 한다든가 기합을 준다든가 해서 군대식으로 가르쳤습니다.

성래운 일제 교육을 논할 때 일본 본토에서의 교육과 36년간 한반도에서 있어서의 일제 식민지 교육, 두 가지로 나누어 생각할 수 있겠습니다. 여기서 일본 본토의 교육을 말할 필요는 없습니다만, 본토건 식민지이건 간에 다 통용되었던 일본 제국주의 교육의 본질을 먼저 살펴봐야 할 것 같습니다. 일본이 서양의 문물을 받아들이고 명치유신이란 것을 하여 일본제국을 형성할 때 교육의 대헌장으로 소위 '교육칙어'를 제정했는데, 그것이 일본이 패망할 때까지 일본 제국 교육의 기둥 노릇을 해 왔습니다. 이 '교육칙어' 중심의 일본 교육의 본질은 한마디로 신민臣民을 길러 내는 것, 노예를 양성하는 것, 이시영 시인이 말한 것처럼 종으로 부려먹기 위한 교육이었습니다. '교육칙어'의 초안을 작성한 일본인 학자도 퇴계退溪와 동시대인은 아니로되 퇴계를 마음의 스승으로 생각한다고 고백한 바가 있습니다만, 아무튼 조선왕조의 퇴계·율곡의 성리학 사상을 근간으로 한 봉건 왕조에서의 신민의 이념을 가져오고, 거기에다 산업화에 필요한 서양의 산업기술을 교육을 플러스하여 부국강병의 수단으로서 학교교육을 실시했던 것입니다. 이러한 교육을 일본 본토는 물론 한국 안에서도 해 왔었는데, 우리나라의 경우는 거기에 덧붙여 식민지사관을 앞세운 교육, 이오덕 선생께서 말씀하신 바처럼 한국 사람은 열등 민족이다 하는 것을 백방으로 체계화해서 가르쳤지요. 못사는 이유가 종자가 나빠서 그렇다, 그런 천성으로 보아 차라리 강대국인 일본 밑에서 종살이하는 것이 오히려 잘사는 길이다 하는 생각을 갖게 하도록 고의적으로 강조해서 가르쳤습니다. 이것이 대전 말기에 가면서 더 지독하게 실시됐던 거지요.

그리고 식민 교육에 하나 잊지 못할 일은, 일본 총독이 성균관에서 지내는 석전제釋奠祭 때 제복을 입고 초헌관 노릇을 하면서까지 유교적인 것을 숭상케 하고 보존하려고 했다는 사실입니다. 그것은 두말할 것도 없이 유교의 군신 이념을 식민지 백성들의 마음속에 깊이 새겨 넣으려고 했음을 뜻합니다. 그런데 묘하게도 구한말에 봉건제를 타도하고자 한 혁명가 이승만이 나중에 대한민국 초대 대통령이 되면서 유교 숭상의 지시를 내립니다. 그때 그 지시는 지금의 국민교육헌장과 같이 교육법 이상의 위력을 나타냈었지요. 아무튼 교육정신사 면에서 볼 때 해방 후의 유교 숭상, 국민교육헌장, 충효사상의 고취에 이르는 이런 교육의 흐름은 조선시대의 서원 → 일제 식민시 시대의 학교 → 해방 후의 학교, 이렇게 학교교육의 정통으로 이어져 왔다고 하겠습니다.

　　김윤수 네, 참으로 중요한 점을 지적해서 말씀해 주셨습니다. 그러면 일
제하에서는 일인들에 의한 식민지 교육밖에 없었느냐, 결코 그렇지는 않
을 것입니다. 일제의 노예화 교육에 맞서 민족의 해방과 독립을 고취시키
는 민족교육이 적어도 민족사의 입장에서 볼 때 줄기차게 전개되어 왔다
고 봅니다. 물론 학교나 그 밖의 모든 교육기관이 일제의 손아귀에 있었
으니까 그것이 표면적으로 전개될 수는 없었지만, 학교 안에서 은밀히, 학
교 아닌 다른 행태로 우리 민족의 긍지와 자강·자주·독립정신을 심어 주
고, 그러한 사람을 길렀던 교육이 있었습니다. 따라서 그러한 민족교육이
어떻게 전개되었던가를 살펴보아야 하겠고, 또 하나는 그것과 관련됩니다
만 일제 식민지하에서 우리나라 지식인이 취한 태도와 역할, 그리고 한계
이런 것에 관해서도 이야기를 해 봤으면 합니다.

　　성래운 그 이야기는 교육적인 전통으로 보아 우리가 이어받을 만한 것
이 있었느냐 하는 것과, 그것이 일제하에서 어떻게 나타나고 이어져 왔느
냐 하는 점에서 생각할 수 있을 것 같아요. 우선 조선왕조 시대에 실학파
가, 성리학과는 다른 입장에 서서 비록 백성을 신민으로 받아들이는 측
면이 있었다 하더라도, 주체성을 가지고 임금 본위가 아니라 백성 본위의
교육을 하려는 그러한 철학이 있었고, 그것이 하나의 학문적 전통으로 이
어져 왔다는 점을 시인해야 하지 않을까 싶습니다. 그런데 그보다도 불학
무식한 우리 조상들에 의해 행해져 온 교육 속에서 다른 하나의 교육 전
통을 찾아볼 수 있을 것입니다. 안으로는 지배계급에 의해, 밖으로는 외
적外敵에 의해 억압을 받으면서도 인간답게 살려는 의지를 잃지 않고 싸
우면서 버티어 온, 선생이란 이름으로서가 아니라 부모의 이름으로, 동네
어른의 이름으로, 민중이라는 스승이 자녀들을 교육시켜 온 전통이 있어

와서, 그것이 왜정시대에도 학교교육은 모두 빼앗겼는데도, 아이들에게 인간답게 사는 법을 가르치고 제 나라 제 민족을 사랑하고 되찾으려는 줄기찬 저력이 되었던 것입니다. 그래서 3·1운동만 하더라도 학교 나오고 사회 지도층이 된 유식한 사람들은 오히려 용렬하고 배반도 했지만, 학교 다니지 아니한 사람들이 끝까지 거세게 싸우다 죽어 간 교훈을 남기고 있지 않습니까? 그런 의미에서 학교교육이 물려준 전통이 없지는 않지만, 그러나 좁은 뜻에서의 학교교육에서는 이어받고 자랑스럽게 여길 전통이 적음을 시인하고, 그 반면 민중에 의한 교육이 면면히 이어져 자랑스러운 전통을 오늘에 넘겨주지 않았는가 그렇게 생각하게 됩니다.

김인회 우리는 어릴 때부터, 민족 대표 33인이니, 민족정신이 맥맥이 이어져 왔다느니, 혹은 민족자본으로 세운 학교들이 민족교육을 해 왔다느니 하는 말을 들어 왔는데, 지금 와서 돌이켜 보면 식민지 시대에 과연 민족교육이 있었는가 하는 의심이 듭니다. 민족자본에 의한 교육, 교육 구국운동이란 것이 있었다고 하지만, 냉혹하게 말하면 그것은 타협주의적인 민족교육, 어떤 학자의 말을 빌리면 소극적 친일 교육이었다, 그렇기 때문에 그러한 사립 교육기관이 존속할 수 있었지 않았느냐는 것입니다. 또 미션계 학교들이 인재를 기르고 외국 유학시켜 봉사하게 했으니 민족교육에 공헌한 것이 아니냐고도 말하겠지만, 사실은 미션계 역시 일제에 방관적 내지 방조적인 교육을 해 왔다는 생각입니다. 또 민족의 저력을 길러 나라를 되찾자는 지성인의 가르침이 있었지만, 그것도 내가 못났으니 나라를 빼앗겼지 빼앗은 놈은 당연하고 잘났다, 그러니까 내가 잘나야겠다라는 패배주의에서 벗어나지 못했는데, 그것이 바로 춘원春園의 '민족개조론'이 아닙니까? 그렇다면 우리가 지금 분단을 극복하는 교육이 어떤 것이어야 하는가를 생각하는 것처럼, 그 시절에 과연 독립 후에 이 나라의 주인 될 사람을 기르는 민족교육이 있었느냐, 없었으니까 식민지에 적응하는 교육만 했기 때문에 해방 후에도 그 의식구조 가지고, 식민지 근성 가지고 더 큰 나라를 모방하는 그런 교육을 해 왔고, 그래서 지금 와서 우리 현실을 바라볼 적에야 이러다가는 영원히 분단되어 버리는 게 아닌가 하고 당황하게 되는 게 아닌가 싶어요.

일제 식민지하 지식인의 역할

김윤수 방금 김 교수는 식민지 시대에 과연 민족교육이 있었겠는가 의문이라고 말씀하셨는데, 제가 보기에는 공식적인 교육기관을 통해 공공연하게 행해지지는 않았지만, 여러 가지 형태로 있어 왔다고 봅니다. 우선 당장 생각나는 것은 우리말과 글을 지키고 그것을 통해 우리 민족의 의식을 고쳐시키고 우리 문화를 배우게 한 것도 그 하나가 아니겠는가 하는 생각입니다. 식민지하에서의 민족교육은 직접적으로는 일제와 싸우는 역군을 길러 내는 것이었지만, 넓게는 일제로부터 해방되기 위해 민족의 자주 역량(정치적·문화적)을 기르는 데 있었고, 그 점에서 목표도 뚜렷했고 요청도 컸다고 봅니다. 우리말과 글을 지키고 가르친다는 것은 그런 점에서 대단히 중요한 뜻을 가졌지요. 그 때문에 한글 보급 운동은 일제의 끈질긴 탄압을 받았고, 나중에는 아주 말살 정책이 나오게 되었습니다만, 그런데 문제는 민족교육의 이 같은 목표와 요청에 대해 당시의 지식인들이 얼마만큼 부응했는가 하는 점입니다.

당시 우리나라는 외적으로는 일제 식민 통치를 받으면서 내적으로는 민중을 계몽하고 서구의 선진 문화를 받아들여야 하는 모순된 상황에 놓여 있었지 않습니까? 그런데 당시 지식인들은 이러한 모순에 어떻게 대처했던가, 항일을 하자니 계몽이 울고 계몽을 하자니 항일이 울고 하는 식으로 심한 갈등을 느꼈는데, 그러나 다 아시다시피 대다수의 지식인들은 일제의 통치를 벗어나기 위해서는 우선 배워야 한다는 일종의 자기 합리화로 기울어졌던 게 아닌가 합니다.

최남선의 "빈말 맙시다. 배우기만 합시다. 근심 맙시다. 걱정 맙시다. 배우기만 합시다."하는 계몽운동이 바로 그러한 태도의 한 표정이었다고 생각됩니다. 그런데 이러한 계몽운동마저 탄압을 받으니까 아주 내놓고 변절하는 사람까지 나오게 되었지요. 여기서 우리는 당시 지식인의 허약성이랄까 한계 같은 것을 보게 되는데, 그러면 그 허약성의 근거는 어디에 있었는가, 그것은 한마디로 그들의 자기중심적 이해 때문이었다고 봅니다. 그러기 때문에 역사적 현실을 외면하고 민중을 배반하는 태도를 취했던 게 아닌가 싶어요. 그리고 또 한 가지는 서구 문화를 받아들였던 당시의 지식인들의 자세인데, 서구 문화를 무조건 선진적인 것, 근대적인 것으로 받아들이고 거기에 동화同化하려 했다는 것입니다. 그래서 외세 의존적인 성향이나 풍조는 오늘날 우리 지식인의 의식 속에 그대로 이어지고 있지 않은가, 요컨대 배운 사람일수록 비겁해지고 외국 것을 좇게 되고 하는 것이죠. 이러한 지식인층에 비해 민중들의 항일의식은 한결 투철했는데 그것이 우리 민족의 저력이었고, 그 저력은 성 교수께서 말씀하신 바 전통으로 이어져 온 민중교육의 덕분이라고도 하겠습니다.

아까 제가 우리말과 글을 지키고 가르치는 것이 민족교육의 일환이었다고 했는데, 그것이 구체적으로 나타난 분야가 문학일 것입니다. 그래서 일제 때 우리 아동문학의 역할이나 성과에 관해서 이오덕 선생님께서 말씀을 해 주셨으면 하는데요.

아동문학과 아동교육

이오덕 일제하에 민족교육의 하나로서의 아동문학이라는 면에서 특별히 생각해 본 바는 없습니다만, 1910년대에 우리 아동문학이 처음 출발을 했을 때에는 두 가지 경향이 있었던 것 같아요. 하나는 일본의 아동문학을 모방하는 것인데, 아동을 추상적이고 일반적인 어린 인간으로만 파악하여 주로 그 심리적인 유치성 같은 것을 그려 보이는 것이고, 또 하나는 우리 민족의 현실에 발붙인 세계를 그려 보이는 것이었습니다. 방정환 씨는 처음으로 어린이 잡지를 만들어 내고 소년운동을 주도한 사람입니다만, 바로 그 방정환 씨의 작품 속에는 이 두 가지 요소가 다 들어 있었습니다. 그 후 20년대를 지나 30년대에 오면 이 두 경향이 분화·분리되어서, 일본의 아동문학을 모방하는 소위 동심천사童心天使주의는 아동의 세계를 귀엽고 아름답고 아무런 걱정 없는 세계로 보고, 다만 즐겁게 노래하고 춤추고 하면 그만이다 하여 그런 세계만을 그리게 되었고, 이에 대해 우리 민족의 현실에 관심을 둔 편에서는 민족적인 비애라든가 운명이라든가를 처음 나타내다가 어떤 때는 비판적이고 저항적인 세계를 표현하게도 되었습니다. 그러다가 30년대 후반기에 오면 이런 저항적 경향은 탄압을 받고 동심천사주의만 남아서 40년대까지 계속되다가 나중에는 그것마저 사라지게 됩니다.

그런데 해방 후가 정작 문제입니다. 어느 쪽이 어떻게 계승되어 왔나 하는 것입니다. 해방 후의 정치적·사회적 혼란기, 그리고 6·25동란 등을 거치는 동안 좋은 작품이 별로 나오지 못했습니다. 60년대에 들어와서 아동문학을 하는 사람들이 우후죽순처럼 나타났지요. 그러나 좋은 작품을 쓰는 작가들은 극소수뿐이었고요, 또 대부분은 이상하게도 동심천사주의를 그대로 계승한 것 같아요. 그 이유가 어디에 있는가를 생각하게 되는데, 일제 강점기에는 우리 민족이 피압박민족으로서 일본 제국주의라는 적을 눈앞에 두고 아무리 어린이를 상대로 글을 쓰는 사람이라도 우리 민족 현실을 전혀 생각하지 않을 수는 없었습니다. 그런데 해방이 되자 그러한 적이 없어지고 정치적인 문제도 있고, 남북이 대립된 상황에서 여러 가지 어려운 점이 있었겠지만, 아무튼 너무 안이하게 생각해서, 자이 민족이 독립을 했다, 자유도 얻었고 민주주의도 되었다, 이렇게만 생각했지 역사라든지 사회라든지를 꿰뚫어 보는 눈이 전반적으로 없었던 것 같아요. 어린이들은 동심을 가졌고, 따라서 동심만 가지고 재미있게 귀엽게 쓰기만 하면 아동문학 작품이 된다, 이렇게만 생각해 온 것 같아요. 단지 해방 이전의 작품과 좀 다른 것은 왜정시대에는 유년기의 어린이들을 중심으로 하였는데, 60년대 이후에는 나이가 조금 더 먹은 아이들을 위해, 혹은 성인들을 위해 아동문학 작품이 쓰이고 있습니다. 동시에서는 자연을 관조하는 식의 작품이 많이 나오고, 동화에서는 외국의 작가나 작품을 모범으로 삼아서 쓰는 경향이 있습니다. 그래서 작가들이 분단된 국토나 민족의 현실을 전연 도외시하고, 글을 쓴다는 것을 순전히 개인적인 오락으로 생각하고 있다는 느낌이 듭니다.

성래운 그와 비슷한 경향은 일제 강점기의 아동교육에서도 찾아볼 수 있을 것 같아요. 한쪽은 식민지하에서나마 잘 사는 길이 있다고 하는 것을 교과서에 박아 넣어서, 부지런하고 참고 견뎌라, 그러면 밝은 내일이 있다고 하는 것을 열심히 가르쳤는데, 그것이 말하자면 일제에 의해 강요된 식민 순응 교육이었고, 또 한쪽은 감시와 억압하에서도 쫓겨나는 날까지 해 온 민족교육, 즉 식민을 극복하지 않고서는 우리 겨레가 잘 살수 없다, 못사는 이유가 식민하에 있기 때문이다라고 진실(민족의 현실)을 말하는 것이 식민 극복 편에 서는 교육이었어요. 그런데 해방 후에 와서 식민 순응 교육의 흐름을 받아 분단하에서도 잘 살 길이 있다라고 가르쳐 온 것이에요. 그 반면에 분단 극복·통일 지향을 가르쳐 온 사람이 학교 안에 있어 왔고, 쫓겨나는 날까지 그렇게 가르쳤고, 혹은 학교 밖에서 소리 높여 가르쳐 왔어요. 분단이 극복되지 않고서는 잘 살 길이 없고 평화롭게 살 길도, 또 요즘 물질 물질 합니다만, 그 물질적으로 번영할 길도 없다라고 하는 진실을 말하고 가르쳐 온 측이 분단 극복의 세력이에요. 이 진실을 한쪽에서는 말을 하고 한쪽에서는 은폐를 합니다. 말하자면 분단하에서도 잘 살 길이 있다고 하는 쪽으로 교과서에 박아 넣고 가르치고, 시험은 그 교과서에서만 내고, 그래서 앞에서 말한 입시 위주의 공부에 몰리는 가운데 분단에 순응하고 통일을 단념하게 되고, 이런 것은 제쳐 놓고도 한국 안에서나마 서로 사랑하고 돕고 인간답게 사는 것이 아니라 나만 잘 살면 되고 내가 잘 살기 위해 약한 자를 억누르고 하는 약육강식, 금력과 권력의 숭배 풍조가 만연하고 있다, 그렇게 생각합니다.

너무도 더디게 오는 해방의 날

이시영 우리가 교육을 한다는 미명하에, 사람으로 태어났기 때문에 그 자체가 가장 자연스럽고 떳떳한, 즉 한 개인으로서 타고난 그대로의 조화로운 삶마저도 행여나 버려 놓는 것이나 아닌지 모르겠습니다. 자연을 섬기듯이 사람을 섬기며 동무를 사랑하고 땀 흘려 일하는 것을 보람으로 알고 있던 한 사람이, 교육을 받으면 받을수록 사람을 짓밟고 동무를 배반하고 손에 흙 한 톨 묻히는 일 없이 편안히 놀고먹으면서 남을 부리려고나 하는 그야말로 정의롭지 못한 인간으로 변해 가는 것을 흔히 보게 됩니다.

저는 고향 두메산골에서 5리가 떨어진 면소재지에서 초등학교를 다녔고, 군청이 있는 읍내에 나가서 중학교를, 도청이 있는 도시에 나가서 고등학교를, 그리고 서울에서 대학을 다녔습니다.

취학 전, 한 동네 동무들과 어울려 서로 사랑하고 일하고, 있는 집 아이는 있는 대로 없는 집 아이는 없는 대로 가난하지만 모두 자랑스럽고 떳떳하게 하나의 또래집단 속에서 즐거운 시절을 보냈습니다. 그러나 면 소재지 초등학교를 들어가자마자 차츰차츰 '내 것'이라 여기던 것들이 부끄러워지고 싫증 나기 시작했습니다. 란도셀을 메고 다니는 멋스럽고 깨끗하기만 한 아이들에 비해 버짐이 더덕더덕한 영수, 쉴 새 없이 콧물을 훌쩍거리는 순자, 새까맣기만 한 내 손, 울타리도 없이 낮고 퀴퀴한 토담집, 농투성이 아버지 어머니가 왠지 못나 보이기 시작했습니다. 3학년 때인가 사범학교를 갓 나오신 예쁜 여선생님이 우리 동네로 가정방문을 오셨을 때는 모두들 가난하고 보잘것없는 자기 집들을 보여 주기 싫어서, 농사일 이야기밖에 할 줄 모르는 부모님이 선생님 앞에 나타나는 것이 속으로 부끄러워서 여선생 뒤에 서서 어찌할 줄을 몰랐습니다. 읍내 중학에 진학했을 때에는 그 부끄러움은 더했습니다. 장날 같은 때 혹 장터 부근에서 어머니를 만나면 못 본 체 외면을 하거나 어쩌다가 마주쳤을 때에는 읍내 친구들이 혹 초라한 무명옷 차림의 어머니를 볼까 봐 얼굴마저 달아오르곤 했습니다.

　도시로 서울로 떠돌기 시작했을 때에는 내 것과 내 어머니와 고향 토담집 따위를 부끄럽게 여기는 것이 아주 당연해져 버렸으며, 또 그렇게 여기는 것 자체가 나 자신의 성숙과 향상이라고 여기게까지 되었습니다. 즉 교육받은 나는 우리 아버지 어머니와 도저히 같을 수 없는 별개이며, 학교를 다니지 못한 무식하기 짝이 없는 우리 동네 농사꾼들과는 더더구나 별세계에서 사는, 어떤 면에서는 좀 선택된 자라는 환상까지 갖게 되었습니다. 이렇게 하면 내 몸과 마음속에 더덕더덕 붙어 있는 촌티를 벗고 저 도시 아이들과 같이 철저하게 세련되냐가 내 관심이었던 것 같습니다. 내 속에 남아 있는 모든 농촌적인 것은 곧 버려야 할 부끄러운 유산으로 생각되었으며, 어떻게 해서든지 겉모양만이라도 도시 사람처럼 보이려고 애를 썼습니다. 대학에 와서 문학 공부를 할 때도, 시를 쓸 때도 그랬습니다. 농촌적인 것, 내 것이기 때문에 가장 친숙한 풍물과 자연과 그 속의 살아 있는 인간은 도저히 현대시가 될 수 없는 것이라 여기게 되었으며, 불란서물, 영국물, 미국물이 잔뜩 든 외제 시들만이 그야말로 가장 훌륭한 현대시로 생각되었습니다. 그러므로 내가 시를 쓰는 것은 '내 것'을 내가 느끼고 내가 생각하며 쓰는 것이 아니라, 내 눈에 부러워만 보이고 훌륭하게만 보이는 '남의 것'들을 흉내 내고 모작하는 것이 거의 전부였어요.

뒤늦게나마 내 속의 그 도시화·서구화에 대한 환상을 깨닫고 그 허위의 늪에서 조금씩 떨치고 나올 수 있었던 것은 오로지 훌륭한 선배 문인들의 도움과 여기 계신 여러 선생님들의 진지한 깨우침 덕분입니다. 내가 그토록 부끄럽게 여기던 것들, 그것이 바로 내 손에 의해 오래 방기되어 있었던 내 자신의 것이기 때문에 어떤 의미에서는 가장 절실하고 가치 있는 것들일 수 있으며, 내 어머니를 비롯한, 힘이 없지만 씨 뿌려 땀 흘린 만큼 즐거이 거둘 줄 아는 슬기로운 이 땅의 농부들이 바로 내가 지난 16년간의 허망한 교육적 환상에서 깨어 돌아갈 내 자신이고, 앞으로 다시 나를 거듭 낳아 줄 고향임을 믿습니다. 길고 긴 16년간의 해방의 날이 한 개인에게는 이렇게 더디게 느릿느릿 우회하여 옵니다. 나이 서른이 넘어서야 저는 비로소 초등학교 취학 전 6, 7살 적의 자연스럽고도 그 자체가 조화로운, 한 개인의 삶을 새로이 시작해 볼 수 있는 삶의 터전을 되돌아볼 수 있게 된 것 같습니다. 내가 바이블처럼 믿고 따르며 받았던 지난 16년간의 교육을 거의 송두리째 부정한 대가로 말입니다.

김윤수 방금 이 시인께서는 해방의 날이 한 개인에게는 그렇게 더디게 왔다고 매우 함축적인 말씀을 해 주셨는데, 그 말을 뒤집어 말하면 식민 교육이 연장되고 있다, 다시 말해서 일제 식민지 잔재가 청산되지 않고 있다는 얘기가 되겠습니다. 그래서 이제부터는 해방 후 오늘의 교육 현실에 관해서 이야기를 해 보시지요.

성래운 지금 이시영 시인이 말씀하신 것이 해방 후 교육의 가장 좋은 설명이 될 것입니다.

일제 식민지 교육의 잔재

김윤수 네, 그래서 먼저 식민지 교육의 잔재에 대해 말씀을 했으면 하는데요. 그러면 식민지 교육의 잔재가 뭐냐, 그것은 우리가 쓰고 있는 말 속에도 남아 있고 사고방식에도 남아 있지만, 그보다 더 크게는 좀 막연한 감도 있습니다만, 한마디로 오늘의 정치·사회적 현실이 아니겠는가 싶어요. 왜냐하면 식민지 교육의 잔재를 말할 때 우리는 일본의 구보다久保田나 다나카田中 같은 자들이, 과거 일본이 한국에 유익한 교육을 시켰다고 하는 말인데, 이건 단순한 망언妄言이 아니고 그렇게 말할 만한 현실적 근거가 오늘날까지도 우리 안팎에 남아 있다는 얘기거든요. 그에 관해서는 이영희 교수가 '다나카 망언에 생각한다'라는 글 속에서 명쾌하게 밝힌 바도 있습니다만, 아무튼 식민지 교육을 받고 식민지 근성(김 교수의 말대로)을 가진 사람들이 해방 후 이 나라의 모든 분야에서 살림을 맡아왔고, 나라 살림을 잘못된 방향으로 이끌었는데도 그것을 그대로 묵인해 왔다는 것이 그 반증이 아니겠는가, 아까 김 교수는 그들이 그런 교육을 받았으니까 그건 그들의 죄가 아니고 우리 누구의 잘못도 아니다라고 했는데, 그렇다면 일본에게 책임 추궁을 해야 할까요? 그래서 지도층이 스스로 자기 변혁을 하거나 아니면 그들이 나라 살림을 못 맡게 하거나 그것도 안 되면 새로운 세대의 일꾼을 기를 수밖에 없는데, 여기에 해방 후 교육의 중요성이 있고 사명도 있었다고 봅니다.

아무튼 해방 후 일제 식민지의 잔재가 청산되지 않은 마당에 자유다, 평등이다, 민주주의다 하는 것이 미국의 원조물자와 함께 들어왔고, 그런 것이 다 편리하게 이용되면서 사실은 자본주의 논리가 우리의 생활을 지배하게 되면서 질서의 일대 혼란을 일으켰던 것이죠. 그래서 교육 분야에 있어서는 미국식 교육이 들어왔는데 미국식 교육이 장점도 있고 단점도 있겠지만 아무튼 그것이 해방 후의 우리 교육에 어떤 작용을 했는가, 이 점을 검토해 보는 것이 중요할 것 같은데요.

이오덕 해방이 되자 일본인들이 물러가고 민주주의 세상이 되었다고 해요. 민주주의라는 말도 그때 처음 들었고, 대관절 어떤 세상이 올 건가, 어떤 교육을 할 것인가 참 벙벙했죠. 우선 학교 이름을 어떻게 정할까 이것이 궁금했습니다. 그랬는데 몇 달 후 교문 기둥에다 '국민학교'라는 간판을 거는 것을 보고 저는 속으로 이상하다고 생각했습니다. 왜냐하면 '국민'이라는 말이 일제 강점기에 '소국민'이니 '총후銃後 국민'이니 '국민 총동원'이니 하여 써 왔기 때문에 국민 하면 지긋지긋하더란 말이에요.

성래운 일본에서는 패전 후에 다시 소학교라고 바꾸었어요. 일제 말기에 초등학교라고 잠시 불렀던 적이 있는데, 그건 독일이 1차 대전 후 초등학교Volksschule라고 바꾼 것을 흉내 낸 것이었지요. 아무튼 일인들은 이념적인 자각에서 소학교라고 바꾸었는데 우리는 어떻게 해방된 민주국가에서 그 이름을 당연하다는 듯이 그대로 쓰고 있는지, 나는 이름이 문제가 아니고 속이 문제라고 생각하는 사람입니다만, 그 속조차도 일제 말의 초등학교를 대체로 이어 오고 있으니 남부끄럽지요.

이오덕 또 한 가지 기억나는 것은 아침 조례 때 학생들과 선생들이 어떻게 인사할 것인가, 왜정시대에는 군대식으로 '차렷! 경례!' 이렇게 하지 않았습니까? 그때 저는 교장선생이 단 위에 다 올라섬과 동시에 학생들과 선생들이 자진해서 머리 숙여 같이 인사를 하자 이렇게 주장했지요.

어떻게 하라는 지시가 일체 없었으니까요. 그런데 제 주장이 통하지 않고 여전히 '차렷! 경례!' 하고 한단 말이에요. 그 후 보니까 어느 학교 없이 전부 그렇게 하고 있었습니다. 그리고 해방 후에는 미국의 실용주의 교육이 들어왔어도 일본의 제국주의 교육을 부정하고 그래도 아동 중심이라든가 민주주의 원칙에 따라 뭔가 내용을 잡고 교육을 하려고 했다고 보는데, 6·25 후 시간이 지나면서 군대식 교육이 학교에 그대로 받아들여졌습니다. 한 예를 들어 그전까지는 체육 시간에 그대로 '왼편으로 돌앗', '오른편으로 돌앗.' 하고 구령했는데, 그 후 공문이 내려와 '좌향좌' '우향우'라고 하게 되었어요. 이 구령을 아이들은 도무지 알아듣지 못했어요. 또 요즘 아이들이 제 친구를 부를 때 이 새끼 저 새끼란 말을 예사로 쓰고 있는 것도 6·25 이후인데, 군대의 질서 같은 것이 학교교육에 들어온 게 아닌가 느껴지게 됩니다. 젊은 교사들이 군대식으로 기합을 준다든지 해서 아이들을 다루는 것도 그래요. 이런 것을 일일이 다 말할 수는 없고 한 가지만 더 말씀드리지요. 장학행정을 하는 사람들이 일선 교단에 선 교사들을 모두 자기 밑에 두고 부리는 사람이라고 생각하는 것 같아요. 어떻게 해서든 선생들에게 일을 많이 맡겨 부리고 야단치고 해야 한다, 잘 부려먹는 것이 교육행정을 잘한다고 생각하는 것 같아요. 따라서 교사들도 아이들을 그렇게 대하지요. 사람을 부려먹는다는 사고방식이 식민지 교육을 받은 사람의 의식 속에 그대로 남아 있는 게 아닌가 해요. 교사는 학생을 못 믿어 하고, 장학행정을 하는 사람은 교사를 못 믿어 하는 그런 상태인 것 같습니다.

김인회 일제 식민지 시대가 불행한 역사니까 다 잊어버리자, 그렇게 한다고 해서 잊어버릴 수 있는 게 아니지요. 그렇다면 일제 식민지 교육이 우리에게 남겨 준 것 중에서 나쁜 것은 버리고 우리에게 필요한 것은 중앙청 건물을 써먹고 있듯이 개선해서 써먹어야 할 텐데, 아주 고약하고 나쁜 것은 그냥 남아 있고, 개선해서 써먹을 가치가 있는 것은 일본 사람이 가르쳐 준 게 아니고 예부터 우리에게 있었던 것인데도 일인이 강화했다고 해서 싹 잊어버리는 것을 보게 돼요. 예를 들어 중학생의 교복과 삭발제도는 지금도 그대로 남아 있습니다. 얼마 전 어떤 모임에서 젊은 층에서 이 제도를 바꾸자고 했을 때, 반대하는 사람들이 바로 교육계의 중진들이란 말이에요. 책임감이나 사명감 같은 것은 좋은 미덕인데도, 그런 것은 일본 군국주의에 대한 책임을 가르쳐 준 것이고, 천황에 대한 충성심을 가지고 했던 것이니까 버려야 한다고 해서 버리고, 획일주의나 전제적 방법 같은 것은 써먹기 좋으니까 남겨 두었단 말이죠. 그리고 또 하나 지적하고 싶은 것은 일제하에 교육받고 엘리트로 선발되었다고 하는 긍지, 제국대학을 나왔다든지 고문高文 패스를 했다든지, 육사 출신이라든지 하는 의식이 은근히 남아 있고, 그것이 오늘 우리 사회에서 대단한 후광으로 작용하고 있지 않은가 합니다. 일제가 만들어 낸 엘리트 의식은 나쁘게 말해서 인간을 불평등하게 보는 의식이란 말이에요. 이게 오늘날까지 남아서 대학생들이 걸핏하면 나는 엘리트다라고 하는데, 그 말 속에는 은연중에 우리 아닌 사람은 우리만 못하다 하는 불평등의식, 비민주적인 사고방식이 깔려 있고, 그것이 자기도 모르는 사이에 국가를 위해서 이 일을 해야 한다고 나서지만 사실은 나만이 할 수 있다 하는 독선적인 사고방식이 좋지 않은 엘리트 의식으로 남아 있는 게 아닌가 그런 생각을 합니다.

성래운 엘리트 의식이란 말이 나왔으니 말입니다만, 해방 후 줄곧 어느 학교에서나 시험 점수 잘 딴 학생, 고분고분 말 잘 듣는 학생들을 기회 있을 적마다 공개적으로 표창하는 일 말입니다. 저는 이거야말로 대부분의 국민들이 그런 줄도 모르고 있는 일제 잔재라고 생각합니다. 요즈음 도시의 콩나물 교실이 아니고라도 항시 정원 미달인 농촌 학교에서마저 이 우등생 표창 바람에 시험 점수 낮은 학생들은 선생의 냉대 속에서 동료 학생들에게까지 천대를 받고 있는 거지요. 그런데 어려서의 시험 점수 차이란 대개가 가정에서의 뒷바라지의 차이에서 오는 것이니까 결국 이것은 일제 때부터 있어 온, 못사는 집 아이들에 대한 공공연한 차별인 거지요. 모르고 못하는 것이 있대서 다니는 것이 학교임을 생각할 때, 모르고 못하는 학생일수록 더 반가이 대하고, 그의 성숙 정도에 맞는 지도를 해 주는 것이 우리 본래의 교육 전통이 아니겠어요? 그리고 자주적으로 생각해서 행동하는 학생들은 제쳐 놓고 고분고분 따르기만 하는 학생들을 표창한 것도 일제 때 종으로 길들이기의 찌꺼기입니다. 또 하나는 일제 때 우리 교육학자들은 우리 민족의 역사적 현실이나 식민지 교육정책을 외면한 채 상아탑 속에서 교육학을 하고 진공관 속에서 인간을 기르는 교육 이론에만 전념했는데 이러한 풍조는 지금도 마찬가지입니다.

김윤수 다음에는 미국식 교육으로 말을 돌려 보지요.

인간 부정의 미국식 교육학 이론

김인회 아까 제가 식민지 교육의 나쁜 것만 남고 개선해서 써먹을 수 있는 것은 없어졌다고 했는데, 바로 그 빈자리에 미국식 교육이 들어왔지요. 그럴 수밖에 없었던 역사적 상황은 굳이 설명할 필요가 없겠고, 문제는 미국식 교육이 우리나라 교육에 끼친 영향이 무엇이냐 하는 것입니다. 미국 교육에서 우리가 가장 강하게 받아들인 것은 민주주의 사상도 인간 존중 사상도 경험 중심 이론도 아니고, 행동과학적인 이론에 근거한 인간측정·집단측정 방법입니다. 이 이론은 잘 아실 테지만 생물학자 파블로프가 생물학 연구에서 찾아낸 조건반사 이론을 인간 심리, 인간교육에 적용하여 발전시킨 것입니다. 이 이론은 사람을 제쳐 놓고 동물 실험에서 얻은 동물 학습 이론을 빌려다 사람에 적용시킨, 말하자면 사람을 동물의 제자가 되게 하는 꼴이죠. 그러므로 이 이론은 근본적으로 인간 부정의 학문이라고 할 수 있습니다. 이러한 교육학 이론에 영향을 받고 강습을 받고 하는 교사들은 자신은 그렇지 않았어도 교육은 이런 것이다 하고 배우게 되니까, 자연 그것을 따르게 되었죠. 이 이론이 들어오기 시작한 것은 6·25 후인데 그때는 그 필요성이 있었습니다. 시설이 부족하고 많은 학생들을 다 가르쳐야겠고, 그래서 콩나물 교실 교육에서 이 방법이 어느 정도 효과가 있으니까, 그 맹점을 심각하게 여기지 않고 그대로 사용해서 지금까지 세계에서 가장 많은 학급당 학생 수를 가지고 가르치고 있지요. 사실 미국식 교육을 받아들였다면 학급당 80명을 놓고 가르친다는 것은 도저히 있을 수 없겠죠. 그런데 우리는 이것을 학교라 하고, 또 그것을 조금도 이상하게 생각해 오지 않았다는 것은, 이것이 미국의 영향이면서 사실은 미국의 영향도 아니지요.

아무튼 이렇게 해서 인간을 집단적으로 측정하는 방법이 맹위를 떨치게 된 것은 60년대이고, 입시 지옥이 가장 치열했던 것도 그 때문이기도 합니다. 학교에서 이 방법을 쓰고 검사 필요량이 많아지니까, 전문적인 업자들이 달라붙어 학자와 합작을 하게 되고, 모든 교육학과 출신들이 집단측정 전문가가 되어 버리고, 그런 사람들이 자꾸 많아지니까 그 인적 자원을 활용하기 위해서 교육을 그쪽으로 몰고 갈 수밖에 없었던 거죠. 한 가지 에피소드를 소개하겠는데, 어느 교육학회에서 우리나라 교육학의 대가가 한 말인데, 대학 입시 때 면접고사에서 어느 수험생을 보고 왜 교육학과를 지망했느냐 하고 물으니까, 그 수험생은 페스탈로치 같은 위대한 교육가가 되기 위해서 왔다고 대답하더라는 겁니다. 그래서 정신 나간 소리 하지 마, 페스탈로치는 교육자이지 교육학자는 아니야라고 말해 주었다는 얘깁니다. 이런 사고방식은 70년대에 들어오면 모든 학부형은 교육적으로 무가격자다, 교육에 관한 한 우리말을 들어라, 이렇게까지 됩니다. 그 결과 아이들을 점수벌레로 만들고, 나타난 점수나 객관적 자료만으로 평가하고, 인간의 등급이 매겨지고, 인간을 불평등하게 보는 사고방식을 만들어 놓는다는 거죠. 이렇게 보면 미국의 교육학을 비판한다는 것은 미국 쪽에서 보면 억울할 거예요. 그쪽과는 상관없이 이쪽에서 열성 반응劣性을 일으키고 있으니까.

이시영 한 가지 의문이 생기는데요. 그러한 교육학 이론이 우리나라에 들어와 판을 치는데도 그것을 반성하거나 저항하는 세력이 나타나지 않고 있는 이유는 어디에 있습니까?

김인회 거기에는 여러 가지 이유가 있겠지만, 가장 근본적인 것이라고 생각되는 것은, 교육학을 비롯한 사회과학자들이 외국의 이론이나 방법론을 받아들일 적에 서구 학자, 특히 인류학 분야의 클로크혼이나 뉴턴 같은 사람의 문화주의 이론을 그대로 우리 문화에 적용한 때문이라고 봅니다. 즉 자연을 지배하는 것이 인간의 능력이고, 자연에 예속되는 것이 덜 발달된 것이다라고 하는 도식에 따라 그 특징별로 나열해 보니까 한국은 자연에 예속된 특징을 다 가지고 있다, 그러니까 우리 것은 원시적인 것, 이시영 선생의 말씀대로 '부끄럽기 짝이 없는 것'이니 하루빨리 제거해 버려야 한다, 빨리 제거하는 것이 근대화이고 과학화이고 교육을 살리는 길이다, 이렇게 생각하는 것이 60년대의 한국 교육학의 이론적인 근거였어요.

그런데 요즘 와서 절대평가를 한다고 하는데, 이것도 과거의 잘못을 반성한 데서 나온 것이 아니라 미국 교육학에서 새로 등장한 이론을 그대로 받아들인 것이죠. 그것은 지식을 기준으로 해서 평가하는 이론입니다. 그래서 그 이론을 그대로 적용하다 보니까 이제는 지식만 배우면 다

된다는 식으로 나갑니다. 한 예를 들어 애국심을 길러 준다고 하는 교육 목표가 있다면, 애국심에 관한 지식 테스트에서 백 점 맞으면 그 아이는 애국자다, 그 아이가 나중에 도둑놈이 될지 반역자가 될지는 보장할 수 없지만 말이에요. 절대평가의 기준은 그 학생 자신에 두어야 합니다. 우리 선조들이 우수한 아이는 재동才童이다, 열등한 아이는 대기만성大器晚成한다고 그 아이 중심으로 해석했듯이 말입니다. 그래서 한국 교육을 연구하고 방향을 제시하려면 한국 교육을 중심으로 해야 한다는 얘기가 되겠죠.

김윤수 미국식 교육이 우리나라에 끼친 영향은 한마디로 부정적이라는 말씀이신데, 어떻게 보면 미국식 교육을 맹목적으로 답습했다는 것 자체가 가장 큰 '일제 잔재'인지도 모르지요. 물론 어떤 사람들은 해방 후 폭발적으로 증가하는 교육인구와 교육열을 미비한 조건하에서 해결하는 데 큰 공헌을 했고, 오늘날 이만한 국력을 가질 수 있는 것도 그 때문이라고 하는데……

김인회 그게 역사적 요청이었던 면도 있지요. 그것에 응했으면 그걸로 끝나고 새로운 상황에 대처해야 했던 거죠.

남의 흉내만 내 온 교육행정

성래운 미국 교육의 가장 으뜸가는 특성은 교육의 중립성입니다. 학교가 정치적으로 악용되지 않는다, 교육은 학생의 인간적인 성장에 이바지하는 것이지 정치의 도구로 삼을 수 없다는 것입니다. 그런데 해방 후 묘하게도 이러한 미국의 교육(또는 교육학)을 한국에 받아들인 학자들은, 교육을 악용하는 그런 정책에 방법을 제공해 왔어요. 바꾸어 말하면 악용 잘 될 수 있는 능률 고조에 이바지했단 말이에요. 그래서 정치적 목적이 명하는 바에 따라 학생들에게 진실을 은폐하고 편견을 심어 넣고 학생을 길들이는 방향으로, 아까 이시영 선생이 말한 사팔뜨기가 되게 하고, 그러나 한편 손재주는 길러서 시키는 대로 일을 하는 그런 교육정책 달성에 이바지해 왔습니다. 미국의 교육 이론과 기술 제휴했다고 할까요.

미국의 교육학 이론은 그네들의 국가 발전을 위해 가장 적합한 이론으로 개발된 것입니다. 그런데 미국과는 역사, 문화, 현실 상황이 전혀 다른 한국에서 원리를 받아들이지 않고 측정평가 위주의 방법론만을 배워 와서, 기를 쓰고 정부의 권장을 받아 가며 판을 치게 된 것은 결코 우연이 아닙니다. 그러한 교육학을 권장해 온 정부나 정부의 그러한 정책을 연구에서 강의에서 실천해 온 학자들이나 모두 우연으로 된 게 아닙니다. 그래서 왜정시대 우리나라의 교육학자들이 식민지 정책에 대해서는 외면하고, 진공관 속에서 인간을 길러 내는 교육에 가담함으로써 일대 죄과를 범했듯이 해방 후 미국의 교육학 이론을 받아들여 이러한 방향으로 끌고 온 것은 미국에 책임을 돌릴 것이 아니라, 그러한 교육학을 해 온 측이 민족교육 발전이라는 면에서 큰 죄과를 범한 것이 아닌가 합니다. 이것은 미국 교육을 공부하고 그 보급을 위해 힘써 왔던 나로서의 고백입니다.

김윤수   그러니까 이시영 선생의 사팔뜨기는 성 선생님이 책임지셔야……

성래운   책임지라고 이렇게 쫓겨난 게 아닙니까? 책임져야지요. 그런데 이시영 선생님 저만큼 바른 생각을 가졌는데 어떻게 사팔뜨기입니까?

이오덕   해방 직후에는 새 교육이다, 분단 학습이다 해서 잠시 동안 미국의 교육을 흉내 낸다고 했지요. 그러다가 6·25동란 후에는 일본에서 하고 있던 사회과 중심의 교육과정을 그대로 흉내 내게 되었는데, 주로 도시의 많은 학교에서 일본 책을 그대로 번역해서 흉내를 내는 척했지요. 그건 도저히 그대로 할 수 없는 성질의 것인데도 이것이 교육이다라고 해서 연구 발표를 하고, 그 방면에서 권위자가 나오고, 흉내 잘 낸 사람이 영전을 하고 한 적이 있었습니다. 그 뒤에 안호상 씨가 문교장관일 때 1인 1기 교육이라는 것을 잠깐 하다가 그다음에는 교육 평가 방법이란 게 문젯거리가 됐지요. 강습회 때만 되면 교육 평가와 통계 내는 법을 배우고 가르치는 것이 중심 과제가 됐습니다. 그래서 학교마다 시험 쳐서 통계 낸 서류를 쌓아 놓으면 그것을 보고 교육 잘했다고 말했습니다. 그런데 교육행정, 장학행정을 하는 사람들이 왜 이렇게 뭐든지 남의 것을 흉내 내어 그때마다 이것이 새 교육이니 이걸 하라, 시대에 뒤떨어진 교사가 돼서는 안 된다고 하여 선량한 교사들의 기를 죽이는가. 저는 이것을 전적으로 교육행정 하는 사람들인 잘못이라고 여겨 왔습니다만, 이제 김인회 선생 말씀을 들으니 교육행정에 앞서서 교육학자들의 잘못이 아주 큰 것 같군요. 그러면 학자들은 또 왜 이렇게 되었는가를 생각하게 되는데, 거기에는 정치적인 분위기가 어떻다든지 학문의 자유가 없다든지 그런 것을 말할 수도 있을지 모르겠습니다만, 제 생각에는 교육에 있어서나 우리 사회 전체의 생활에 있어서 삶의 이념 같은 것이 국가적으로 없는 것 같아요. 그것이 가장 큰 문제가 아닌가 그렇게 생각을 합니다.

김윤수 이오덕 선생님이 쓰신 『이 아이들을 어찌할 것인가』와 성 선생님의 『스승은 없는가』라는 책은 출간이 되자 베스트셀러가 되었다는 소문이 있는데, 교육에 관한 책은 안 팔리는 것이 정상이라고 하는 이야기 속에서 두 선생님의 책이 그렇게 많이 팔리고 있다는 것이 오늘날 우리 교육 현실을 시사하고 있다고도 생각됩니다. 저도 그 책을 다 읽어 보았습니다만, 그 속에는 교육 현장의 갖가지 비리를 고발하고 그것을 바로 잡으려는 진실과 사랑의 마음이 가득 차 있었습니다. 두 책의 내용은 한 마디로 어른들이 아이들을 망쳐 놓고 있다는 것인데, 오늘날의 학교는 어른들 사회에서 행해지고 있는 온갖 부조리나 병리적 현상이 그대로 투영되고 있을 뿐 아니라 그것이 직접 교육에 작용하는 것 같아요. 학교는 어떤 의미에서 치외권적인 세계로 보호되고 운영되어야 아이들이 마음 놓고 공부하고 성장할 수 있지 않습니까? 그런데 오늘의 학교 안이 그렇지 못함을 앞에서 여러 가지로 말씀해 주셨습니다만, 지금 학교에서는 도대체 인간다운 교육이 이루어지고 있지 않다고 하는데, 그것이 어떻게 일어나고 있는가, 그리고 그 문제를 어떻게 극복할 것인가에 대해서 이야기를 좀 더 구체적으로 해 보시지요.

학교 안의 사정은 바깥 사회의 반영

김인회 지금 학교교육 안에서 일어나고 있는 비인간화 현상은 인간 존중·인권을 무시하는 교육, 인간을 인간 아닌 측정의 자료로서 평가하는 것이 당연한 것으로 알도록 해 온 교육 때문이지요. 그리고 요즘 정책이 그러하듯이 천 불 소득, 백억 불 수출 하고 정해 놓고 거기 도달하기 위해 효과적인 것은 좋은 것이다라고 하는 것과 같이, 학급 안에서도 수 받으면 좋은 학생, 양 받으면 문제아, 이렇게 해 버리는 예가 많습니다. 어떤 기준이나 질서를 정해 놓고 여기에 응해라 할 때는 거기에 효과적으로 적용하도록 가르치는 교육이 되고 있지, 그 기준이나 질서가 좋은가 나쁜가, 적용하도록 가르치는 것이 과연 옳은가 이런 것에 대해서는 아무도 말하는 사람이 없어요. 이것이 미국 교육의 영향이라고 해야 할지 어떨지…….

이오덕 우리 사회의 구조가 일본과 근본적으로 같다는 점이 시험 준비 교육의 병폐로 짐작이 됩니다. 근간 신문에 보니까 경북의대 정신과에서 조사한 결과가 나와 있는데, 학생들은 정신질환의 가장 큰 원인이 부모의 극성스러운 교육열 때문이라는 것이었습니다. 거의 같은 때에 나온 신문 기사인데, 일본에서는 10대의 자살이 늘어나고 있다고 했는데, 원인별로 보면 첫째가 입학시험 준비 압박 때문이라는 것이 통계적으로 나왔다는 것입니다. 이런 게 모두 근본적으로 사회구조의 문제가 아닌가 합니다.

김인회 일본에서는 입시 경쟁으로 말미암아 자살하는 아이들이 초등학교에까지 내려와 있다고 하지요. 그러면 우리는 어느 정도인가, 적어도 재수생 정도까지는 내려와 있다고 보아요. 요즘 자연보호 캠페인도 하고 공해문제도 나오고 그래서 '교육 공해'라는 말까지도 생겨나고 있지만, 아무튼 인간이 자연을 너무 수탈했기 때문에 자연으로부터 보복을 받는 것이라고 하는데, 그와 마찬가지로 요즘 자주 일어나고 있는 많은 청소년 문제도 어른들이 아이들로부터 보복을 당하는 것이 아닌가 그런 생각이 듭니다.

성래운 학교 안의 사정은 더도 아니고 덜도 아니고 학교 바깥 사회의 반영이 될 수밖에 없죠. 특히 우리나라같이 개개인이 사는 방식이 이토록 획일적이고 중앙집권적인 경우에는 바깥 사회나 학교 안이나 정부 시책과 아주 관련이 깊지요. 그런 점에서 10대의 정신질환이나 비행이나 간에 약육강식, 금전과 권력을 좇기에 바쁜 기성인들의 풍조가 반영된 것입니다. 아이들은 돈 버는 게 아니니까 돈 대신 점수 따기지요. 또 한 가지는 어른 전체가 자기 집 아들딸은 누구보다도 사랑하지만 내 아들딸만 아니면 제일 약하고 가진 것 없는 아이들을 타고 누르고 디디고 서려고 합니다. 최근 국민이 낸 세금이 많아서 세계에 자랑하면서 아이들의 생활 터전인 학교 환경은 악화일로로, 심지어 숨이 막혀 폐에 질환이 올 만큼의 환경으로 놓아둔 지 벌써 몇 해입니까? 그런데 가르치는 것은 어떤가 하면 실지로는 우등생만 가르쳐요. 지금의 교육 내용·방법 아래에서는 따라갈 아이는 우등생뿐입니다. 나머지는 못 알아들으면서 학교에 가고, 앉아서 듣고 있어야 하고, 그래서 시험 때마다 타격을 받고 열등생으로 몰려야 하고, 처벌을 받아야 하고, 이건 인간적인 학대를 이중으로 받는 겁니다. 돈 있는 집 아이들은 과외공부를 해야 하고, 12시간 동안 공부를 해야 하니 이게 미치지 않고 견딥니까? 그러니까 비행으로 폭행으로 나타날 수밖에 없지요.

그런데 여기에 삼중으로 고통을 주는 게 또 있어요. 학생의 비행을 교사의 책임으로 돌리는 것입니다. 교사는 가르치려야 가르칠 수 없는 여건 속에 몰아넣어 놓고, 학생의 비행이 나타나면 교사·교장에게 책임 지우니까, 교사와 교장이 상의하여 비행을 저지르거나 저지를 만한 학생은 미리 퇴학을 시켜요. 미리 그런 학생을 찾아내기 위해 느닷없이 호주머니 검사를 하고, 얼마 전 일입니다만 중등학교 학생인데 한 학교에서 제적을 시킨 다음에는 다른 학교에서 못 받게 하는 결정을 교장들이 한 일이 있어요. 제적이란 결국 교육을 안 하겠다는 얘깁니다. 그러니까 어른들 전체가 아이들을 짓밟고 있는 데다가 학교마저 아이들을 내버리는 이런 풍조입니다. 최근에는 그 책임을 또 지우기 위해 가정방문을 하라는 결정까지 내려졌는데, 이것은 어떻게 보면 학생의 비행이 있을 때 교장 책임제이니 제적을 시키면 내 학생이 아니라고 발뺌을 할 수가 있는 겁니다. 이런 것이 모두 어른들의 책임이 아니고 누구의 책임이겠습니까? 그리고 어른들이 이렇게 되는 이유는 지나치게 획일적이고 중앙집권적인 사회구조 속에서 누구도 자기 주인이 되어서 창의적이고 주체적으로 살아갈 수 없는 생활방식을 요구받고 있기 때문이라고 봅니다. 오늘의 이 사회질서를 그대로 용인해 간다면 어른들끼리도 사람답게 살지 못하거니와 아이들은 이

중삼중으로 어른들에게 치여서 인간적인 성장도 바라볼 수 없는 절망적인 상황에 놓이게 되지 않을까 생각됩니다.

인간 아닌 기계로 만드는 교육

이시영   요즘 고등학교 조회 시간에 서 보면 1970년대의 한국 사회에 일제 망령이 되살아나고 있는 듯한 착각에 빠집니다. 교련복에다 각반을 찬 학생들이 어깨에 목총을 메고 소대별·중대별로 도열해 있습니다. 교장선생님이 운동장에 모습을 나타내자마자 군가 조의 주악이 울리고 장내는 물을 끼얹은 듯이 잠잠해집니다. 연대장이라 불리는 군도를 찬 학생의 "임석 상관에 대하여 받들어 총!" 하는 구령에 따라 수천 학생들은 일제히 "충효!" 하는 소리와 함께 '받들어 총'을 합니다. 그리고 교장선생님의 사열이 시작되고 또 주악이 울려 퍼집니다. 사열이 끝나면 각 소대·중대별로 분열이 있습니다. 보무도 당당히 사열대 앞을 통과하는 힘찬 '학생군인'들을 볼 때마다 착잡한 심정을 억누를 길이 없습니다. 저것이 민주주의를 하는 나라의 바람직한 학생상인지 또 저렇게 해야만 나라와 겨레에 대한 충성심이 길러지는지 알다가도 모를 일입니다. '호국'이라는 이름으로 혹은 '배우면서 싸우자'는 구호 아래 실시되고 있는 저 철저한 학생들의 '군인화 대열'을 보고 이상해하고 의아해하는 교수들도 학생들도 없다는 것이 문제라면 문제입니다. 하루는 동료 노교사 한 분에게 "일제 말기에도 저러했습니까?" 하고 물었더니, 그분은 아주 자랑스럽게 "대열 속에 서서 눈동자 하나도 움직거리지 않았지"라고 말하더군요.

김인회   이건 딴 얘기입니다만 얼마 전 버스 타다가 밟혀 죽었다는 이야기 있잖습니까? 이런 일이 나오는 것도 결국 학교에서 하던 대로 한 때문입니다. 학교 수업을 마치면 항상 빨리 가려고 후다닥 뛰어가는 그 버릇 그대로 버스를 타는 거예요. 그리고 그런 식의 적응을 어떻게 기능적으로 할까, 점수도 그렇고 모든 면에서…… 이러한 아이들의 요구가 바로 오늘의 사회 사정을 반영하고 있습니다. 특히 요즘 텔레비전의 만화나 외화外畵에 거의 빠짐없이 나오는 그야말로 기계화된 전자인간들을 놓고 보더라도 이 아이들은 모두 그런 인간들을 그리워합니다. 나도 어떻게 저런 육백만 불의 사나이처럼 모든 문제를 기계적으로 해결할 수 있는가 하고, 이것은 결국 현실 적응, 즉 그 현실이 좋고 나쁜 것을 따지지 않고 그렇게 거기에 적응하는 것이 적자생존이다, 그 원칙이다 하는, 이것이 아마 우리 교육이 가르친 가장 중요한 부분일 것 같아요. 그런데 그것은 인간으로 되는 것이 아니라 전자인간 같은 기계가 되게 가르치는 것이지요. 그렇게 본다면 한마디로 우리 교육이 인간이라는 말과 무관한 교육을 하고 있다는 것입니다.

김윤수 지금 군대식 조례 얘기도 나왔고 아이들 밟혀 죽은 얘기도 나왔는데 어떻게 말해야 좋을지 모르겠군요. 저도 6·25 전 중학교에 다닐 때 학도호국단이란 게 있어 교련을 받았습니다만, 그때 그게 학교인지 군대인지 종잡을 수가 없었던 기억이 납니다. 그 후 30여 년이 지났고, 최근에는 막강을 자랑하는 군대가 있고, 더구나 학교를 졸업하면 의무적으로 군복무를 하고, 제대하고 나서도 일정 기간 예비군으로 근무하게 되어 있는데, 군이 고등학교·대학교에서 교련을 해야 하는지, 기왕 학교를 두고 교육을 시키려면 학교에 다닐 동안만이라도 마음 놓고 공부에 전념하게 해 주는 것이 어른들의 의무요 책임이 아닌가 싶어요. 또 하나, 아이가 밟혀 죽었다는 것은 그만큼 질서가 지켜지지 않았기 때문이 아니겠습니까? 아침마다 버스 정류장에서 학생들이 무질서하게 서서 서로 버스를 타려고 싸우는 광경을 보는데, 애들이 그래선 안 된다는 것을 다 배워서 알고

있고, 더구나 교련 시간에는 저토록 질서정연한 군사훈련을 받고 있음에
도 불구하고 그렇다는 것은 학교교육이 어딘가 근본적으로 잘못되어 있
다고 봐야겠죠. 말하자면 사람답게 사는 인간을 길러 내지 않고, 위에서
지시하는 명령에 따라 움직이는 인간, 그러면서 적자생존의 원칙만을 따
르는 인간을 길러 내고 있다는 것이죠.

인간교육은 왜 안 되는가

김인회 인간교육 얘기를 하자면 결국 분단을 고정시키는 교육에(본의
가 아니라고 보아준다 하더라도) 연결될 수밖에 없는데, 왜 그런가 하면 지
금까지 우리가 여러 가지로 얘기한 것처럼 실제로 교육받는 아이들은 초
등학교부터 고등학교까지 어떻게 해서든지 생존 경쟁에 살아남기 위해서
적응을 안 할 수 없을 만큼 급박한 현실에 놓여 있습니다. 그런 극단적
인 생활 속에서 될 수 있는 한 적응하는 것이 가장 현명하고 살아남는 길
이라고 교육의 과정에서 그러한 삶의 태도를 형성할 적에 미래니 민족이
니 통일이니 이런 것을 생각할 여지도 없는 방향으로, 그런 의식이 발상
도 안 되는 인간으로 길러 놓으니까 문제이죠. 그래서 저는 서당교육 형태
를 주장한 적이 있는데, 서당교육에서는 전인교육을 할 수 있었습니다. 이
것이 가장 이상적인데, 이렇게 할 수 없다면, 우선 현실적으로 하면 될 수
있는 것부터 손을 대야 하지 않겠습니까? 무슨 그 내용을 바꾸자 하는
데, 교육 내용은 아무리 바꿔도 마찬가지입니다.

우리 교과서를 보면, 꼭 집어서 이건 비인간적이니까 나쁘다 하는 것
은 거의 없습니다. 도덕 내용의 항목을 보면 좋은 것은 다 나열되어 있습
니다. 이렇게 해 놓고 우리 교육에도 민주적인 것 있다(가령 화백제도) 하
는 식으로…… 결국 지식의 내용을 아무리 바꿔도 소용없고 외제 TV 들

여다 놓고 기계화시키고 차관 도입해서 연구해 보아야 오히려 인간교육에 역행하는 것이죠. 우선 제일 급한 것은 교육학 안 한 사람들도 누구나 할 수 있는 얘기, 곧 훌륭한 교사 길러 내어 가르치게 해 주고, 학급 규모 줄이고, 아이들에게 수업량의 부담을 줄이고, 노는 시간을 많이 주고, 아이들을 때리지 않고, 또 굶는 아이 먹여 주고 이러면 되는 거죠. 이 기초적인 데서부터 시작해야 인간답게 사는 것이 무엇인가를 알게 되고, 그런 정도의 여유가 있어야 우리나라가 나라답게 되는 것이 무엇인가를 알게 됩니다. 내가 사람다워야 나라도 나라다워진다는 생각을 할 거란 말입니다. 그렇게 될 때 비로소 분단된 것이 아픈 현실이라는 고통도 느끼게 되고, 그때 비로소 내가 역사를 어떻게 대처할 것인가를 생각하게 될 것입니다. 순서가 그렇단 말입니다.

이오덕   김 선생님이 말씀하신 학급당 인원을 줄인다는 것은 인간교육을 위한 아주 중요한 조건이지요. 그런데 제 생각에는 그것만 가지고는 안 되고, 그보다 더 중요한 문제가 있지 않은가 합니다. 신문을 보니까 올해 대도시 초등학교 한 학급당 평균 인원이 100명에 육박하고, 책상 걸상도 모자라서 두 개를 붙여서 여러 아이들이 함께 쓰고 있다고 합니다. 그래서 대도시에서 학교를 경영하는 사람들의 이야기를 들으면, 교육이고 뭐고 그런 것을 생각할 나위가 없다는 겁니다. 어떻게 해서 사고가 안 나게 그날 하루를 무사히 넘길까, 여기 온 신경을 다 쓴다고 합니다. 그러기 위해서 아이들을 통제하는 상황에서는 인간교육이 될 리가 만무합니다. 그런데 대도시 학생 인구가 그렇게 갑자기 불어나는데, 그 반면에 시골 벽지는 어떤가 하면 제가 있는 학교에서는 해마다 줄고 있습니다. 제가 있는 면에 이와 같은 경우의 초등학교가 셋 있습니다. 전교 학생이 150명 내지 170명입니다. 이러한 학교가 전국적으로는 그 숫자가 또 얼마나 되겠습니까? 이리해서 도시 학교는 자꾸 팽창하여 학급당 인구가 100명

가까이 되는 반면 농촌에서는 학급당 인구가 20명인데, 여기에도 문제가 있습니다.

어떤 분이 산골 학교에 와 보고서 "아주 이상적인 교육이 되겠는데"라고 말했지만 사실은 그렇게 안 됩니다. 우선 재주가 있고 살림이 넉넉해서 장차 상급 학교라도 가게 될 아이들은 거의 다 도시로 빠져나가니 소위 학력이랄 것이 오를 수 없습니다. 그러나 점수로 나타나는 학력이 문제가 아니라는 참교육에 대한 신념으로 볼 때는 도시에도 가지 못하고 진학도 할 수 없는 아이들이 품고 있는 열등감을 해소시켜 준다는 것이 지극히 어려운 과제가 됩니다. 이것이 아이들의 문제인데, 이번에는 교사들의 교육하는 자세가 더 중요합니다. 뭔가 하면 교사들이 아이들을 향하고 있는 것이 아니라 행정 하는 윗사람을 향하고 있다는 것이죠. 어떻게 아이들을 착하고 어질게 키워 가나 하는 것이 문제가 되지 않고, 어떻게 하면 윗사람들에게 잘 보여 점수를 올리나, 그래서 청소나 깨끗이 하고 환경 정리나 근사하게 하고 장부나 잘 만들고 연구물이나 준비해서 교육을 잘하는 것같이 보일 것인가 하는 것이 문제가 되고 있는 교사들(오늘날의 거의 모든 교사들의 근무 태도가 이렇습니다)에게는 아이들의 수가 줄어든다는 것이 별로 반가운 줄 모릅니다. 더구나 주입식으로 시험문제 풀기를 가르치는 교육이 돼서 아이들의 수가 많은 것이 더 가르치는 맛이 난다고 하는 교사도 있으니까요. 잡무가 많고 지시하는 것이 너무 많은 것도 교사들이 아이들에게 등을 돌리게 하는 원인이 되기도 합니다. 학급인구를 줄이는 것과 너무 간섭을 하지 말고 좀 더 자유롭게 교육을 할 수 있도록 교사를 믿고 교육을 그들에게 맡기는 일, 이 두 가지는 교육의 정상화를 위해 절대로 필요한 조건입니다. 아니 이 두 가지 중 한 가지만 얻을 수 있다면 저는 아이들이 많더라도 자기의 신념대로 가르칠 수 있기를 원합니다. 그러니 행정의 정상화가 더 급하지 않나 합니다.

김인회 네, 그러니까 문제는 교육행정의 방향에 있습니다. 그 방향이 인간교육을 할 수 있도록 바뀌어야 합니다. 교사들이 소신에 따라 무엇이든 얼마든지 할 수 있도록 바뀌지 않는 한 교사들에게 인간교육을 기대하기란 어려운 일이고, 한편 그런 요구는 무리한 것이 되기도 합니다.

교사는 가르치게만 해야……

성래운 왜정시대에 교육행정이 교사나 교장의 인사권을 쥐고 있었는데, 세계적으로 이런 나라는 드뭅니다. 원래 그때 영전·좌천의 개념이 들어가면서 수입에도 관계가 되고 사회에서 보는 눈, 사회적인 평가나 명예도 관계가 되고……. 그것이 해방되어서 왜정시대의 학교를 감시하는 사람들이 인사권을 가졌던 것을 감시의 '시' 자를 따서 시학視學이라 불러오다가 민주주의 국가가 되었으니까 시학이라는 이름은 일제 강점기 잔재이니 버리고 장학으로 바꾸자 해서 바꿨습니다. 그랬는데 해 온 짓은 왜정시대의 시학과 다름없이 여러 가지 일을 시켜 놓고 그런 일을 잘하고 못하고에 따라서 교사를 평가하여 영전도 시키고 좌천도 시킵니다. 시골로 발령이 나면 사회에서나 본인도 유능하지 못해 쫓겨 가는 거라고 생각하게 됐습니다. 또 실제로 수입이 도시 학교만 못합니다. 어째서 이 폐습이 그대로 존속하는가? 그건(일제 강점기 얘깁니다만) 진실을 가르치게 되면 자기네들이 누리고자 하는 권력을 누릴 수 없으니까 사회적인 문맹을 만드는 교과서를 만들어 가르쳐야 하는 것입니다. 이에 순종해서 가르치는 선생이 되게 하자면 각종 혜택을 바라는 약점을 타서, 말하자면 영전·좌천이라는 인사권이 개입하는 것입니다. 이것이 해방 후 자유당 때에도, 가령 부정선거 하는 것을 부정선거 한다고 가르치게 되면 야단이거든요. 그러니까 사회적 악, 정책의 치부에 속하는 것은 계속 가르치지 말게끔 하자니까, 너 내 말 알겠느냐, 내 말 안 들을래, 그러면 시골로 보내마, 내 말 잘 들을래, 그러면 영전시켜 주마, 이렇게 되는 겁니다.

이오덕 선생님 면전에서 안됐습니다만, 이 선생님 같은 분은 정말 예외라고 생각합니다. 누구나 도시의 하늘을 바라보고 가고 싶어 하면서 자기 앞에 와 있는 아이들에게는 마음이 없는데…… 그래서 아까 김 교수 말대로 아이들이 학교 현장에서 선생님으로부터 인간적인 대접을 받을 때, 그가 이담에 커서 남에게 인간적인 대접을 하면서 살아가는 사람이 될 것입니다. 그런 의미에서 교사가 가르치는 이외의 정치적 의도에서 나온 잡스러운 일들이 부과되는 교육행정 내지 정책이 없어져야 한다, 이렇게 생각합니다.

김윤수 선생님 말씀대로라면 유인誘因 체제로 보아 교사가 도시 학교에 있을 때는 그래도 교육이 낫게 될 수 있다는 얘기가 되겠네요.

성래운 그렇지 않습니다. 그 유인 체제가 또 문제가 됩니다. 말하자면 돈벌이지요. 이건 교사의 잘못도 있고 학부모의 잘못도 있습니다만.

김인회 거기에서 교사의 질의 문제가 생깁니다. 현재 우리나라의 경우 교사직을 지망하는 사람들은 사회계층 면에서 보면, 중하층의 생활이 좀 어렵고 교육받기 힘든 계층 출신이 대부분이거든요. 사람은 생활환경의 지배를 받는다고 하는데, 어릴 때부터 어렵고 가난하고 했던 생활을 해온 사람들이 그저 얻어서 교육받고 교육대학이나 사범대학을 나오고 교사가 된다 할 적에 어떤 의식을 갖게 될까, 지금 교사들의 사회계층이나 배경도 그렇고, 국가에서 정책적으로 유인 체제를 쓰는 것도 그렇고, 우리 사회의 가치관도 그렇고, 또 교육 현실에서 형성해 주는 의식도 그렇고, 무엇이 정말 존경받을 수 있는 조건이냐 하는 것이 이 정신적인 대우,

이런 것에 대한 가치가 완전히 평가 절하되어 버렸단 말이에요. 그러니까 사회적인 지위나 수입이나 이런 것이, 말하자면 물량 위주의 가치가 인간의 가치다라고 되어 버렸을 적에 우수한 사람들이 교사 지망을 기피할 것이고, 이렇게 되는 것이 결국 문화적인 큰 영향이 될 것이고, 그러고서 우리가 중요하게 생각해야 할 것은 통일을 위한 교육이라고 할 적에 그러한 인간주의적인 교육 조건을 어떻게 개선해야 할 것이냐 하는 것도 생각해야 할 것입니다.

그리고 아까 성 선생님께서 이오덕 선생님 같은 경우는 특별한 예라고 말씀하셨지만 저는 그 점에선 조금 견해가 다릅니다. 우리가 지금까지 검토해 온 것같이 나쁜 조건들만 죽 보아 왔는데, 교육이라고는 할 수 없는 행정적인 방법에서 체제, 환경, 우리 사회의 풍토, 가치관 이런 것에도 불구하고, 우리가 청소년들이 다 큰일 나고 결단 난 것처럼 야단하지만 실제로 치열한 비인간적인 경쟁을 뚫고 대학에 들어온 아이들을 만나서 얘기해 보면 대부분은 우리가 놀랄 만큼 건강한 면을 가지고 있단 말입니다. 이건 누가 길러 준 거냐, 그래도 우리가 알게 모르게 이오덕 선생님 같으신 분들로서 이름이 안 난 분들이 많지 않느냐, 그렇기에 지금까지 견뎌 온 게 아니냐, 추상적인 낙관론이랄까 그런 생각을 하게 됩니다.

성래운 그런데 한 가지 해명을 해야겠는데, 제가 이오덕 선생님이 예외라고 한 것은 이 교육정책 속에서는 이 선생님처럼 의로운 사람이 많이 나올 수 없는 상황에 있다는 얘기고, 실제로 이 선생님 같은 의로운 교육자야 많이 있어요. 그 점은 고치지요.

이오덕 실제로 저는 의로운 사람도 아니고 ……

대학 교육제도의 모순

이시영 교사에 대한 말씀이 있었습니다만, 현재 우리가 분단시대의 허위의식을 깨끗이 청산하지 못했다 할지라도, 내일의 일꾼이 될 오늘의 학생들에게는 그 상처를 물려줄 수 없다는 자각을 가지고 교단에 서야 한다면, 그리고 그러한 자각을 실천으로 부단히 검증해 나가는 교사가 있다면 그야말로 분단시대를 사는 우리의 슬기로운 교사상이 아니겠습니까? 그러나 지금 우리의 교육 현장을 살펴볼 때 그것은 한 개인의 용기와 신념에만 맡기기에는 너무나 벅찬 감이 있습니다. 현장에 몸담고 있는 한 사람으로서의 솔직한 심정을 말씀드리면, 그러한 이상적인 터전은 이미 학교 사회에 남아 있지도 않습니다. 주밀하게 조직된 오늘의 통제 체제는 학생과 교사 사이의 최소한의 양심적 충동의 간극마저 용납하지 않고 있습니다. 학생도 교사도 모두 주밀하게 짜인 체제 속의 한정된 지식분자로서나 간신히 그 허위의 지식놀음으로 학교 사회라는 체면 유지를 하고 있을 따름입니다. 아까 김인회 교수님께서는 이런 체제하에서 볼 때 오늘의 대학생들이 매우 긍정적인 면도 있다고 말씀하셨는데, 제가 보기에는 오늘의 많은 대학생들은 엘리트라는 환상에 빠져 특권의 상아탑이나 쌓아 가고 있지 않은가 싶습니다. 물론 그들은 어느 의미에서는 선택된 자들임은 틀림없지만 그것은 인간적인 의미에서의 모든 선택은 아닙니다. 남보다 공부하는 재능이 뛰어났다거나 남보다 물질적인 혜택을 많이 누린 가정에서 태어났다는 점만이 다를 겁니다. 유독 공부 잘하고 시험 잘 치는 재능만을 인정하는 입시제도이고, 우선 돈이 없으면 넘어다보지도 못할 최고학부 제도 때문에 그럴 뿐이라고 생각하는데요.

김인회 우리나라 교육의 많은 모순 중에 아주 커다란 부분은 대학교 교육과 관련된다고 생각합니다. 초등학교의 점수 따기 경쟁부터도 대학

교육과 밀접히 관련되어 있단 말입니다. 그러면 대학 교육의 무엇이 잘 못되어 있는가, 그 하나는 획일화고 또 하나는 정원기준령(입학정원령)입니다. 그러니까 기를 쓰고 대학에 들어가고 일단 들어가면 졸업할 때까지 놀고먹을 수 있다는 거죠. 원래 대학은 최고학부고, 가장 우수한 인재를 길러 내는 최종 단계니까 들어가는 문은 넓고 졸업하는 문은 좁아야 정상적인 것 아닙니까? 그래서 이중정원제로 하든지 완전히 없애든지 해서 졸업정원제로 바꿔야 할 것입니다. 그래야 고등학교 교육이 입시 교육이 아니라 대학에 가는 기초교육이 되어 정상화될 것이고, 점수로 인간을 평가하는 것도 완화될 것입니다. 그다음에 대학에 들어가서는 이제 다 자라서 자기 책임을 질 만한 나이가 되었으니까 그야말로 치열한 경쟁도 괜찮다고 생각합니다. 그런데 대학을 꼭 4년 또는 조기 교육이라고 해서 3년 또는 최대한으로 6년에 나와야 된다고 되어 있는데, 왜 그래야 되느냐, 직장에서 일하면서 생활이 안정될 때 야간대학을 조금씩 학점 따면서 10년 다니면 어떠냐, 쉬었다 또 다니면 어떠냐, 이런 것이 성 선생님께서 말씀하신 '평생교육'의 방안이 아닌가 합니다.

이렇게 될 경우 쓰러지는 대학들은 어떻게 하고, 모두 다 대학에 가면 어떻게 하는가 하는 두 가지 문제가 생기는데, 그렇게 해서 쓰러지는 대학은 쓰러지는 게 당연할 것이고 대학생 수가 많아진다는 문제는 산업사회에서 고급 인력의 확보가 곧 국력을 뜻하니까 많아질수록 좋지 않을까 합니다. 또 그 돈은 어떻게 할 것인가인데 지금 40~50만의 재수생들이 입시 준비를 위해 쓰는 돈이 국민들의 호주머니에서 나온다는 면에서 대학에 들어가서 쓰는 돈과 마찬가지가 아니겠는가 합니다. 오히려 학원가에서 빙빙 돌면서 재수하는 것보다는 대학에 들어가서 경쟁해 보았다가, 내 능력에는 안 되겠구나 더 노력해야겠다고 해서 도태되는 것이 더 낫지 않을까 합니다. 더군다나 여학생의 경우 이것이 상당히 큰 의미가 있을 것 같습니다. 주로 결혼하기 위한 목적으로 대학에 4년간이나 붙잡혀 있을 필요는 더욱 없을 것 같습니다. 어차피 대량 교육이니까 대량화되는 것은 어쩔 수 없습니다.

민족의 저력을 기르는 교육을……

김윤수 지금까지 학교에서 인간교육, 정확히 말하면 참된 교육이 안 되고 있는 점을 여러 가지로 말씀해 주셨는데, 교육 환경·교육 조건이 갖추어져 있지 않다는 것이었습니다. 정부 당국은 기회 있을 때마다 수출 백억 불, 국민소득 천 불 달성을 표방하고 미래의 청사진을 내놓고 있는데, 그런데도 교육 조건은 김 교수의 말을 빌리면 의도적으로 그런 건 아닐 테지만 여전히 원시적 상태에 있다는 것은 무엇을 말해 주는 걸까요? 그리고 경제 발전이 그동안 양성한 인력 자원 때문이라고 하는데 그 인력 자원만 하더라도 정부가 좋은 조건하에서 길러냈다기보다는 부모들의 교육열과 막대한 희생의 대가이거든요. 그리고 그 대가를 차지하는 쪽은 재벌 기업들이고요. 아무튼 요즘 교육 투자를 늘릴 때가 왔다느니 교육 환경을 개선해야 한다느니 하는 소리가 부쩍 높아지고 있는데, 교육 환경이나 조건이 개선되지 않으면 어떻게 할 것인가 하는 문제가 있고, 또 하나는 그것이 충족되기만 하면 교육이 제대로 될 것인가, 나아가 분단시대를 극복하는 민족교육은 어떠해야 할 것인가, 이런 문제가 나오게 되는데요.

성래운 그건 오늘날 교육의 구조적 모순, 교육 분야만이 아니라 사회 전반에 걸친 모순이 없어지지 않고, 교육 환경 조건의 물리적 개선만으로는 도저히 될 수 없습니다.

김인회 장기적으로 볼 때 민족교육은 어떠한 지식, 어떠한 기술이 중요하다기보다는 민족적 저력을 강하게 해 줘야 한다는 것입니다. 피상적인 얘기지만 초등교육에서부터 학생 하나하나의 역량이 증대될 때 민족적 역량이 증대되는 것입니다.

　김윤수　민족의 저력을 길러야 한다는 말씀에는 저도 동감입니다. 문제는 이 저력을 교육이라는 방식을 통해 어떻게 기르느냐 하는 것인데, 거기에는 학교교육, 가정교육, 사회교육 이런 것이 다 논의가 되어야 하겠지만 우선 학교교육에 국한시켜 본다고 할 때, 참된 인간교육, 전인교육 혹은 그 밖에 지금까지 교육학에서 내세워 온 이상형을 생각할 수 있을 것 같아요. 이를테면 아이들에게 공부 잘해라, 착한 사람이 돼라, 남들과 싸우면 안 된다 하는 식으로 가장 본래적인 의미에 있어서의 교육을 실시했다고 했을 때, 그런 교육을 받고 자란 사람들이 과연 오늘의 현실이나 분단시대를 극복할 수 있는 인간이 되겠는가 하는 것입니다. 이건 지난날 전통사회의 선비, 혹은 일제하에서의 '학력 우수, 품행 방정' 형의 인간이 식민지하에서 어떤 삶을 살았던가를 생각하면 알 수 있지만, 그럴 필요도 없이 지금 우리 주변에서도 얼마든지 찾아볼 수 있을 것입니다. 그래서 그런 인간상과 그런 교육이 가지고 있었던 한계가 무엇인가, 이것을 아울러 검토함으로써 분단시대를 극복하는 데 있어서의 인간교육, 즉 적극적인 분단 극복의 의지를 가질 수 있는 인간교육을 교육의 전제로 내세우고, 그것을 수립하는 방향으로 나가야 되지 않겠는가 하는 것입니다. 거기에는 당연히 오늘날 제도화된 학교교육이 가지고 있는 한계랄까, 역기능 같은 것도 아울러 검토해야 할 것으로 봅니다.

　이시영　이오덕 선생님의 『일하는 아이들』을 감명 깊게 읽었습니다. 농촌에 태어나 손과 발에 흙을 묻히면서 사는 처지를 부끄럽게 여기고 도시를 동경하며, 그 속에서 손과 발에 흙 한 톨 묻히지 않으면서 그야말로 깨끗하게만 사는 도시 아이들을 부럽게 여기고 또 이상적인 것이라고까지 여기는 것을 우리가 교육이라고 생각하지 않았는지 모르겠습니다. 실제로 우리 아버지 어머니들은 늘 이렇게 말했습니다. "너만은 지게 목다리 두드리며 산에 나무 보내기 싫다"고. 그래서 "이렇게 허리띠 졸라매면서 학교에 보내니 출세해서 높은 사람이 돼라"고. 우리 아버지 어머니들이 얼마나 노동에 찌들어 버렸으면, 그리고 권력에 의한 천시와 수탈을 얼마나 받았으면 제 자식 하나만은 절대로 '출세'를 시키려고 했을 것이겠습니까? 학교에서 우리가 매일 들은 "훌륭한 사람이 돼라."는 말도 따지고 보면 우리 아버지 어머니들과 똑같은 발상에서 나왔던 것 같아요. 그리하여 가진 집 아이들은 논밭을 팔아 도시의 중학교·고등학교·대학으로, 못 가진 집 아이들은 맨 주먹으로 도시로 나가게 됩니다. 도시 사람이 되기 위한 치열한 경쟁을 겪으면서 도중에 탈락해 버린 사람들이 더 많겠지만 하여간 전자는 그 부모님들의 뜻대로 '남을 부리는 계층'이 되고, 후자는 다 그렇게 되는 것은 아니겠지만 '남의 부림을 받는 계층'이 되거나, 그 계층에도 끼지 못하는 '주변 계층', 즉 농촌도 아니고 도시도 아닌 도시 변두리의 최하층을 이루게 되는 것 같습니다. 60년대 이후 소위 외국 자본의 대량 도입으로 인한 이 땅의 산업화가 제법 풍성한 듯이 이루어지고 있을 때, 그 노동력의 거의 전부가 이 농촌 출신들에 의해 채워졌고 오늘도 많은 문제를 안은 채 채워지고 있다고 할 수 있겠습니다.

그런데 문제는 남을 부리는 계층, 즉 과거 농촌에서는 소지주 혹은 중농의 아들이었고, 오늘의 산업사회에서는 자본가와 노동자의 사이에서 중간관리층이 되어 있는 자들에게 있습니다. 이들의 의식구조는 오늘의 권력과 부를 점유하고 있는 소수의 한정된 지배계층에 의해 그 권력과 부의 유지 및 확대 생산을 목표로 한 지배논리에 기초하여 길들여져 있기 때문에, 다 그런 것은 아니지만, 이들 대다수에게는 남을 지배하고 억누름으로써 자기 이익을 찾을 수 있다는 철저한 약육강식적 지배의식이 팽

배해 있습니다. 거기다가 그 출신 성분이 어릴 때부터 노동을 천시하고 도시에 대해 열등의식을 갖는 농촌이라는 점에서, 그들은 자기보다 우월한 계층에 대해서는 무조건 복종주의적인 태도를 갖지만, 자기보다 열등하고 힘없어 보이는 계층에 대해서는 그 계층 자체를 자기 열등의식의 해소 대상으로 보기 쉬워 그들을 착취·수탈함으로써 자기 열등을 보상받고 싶어 하거나, 헛된 자기 우월을 드러내고 싶어 하는 면이 있기도 합니다. 더 나쁜 것은 그들을 이용하여 제 출세의 도구로 삼는 것입니다.

오늘의 노동 현장의 도처에서 보이는 이러한 유형의 중간관리층의 기형적 모습은 우리 시대의 농촌 교육을 포함한 전 교육이 지난 세월 동안 해 왔던 것이기도 합니다.

높은 교육열의 정체

이오덕 아이들이 쓴 이런 시가 있어요. "아버지가 공부를 못한다고 막 머락하신다. / 통신표 나오는 거 보고 모두 못하면 / 기집아고 남자고 회초리 해다 놓고 / 두드려 가며 가르친다 하신다. / 또 물을 떠다 놓고 눈까리를 씻거 놓고 / 공부를 가르친다 하신다." 이게 벽지의 분교장에서 한 십 리나 더 들어가서 소작농을 하는 집의 아이가 쓴 글입니다.

그런데 흔히 우리나라 사람들의 교육열이 굉장하다고 말하는데, 그렇게 말하는 사람들은 마치 우리나라 사람들이 모두 공자·맹자 같은 사람들이 되어 가지고, 아이들 교육을 위해 몸을 바치는 것처럼 생각하는 듯합니다. 저는 그렇게 보지 않습니다. 도시 사람들이 윗학교에 자녀들을 보내기 위해서 가정교사를 둔다든지 과외공부를 시킨다든지 하는 것이나, 또 산골에서 소작농을 하고 있는 사람들이 아이들을 들볶아서 회초리로 때려 가면서 공부를 시키는 것이나 같은 생각에서 나온 것입니다. 물론 도시에 있는 사람들과 농촌의 벽지에 있는 가난한 사람들은 계층으로 봐서 다르 겠습니다. 도시에 있는 사람 쪽은 거기에 허영이 좀 더 붙어 있겠지요.

　반면에 농촌에 있는 사람은 이시영 선생의 말과 같이 노동과 가난에 시달리면서 어떻게 해서든지 그 곤궁한 생활을 면해 보려고 하는 것이 온 생애의 목표입니다. 그래서 아이들을 길러서 어떻게든지 윗학교인 중학교·고등학교에 보내어 그들만은 농사를 안 짓게 해야 하겠다는 것이 유일한 희망입니다. 이런 식의 교육열로 말미암아 논밭이라도 조금 있으면 그것을 모두 팔아서 뒤를 댑니다. 그러니 이 사회라는 것이 물질적으로 학교를 안 나오면 살 수 없는 그런 사회가 돼 있습니다. 학교를 못 나오면 그냥 짓밟히고 농촌에 남아 있고, 도시에 와서도 언제든지 형편없는 노임을 받으며 살아가지요. 그래서 저는 교육을 근본적으로 바로잡는 데 행정을 움직이는 학자들의 책임도 중요하지만, 제가 사회나 정치 같은 것을 잘 몰라서인지 모르지만, 아주 근원적인 해결을 단순하게 생각하고 있습니다. 뭐냐 하면, 초등학교 졸업생과 대학 졸업생이 같이 어떤 기관이나 기업체에 취직을 했을 때 보수의 격차를 싹 줄여 버리는 것입니다. 이런 정책을 쓰면 즉각적으로 유치원에서부터 대학에 이르기까지 교육의 양상이 아주 달라지지 않을까 합니다. 그렇게 되면 논밭을 팔아 가지고 대학에 보내려는 사람들이 없어지겠지요. 그러면 대학 교육도 자연히 어느 정도 합리적으로 운영될 수 있겠고, 따라서 중등학교나 초등학교도 입시 지옥에서 해방되어 인간교육의 길이 트이고, 재수생이나 학원 문제 같은 것도 저절로 해소되지 않을까 합니다.

　성래운　그러려면 사회정의가 구현되어 있어야지요. 정의로운 사회라야 학교교육이 정상화되고, 또 그 영향을 많이 받는 가정교육도 정상화될 수 있고……

이오덕   예, 그렇습니다. 그러니 이 사회는 그저 머리만 쓰고 지능만 좋은 사람만 우대하는 것이 아니고, 꾀부리는 사람이 주로 출세하는 것이 아니고, 정직하고 부지런히 일하는 사람도 인권이 존중되어 우대받는 사회가 되어야 하지요.

김인회   그런데 학력과 보수의 관계는 현실적으로는 취직할 때부터 똑같게 해 주는 것이 불가능할 것 같아요. 물론 이렇게는 생각할 수 있겠지요. 고등학교 졸업하고 4, 5년이 지났을 때 받는 대우와 대학 졸업생의 초봉은 적어도 같게 해야 되겠다. 이것은 현실성이 있다고 생각됩니다. 지금 우리나라의 교육제도, 요즘 재수생 대책에서 나오는 3수 감점제三修減點制라는 등 내신제라는 등 이런 것들을 보면 고등학교만 나와서 대학에 안 가고 직장에서 실생활 경험을 했다 하면 영원히 대학에 못 가게 되지요. 그러니까 고등학교만 나와도, 나는 당장 대학에 가지 못할 형편이므로 대신에 대우도 마찬가지로 받으며 돈을 번 다음에 다시 공부하겠다는 희망을 가질 수가 없어요. 죽으나 사나 그때그때의 관문을 통과하지 못하면 사람 취급을 못 받게 되어 있단 말이에요. 그러면 그 문제가 해결되면 될 것인가. 우리나라의 학벌주의, 이것은 거의 조선조 시대부터 있었던 입신양명주의라고들 하는데, 저는 그렇게 생각하지 않고 오히려 식민지 교육의 잔재가 아닌가 합니다. 사실 부모의 교육열이란 것은 살기 위한 노력이고, 또 어떻게 보면 평범한 사람이 믿을 것이란 교육밖에 없단 말입니다. 그러니까 여기서는 교육의 내용이나 인간으로 자라는 것이나 국가가 어떻게 되느냐 하는 것이 문제가 아니라, 삶의 수단, 생존경쟁의 방법으로서 교육을 받아들이니까, 한마디로 얘기하면 부모들의 입장에서는 어쩔 수가 없는 것이지요. 그러면 가정교육이 제일 이상적인 것이냐, 가정교육의 경우는 좁게 생각하면 가정에서의 인간성·가풍 등을 생각할 수 있겠지만, 국가적인 차원에서 생각하면 사실은 가정교육을 통해서 인간

애·조국애·민족애·자존심 등이 형성되는 게 아닌가 합니다. 학교교육에서는 그것을 이론으로 체계화하고 지식을 가르쳐 주지만, 가정교육이란 건 몸으로 배우는 겁니다.

"이 새끼, 그것도 몰라……"

김윤수 교육문제는 결국 그 자체만으로는 해결이 불가능하다는 이야기가 되는 것 같습니다. 이제 딱딱해진 분위기도 풀 겸해서 비근한 문제로, 가령 국어 순화 운동이라든가 자연보호 캠페인이라든가, 아동문학 같은 데로 말머리를 돌려 보지요.

김인회 국어 순화 운동이라고 하니 얼핏 생각이 나는데, 어느 중학교에서 반 대표가 담임선생님에게, "선생님, 내주의 주훈은 무엇입니까?" 하고 물으니까 그 담임선생이 "이 새끼, 그것도 몰라, 고운 말 쓰기지." 하더라는 거예요.

성래운 나는 이런 무슨 무슨 운동이다 하는 것이 왜 행정부의 책임자 한테서 불쑥불쑥 나오게 되는지 알 수가 없어요. 그런 운동을 제창하는 것은 좋다고 칩시다. 그런데 이게 얼마 안 가 유야무야로 되고 말거든요. 국어 순화 운동만 해도 그렇지 않습니까? 처음 나왔을 때는 외국말 식으로 된 간판을 전부 우리말로 바꿔 달게 하고 운동경기 용어를 뜯어 고치고 야단법석을 하더니 얼마 안 가 외국말 식 간판, 외국말 식 경기 용어를 다시 그대로 쓰고 있단 말이에요. 그리고 자연보호 운동만 하더라도, 요즘 산업공해 문제가 신문지상에 자꾸 오르내리니까 그런 게 아닌가 하는데, 그동안 경제 건설, 경제 건설 하면서 각종 공장을 수많이 짓게 하고 거기서 쏟아내는 산업폐수, 각종 공해물질을 규제하지 않아 온 국토가 오염될 대로 되어 있는데 이제 와서 자연을 보호하자 하는 것도 이해가 안 가거니와 자연보호라고 해 놓고 산을 청소하고 관광지를 정화하고 하는 방향으로 나가고 있는 것이 어쩌면 눈 가리고 아웅 하는 것이 아닌가 하는 생각이 듭니다. 그런데 대관절 말하는 것, 청소하는 것, 옷 입는 것, 머리털 깎는 것까지 위에서 지시를 하고 또 지시를 받아야 한다니……

김윤수 김 교수의 말을 또 한 번 인용하는 것을 용서하신다면, '의도적'으로 그렇기야 하겠습니까?

이오덕 우리말이 불순하게 된 것이나 자연이 파괴되고 오염된 것 모두가 어른들의 짓입니다. 어른들은 거짓말을 하고 욕지거리를 하고 비뚤어진 말을 쓰고, 또 술병이고 뭐고 함부로 아무 데나 버리면서 아이들한테는, 너희들은 고운 말 써라, 유리조각 버리지 말라 하니 우스운 얘기입니다. 학교의 국어 시간은 초등학교건 중학교건 부족합니다. 그런데 그 부족한 국어 시간마저 시험 준비 교육으로 희생시킵니다. 문학작품을 읽을 시간조차 없게 돼 있어요. 언젠가 교사들의 국어 순화 교육에 관한 모임이 있었을 때입니다. 모인 교사들이 모두 위에서 시키니 이래야 한다, 저래야 한다면서 어떤 사투리를 어떻게 지도하는 것이 효과적인가를 토의하는 데만 열을 올리기에 저는 하도 답답해서 이런 말을 한 적이 있지요. "대관절 우리나라는 어찌 된 셈인지 500년 전 한글도 임금님이 만들더니 이제 와서 우리말을 깨끗이 하자는 것도 우리 자신이 스스로 실천하지 못하고 행정을 하는 이들의 시킴을 받아야 하는가요. 난 우리 선생님들이 아이들에게 고운 말 쓰라고 할 자격이 없다는 생각이 들고, 고운 말 쓰라고 백 번 천 번 외쳐도 효과가 없다고 생각합니다. 우리 자신이 모두 솔선해서 좋은 행동을 해 보이고 고운 말을 쓰면 아이들은 저절로 따라

오는 겁니다." 이랬는데, 지금도 그렇게 생각해요.

아까 아동문학 말씀이 나왔으니 여기서 잠시 그 이야기를 하고 넘어갔으면 합니다. 아이들은 가정에서도 흔히 그릇된 교육을 받지만 학교에서는 더욱 조직적으로 비인간적 교육을 받아 문학 교육마저 옳게 받지 못하고, 문학작품도 제대로 읽지 못하고 자라납니다. 우리 아이들 가운데는 우리 민족의 정서를, 그리고 민족적인 이야기를 쓴 동화를 한 편도 못 읽고 어른이 되는 아이들이 대부분입니다. 정말 한심한 일이죠. 그렇게 되는 원인은 두 가지입니다. 하나는 학교교육 내부에서 옳은 문학 교육을 못 받고 있다는 것, 다른 하나는 입시 경쟁을 위한 교육으로서 가정에서도 문학작품을 기피하는 경향이 있다는 것입니다. 보통 문학 교육이라면 아이들에게 글짓기를 시키는 것이라고 생각하고 있지만, 문학 교육은 어디까지나 감상 교육 위주가 되어야 합니다. 그런데 이 감상 교육이 일체 안 되고 있습니다. 그 이유는 문학작품을 아이들에게 주어서 감상을 시켜서 아름답고 참된 심성을 기르는 교육은 아무리 해 보아야 표가 안 난다는 겁니다. 상품가치 면에서 아무 효과가 없다는 거지요.

그래서 어떻게 해서라도 아이들에게 어른들의 문학 창작 이론을 그대로 적용해서 글을 쓰게 하여 자꾸 발표해 보이는 데만 관심이 가고 있습니다. 이런 걸 문학 교육이라 알고 있지요. 그러니까 아이들의 진정이 담긴 글이 안 나오고 보통 선생들이 만들어서 그것을 아이들 이름으로 발표하고 상을 받고 하는 것이 보편화되어 있습니다. 이것은 지도하는 교사들뿐 아니라 우리 민족의 역사적 상황이나 아이들의 처지를 외면하기가 일쑤인 아동문학가들 자체에도 문제가 있습니다. 요즘도 아동문학 하는 사람들이 흔히 "아동문학은 아이들에게만 읽히는 것이 아니고 어른들에게도 읽히는 것이 되어야 한다"고 합니다. 이렇게 주장하는 이면을 살펴보면 문학 하는 사람들이 얼마나 아이들을 경멸하고 무시하고 있나 하는 생각이 듭니다. 또 외국 작가들을 모방하고 따라가려고 하지만, 사실 외국의 경우는 교과서조차 대부분이 아동문학 작품으로 채워져 있고 동화나 동시가 얼마든지 있습니다. 그런 나라에서는 어른들을 위한 동화나 동시가 쓰여야 한다는 이론이 얼마든지 성립될 수 있고 필요하겠지요. 그러나 우리나라의 형편에서는 아이들에게 읽힐 만한 작품이 너무나 부족합니다. 이런 상태에서 그냥 외국 것만 흉내 내는 것은 정신없는 짓입니다. 가정에서 학교에서 어른들에게 억압받고 학대받는 아이들이 마지막으로 안기고 기댈 곳이 문학인데, 우리의 경우는 작가들조차 대부분이 그들에게 등을 돌리고 있어요.

김인회 이제 문학 교육 얘기가 나왔습니다만 19세기부터 각 나라들이 민족국가를 지향할 적에 제일 비중을 두고 강조하는 것이 문학 교육입니다. 그래서 자기 나라 아동들에게 읽히는 문학작품에 상당히 신경을 썼습니다. 그것을 영국, 독일, 프랑스, 그리고 우리가 잘 아는 중국의 경우에도 교육의 전체가 문학 교육이라고 말할 수 있겠지요. 초·중등 교육 방면에서는 시나 동화나 전설 같은 것을 시험을 위해서 지식으로 외우는 게 아니라 일상생활에서 거의 무의식적으로 입에서 나오는 것입니다. 그렇게 본다면 우리나라의 경우에 국어 교육이 어떻게 되었느냐 생각해 볼 필요가 있겠습니다. 대부분의 나라들이 초등 단계에서, 특히 저급학년으로 내려갈수록 국어 교육의 커리큘럼 상의 비중이 커지고 1학년에서는 대개 40퍼센트에서 50퍼센트를 왔다 갔다 합니다. 우리나라의 경우에는 불과 26퍼센트에 불과합니다. 거기에다가 또 문제는 초등학교에서 영어를 가르치자는 말까지 나오는 것입니다. 이것은 벌써 교육을 보는 시선에서부터 민족이라는 것을 염두에 두고 교육을 하겠다는 의식은 아니지 않느냐는 생각입니다. 또 문학만이 아니라 춤이나 음악처럼 감성적인 것이 인간과 자연을 사랑하고 민족적인 의식을 갖게 하는 데 가장 중요한 교육의 방법이고 도구라는 것은 이미 스파르타 때부터 해 왔던 것입니다. 우리나라의 경우는 신라 또는 고려시대에 그런 제도가 있었고…….

그런데 우리는 지금 남북이 분단되어 있는 것에 앞서서 학급 안에서 분단되어 있고, 또 같은 교육계 안에서 학교끼리 분단되어 있는 실정입니다. 남북의 분단 이상으로 열등생과 우등생의 간격이 벌어져 있는 것은 우리 청소년들이 저쪽 사람들을 사랑하는 눈을 가지고 동족으로 보지 않는 것과 마찬가지인 듯합니다. 같은 솥의 밥을 먹는 한 식구끼리 분단된 것을 당연시하는 풍토에서 남북 분단을 뼈아프게 생각할 여지가 없을 것 같단 말입니다. 그럼에도 불구하고 그렇게 지독한 상황에서 모두 비인간적으로 싸웠든 어쨌건 간에 대학에 들어왔을 적에 같은 동질 집단이라고 할 수 있겠습니다. 그리고 보면 대학 안에서는 또 상당히 민주적일 수 있고 대화가 통한단 말입니다. 그래도 우리의 젊은 세대들은 아직은 늦지 않았다고 생각합니다.

이오덕   대학에 입학하는 학생들은 역시 선발된 학생들이 아니겠습니까? 전체 학생 인구에 비하면 역시 소수란 말입니다. 대학에서 선발되지 못하고 말하자면 제외된 그 학생들은 비뚤어질 가능성이 많은 거죠.

분단 극복을 위한 새 학교, 새 교실

김윤수   같은 학급 내에서도 분단이 되고 있다는 말씀은 남북 분단의 비극을 함축적으로 표현한 말이라고 생각됩니다. 이러한 분단은 초등학교에서 중학교·고등학교·대학교로 올라갈수록 진학하는 사람과 탈락하는 사람 간에 더욱 양극화되어 나타난다고도 하겠습니다. 요즘 걸핏하면 통계를 들먹이는데, 77년도의 상급 학교 진학을 통계로 보니까 초등학교 졸업생의 5분의 2가 중학교로, 중학 졸업생의 3분의 2가 고등학교로, 고등학교 졸업생의 5분의 1 정도가 대학으로 진학하는 걸로 나와 있어요. 물론 재수하는 사람도 있겠지만 상급 학교에 진학하는 사람보다 훨씬 많은 수가 탈락되고 있음을 알 수 있습니다. 그리고 이들은 국가로부터 교육받을 기회를 얻지 못하고 살아가게 되거든요. 그래서 이들은 상급 학교에 가지 못했다는 이유만으로 하층 노동자로 전락하여 사회적인 온갖 불평등한 대우를 받으며, 대개는 공장의 단순노동자로 생계비도 채 안 되는 저임금을 받고 살아가고 있는데 그 가운데는 공장에서 일하면서 스스로 배우려는 사람들이 있었고, 그들이 교회의 도움을 받아 만들어 운영하는 것이 '노동교실'이고, 그 밖에 사설 야학에도 다니고 있지요. 그런데 최근에 와서는 일부 대기업 또는 공단 내에 이른바 공단학교를 만들어 노동자의 교육에 나서고 있는데, 이 둘은 성격이나 교육 목적이 전혀 상반되고 있는 것 같습니다. 노동교실은 우리의 통념을 벗어난 새 교실이라고 할까요……

성래운 그렇지요. 저는 최근에 정말 산교육, 즉 우리가 이제까지 논의해 왔듯이 미래를 내다보고 교육은 이래야만 되겠다는 산교육의 하나가 노동교실이라는 것을 절감했습니다. 이것은 상급 학교에 들어가지 못하고 낙오된 사람들이 생존을 위해 공장에 취직해서 일하는 그 과정 속에서 신성한 근로의 체험을 통해 인간적인 긍지와 자각이 생기는 동시에 자기가 근로하는 사람으로의 긍지를 내세우며 빼앗긴 권리를 되찾고자 하는 것이에요. 그런데 공교롭게도 이들 대다수가 산업선교회나 가톨릭 노동청년회에 소속된 기독교 신자들이며, 기독교 신앙에 입각한 인간의 자각과 권리 되찾기 운동을 벌이는 것인데도 이들이 속한 단체를 용공으로까지 몰고 있다고 하는데, 결코 그럴 수도 그렇게 해서도 안 될 것이라고 봅니다. 그런데 그 투쟁을 벌이는 과정이 말은 투쟁이어서 얼핏 보기에는 싸움하는 거니까 인간답지 않은 면 같지만, 제가 보기에는 인간으로서의 권리 되찾기, 배워 가지기, 그리고 이념을 가지고 인간답게 살고자 하는 것, 말하자면 인간답지 않은 것으로 처벌받는 그런 것과 혼동되는 데 대한 의연한 투쟁, 이런 것이 노동교실에서 학습되는 결과입니다. 이것이 말하자면 분단시대 민족교육의 앞날에 새싹이 되고 있습니다.

다시 말하여 공식적인 학교교육에서는 하지 못하는 사회 개선이나 사회정의의 실현 속에서 인간적인 자각과 인간적인 권리 되찾기의 진실을 당당히 찾고 배우고 누리면서 자라 나가는 주인 되기, 겨레 사랑하기, 평화 이룩하기, 평화 싸워서 이룩하기 등의 과제를 실현해 가는(본인들은 의식하지 않았을지도 모르지만 적어도 제가 공부하는 입장에서 본 바로서는), 그러한 새로운 싹이 속에서 솟아나고 있다는 것입니다. 그런데 기업체에 부설된 공단학교의 경우를 놓고 볼 때, 가난해서 진학하지 못하는 근로자들에게 낮에는 일하고 밤에는 공부할 수 있는 기회를 주었다는 점에서 잘한 일이라고는 하겠지만, 그것은 기업체가 이익을 보기 위해 개설한 것이지 교육받는 사람들이 인간적 성장을 하고 그들이 인간답게 살아갈 수 있는 사회를 이룩하기를 바라서 베푼 것이 아니라고 봅니다. 도리어 시키는 대로 일이나 잘해서 인간의 권리를 버림받고 있으면서도 그런 줄도 모르고 순응함으로 해서 잘못된 현실의 유지에 이바지하는 쪽의 인간 유형을 지향하고 있다는 점에서 노동교실과는 상반되는 것이라고 생각됩니다.

김윤수 제 생각에는 대기업 공단 내에 '공단학교'를 만들기 시작했다는 것 자체가 '노동교실'이나 그 밖의 곳에서 교육받은 근로 여성들의 그간의 투쟁에서 얻어진 것이라고 봅니다. 그런데 기업주 측에서는 무슨 시혜를 베푼 것처럼 하고 있는데, 그것이 단순히 시혜마저도 아니라는 것은 근로자들을 취학시킴에 있어 여러 가지 조건을 붙여 가며 일종의 특혜를 주는 것처럼 한다는 데서 밝혀집니다. 그리고 당국은 '노동교실'에 대해서 갖가지 압력을 가하고 금지를 시키려 하고 있다는 것도 하나의 반증이 될 것 같습니다. 그럼에도 이들은 의연히 싸우면서 배우고, 배운 바를 실천에 옮기고 있다고 하는데, 여기서 우리는 학교의 교사들이 그들의 교육 조건을 위해 투쟁하지 않는 것과 너무 대조적인 것을 보게 됩니다. 교육 조건의 개선을 요구하는 것은 그들의 노동의 권리이면서 동시에 그것이 학교교육의 정상화를 위한 선행 조건이기도 하거든요. 이는 서구 교육제도를 받아들일 때 그야말로 공짜로 받아들였다는 데 오히려 문제가 있지 않았던가 싶어요. 왜냐하면 서구인들은 그것을 이룩하기 위해 우리가 알지 못하는 노력과 투쟁을 치렀을 테니까 말이죠. 아무튼 노동교실이나 야학에서는 학급 안의 분단과는 거꾸로, 배우는 근로 여성들과 자진해서 그 야간학교나 노동교실에 나가 가르치는 대학생들 사이에는 그야말로 분단을 해소하려는 하나의 새 의욕이 이루어지고 있습니다. 서로 배우면서 현실을 실천에 옮기고 있다고 합니다. 그것이야말로 참된 새 교육이고, 새 학교가 아니겠는가 합니다.

이시영 한 공장 안에서 생산에 직접 종사하는 근로대중과 배운 사람, 즉 일정한 수준의 교육의 받은 중간관리층이 분리 대립됨으로써 이득을 보는 자들은 사용자뿐일 겁니다. 또한 모든 노동계층이 지식계층을 향해 "믿을 수 없다"는 말을 빈번하게 던지는 사회야말로 이미 위험신호가 울린 사회라는 것을 똑바로 인식해야 할 것 같습니다. 그러나 오늘 우리 사회의 대다수 교육받은 자들은 이러한 위험신호에 퍽 둔감한 것 같으며, 자기네들을 불신한다는 소리를 들어도 자기모순을 별로 느끼지 않는 것 같으며, 오히려 자본가의 논리에 근사한 이론으로 자신들을 허위무장하고 있는 것 같습니다. 진정코 땀 흘린 자들에게는 졸라매고 참아야 할 허리띠만이 남게 되고, 그들에게는 소위 사치와 환락으로 다시 한 번 우월자로서의 (그것이 사실은 열등의식을 뒤집어 놓은 것에 불과한 것이라고 이 선생님이 말씀한 바가 있습니다만) 포만을 맛볼 수 있는 온갖 형태의 소비문화·퇴폐문화가 있을 것입니다. 오늘날 우리 시대의 문화가 혹시나 이런 소시민적 이기주의자들의 자기 포만감이나 만끽하게 해 주는 데 기여하고, 오늘날 우리 시대의 학교교육이 행여나 이런 자들의 우월의식·특권 의식을 조장해 주는 데 본의 아니게 그 일익을 담당하고 있다면, 그야말로 심각한 일이 아닐 수 없습니다.

성래운 지금 분단 극복 또는 통일을 지향하는 민족교육의 주제대로 하는 교육에 이름을 붙인다면, 가령 '민족교육교실'이라든지 '통일지향교육교실'이라는 이름을 붙일 수 있습니다. 이런 목적을 위해 오래전부터 백범사상연구소가 주관하는 민족학교 운동이 있어 온 걸로 압니다만, 최근 분단 현실에 순응하는 길이 어째서 민족을 위하는 길이 아니고 민족을 배반하는 길이냐 하는 것을 이론적으로 잘 밝혀서 발표한 학자 가운데 한 사람으로 이영희 교수를 꼽고 싶습니다. 그 이 교수가 최근에 재판을 받게 되어서(공개재판이어서 누구나 가서 방청할 있었기에) 저도 기회가 있을 때마다 방청했습니다만, 재판 과정에서 보면 상당한 수효의 지식인들과 남녀를 불문한 젊은이들이 입추의 여지 없이 모여듭니다. 나는 이게 대학의 강의실은 아니지만, 대학에서 그런 강의를 하려야 할 수 없는 시점에서 분단을 극복해야만 민족의 앞날이 밝아질 수 있다는 소신을 갖고 있는 사람들이 모여드는 그 과정에서 피고들의 신념 토로, 검찰의 논고, 변호사의 변론 또는 그것을 묵묵히 듣고 있는 판사…… 가만히 보면 이 재판정이야말로 지금 우리 주제의 불꽃 튀는 교육의 현장이요, 학습의 현장이라는 생각이 들었습니다.

김윤수 저 역시 그 말엔 전적으로 동감합니다. 거기에 곁들여서, 교육자로서의 양심을 지키고 소신에 따라 행동하다가 학원에서 축출당한 교수들이 많고, 그중에는 옥고를 치르신 교수·교사도 있지 않습니까? 그런

분들이 일단 학교에서 떠나면 교육에서 완전히 떠나는 것이냐, 아니면 더 넓은 터전에서 교육을 할 수 있느냐 하는 것을 생각해 볼 수 있겠는데, 일전에 백낙청 교수의 『민족문학과 세계문학』의 출판을 기념하여 간단히 마련된 자리에서 성 교수께서 대략 이런 말씀을 하신 것을 기억합니다. 백 교수가 서울대학교에서 파면되었을 때 무척 가슴이 아팠다. 그러나 한편 옳다 잘되었구나 하는 생각이 들었는데, 그 이유는 저런 분은 서울대학에서만 가르칠 것이 아니라 다른 대학생들과 대학에 못 간 많은 사람들을 위해 강의하는 것이 오히려 보람 있는 일이라고 하셨던 것 같습니다. 그러니까 생각납니다만, 대학에서 축출당한 교수들이 지난 3월에 '해직교수협의회'를 결성하고, 대학의 민주화를 촉구하는 「민주교육선언」을 발표하고, 동료 교수들에게 공개장도 보낸 바 있다고 합니다. 학교에서 배운 진실과 양심에 따라 행동하다가 제적당해 거리를 방황하는 수많은 양심적인 학생들이 하루 속히 복학되어야 한다는 주장은 누가 보아도 정당한 것이 아니겠습니까? 이러한 부르짖음을 정치 활동이라고 오해하는 사람도 있는데, 이것이야말로 교육자 본연의 발언이요 요구가 아닌가 합니다. 아무튼 제적된 학생들이나 축출당한 교수들이 학원에 돌아가는 일도 시급하겠지만 그보다도 학교에서 정규교육을 받지 못하는 많은 사람들을 위해서 일하고 교육해야 할 사명이라고 할까 책임감도 무겁다는 느낌입니다. 이제 시간도 오래되었고 하니, 결론 삼아 마무리 짓는 얘기들을 해 주시죠.

믿고 사랑하고 가르쳐야

이오덕 아이들을 믿지 못하고 억압하고 몰아붙이면서 비인간적 교육을 하는 것이 모두 어른들입니다. 그러니 모든 어른들은 아이들을 믿고, 곧 인간을 믿고, 아이들을 수단으로서가 아니라 목적으로 보고, 그들의 몸과 마음이 피어날 수 있도록 해 줘야 합니다. 그리고 특히 장학행정을 하는 사람들은 교사들이 이런 인간교육을 할 수 있도록 도와줘야 하는데, 행정 하는 사람들은 지시와 명령하는 처지에서 봉사하는 자리로 돌아가야지요. 교사들을 믿고 교육을 맡기는 수밖에 없습니다. 이렇게 하면 지금 당장은 부작용이 있을 것입니다. 조롱에서 풀려난 새들이 푸른 하늘을 날 줄 모르고 도로 조롱에 갇히려 하듯이 오랫동안 지시·명령만으로 움직여 온 교사들은 자기가 할 일을 스스로 창조해 갈 줄 모를 수도 있습니다. 그러나 모든 것이 행정 쪽에 책임이 있으니 그렇게 하는 길밖에 없습니다. 그리고 저는 일선에서 아이들을 가르치는 사람으로서 교육하는 사람들의 양심의 회복을 호소하고 싶어요. 이런 시대에 우리가 참교육자 노릇을 하자면 두 가지 정신이 절대 필요합니다. 비판정신과 희생정신, 이것입니다. 비판정신은 어떠한 희생도 감수할 수 있는 철학을 확립시켜 줍니다. 그런데 희생이라지만 잘 생각해 보면 사실 그것은 크나큰 영광입니다. 마지막으로 분단시대의 우리 교육은 평화를 위한 교육이 되어야 하고, 삶을 창조하는 예능 교육을 중시해야 하고, 일하는 것의 귀함을 가르치는 교육이 돼야 한다고 또 한 번 주장하고 싶어요.

김인회 결론이 되겠습니다만, 지금 이 구조 속에서 최선의 방법이 뭐냐, 아까도 얘기한 것처럼 교육의 왕도라는 것은 없습니다. 기초적인 시설, 물리적인 조건부터 개선해야겠고, 그 내용과 방법에 대해서 다시 연구해야겠지만, 우선 중앙집권적이고 행정 위주인 교육 체제 속에서 가장 손쉽게 바뀔 수 있는 것은 행정 체제·제도입니다. 그러면 어떤 제도부터 바꿀 것인가, 고용 체제부터 바꿔야 되겠지요. 교육 못 받은 사람들도 고용되었을 때 긴 안목으로 보았을 적에 교육받은 사람들과 결국에는 경제적인 보수나 대우의 차이가 없어진다, 그것이 없어지지 않는다면 적어도 그

간격이 적어지고 다시 교육을 받을 기회가 어떻게든 있다 하는 희망을 갖도록 하는 체제로 바뀌어야지요. 민주국가에서 그럴 수가 있느냐고 하지만, 국가적인 차원에서는 가능한 문제라고 생각됩니다.

다음으로 교육의 풍토를 개선해야겠다고 할 적에 앞을 내다보고 생각할 때 대전제로 하는 것이라면 인간을 사랑하는 교육이 되어야겠습니다. 그러려면 철학적인 방향이 제시되어야 하겠는데, 남의 것을 자꾸 좇아갈 필요 없이 우리 본래의 것을 다시 발굴해 내면 되지 않겠느냐 싶습니다. 어떻게 보면 민중의 교육철학이라고 할까, 그간 5,000년 동안 끈질기게 살아온 이념들이 그렇게 박해를 받고 비인간적인 대접을 받았음에도 불구하고 이시영 선생께서도 말했듯이 교육받은 사람들은 점점 비정해지고, 오히려 안 받은 사람들이 자연적이고 더 인간적입니다. 그것은 자연적으로 태어날 때부터 그런 것이 아니고 그들 나름대로 생활의 교육이 있었던 것입니다. 그것을 다시 찾아내야 할 것입니다. 말하자면 옛날에 인간이라고 하면, 그것은 사람뿐만 아니라 자연과 동물을 모두 사랑하는 대상으로 보았습니다. 그러한 인간 개념을 다시 한 번 정립할 필요가 있지 않을까 싶습니다. 한마디로 얘기하면 지금의 교육은 탐욕을 조장하고 탐욕적인 인간을 기르는 교육인데, 원래 우리의 전통적인 사상에서 보면 탐욕이 가장 큰 악입니다. 그런 것을 제거할 수 있는 길은 외래의 것을 빌려와서는 도저히 불가능하고 우리가 우리 속에서 찾아야겠다는 것입니다.

이시영 이 시대 도처에 도사리고 있는 분단시대 특유의 온갖 교육 현실의 모순을 과감히 청산하고, 국토와 민족통일의 용약한 터전을 닦기 위한 민주적·민족적 역량을 갖춘 새 일꾼들을 기르기 위한 우리 시대 민족교육이 담당해야 할 구체적인 교육 현장이 바로 이 소외 계층에 있다는 것을 저는 말씀드리고 싶습니다. 지배계층의 이데올로기 전수로 얼룩진 학교교육이지만, 그나마의 학교교육에 의해서, 또 그 교육을 받고 나와 깊이 잠들어 있는 소시민적 사회계층에 의해서 2중 3중으로 소외를 겪고 있는 이 눌린 자들이야말로 눌려 있기 때문에 곧 일어설 수 있는 그 누구보다도 자주적인 사람들이며, 나날을 고통 속에 함께 있는 자들이기 때문에 누구보다 더 제 고통이 분단으로 인한 온 민족의 고통임을 깊이 자각할 수 있는 훌륭한 자질과 역량을 갖추고 있는 것입니다. 이미 민족교육 운동은 시작되었으며, 관념으로서가 아닌 구체적인 실천으로서 우리 사회의 여러 현장에서 커다란 진전을 보이고 있습니다.

그렇다고 학교교육 자체를 포기해 버리자는 것은 아닙니다. 비록 오늘날의 학교교육이 아무런 창조적인 저항 없이 순응만 일삼는 거대한 메커니즘으로 전락, 지배계층의 체제 유지에 필요한 몰가치한 지식 기능인만을 양산하는 자체 모순에 빠져 있다 하더라도, 학생 교육을 직접 담당하고 있는 일선 교사들의 자각과 결단에 의하여 어느 정도 그 모순의 일각을 타개할 수 있는 가능성은 열려 있다고 하겠습니다. 현실적으로 보아 결단 자체도 물론 쉬운 것은 아닙니다만, 그 실천이야말로 용기 없이는 이루어지기 어려울 것입니다. 그 실천과정에서 학교 밖으로 내몰리고 혹은 옥고까지 치르신 교수님들이 있고, 알려지지 않은 수많은 이름 없는 우리 시대의 동료 교사들이 있을 것입니다. 지금 옥고를 치르고 있는 양성우 시인도 전직 교사입니다. 이분들이 곧 현장으로 다시 돌아와 학교교육 전체가 살고, 민족이 사는 날이 불원간 오고야 말 것입니다.

성래운 일제 식민지 교육이 그러했던 거와 마찬가지로 지금도 분단 속에서나마 잘 살 수 있다든가 인간답게 살 수 있다든가 하는 식으로 일체의 희망을 그쪽으로 안겨 주고, 분단이 극복되지 않는 한 우리 민족이 인간답게 살 수가 없다, 통일문제만 하더라도 분단이 극복되지 않아서 우리가 전쟁의 공포 속에 놓여 있는 것이다, 또 동족상잔의 공포뿐만 아니라 분단하에서는 물질적으로 민족 전원이 번영할 길이 있을 수 없다 하는 이 엄연한 진실 앞에서 그것을 은폐하고 다른 쪽으로 희망을 돌리고자 하는 선전에 학교교육이 총동원되다시피 해 온 사실을 재삼 강조하고 싶습니다. 그래서 학교교육의 경우 가르치지 못하게 하는 사실을 중시하고, 진실을 진실대로 가르칠 수 있는 자유가 학원에 주어짐으로 해서 학원 속이 정의로 가득 차고, 학교의 본질적 사명도 다할 수 있으며, 또 그 진실을 받아들임으로 해서 학교 속에 있는 부조리, 약육강식적 현상, 입신출세의 자극인 점수를 놓고 벌이는 인간답지 못한 생활 등을 그치고, 학교를 정의로운 사회로 개선하는 생활을 할 수 있습니다. 그러한 생활을 학창 시절에 체험하게 함으로 해서 어두운 사람이 되는 대신에 사회의 주인, 민족의 주인이 되고, 그리고 자기 주인이 되면서 민족적 자각에 의해 이 민족을 정의롭게 이끌 수 있는 것입니다. 그리고 학교에서 소외된 사람들의 '새 학교'랄까 '새 교실'이 방해받지 않고, 인간으로서의 권리와 존엄을 자각하고 민족으로서의 의식을 불러일으켜서 인간답게 사는 사회를 이룩해야 할 것이고, 또 이루게 될 것으로 믿습니다.

김윤수 동감입니다. 학교교육 현장의 온갖 모순에 대해서 결국 교육정책이 달라져야겠다는 말로 끝날 때면 어딘가 맥이 풀리는 것을 느끼고는 합니다. 교육정책 자체가 성 선생님 말씀대로 이 사회 전체의 어떤 잘못된 흐름에서 오는 것임을 인식함으로써만 그 극복을 위한 방향감각과 의지를 찾을 수 있을 것입니다. 그것은 반드시 정권에 도전하는 식의 거창한 행동이어야만 한다는 것이 아니고, 우리들 모두가 저 나름의 새 학교, 새 교실을 찾아 이 시대의 진실을 배우고 가르침으로써, 사회 체제를 개선하고 교육정책을 바꾸고 교육 현장을 개혁하는 데 기여할 수 있다고 믿습니다. 장시간 좋은 말씀 고맙습니다.

삶의 행복을 꿈꾸는 교육은 어디에서 오는가?

미래 100년을 향한 새로운 교육

혁신교육을 실천하는 교사들의 필독서

▶ **교육혁명을 앞당기는 배움책 이야기**

혁신교육의 철학과 잉걸진 미래를 만나다!

핀란드 교육혁명
한국교육연구네트워크 총서 01 | 320쪽 | 값 15,000원

일제고사를 넘어서
한국교육연구네트워크 총서 02 | 284쪽 | 값 13,000원

새로운 사회를 여는 교육혁명
한국교육연구네트워크 총서 03 | 380쪽 | 값 17,000원

교장제도 혁명
한국교육연구네트워크 총서 04 | 268쪽 | 값 14,000원

새로운 사회를 여는 교육자치 혁명
한국교육연구네트워크 총서 05 | 312쪽 | 값 15,000원

혁신학교에 대한 교육학적 성찰
한국교육연구네트워크 총서 06 | 308쪽 | 값 15,000원

혁신학교
성열관·이순철 지음 | 224쪽 | 값 12,000원

행복한 혁신학교 만들기
초등교육과정연구모임 지음 | 264쪽 | 값 13,000원

서울형 혁신학교 이야기
이부영 지음 | 320쪽 | 값 15,000원

혁신교육, 철학을 만나다
브렌트 데이비스·데니스 수마라 지음
현인철·서용선 옮김 | 304쪽 | 값 15,000원

혁신교육 존 듀이에게 묻다
서용선 지음 | 292쪽 | 값 14,000원

다시 읽는 조선 교육사
이만규 지음 | 750쪽 | 값 33,000원

프레이리와 교육
한국교육연구네트워크 번역 총서 01
존 엘리아스 지음·한국교육연구네트워크 옮김
276쪽 | 값 14,000원

교육은 사회를 바꿀 수 있을까?
한국교육연구네트워크 번역 총서 02
마이클 애플 지음 | 강희룡·김선우·박원순·이형빈 옮김
352쪽 | 값 16,000원

비판적 페다고지는 세상을 변화시킬 수 있는가?
한국교육연구네트워크 번역 총서 03
Seewha Cho 지음 | 심성보·조시화 옮김 | 280쪽 | 값 14,000원

미래교육의 열쇠, 창의적 문화교육
심광현·노명우·강정석 지음 | 368쪽 | 값 16,000원

대한민국 교사, 어떻게 가르칠 것인가?
윤성관 지음 | 320쪽 | 값 15,000원

아이들을 어떻게 가르칠 것인가
사토 마나부 지음 | 박찬영 옮김 | 232쪽 | 값 13,000원

아이들의 배움은 어떻게 깊어지는가
이시이 준지 지음 | 방지현·이창희 옮김
200쪽 | 값 11,000원

북유럽 교육 기행
정애경 외 14인 지음 | 288쪽 | 값 14,000원

모두를 위한 국제이해교육
한국국제이해교육학회 지음 | 364쪽 | 값 16,000원
2015 세종도서 학술부문

경쟁을 넘어 발달 교육으로
현광일 지음 | 288쪽 | 값 14,000원

독일 교육, 왜 강한가?
박성희 지음 | 324쪽 | 값 15,000원

대한민국 교육혁명
교육혁명공동행동 연구위원회 지음 | 152쪽 | 값 5,000원

▶ 비고츠키 선집 시리즈
발달과 협력의 교육학 어떻게 읽을 것인가?

생각과 말
레프 세묘노비치 비고츠키 지음
배희철·김용호·D. 켈로그 옮김 | 690쪽 | 값 33,000원

성장과 분화
L.S. 비고츠키 지음 | 비고츠키연구회 옮김
308쪽 | 값 15,000원

도구와 기호
비고츠키·루리야 지음 | 비고츠키연구회 옮김
336쪽 | 값 16,000원

관계의 교육학, 비고츠키
진보교육연구소 비고츠키교육학실천연구모임 지음
300쪽 | 값 15,000원

어린이 자기행동숙달의 역사와 발달 I
L.S. 비고츠키 지음 | 비고츠키연구회 옮김
564쪽 | 값 28,000원

비고츠키 생각과 말 쉽게 읽기
진보교육연구소 비고츠키교육학실천연구모임 지음
316쪽 | 값 15,000원

어린이 자기행동숙달의 역사와 발달 II
L.S. 비고츠키 지음 | 비고츠키연구회 옮김
552쪽 | 값 28,000원

비고츠키와 인지 발달의 비밀
A.R. 루리야 지음 | 배희철 옮김 | 280쪽 | 값 15,000

어린이의 상상과 창조
L.S. 비고츠키 지음 | 비고츠키연구회 옮김
280쪽 | 값 15,000원

▶ 평화샘 프로젝트 매뉴얼 시리즈
학교 폭력에 대한 근본적인 예방과 대책을 찾는다

학교 폭력 어떻게 만들어지는가
문재현 외 지음 | 300쪽 | 값 14,000원

아이들을 살리는 동네
문재현·신동명·김수동 지음 | 204쪽 | 값 10,000원

학교 폭력, 멈춰!
문재현 외 지음 | 348쪽 | 값 15,000원

평화! 행복한 학교의 시작
문재현 외 지음 | 252쪽 | 값 12,000원

왕따, 이렇게 해결할 수 있다
문재현 외 지음 | 236쪽 | 값 12,000원

마을에 배움의 길이 있다
문재현 지음 | 208쪽 | 값 10,000원

▶ 창의적인 협력수업을 지향하는 삶이 있는 국어 교실
우리말 글을 배우며 세상을 배운다

중학교 국어 수업 어떻게 할 것인가?
김미경 지음 | 332쪽 | 값 15,000원

이야기 꽃 1
박용성 엮어 지음 | 276쪽 | 값 9,800원

토론의 숲에서 나를 만나다
명혜정 엮음 | 312쪽 | 값 15,000원

이야기 꽃 2
박용성 엮어 지음 | 294쪽 | 값 13,000원

▶ 교과서 밖에서 만나는 역사 교실
상식이 통하는 살아 있는 역사를 만나다

 전봉준과 동학농민혁명
조광환 지음 | 336쪽 | 값 15,000원

 남도의 기억을 걷다
노성태 지음 | 344쪽 | 값 14,000원

 응답하라 한국사 1
김은석 지음 | 356쪽 | 값 15,000원

 응답하라 한국사 2
김은석 지음 | 368쪽 | 값 15,000원

 즐거운 국사수업 32강
김남선 지음 | 280쪽 | 값 11,000원

 즐거운 세계사 수업
김은석 지음 | 328쪽 | 값 13,000원

 강화도의 기억을 걷다
최보길 지음 | 276쪽 | 값 14,000원

 광주의 기억을 걷다
노성태 지음 | 348쪽 | 값 15,000원

 교과서 밖에서 배우는 역사 공부
정은교 지음 | 292쪽 | 값 14,000원

 팔만대장경도 모르면 빨래판이다
전병철 지음 | 360쪽 | 값 16,000원

 빨래판도 잘 보면 팔만대장경이다
전병철 지음 | 360쪽 | 값 16,000원

 김창환 교수의 DMZ 지리 이야기
김창환 지음 | 264쪽 | 값 15,000원

 영화는 역사다
강성률 지음 | 288쪽 | 값 13,000원

 친일 영화의 해부학
강성률 지음 | 264쪽 | 값 15,000원

 한국 고대사의 비밀
김은석 지음 | 304쪽 | 값 13,000원

▶ 살림터 참교육 문예 시리즈
영혼이 있는 삶을 가르치는 온 선생님을 만나다!

 꽃보다 귀한 우리 아이는
조재도 지음 | 244쪽 | 값 12,000원

 성깔 있는 나무들
최은숙 지음 | 244쪽 | 값 12,000원

 아이들에게 세상을 배웠네
명혜정 지음 | 240쪽 | 값 12,000원

 선생님이 먼저 때렸는데요
강병철 지음 | 248쪽 | 값 12,000원

 서울 여자, 시골 선생님 되다
조경선 지음 | 252쪽 | 값 12,000원

 행복한 창의 교육
최창의 지음 | 328쪽 | 값 15,000원

▶ 4·16, 질문이 있는 교실 마주이야기
통합수업으로 혁신교육과정을 재구성하다!

통하는 공부
김태호·김형우·이경석·심우근·허진만 지음
324쪽 | 값 15,000원

주제통합수업, 아이들을 수업의 주인공으로!
이윤미 외 지음 | 392쪽 | 값 17,000원

내일 수업 어떻게 하지?
아이함께 지음 | 300쪽 | 값 15,000원

수업과 교육의 지평을 확장하는 **수업 비평**
윤양수 지음 | 316쪽 | 값 15,000원
2014 문화체육관광부 우수교양도서

인간 회복의 교육
성래운 지음 | 260쪽 | 값 13,000원

교사, 선생이 되다
김태은 외 지음 | 260쪽 | 값 13,000원

교과서 너머 교육과정 마주하기
이윤미 외 지음 | 368쪽 | 값 17,000원

교사의 전문성, 어떻게 만들어지나
국제교원노조연맹 보고서 | 김석규 옮김
392쪽 | 값 17,000원

수업 고수들 수업·교육과정·평가를 말하다
박현숙 외 지음 | 368쪽 | 값 17,000원

수업의 정치
윤양수·원종희·장군 지음 | 280쪽 | 값 14,000원

▶ 더불어 사는 정의로운 세상을 여는 인문사회과학
사람의 존엄과 평등의 가치를 배운다

밥상혁명
강양구·강이현 지음 | 298쪽 | 값 13,800원

좌우지간 인권이다
안경환 지음 | 288쪽 | 값 13,000원

도덕 교과서 무엇이 문제인가?
김대용 지음 | 272쪽 | 값 14,000원

민주시민교육
심성보 지음 | 544쪽 | 값 25,000원

자율주의와 진보교육
조엘 스프링 지음 | 심성보 옮김 320쪽 | 값 15,000원

민주시민을 위한 도덕교육
심성보 지음 | 500쪽 | 값 25,000원
2015 세종도서 학술부문

민주화 이후의 공동체 교육
심성보 지음 | 392쪽 | 값 15,000원
2009 문화체육관광부 우수학술도서

교과서 밖에서 배우는 인문학 공부
정은교 지음 | 276쪽 | 값 13,000원

갈등을 넘어 협력 사회로
이창언·오수길·유문종·신윤관 지음 | 280쪽 | 값 15,000원

오래된 미래교육
정재걸 지음 | 392쪽 | 값 18,000원

동양사상과 마음교육
정재걸 외 지음 | 356쪽 | 값 16,000원
2015 세종도서 학술부문

대한민국 의료혁명
전국보건의료산업노동조합 엮음 | 548쪽 | 값 25,000원

교과서 밖에서 배우는 철학 공부
정은교 지음 | 280쪽 | 값 14,000원

교과서 밖에서 배우는 고전 공부
정은교 지음 | 288쪽 | 값 14,000원

▶ 남북이 하나 되는 두물머리 평화교육

분단 극복을 위한 치열한 배움과 실천을 만나다!

10년 후 통일
정동영·지승호 지음 | 328쪽 | 값 15,000원

선생님, 통일이 뭐예요?
정경호 지음 | 252쪽 | 값 13,000원

분단시대의 통일교육
성래운 지음 | 428쪽 | 값 18,000원

▶ 출간 예정

근간 **핀란드 교육의 기적은 어떻게 만들어지나**
Hannele Niemi 외 지음 | 장수명 외 옮김

근간 **교실을 위한 프레이리**
Ira Shor 지음 | 이성우 외 옮김

근간 **민주적 학교는 어떻게 사회정의 교육을 가르치나**
한국교육연구네트워크번역총서 04 | 마이클 애플 지음

근간 **존 듀이와 교육**
한국교육연구네트워크번역총서 05 | 짐 개리슨 외 지음

근간 **도덕 수업, 책으로 묻고 윤리로 답하다**
울산도덕교사모임 지음

근간 **걸림돌**
키르스텐 세곱 빌펠트 지음 | 문봉애 옮김

근간 **고쳐 쓴 갈래별 글쓰기 1**
(시·소설·수필·희곡 쓰기 문예 편)
박안수 지음(개정 증보판)

근간 **밥상머리 선생님**
김흥숙 지음

근간 **고쳐 쓴 갈래별 글쓰기 2**
(논술·논설문·자기소개서·자서전·독서비평·설명문·보고서 쓰기 등 실용 고교용)
박안수 지음(개정 증보판)

근간 **체육 교사, 수업을 말하다**
전용진 지음

근간 **조선 근대교육의 사상과 운동**
윤건차 지음 | 이명실·심성보 옮김

근간 **함께 만들어가는 강명초 이야기**
이부영 외 지음

근간 **조선족 근현대 교육사**
정미량 지음

근간 **어린이와 시 읽기**
오인태 지음

근간 **마을교육공동체란 무엇인가**
서용선 외 지음

근간 **교사, 혁신교육 시스템에 도전하라!**
정은균 지음

근간 **교과서 밖에서 배우는 사회 공부**
정은교 지음

근간 **톡톡톡! 토론해요**
명혜정·조선미 지음

근간 **마을 공동체를 위한 체험학습 협동조합**
주수원 외 지음

근간 **고등학교 국어 수업 토론 길잡이**
순천국어교사모임 지음

참된 삶과 교육에 관한
생각 줍기